SAME

PLANET

The Same Planet

同一颗星球

在 山 海 之 间

在 星 球 之 上

Capitalism in the Web of Life

Ecology and the Accumulation of Capital

生命之网
生态与资本积累

[美]詹森·W.摩尔－著
Jason W. Moore

王毅－译

江苏人民出版社

图书在版编目（CIP）数据

生命之网：生态与资本积累/（美）詹森·W.摩尔
著；王毅译.—南京：江苏人民出版社,2024.2
（"同一颗星球"丛书）
ISBN 978-7-214-28260-6

Ⅰ.①生… Ⅱ.①詹… ②王… Ⅲ.①资本主义—历
史—研究 Ⅳ.①D091.5

中国国家版本馆 CIP 数据核字（2023）第 158270 号

Capitalism in the Web of Life：Ecology and the Accumulation of Capital by Jason
W. Moore first published by Verso 2015

© Jason W. Moore

Translated and distributed by permission of Verso

Simplified Chinese copyright © 2023 by Jiangsu People's Publishing House

江苏省版权局著作权合同登记号：图字 10-2018-292 号

书　　　名　生命之网：生态与资本积累
著　　　者　[美]詹森·W.摩尔
译　　　者　王　毅
责 任 编 辑　李　旭
装 帧 设 计　今亮后声·闫磊
责 任 监 制　王　娟
出 版 发 行　江苏人民出版社
地　　　址　南京市湖南路 1 号 A 楼,邮编:210009
照　　　排　江苏凤凰制版有限公司
印　　　刷　南京新世纪联盟印务有限公司
开　　　本　652 毫米×960 毫米　1/16
印　　　张　24　插页 4
字　　　数　312 千字
版　　　次　2024 年 2 月第 1 版
印　　　次　2024 年 2 月第 1 次印刷
标 准 书 号　ISBN 978-7-214-28260-6
定　　　价　88.00 元

总　序

　　这套书的选题，我已经默默准备很多年了，就连眼下的这篇总序，也是早在六年前就已起草了。

　　无论从什么角度讲，当代中国遭遇的环境危机，都绝对是最让自己长期忧心的问题，甚至可以说，这种人与自然的尖锐矛盾，由于更涉及长时段的阴影，就比任何单纯人世的腐恶，更让自己愁肠百结、夜不成寐，因为它注定会带来更为深重的，甚至根本无法再挽回的影响。换句话说，如果政治哲学所能关心的，还只是在一代人中间的公平问题，那么生态哲学所要关切的，则属于更加长远的代际公平问题。从这个角度看，如果偏是在我们这一代手中，只因为日益膨胀的消费物欲，就把原应递相授受、永续共享的家园，糟蹋成了永远无法修复的、连物种也已大都灭绝的环境，那么，我们还有何脸面去见列祖列宗？我们又让子孙后代去哪里安身？

　　正因为这样，早在尚且不管不顾的 20 世纪末，我就大声疾呼这方面的"观念转变"了："……作为一个鲜明而典型的案例，剥夺了起码生趣的大气污染，挥之不去地刺痛着我们：其实现代性的种种负面效应，并不是离我们还远，而是构成了身边的基本事实——不管我们是否承认，它都早已被大多数国民所体认，被陡然上升的死亡率所证实。准此，它就不可能再被轻轻放过，而必须被投以全力的警觉,就像当年全力捍卫'改革'时一样。"①

的确,面对这铺天盖地的有毒雾霾,乃至危如累卵的整个生态,作为长期惯于书斋生活的学者,除了去束手或搓手之外,要是觉得还能做点什么的话,也无非是去推动新一轮的阅读,以增强全体国民,首先是知识群体的环境意识,唤醒他们对于自身行为的责任伦理,激活他们对于文明规则的从头反思。无论如何,正是中外心智的下述反差,增强了这种阅读的紧迫性:几乎全世界的环境主义者,都属于人文类型的学者,而唯独中国本身的环保专家,却基本都属于科学主义者。正由于这样,这些人总是误以为,只要能用上更先进的科技手段,就准能改变当前的被动局面,殊不知这种局面本身就是由科技"进步"造成的。而问题的真正解决,却要从生活方式的改变入手,可那方面又谈不上什么"进步",只有思想观念的幡然改变。

幸而,在熙熙攘攘、利来利往的红尘中,还总有几位谈得来的出版家,能跟自己结成良好的工作关系,而且我们借助于这样的合作,也已经打造过不少的丛书品牌,包括那套同样由江苏人民出版社出版的、卷帙浩繁的"海外中国研究丛书";事实上,也正是在那套丛书中,我们已经推出了聚焦中国环境的子系列,包括那本触目惊心的《一江黑水》,也包括那广受好评的《大象的退却》……不过,我和出版社的同事都觉得,光是这样还远远不够,必须另做一套更加专门的丛书,来译介国际上研究环境历史与生态危机的主流著作。也就是说,正是迫在眉睫的环境与生态问题,促使我们更要去超越民族国家的疆域,以便从"全球史"的宏大视野,来看待当代中国由发展所带来的问题。

这种高瞻远瞩的"全球史"立场,足以提升我们自己的眼光,去把地表上的每个典型的环境案例都看成整个地球家园的有机脉动。那不单意味着,我们可以从其他国家的环境案例中找到一些珍贵的教训与手段,更意味着,我们与生活在那些国家的人们,根本就是在共享着

---

① 刘东:《别以为那离我们还远》,载《理论与心智》,杭州:浙江大学出版社,2015 年,第 89 页。

"同一个"家园,从而也就必须共担起沉重的责任。从这个角度讲,当代中国的尖锐环境危机,就远不止是严重的中国问题,还属于更加深远的世界性难题。一方面,正如我曾经指出过的:"那些非西方社会其实只是在受到西方冲击并且纷纷效法西方以后,其生存环境才变得如此恶劣。因此,在迄今为止的文明进程中,最不公正的历史事实之一是,原本产自某一文明内部的恶果,竟要由所有其他文明来痛苦地承受⋯⋯"①而另一方面,也同样无可讳言的是,当代中国所造成的严重生态失衡,转而又加剧了世界性的环境危机。甚至,从任何有限国度来认定的高速发展,只要再换从全球史的视野来观察,就有可能意味着整个世界的生态灾难。

正因为这样,只去强调"全球意识"都还嫌不够,因为那样的地球表象跟我们太过贴近,使人们往往会鼠目寸光地看到,那个球体不过就是更加新颖的商机,或者更加开阔的商战市场。所以,必须更上一层地去提倡"星球意识",让全人类都能从更高的视点上看到,我们都是居住在"同一颗星球"上的。由此一来,我们就热切地期盼着,被选择到这套译丛里的著作,不光能增进有关自然史的丰富知识,更能唤起对于大自然的责任感,以及拯救这个唯一家园的危机感。的确,思想意识的改变是再重要不过了,否则即使耳边充满了危急的报道,人们也仍然有可能对之充耳不闻。甚至,还有人专门喜欢到电影院里,去欣赏刻意编造这些祸殃的灾难片,而且其中的毁灭场面越是惨不忍睹,他们就越是愿意乐呵呵地为之掏钱。这到底是麻木还是疯狂呢?抑或是两者兼而有之?

不管怎么说,从更加开阔的"星球意识"出发,我们还是要借这套书去尖锐地提醒,整个人类正搭乘着这颗星球,或曰正驾驶着这颗星球,来到了那个至关重要的,或已是最后的"十字路口"!我们当然也有可能由于心念一转而做出生活方式的转变,那或许就将是最后的转

---

① 刘东:《别以为那离我们还远》,载《理论与心智》,第85页。

机与生机了。不过,我们同样也有可能——依我看恐怕是更有可能——不管不顾地懵懵懂懂下去,沿着心理的惯性而"一条道走到黑",一直走到人类自身的万劫不复。而无论选择了什么,我们都必须在事先就意识到,在我们将要做出的历史性选择中,总是凝聚着对于后世的重大责任,也就是说,只要我们继续像"击鼓传花"一般地,把手中的危机像烫手山芋一样传递下去,那么,我们的子孙后代就有可能再无容身之地了。而在这样的意义上,在我们将要做出的历史性选择中,也同样凝聚着对于整个人类的重大责任,也就是说,只要我们继续执迷与沉湎其中,现代智人(homo sapiens)这个曾因智能而骄傲的物种,到了归零之后的、重新开始的地质年代中,就完全有可能因为自身的缺乏远见,而沦为一种遥远和虚缈的传说,就像如今流传的恐龙灭绝的故事一样……

2004 年,正是怀着这种挥之不去的忧患,我在受命为《世界文化报告》之"中国部分"所写的提纲中,强烈发出了"重估发展蓝图"的呼吁——"现在,面对由于短视的和缺乏社会蓝图的发展所带来的、同样是积重难返的问题,中国肯定已经走到了这样一个关口:必须以当年讨论'真理标准'的热情和规模,在全体公民中间展开一场有关'发展模式'的民主讨论。这场讨论理应关照到存在于人口与资源、眼前与未来、保护与发展等一系列尖锐矛盾。从而,这场讨论也理应为今后的国策制订和资源配置,提供更多的合理性与合法性支持"①。2014 年,还是沿着这样的问题意识,我又在清华园里特别开设的课堂上,继续提出了"寻找发展模式"的呼吁:"如果我们不能寻找到适合自己独特国情的'发展模式',而只是在盲目追随当今这种传自西方的、对于大自然的掠夺式开发,那么,人们也许会在很近的将来就发现,这种有史以来最大规模的超高速发展,终将演变成一次波及全世界的灾难性盲动。"②

① 刘东:《中国文化与全球化》,载《中国学术》,第 19—20 期合辑。
② 刘东:《再造传统:带着警觉加入全球》,上海:上海人民出版社,2014 年,第 237 页。

　　所以我们无论如何，都要在对于这颗"星球"的自觉意识中，首先把胸次和襟抱高高地提升起来。正像面对一幅需要凝神观赏的画作那样，我们在当下这个很可能会迷失的瞬间，也必须从忙忙碌碌、浑浑噩噩的日常营生中，大大地后退一步，并默默地驻足一刻，以便用更富距离感和更加陌生化的眼光来重新回顾人类与自然的共生历史，也从头来检讨已把我们带到了"此时此地"的文明规则。而这样的一种眼光，也就迥然不同于以往匍匐于地面的观看，它很有可能会把我们的眼界带往太空，像那些有幸腾空而起的宇航员一样，惊喜地回望这颗被蔚蓝大海所覆盖的美丽星球，从而对我们的家园产生新颖的宇宙意识，并且从这种宽阔的宇宙意识中，油然地升腾起对于环境的珍惜与挚爱。是啊，正因为这种由后退一步所看到的壮阔景观，对于全体人类来说，甚至对于世上的所有物种来说，都必须更加学会分享与共享、珍惜与挚爱、高远与开阔，而且，不管未来文明的规则将是怎样的，它都首先必须是这样的。

　　我们就只有这样一个家园，让我们救救这颗"唯一的星球"吧！

刘东

2018 年 3 月 15 日改定

献给马尔科姆(Malcolm)，他启发了本书的写作。

献给他那一代人，希望他们能够找到自己需要的那个启示——将自身与这个世界视为一体，从而进行改变。

献给黛安娜(Diana)，她让本书的面世成为可能。

目　录

致　谢

　　本书实为一个邀请，是展开对话的一个入口，是严肃辩论的一个引导，要讨论的是人类在自然之中的位置，我们自身对此的思考如何影响我们的历史观、我们对当前危机认识的方式，以及让所有生命都获解放的政治。

　　然而，更为重要的或许在于，这本《生命之网》是一场广泛而持续的全球性讨论的产物，许多人在本书中留下了印记，有些较为明显，有些较为隐蔽。我的许多同行，他们的观察和思考进入到本书之中——我曾有幸受邀在北美、欧洲和中国的大学讲学，得以与这些思考相调。听众们使我必须用一些新的方式思考，哪怕我们观点有时并不一致，但他们的问题和评说使得本书更为清晰明确，这是出乎意料的，对此我深表感谢。环境史和经济史、世界史和世界制度分析、政治生态学和人类地理学辨析、马克思主义女权主义、全球政治经济学、农业性食物及重大发展研究，以及其他许多我所致力的知识领域，也同样给我提供了高质量贡献。带着对50年来革命性学术研究的尊重和钦佩，我试图将这些领域（而且并不限于它们）中那些辩证性的深远启示提取出来，加以整合，用于"自然中的人"之研究。

　　《生命之网》体现了20年来对两个重大问题的关联研究：一是资本主义史，一是生态史。这项研究，是一场漫长而令人兴奋、动荡又硕果累累的旅程。本书的基本想法，成型于北美东西海岸和大西洋两边,酝酿于 8 所大学之中。我最好的朋友——我的妻子黛安娜·C.吉尔德(Diana C. Gildea),也是本书的酝酿者,一直与我相伴。黛安娜肯定了世界-生态这一概念,也特别肯定了本书是一项值得探索的项目。她坚定地认为应该用富有智慧的创造力和锲而不舍的执着精神从事这个项目的研究。没有她,读者诸君读不到这些文字,也读不到后面将出现的那些文字。

这场研究旅程,走向的是一种"统一"理论,即把资本主义的历史发展和自然的历史发展统一起来。这个想法,在我 20 年前与约翰·贝拉米·福斯特(John Bellamy Foster)的一些交谈中首次浮现出来,尽管今天本书的许多观念已与约翰的看法相左,但我对他作为老师和同事的感激仍难以言表。世界史这门微妙的艺术,是埃德蒙(特里)·伯克三世[Edumund(Terry)Burke III]和乔瓦尼·阿瑞吉(Giovani Arrighi)教给我的。特里让我避免了用理论来替代历史的误区,乔瓦尼让我认识到世界史对我们分析当代危机不可或缺。

理查德·沃克(Richard Walker)——朋友们亲切地称他为DW——最终让我认识到地理的重要性。(我的意思是:地理实实在在地发挥了作用。)同样,"无止境的积累",也不可等闲视之。对于思考资本主义世界史而言,资本积累史必然是核心问题。而且,DW 将治学之严谨、为人之仁厚和学术之敏锐合于一身,这不仅大大有助于本书思辨的明晰,而且营造了本书写作的良好氛围。亨利·伯恩斯坦(Henry Bernstein)鼓励我将此书交与维尔森(Verso)出版公司,他的持续评阅与鼓励,使我的见解得以不断深化,大大超过了我原来的预计。

本书的观点曾以不同形式发表,许多同事有过阅读和评论。我尤其要感谢世界文学研究中"沃里克侨民"("Warwick diaspora")的沙雷·德卡德(Sharae Deckard)、迈克尔·尼比莱特(Michael Niblett)、斯蒂芬·夏皮罗(Stephen Shapiro)和他们那些优秀同事,这一直是启发和鼓励的持续来源。除了已经提及的各位,我还要感谢本杰明·D.布鲁尔(Benjamin D. Brewer)、荷莉·简·伯克(Holly Jean Buck)、杰伊·博尔豪斯(Jay Bolthouse)、阿尔文·卡姆巴(Alvin Camba)、克利斯多夫·库克斯(Christopher Cox)、马克肯扎·K. L. 摩尔(MacKenzie K. L. Moore)、菲尔·麦克迈克尔(Phil McMichael)、明迪·施奈德(Mindi Schneider)和克里斯汀·帕伦蒂(Christian Parenti),感谢他们对本书初稿的评阅。

我深深感谢的是这个研究世界—生态问题的学者大家庭。他们是:哈龙·阿克拉姆-洛萨迪(Haroon Akram-Losdhi)、伊尔玛·阿尔塔华特(Elmar Altvater)、法萨德·阿拉格(Farshad Araghi)、马库·阿米尔罗(Marco Armiero)、阿尼·丹尼尔·朱卢森(Árni Daníel Júlíusson)、斯塔法尼亚·巴克(Stefania Barca)、琼·波拉斯(Jun Borras)、尼尔·布伦纳(Neil Brenner)、桑迪·布朗(Sandy Brown)、布拉姆·波希尔(Bram Büscher)、利亚姆·凯姆波林(Liam Campling)、詹尼弗·凯索罗(Jennifer Casolo)、埃里克·克拉克(Eric Clark)、卡罗尔·克鲁姆莱(Carol Crumley)、巴巴拉·爱泼斯坦(Barbara Epstein)、塞缪尔·德伊·法斯宾德(Samuel Day Fassbinder)、保罗·盖勒特(Paul Gellert)、凯勒·吉布森(Kyle Gibson)、帕尼尔·古奇(Pernille Gooch)、阿尔夫·霍恩伯格(Alf Hornborg)、埃里克·琼森(Erik Jönsson)、希罗·克拉帕(Shiloh Krupar)、阿萨克·库姆巴穆(Ashok Kumbamu)、拉比卡·莱夫(Rebecca Lave)、理查德·E. 利(Richard E. Lee)、拉里·洛曼(Larry Lohmann)、博格特·马克帕夫(Birgit Mahnkopf)、安德里亚斯·马尔姆(Andreas Malm)、杰西卡·C. 马克斯(Jessica C. Marx)、丹尼尔·门斯特(Daniel Münster)、卡尔·诺德伦德(Carl Nordlund)、丹尼斯·奥赫恩(Denis O'Hearn)、克斯汀·奥罗夫(Kerstin Oloff)、贝弗利·J. 西尔弗(Beverly J. Silver)、埃里克·瓦哈蒂(Eric Vanhaute)、迈克尔·瓦茨(Michael Watts)、托尼·韦斯(Tony Weis)、安娜·扎里克(Anna Zalik)与(尤其是)哈里特·弗里德曼(Harriet Friedmann)、伊

曼纽尔·沃勒斯坦（Immanuel Wallerstein）和戴尔·托米切（Dale Tomich）。赵修荣（Xiurong Zhao）和热纳罗·阿瓦隆（Gennaro Avallone）两位是出色的学者，他们翻译我那些长篇论文，对此我尤表谢意，这也迫使我把一些模糊的观点和含混的表达阐述清晰（我必须这样了！）。我也要感谢宾汉姆顿大学社会学系中我的一些研究生：库萨里耶奈斯（韦威特）·波迪欧诺［Kushariyaningsih（Wiwit）Boediono］、阿尔文·卡姆巴（Alvin Camba）、约希瓦·艾森（Joshua Eichen）、本杰明·马莱（Benjamin Marley）、库里·马丁（Cory Martin）、罗伯托·J. 奥蒂兹（Roberto J. Ortiz）、安迪·帕拉格西兹（Andy Pragacz）、夏拉尔·奎兹（Shehryar Qazi）和曼纽尔·弗兰西斯库·瓦罗（Manuel Francisco Varo）。最后，我要感谢宾汉姆顿大学和威廉·G. 马丁（William G. Martin）主持的社会学系，为我完成此书提供了格外有利的条件。（谢谢你，比尔！）

还要特别感谢我的编辑塞巴斯蒂安·巴德根（Sebastian Budgen），我的种种拖延，他都宽容待之，从一开始就对这项研究给以大力支持。

最后，我深谢迈克（Mike）和玛丽·安妮·霍夫曼（Mary Anne Hofmann），让我在一个重视思辨的家庭中长大；深谢巴巴拉·罗斯（Barbara Rose），我这位世界上最酷的岳母；深谢马根·托马斯（Marge Thomas），他的友谊和智慧支持了本书的完成；深谢我的父亲约翰·W. 摩尔（John W. Moore），他未能活着看到这本书，但我知道他一直关注着本书的进展，他会非常高兴地看到，冷硬的政治经济学中掺入了一些哲学元素。

最为重要的是，《生命之网》将是属于我儿子马尔科姆的书，即便他在 2010 年才降生。我不确定本书中哪些观点——如果有的话——能够经受时间的考验，我能肯定的是，它对思考和交流是一种贡献，如果我们想要重建一个不仅可居而且正义的世界，这样的思考和交流就是必要的。我把这本书献给马尔科姆和他那代人，献给世界各地各个年龄段的年轻人,希望他们看到生命之网这个由连通性和创造性镶嵌起来的图景。这是一种新的视野,有了新的一代,人类卓越的创造力与合作精神将焕发新生,地球其他生物也会重获生机。

写于纽约州维斯塔

2014 年 12 月

引言　双重内在性:自然作用下的历史

　　21 世纪的人类前景,并非全然乐观。从一开始,我们的未来就受两个抽象层面的制约。第一个层面是人在自然之中(humanity-in-nature)。在过去的 10 年中,人对人之外自然的参与,达到了"再也不能排除全球环境突变"的地步。[①] 第二个层面则是资本主义在自然之中(capitalism-in-nature)。新自由派资本主义展现出来的危机——现在正处于 2008 年的征兆性危机与不可预测但不可避免爆发的终极危机之间——表明我们要离开熟悉的模式去观察一些非常不同的东西了。在那个熟悉的模式中,新的技术以及新的力量和生产组织,在一些巨大的系统性危机之后出现,以新的强有力的方式取用于自然,解决了先前的危机。1970 年代后的新自由主义彻底变革,就是这方面最为晚近的例子。然而,到了今天,要让自然(包含人的自然)廉价产出它的"免费礼物",是越来越困难了。这告诉我们,我们正在经历的可能不仅是资本主义从一个阶段到另一个阶段的转变,还有更为划时代的转变——支撑着过去 500 年资本之积累的那些战略与关系崩溃了。本书就讨论这些缠结的关系,我们将其称为资本主义通过自然运作,讨论自然在更为狭窄的资本主义畛域怎样作用。这个双重运动,即资本主义作用于自然、自然作用于资本主义,就是我所说的"双重内在性"。

[①] J. Rockstrom (J. 洛克斯罗姆)等人,"Planetary Boundaries"(《地球限度》),*Ecology and Society*(《生态与社会》)14 卷 2 期(2009)。

2008 年以来，被视为分离的"自然"与"社会"这两个领域中，不稳定性和变化的洪流已无法被忽视了。这就使得一些概念性语言出现了问题——这些问题常常未被认识到，也带来了危机性语言的蔓延（能源危机、金融危机、就业危机、紧缩危机、气候危机、食物危机，等等），给当下的历史运动造成了更多而不是更少的不确定性。对于批判性学者来说，世界上各种事件喷涌而发，已经让许多人不知所措了。但是，没有新的综合性判断出现——尚未出现。

然而，一种普遍共识正在成形，人们认为 21 世纪的这种动荡来自那些"会聚的危机"。[①] 这种会聚，最为明显的表现就是食物、能源与金融汇合起来的"三重危机"。[②] 许多人更愿意使用一个不同或更长的危机名录，当然气候危机也必然包含在内。各种环境因素、各种条件和各种关系的重要性，在批判性的政治经济学中必须考虑，这是前所未有的。与 1970 年代的危机讨论相比，这是一种新的进展。在那个时代，政治生态学与政治经济学很少交融。这种会聚危机的观点，是"绿色算法"（Green Arithmetic）的最高阶段：政治经济学加自然，就等于会聚起来的危机。

是这样吗？我感觉，由于我们假定这就是社会与自然叠加起来了，所以这种绿色算法看起来似乎管用。然而，这样一种假定有没有经过严格考查呢？本书开启了可供选择的另外一条路径。我认为，"社会"与"自然"是同一个问题的部分，在理性层面和政治层面都是如此。现代世界中大量的暴力、不公和压迫就与这种二分的自然/社会直接相关，视自然为外在之物是资本积累的一个基本条件。只要政治想象仍然是资本主义或者现实组织的俘虏，任何想用平等主义和广

[①] 参看 S. George（S. 乔治），"Converging Crises"（《会聚的危机》），*Globalizations*（《全球化》）7 卷 1—2 期（2010），17—22 页；J. B. Foster（J. B. 福斯特），"Marx and the Rift in the Universal Metabolism of Nature"（《马克思与自然普遍新陈代谢中的断裂》），*Monthly Review*（《每月评论》）65 卷 7 期（2013），1—19 页。

[②] P. McMichael（P. 麦克迈克尔），"The Land Grab and Corporate Food Regime Restructuring"（《土地的攫取与企业食物体制的创建》），*Journal of Peasant Studies*（《农民研究》）39 卷 3—4 期（2012），681—701 页。

泛可持续的方式来超越资本主义的努力，就必然受阻。与此相关的是，今天那种想要洞察资本主义限制的努力——这样一种洞察，对反抗体系的任何战略都至关重要——也不会走得太远，因为它用种种二元论把真实遮蔽起来了，而这些二元论正是资本主义发展所固有的。

绿色算法和它关于会聚危机的说法，不限于对自然和资本主义的错误认识，它也无法把握今天这个转折点的独特内容。"经济"与"环境"并非各自独立，资本主义并非一种经济体系，也并非一种社会体系，而是组织自然的一种方式。

作为讨论的开始，我们不妨先对"组织自然的一种方式"这句话做一个引导性解说。资本主义的统治自负就是：只要自己愿意，就可以干预自然。自然是外在之物，可以对它进行编码，进行量化，使其合理化地服务于经济增长和社会发展，或者是让它产出其他更为高级的利益。这是作为一项计划的资本主义。然而，现实，即历史进程，却全然不同。一方面，资本、帝国和科学的众多表达都忙于将自然冠以一个大写的"N"（Nature），视其为外在的、可控制的、可简化的；另一方面，生命之网却忙于应对资本主义进程所造成的生物学状况和地质学状况。"生命之网"是作为整体的自然，自然的那个"n"（nature）是小写的，这是作为我们自己的自然，在我们内部的自然，围绕着我们的自然，作为众流之流的自然。一句话，人创造环境，环境创造人以及人类组织。

各个文明和自然本身的各种力量，集结于生命的合作生长中，对于这样一个过程，目前尚无普遍认可的表述。绿色思想家们也是如此，即使是那些开创了在自然之中观察和思考人的位置的先行者，也倾向于默认一些老的语言，"社会"一词有着大写的"S"（Society）。① 这更多的是观察而非批判，我们都是自己时代的产物啊！

---

① 参看 D. Harvey（D. 哈维），"The Nature of Environment"（《环境的性质》），*Socialist Register* 1993（《1993 年社会主义者语域》）（1993），1—51 页；F. Capra（F. 卡普拉），*The Turning Point*（《转折点》），New York：Bantam，1982；C. Merchant（C. 麦钱特），*The Death of Nature*（《自然之死》），New York：Harper & Row，1980。

然而，今天的时代不同了，即使与 20 年前的时代相比也不同了。新的范式在今天已经有了可能，它在各个地方冒出，尤其是在年轻学者之中。我将这个新的范式称为世界-生态（world-ecology），本书就是对这个新范式的一点贡献，尽管这还远不是一个涵盖性很强的定义。世界-生态，或者我们给这个范式的任何其他名称，它不仅仅是理性的，而且也是政治性的。如果我们要去应对 21 世纪的种种挑战，它也是必要的。

世界-生态提出一个老的观点，也提出一个新的观点。一方面，这个新范式对资本主义、自然、力量和历史的相互关联进行思考，展现了这种关联的丰富图景。另一方面，世界-生态认为这种自然的关联性暗示着一种新的方式，要把处在自然之中的人作为世界的历史进程来理解。在这方面，卡普拉强调世界的各种危机，如债务危机、生物多样性危机、贫困危机、气候危机，都通过一种"感知危机"融合起来，就是正确的。[①] 不过，我们可以把他这个强调进一步深化。现代性的知识结构，它在力量、生产/再生产和财富上的支配性关系、它在环境制造上的模式，所有这些形成了一个有机整体。力量、生产和感知缠结在一起，解脱不开，它们尽管不均衡，却是统一的，处在同一种演变之中。

世界-生态要求我们把自己的后笛卡尔世界观用于这种世界-历史变化的坩埚，不仅自上而下地理解历史，而且将历史视为地球运动、观念制造和力量创造的根本性合作产物，贯穿人类经历的地理层面。我们的任务，就是要探查这些契机怎样汇合在一起，它们的融合怎样在数量和质量上变化。由这个观点出发，我请读者将资本主义理解为一种世界-生态，将资本的积累、力量的追求和自然的合作生产放在一种辩证统一之中。

世界-生态并不断言资本主义的无拘巨力可以重新创造我们这个星球的自然，而是开辟了理解资本主义的一条新路。资本主义对特定

---

① F. Capra（F. 卡普拉），*The Web of Life*（《生命之网》），New York：Anchor，1996，4 页。

物种的繁殖甚至涉及我们这个星球的生物变化、生物关系和生物循环,它本身也是所有这些合作生产的产物。

所以,今天的危机并不是多重的,而是同一个危机及其多个方面。这并非资本主义和自然的危机,而是现代性在自然之中的危机。这个现代性就是资本主义的世界-生态。这种视野不是要去消灭那些区分——绿色整体论有这种危险,而是要去考虑因启用"有利之地"(Oikeios)而来的各种问题的相乘,也就是物种与环境创造的、生成的、多层面的联系。所谓"有利之地",是指这样一种关系:在我们的环境制造中,人通过这种关系来行动,同时又被整个自然所作用。以生命制造的辩证法为前提,通过"有利之地"的思考,我们或许就可以打开一条新路,去探查资本主义的历史地理学——过去的和当下的历史地理学——是如何以自然之中的人的特定配置为前提而形成的。这样的观点可使我们超越对今日危机是什么、为什么的询问,更为深入地理解在接下来的岁月中这种危机可能会如何展现。

实现这种深层的理解,至关重要的是开发出一种将"有利之地"置于核心的语言、方式和叙述策略。尽管这种挑战并不能简化为概念性语言的问题,但我们不面对语言问题也无法前行。借用1960年代那些激进者的表述,我们必须"给这个体系命名"。如果命名可算探查的第一步,那么它就不止是语言行为了。就文明危机而言,老的知识结构正在解体但尚未入葬,新的概念性语言的必要性和力量,会如马克思可能要说的那样,成为一种"物质力量"。[1] 那些激进人士向来擅长如此。性别化和种族支配的语言尽管还没有被完全战胜,但已经大大受挫,然而我觉得那种自然/社会二元论的语言暴力仍在大行其道。我这样说,并不同于绿色批评对资本主义"向地球开战"的那种谴责。[2] 相反,我认为自然/社会的二元论——一个有着大写的N,一个

① 马克思《黑格尔法哲学批判》,Cambridge,UK:Cambridge University Press,1970[1843],137页。
② J. B. Foster(J. B. 福斯特),B. Clark(B. 克拉克),R. York(R. 约克),*The Ecological Rift*(《生态断裂》),New York:Monthly Review Press,2010.

有着大写的 S——与现代性的暴力串通一气，而且处于它的核心。犹如在过去的 40 年中我们正学着去超越种族、性别、性和欧洲中心主义的二元论一样，现在已经到了处理所有这些二元论之源的时候，这个源头就是自然/社会二元论。这个二元论沾满了鲜血与污垢，从 16 世纪早期资本主义萌生时就是这样，每一点血垢都同样沉重，也许越来越沉重。

当今局势的政治学，要求有新的语汇，各种问题更加深层次，那种自然/社会的二元论老旧语言体系将要废弃。现实已经压塌了那种二元论的能力，它不再能够帮助我们去追踪那些已经展现出来的、速度加快的、正在扩大的种种变化，这些变化就发生在我们眼前。然而，一种新语言，一种能够把握生命之网中人与人之外的自然的不可化简的辩证关系的语言，有待出现。我知道，半机械人、集合体、网络、混合物以及其他许多类似说法，都被提出来一用，这并不是为了尝试。它们指向解决之道，然而它们没有去直接挑战构成世界历史框架的二元论。对于那些关注地球、地球上的人类和生命之网的人来说，现代世界历史的宏大模式和进程仍然牢牢地被锁在笛卡尔二元论的牢笼中。没有理论批评能打开这个牢笼。这种打开需要我们去建设能够替代二元论之逻辑的另一种思路，需要新的方法论步骤、叙述策略和概念性语言，需要所有这些同时建设。

笛卡尔式的叙述这样展现：资本主义（如果愿意的话，也可称为现代性或工业文明）从自然中浮现出来。它从自然中汲取财富。它破坏自然、让自然退化、污损自然。所以现在，或者是不久之后，自然将实施它的报复。天启大灾难正在到来，崩溃即将出现。

我们怎样讲述我们过去的故事，我们怎样回应今天的挑战，这二者是内在相连的。对于许多环境主义者和绿色学者而言，人与自然的分离鼓励了一种思路，用它看待人施加于自然之上的特权的历史。循着这种思路，就自然而然地走向在劫难逃论和崩溃论的叙述，这种叙述在绿色思想中影响很大，在更为广泛的学术圈子和大众圈子中也是如此。① 另外一种思路既不以"人",也不以"自然"开始,而是以"关系"开始。这种关系是一种合作生产,扩大了人在自然、生物体、环境、生命与土地、水和空气中的配置。在这个意义上,"历史"就是"双重内在性"的历史:自然中的人/人中的自然。(当然,地球以及人之前的所有其他事物,历史更长。)在这种双重内在性中,人做的每一件事都已经与人之外的自然以及生命之网结合起来了,自然作为一个整体包纳着人。

这个观点既是老生常谈,同时也不是老生常谈。本书建立在一些开创性的贡献之上,我将这些贡献称为绿色思想(一个鲁莽却也是必要的概括)。人们普遍感知,在涉及过去和现在的环境变化的人文学科和社会科学中,绿色思想是一种不同的传统。它包含了物理科学的一些要素,那些关注地球变化的学者更是如此。② 本书将绿色思想的3个本质特征凸显出来:将人简化为统一的行动者;将市场、生产、政治与文化的种种关系简化为"社会"关系;在理论上认定自然独立于人——即使有证据表明恰恰相反。

今天,在第一个地球日的40多年之后,在许多重视环境的学者中,在绝大多数环境学家中,已经有了一种普遍共识:人是环境的一部分。这正是人处于自然之中的观点。有了这种认识,随之而来的就是一个令人费神的问题:说人是自然力量,这是一回事;说人类组织是自然力量,如家庭、帝国、公司、市场等,这就是另外一回事了。绿色思想支持前者而反对后者。说人是自然的一部分,这感觉很好;说人类组织是自然的一部分,这对于大学内外的绝大多数环境学家来说,感觉就不好了。对于那些批判性学者,不管是红色的③、绿色的还是处于这二者之间的许多混合派而言,有一种共识很清晰:资本主义作用于不

---

① 参看 J. Diamond(J. 戴蒙德),*Collapse*(《崩溃》),New York:Viking,2004。
② 参看 W. Steffen(W. 斯蒂芬)、P. J. Crutzen(P. J. 科鲁兹)和 J. R. McNeill(J. R. 麦克尼尔),"The Anthropocene:Are Humans Now Overwhelming the Great Forces of Nature?"(《人类纪:人现在是否压倒了自然的伟力?》),*Ambio*(《人类环境学刊》)36 卷 8 期(2007),614—621 页。
③ 作者此处所言"红色的"批判性学者,指持传统的社会学批判立场和视野(以马克思主义理论为基石)。——译者注

依赖人而运作的自然。（反之亦然。）在更为广泛地关注气候和可持续性的公众之中，现在流行一种同源的共识：人在地球上制造"足迹"，这必须减少。

自然的形象是被动的泥土和尘埃——一个人可以留下足迹之地，这真的是一个捕捉生命之网之能量的最好隐喻吗？我觉得我们可以有更好的表达。本书试图展现自然/社会这种僵硬二元论并非唯一可能的区分，它甚至不是最好的区分。说人是自然的一部分，这其实是突出人在生命之网中的特异——其社会性的特异形式，[①]其集体记忆和符号生产的能力，以及其他许多特异方面。

从"人在自然之中"走向"资本主义在自然之中"，这样一种整体理解上的转变，的确是一条坎坷崎岖之路。这条路是不是剥夺了我们的区分能力，即对人与自然其他部分交互作用是"好"是"坏"进行区分的能力？就当代全球性危机中的人之解说、自然之解说而言，这样一条路是否让我们有无力解说之感呢？

我并不这样认为。本书就要解释其原因。本书想要展示，将人视为自然力量的观点，可以让我们看到人的自然、全球力量与生产，以及生命之网间的新联结。在能源、气候、食物与农业、劳动力市场、城市化、金融化和资源榨取等所有这些事项紧密相连、转化的时代，必须把握在资本积累的网格中引导力量之流、资本之流和能量之流的那些内在联结。这样做，就可以看清楚资本积累网格的那些限制。

所以，那个问题是值得重复的：如果不是自然/社会的二元论之分，又将采用何种叙述方式？替代的思路早已由绿色思想勾勒出来了，却极少（的确极少）去实践，去扭转那种视实体优先于关系的笛卡尔式思路。当代世界并非由两个分离但相互作用的实体——社

---

① 我们或许"可以区分'社会性'与'社会'，后者与马上感觉到的具体个体相对映，要把握'社会'，就必须超越个体的这种直接性。'社会性'则是内在于每一个个体之中。所以，'社会'可能从来不会自然而然地被称为'自然的'，而'社会性'则是很正确地被界定为人的第二自然"。参看 I. Meszaros（I. 梅萨罗斯），*Marx's Theory of Alienation*（《马克思的异化理论》），London：Merlin Press，1970，175 页。

会和自然——组成，我们更应该将现代性的历史视为合作生产的结果，要朝下探寻而求透彻。并非一种实体（人）与另一种实体（自然）合作生产了历史变化，人的物种特异性已是在生命之网中的合作生产所致。人做的每一件事都是众流之流，在这种流动中，自然其他部分一直在我们之中流过。我们演变出来的社会性的各种形式，反映了一种通常具有灵活性的物种特异性。因此，"意识"并非外在而是内在的。意识自身就是一种"物质状态"。[1] 人类组织的故事，是由人和人之外的自然"捆扎"（bundle）合作生产而来。人创建帝国，就如同海狸筑坝，二者都是"生态系统工程师"。[2] 二者都不存在于真空中。

不过，"捆扎"一词还不能让我们走得足够远，这个暗喻并没有充分地把握住人和人类组织在生命之网中的亲密性、多孔性和渗透性。由于缺少概念性语言来命名这种关系——而不是将自然/社会分为两个端点——我们就倾向于默认那种强调人与人之外的自然二者相互独立的二元论。所以，对于生命制造的关系，我们必须找到一种命名方式，建立一种对话。在这种关系中，物种制造环境，环境制造物种。这种关系也向无机现象敞开：板块构造学说、轨道变更、流星以及"制造"环境的更多现象。所以，我们就以一个生命制造的开放设想作为开始，这个设想视有机和无机的边界为不断变化之中。[3] 这是一种多层面的关系，在这种关系中，没有基本单元，只有关系之网中的网，"众多世界中的众多世界"。[4]

---

[1] M. Tegmark（M. 泰格马克），"Consciousness as a State of Matter"（《作为物质状态的意识》），arXiv1401, no. 1219v2（2014）.

[2] J. Wright（J. 莱特）和 C. Jones（C. 琼斯），"The Concept of Organisms as Ecosystem Engineers Ten Years On"（《10 年来作为生态系统工程师之生物体概念的演变》），*BioScience*（《生物科学》）56 卷 3 期（2006），203—209 页。

[3] C. Birch（C. 伯奇），J. B. Cobb（J. B. 科布），*The Liberation of Life*（《生命的解放》），Cambridge, UK：Cambridge University Press, 1981.

[4] R. E. Ley（R. E. 利）等人，"Worlds within Worlds: Evolution of the Vertebrate Gut Microbiota"（《众多世界中的众多世界：脊椎动物肠道微生物群的演变》），*Nature Reviews Microbiology*（《自然评论—微生物学》）6 卷 10 期（2008），776—788 页。

"有利之地"：走向环境制造

本书取一条捷径，将生命制造的关系命名为"有利之地"。由这种关系——它既是方法论取向，也是本体论判断——出发，我们就可以看到多样化的物种-环境之配置的出现、演变并最终变成全然不同之物。在下面的论述中，生态、自然和所有其他同源词语，都源于"有利之地"。清晰而言，"有利之地"是一种包括了人的关系，人类组织通过这种关系而演变、适应和改变。人类组织既是"有利之地"的产物，也是"有利之地"的生产者，是值得我们去注意的这种关系的配置——持续变化着的配置。在这个意义上，我将"资本"和"资本主义"理解为"有利之地"的生产者与产物。于是，资本主义作为世界-生态，就不是世界的生态，而是力量、资本和自然辩证融合的一部模式史。[①]

我们在本书第一章中将会看到，"有利之地"这个概念可以追溯到

[①] 资本主义作为世界-生态，这个构想始于 10 多年前［摩尔，"Capitalism as World-Ecology"（《资本主义作为世界-生态》），2003］，但是，本书现在的内容之所以成为可能，正是因为世界-生态这个观点已经有了自身的生命。一个世界-生态的学者群体对本书做出了很多页贡献，他们的独到阐释、深刻见解和热情鼓励，使本书增添了原本不可能具备的丰富性。他们是：G. Avallone（G. 阿瓦隆），"Tra finanziarizzazione e processi ecologici"（《生态过程的金融化》），*Scoiologia Urbana e Rurale*（《社会学的乡村城市化》）101 期（2013），85—99 页；S. Deckard（S. 德卡德），"Mapping the World-Ecology"（《世界-生态的测绘》），*Ecologies Technics and Civilizations*（《生态技术与文明》）（出版中）；M. Niblett（M. 尼伯莱特），"World-Economy, World-Ecology, World Literature"（《世界-经济、世界-生态、世界文学》），*Green Letters*（《绿色通报》）16 卷 1 期（2012），15—30 页；C. R. Cox（C. R. 考克斯），"Synthesizing the Vertical and the Horizontal：A World-Ecological Analysis of 'the' Industrial Revolution"（《垂直与水平之综合："工业革命"之世界-生态分析》），理科硕士学位论文，波特兰州立大学，2014；A. G. Jakes（A. G. 杰克斯），"State of the Field：Agrarian Transformation, Colonial Rule, and the Politics of Material Wealth in Egypt, 1882—1914"（《田野状态：1882—1914 年埃及的土地转化、殖民统治与物质财富的政治学》），博士学位论文，纽约大学，2015；B. Marley（B. 马利），"The Coal Crisis in Appalachia：Agrarian Transformation, Commodity Frontiers, and the Geographies of Capital"（《阿帕拉契亚的煤炭危机：土地转化、商品前沿与资本地理》），*Journal of Agrarian Change*（《土地变化学刊》）（2015，审读稿）；Roberto Jose Ortiz（罗伯托·约瑟·奥迪兹），"Latin American Agro-Industrialization, Petrodollar Recycling, and the Transformation of World Capitalism in the Long 1970s"（《拉丁美洲的农业产业化、石油美元再循环和 20 世纪 70 年代世界资本主义的转换》），*Critical Sociology*（《社会学批判》）（2014）网络版首发；C. Parenti（C. 帕伦蒂），"Environment Making State"（《环境制造之状态》），*Antipode*（《对映体》）（审读稿）；Tony Weis（托尼·韦斯），*The Ecological Hoofprint：The Global Burden of Industrial Livestock*（《生态蹄印：工业化畜群的全球负载》），London：Zed，2013。

泰奥弗拉斯托斯(Theophrastus)[1],我使用时对这个概念做了延伸,以辩证方式从人文科学和自然科学的学者中汲取开拓性见解。[2] 通过这种关系,物种-环境配置的种种嵌合组成和再组成,所有这些,又尤其围绕着人(同时也在人之中)运动。对这种关系进行命名,就是必须去做的。没有命名,我们的探讨就会结束于开始之处,无非是给"社会与自然"贴上"人与人之外的自然"的新标签而已。

"有利之地"可以让我们从一开始就提出两个重要问题,这两个问题把绿色思想最为基本的问题(人怎样变得与自然分隔开来? 人怎样破坏自然,导致环境退化、最终导致危机?)反过来问。从"有利之地"的观点出发,我们就会被引向非常不同的角度。首先,人怎样在生命之网中与自然其他部分统一起来? 其次,人的历史是怎样一部合作生产的历史? 通过这种合作生产,人让自然——包括其他的人——工作起来,进行财富和力量的积累。

第一个问题,即人怎样与自然统一起来、进入自然,它会鼓励我们去追问人类那些组织如何以通过生命之网而实现的内部变化来作为自身的前提。在批判性学者中,有一种普遍确信的观点,认为自然/社会之分是突出"社会性"关系之不同的最好方式。整体论模糊这样的二分法,但它去做这种模糊时并没有运用辩证法。对于识别特异性而言,二元论并不是锋利之器。那些最为基本的区分形式,比方说阶级、种族和性别等,其实都是人与人之外的自然的捆扎,是生物物理的自然与符号象征的自然这二者的交织,不管哪个范围内都是如此。阶级、种族和性别的关系通过"有利之地"展现出来,这并不能简化为它们所谓社会维度与生态维度的聚合。如果我通过"有利之地"建造了一个立足点,就找到了看待区分的另外一条路,如此思考的要素其实

① 古希腊哲学家、自然科学家。——译者注
② 参看 B. Ollman(B. 奥尔曼),*Alienation*(《异化》),Cambridge, UK: Cambridge University Press, 1971; R. Levins(R. 莱文斯)和 R. Lewontin(R. 莱亨廷),*The Dialectical Biologist*(《辩证生物学家》),Cambridge, MA: Harvard University Press, 1985。

跟随我们已经很长时间了。现代阶级关系是通过早期资本主义原始积累而出现的,原始积累就是一场无所顾忌的环境制造运动。现代性别关系也是通过大西洋两岸资本主义农业转型的同一个过程而打造出来,并被象征层面的编码所确定,同时也和那个时代一场接一场的科学革命相伴。[①] 现代种族主义诞生于跨大西洋奴隶贸易,这是蔗糖商品前沿(commodity frontiers)的人类枢纽,是那个时代资本积累的决定性引擎,也是人类以前从未见过的以商品为中心来改造原野的最强大力量。[②]

我写这些,或许有人会不由自主地把这个观点作为大历史和大理论的又一个例证来读。在我看来,并没有什么大历史或大理论,只有让我们去知晓历史-地理种种模式的历史和理论。这些模式可能占据或大或小的空间、或长或短的时段。阶级模式、种族模式和性别模式,当然还有其他模式,通过一种方式会更容易把握,也就是精确找到特定的历史系统和特定的历史自然中权力与财富的再生产、生产与再生产的规则与模式。(无疑,这些系统是多层面和不均衡的。)如果说那些规则常常被称为结构性的,那么我宁可使用一个不同的隐喻:文明是"人类存在的珊瑚礁",但又不仅仅有人类存在。[③] 这些珊瑚礁的物理结构、观察方式以及生产方式,都产生于亿万生物每天的再生产和一代代生活。

在本书中,我的重点是针对资本主义文明:资本、力量和自然合作生产的世界-生态。如果资本主义的世界-生态"作为整体"超越了部分的总和,那么它也肯定少于这些部分的总和,因为减少了原来存在的一些东西。一个人不可能同时做每件事情。不管从以"有利之地"为中枢的世界-生态观中获得了什么见解,它都让我能够以一些新的

---

① 参看麦钱特《自然之死》(1980)。

② Moore(摩尔),"Ecology and the Rise of Capitalism"(《生态与资本主义的兴起》),博士学位论文,伯克利,加利福尼亚大学地理系,2007。

③ Wallerstein(沃勒斯坦),*The Modern World-System I*(《现代世界体系》第 1 卷),New York:Academic Press,1974,3 页。

方式抓住资本积累和地球转变这个问题。

尽管"有利之地"本身并未完成,但这个视野能让一种资本积累的理论进入生命之网中。对我而言,"有利之地"很有力量,因为它让我能够命名一种关系过程,这个过程隐含在 1970 年代以来地理学思考中被引用最多的两条思路中。第一条思路就是资本不间断地驱动着"用时间消灭空间"。[1] 资本要创造一个资本之流的速度及其流通量都持续增加的世界。在资本的项目中,时间对空间的优势不是被动的,而是主动的。增加流通量的每一点努力,在时间上都意味着空间的重构。第二条思路是列斐伏尔的深刻观察:资本不仅占据空间,而且也生产空间。[2] 空间并非偶发附带,资本积累是空间的生产,积累危机不仅是在已有空间之外进行空间性的重构,就自身而言,这些危机也是那些矛盾达到了沸点的空间配置的产物与生产者。由这两种观察出发,将近半个世纪以来,激进地理学思考的标志性贡献就指明这样一种思路:所有的社会关系都是空间性关系,社会性关系是通过空间积极合作生产出来的,空间配置总是在运动之中,但在时间的具体时段也是"固定了"的。所以,空间并非"就在那里",而是加入社会关系的特定复合物之中,"建构环境"形成了偶发性的各种可能,但也不是无限的可能性。[3]

地理学家们说空间,我们能否也这样来说自然?所有的社会关系都是空间性关系,都是生命之网中的关系。社会-空间关系通过自然发展。所有物种"建造"环境,它们是"生态系统工程师"。然而,有些工程师比其他工程师力量大,人尤其强有力。这并不仅仅是因为人有思想和语言,思想和语言当然是至关重要的,也是因为原始人类的进

① 马克思《政治经济学批判大纲》,M. Nicolaus(M. 尼古拉斯)英译,New York:Vintage,1973,424 页。
② H. Lefebvre(H. 列斐伏尔),*The Production of Space*(《空间的生产》),D. Nicholson-Smith(D. 尼古拉森-史密斯)英译,Oxford:Blackwell,1991。
③ Harvey(哈维),*The Limits to Capital*(《资本的限制》),Chicago:University of Chicago Press,1982;Storper(斯托伯),Walker(沃克),*The Capitalist Imperative*(《资本主义的急迫》),New York:Basil Blackwell,1989;N. Smith(N. 史密斯),*Uneven Development*(《不均衡发展》),Oxford:Basil Blackwell,1984;E. Soja(E. 索亚),*Postmodern Geographies*(《后现代地理学》),London:Verso,1989。

化有利于一些特定的外向性：较小的消化系统，让火的使用起到了外部之胃的作用；较窄的产道，让社群起到了外部子宫的作用；较少的毛发，让衣物和居所起到了外部皮毛的作用。这个清单还可以继续延伸。总之，进化过程的路径是强有力的合作生产，人是一种物种-环境的关系。

显然，这也是历史的。资本主义的活力在很大程度上归因于处理这种关系时一种特定的荒谬方式：在象征意义上切断这种关系，然后采取行动。（所以，"自然"变成了资本主义的合法性之所出，就不足为奇了。）制造环境的这种荒谬方式，在今天被毁灭生命的遗存中看得很清楚。在5个世纪的时间里，这种方式先是为资本积累的释放、后是束缚、然后是重建与更新而服务。与之相伴的积累危机是循环性的，一些具有可能性的偶发结果因危机而出现，同时也是累积的。重要的是，这种积累趋势为积累危机的周期性彻底变革提供了可能性，当代资源消耗和大气中温室气体的增加就突出体现了这一点。

如同许多读者一样，我也怀疑自己对宏大理论有多少耐心。没有一种理论能够回答我在本书中提出的那些问题。只有一种关系性的思路和理论化的努力才能满足需要。我想要做的，就是详细阐述一种思路，它把马克思主义的核心见解与环境史学融合为一种新的综合体。这种综合体认为环境制造远不止是环境后果的故事，而是力量和生产/再生产如何处在它的日常、文明和商业形式之中，已是环境的历史了。可以说，力量与生产以及其他更多方面都是"环境的"。

这就使我们能够从现代性的环境史走向作为环境史的那些现代性的项目与过程——作为环境制造的过程。所以，我的出发点重视这些模式和特异性。特异性在这些世界-历史模式中浮现，我称这些模式为"历史的自然"，[①]即使当主题看似离开了劳动力、金融化之类的关注时，"历史的自然"也会而且尤其会浮现。

---

① 跟随马克思和恩格斯的思路，见《德意志意识形态》，New York：International Publishers，1970，41页。

在我们通常对"社会性"关系的理解之中，二元论并不真正突出特异性，这正是因为它把人的不同视为是在"有利之地"之外形成的。"社会性"关系不仅包含了资本积累，也包含阶级、性别、种族和民族的持久模式。然而，将它们理解为"有利之地"的产物和生产者，难道不更好一点吗？这样，我们就可以追问人如何进入生命之网，将之作为众多特殊的、同时又是相互渗透的演变轨迹的一种整体性来理解。人类组织的周期和趋势如何受制于混乱和重新稳定的屡屡交替呢？对我而言，重视人在自然之中／自然在人之中的差异化统一，就意味着不能再回到二元论观点。资本主义文明并不是将人与自然区分开来，它已经将个体的生命活动卷入一个生命之网，这个生命之网中的相互联结要稠密得多，地理上广阔得多，超过了以往任何时候。这远非近代之事，那个将我们的早餐、我们的汽车、我们的工作日制度放入世界-历史活动之中的过程，在"漫长16世纪"（1451—1648）就可以找到起源了。

人与人之外的自然的统一，让我们走上了对人类历史的世界-生态理解之路。不过，人是自然的一部分，这类哲学论断已经出现很长时间了。然而，"有利之地"在哲学论断与历史方式之间建起一座桥梁，将人文学科和社会科学中绝大部分环境思考的前提倒置过来，这座桥梁以此发挥作用。无论是近代还是遥远的过去，"有利之地"都不去假定人与自然其他部分的分离，而是认为，在一种众流之流中，人一直与自然的其他部分相统一，改变的只是人的一些特定方面，比如文明在自然之中的"适应"方式。

在本书中，自然呈现为3种主要形式：人类组织；人之外的众多流动、关系和实体；生命之网。它们不是彼此独立的，相反，它们相互渗透，它们的边界和配置在一个个持续的历史-地理时代中变动。最后这一点至关重要：自然并非"就在那里"，它是历史的。这样的观察方式把我们导向第二个重大的倒置问题：不是询问资本主义对自然做了什么，而是以询问自然为资本主义做了什么来作为开始。如果前面那个问题意味着分离，后面这个就意味着一种统一：自然中的资本主义/资本主义中的自然。它也能让我们去把握新的一系列关系，这些关系迄今为止一直被自然/社会的二元论所遮蔽。

自然的工作/能量如何转化为价值？这是今日资本主义所面临问题的关键。这个问题让我们的思考不再过多地侧重一件事（人或资本主义），忽略另一件事（自然），而是去关注那些让自然中的资本主义得以生存的长时段内的各种关系与策略。资本主义的生存，不是靠毁灭自然（不管何种意义上的），而是靠一些项目，通过这些项目迫使自然作为"有利之地"越来越努力地工作——免费工作，或者是付费极低。今天，让任何一种自然更努力地工作是越来越困难了。将自然退化的问题倒置过来，就将我们最初的前提由"对自然工作"变为"通过自然来工作"。（相应地，这也被生命之网作用于自身。）新的一系列问题由此而开启，那些让自然来工作的限制可能成为 21 世纪资本积累的基本障碍。

这两个倒置过来的叙述——人在自然之中、自然为资本主义工作——都是辩证的而非机械的。所以，就有了双重内在性。资本主义当然对地球生命施加了实实在在的、暴烈的转变，但那种单边模式——资本主义对自然工作而不是通过自然工作——无法让我们对今天资本主义正在增多的危机有更为深入、更为实际的理解。两个重大的倒置，打开了新的视野，我们可以借此探索和重建资本主义如何为自身的周期性繁荣去生产新的条件，那些在繁荣之后到来的矛盾又如何得到解决。将这些动力放在历史的资本主义的长时段中，我们就可以鲜明揭示出，在过去 5 个世纪中，那些周期性运动（资本主义的各个阶段）与社会-生态矛盾，这二者在生命、资本和力量上积累起来的关系。

将人类组织的双重内在性作为我们的引导线索，我们就可以开始重建对两种同时发生的运动的叙述。首先是资本主义对地球生命和过程的内化，新的生命活动由此被持续带入资本和资本主义力量的轨道之中。其次是生物圈对资本主义的内化,人开启的项目和过程由此影响和塑造生命之网。这样一条引导线索,即双重内在性的框架,作为对自然/社会二分的替代,使得我们能够超越"柔性"二元论,这种二元论提出人与人之外的自然的辩证法。

在本书中,我着重关注的是作为项目和过程的资本主义:资本主义的逻辑和资本主义的历史。如同我们已经看到的那样,这个资本主义并非狭窄的一系列经济和社会关系,那些范畴只是问题的一部分。

相反,资本主义最应该理解为资本、力量和生命之网中生产/再生产的世界-生态。将资本主义以及资本积累过程的基本条件与矛盾视为一个整体的观点,可能是有利的。然而,没有世界-历史的重建工作,当需要方法论和历史性时,自然/社会二元论的思维方式仍会在理论层面保留下来。我的核心主题是:从漫长 16 世纪开始,资本主义就是历史的连贯(此时或尚属"大而弱"),是生命之网中人与人之外的自然的合作生产结果,由一种价值规律,即"廉价自然"规律凝聚起来。这个法则的核心是不间断的激进扩张和不懈创新的追求,要把生物圈的工作/能量变成资本(价值处在运动之中)。

生物圈的工作/能量,这个概念在我的思路中显得突出。它允许我们穿越围挡在人与人之外工作相统一这个问题上的笛卡尔迷雾。[1] 马克思观察到,大规模的工业是一种将"鲜血变为资本"的机制。他的这一观点不仅仅是一种辩论话术,还是一种思考方式,可以说明资本关系如何将所有自然的工作/能量转变为财富与力量的一种明显怪异的结晶——价值(见本书第二章)。

---

[1] 工作/能量这个概念的起源和定型,来自卡芬特齐斯(Caffentzis),他把 1970 年代的"能源"和"工作"危机置入一个统一场中(energy 一词有"能量""能源""能量""精力"等义,1970 年代出现了能源危机。但作者在本书中将 work/energy 并列而论,是指工作/能量,在"能量"之义上使用此词。——译者注)。卡芬特齐斯的洞见在于将"地球上资本对工作的控制……与能量作为商品如何……被用来再次实施资本曾经对生产过程实施过的控制"联结起来了[卡芬特齐斯,*In Letters of Blood and Fire*(《关于血与火的信件》),Oakland:PM Press,2013,2—3 页]。这个观点鲜明地指向了正确方向。我使用工作/能量这个概念,将它延伸至资本主义占用人及人之外的"工作",将其转化为价值的统一逻辑。

　　工作/能量这个概念，帮助我们将资本主义作为一系列关系重新思考，通过这些关系，人和人之外自然的"能够工作的能力"转化为价值，被理解为社会必要劳动时间（抽象社会劳动）。"工作/能量"（或者是潜在的工作/能量）可能被资本化，比如现金交易关系中商品化了的劳动/力量；或者是以非经济的方式被占用，比如河流、瀑布、森林或社会再生产的某些形式的工作。我的概念归纳依据怀特（White）的观点：

　　　　能量可作为能力而工作。反过来，工作则是一个力量在一个物体上作用、物体由力量引导移动了距离的结果。推动一块大石，你在消耗能量，在做工作；你消耗的能量与工作量，都与这块石头有多大、你把它推多远相关。水的重量和流动在生产能量，使河流去做移动石头和泥土的工作，河的水量越大，河床的倾斜度越陡，河潜在的能量就越大。[1]

　　怀特的描述集中于一条河流的历史地理所暗示出来的地球物理的工作/能量（哥伦比亚河）。然而，工作/能量的概念也可用于有机生命，从光合作用到狩猎捕食和养育儿童都是如此。生命之网的工作/能量如何合并到力量与生产和再生产的关系之中，这是需要强调的。如同在所有文明中一样，食物在资本主义中也是所有这些关系的至关重要的联结（见第十章）。工作/能量的概念让我们得以超越绿色物质主义的新陈代谢迷恋。在这种迷恋中，生命之流是狭义的生物物理，可以被破坏，随后也可以被修复到某种伊甸园般的古朴状态。工作/能量的概念则以双重内在性看待新陈代谢，也就是自然中力量和资本之流的新陈代谢，力量和资本中自然之流的新陈代谢。这样，这个问题就不再是"新陈代谢断裂"，而是新陈代谢转换（见第三章）。

---

① R. White（R. 怀特），*The Organic Machine*（《有机机器》），New York：Hill & Wang，1996，6 页。

对于工作/能量这个概念,我们增加一条劳动生产率的线索。劳动生产率被理解为剥削率和剩余价值的生产。通常的马克思主义模式关注机器与劳动力的关系:较强大的机器能让平均水准的工人生产出较多的平均水准的商品。人们发现这个模式有许多缺陷,比如组织的创新、劳动过程的合理化以及运输、信息和通信技术的影响,都未考虑进去。在这个模式中,当平均水准的工作者生产的价值在增长(常常是商品物质数量的增加),只要工资增长慢于生产力,剥削率(剩余价值生产)就增加。换一个说法,工人生产的价值量稳定,只要工资下降,剥削就加大了。所以,在工资增长而生产力增长更快的基础上,资本积累可以进行,比如福特制时期;或者是在工资下降(或停滞)而生产力非常缓慢增长的基础上,资本也可以积累,比如新自由主义时期。理解相对剩余价值和绝对剩余价值的古典区分,我们就抓住了这个模式的一部分。以此来看,一家 20 世纪的汽车工厂体现的是相对剩余价值(每个工时增加的劳动生产率),而 16 世纪的纺织品生产则体现绝对剩余价值,剩余价值的生产由工时数量决定,而不是每个工时增加的产出。

绝对剩余价值与相对剩余价值的这种区分,常常被硬化成范畴之分,这是我所忧虑的。比如,通常的马克思主义思考,在这个问题上就假定早期资本主义为静态,而无疑不是假定其为以相对剩余价值生产为特征的体系。

19 世纪的那些巨大进步,淡化了 1450 年以来同样重要的劳动生产率上的进步(见第七章和第八章)。不过,我的观点不限于历史观察。红色派和绿色派学者都视"真正的"资本主义是 1800 年后出现,而不愿去关注资本、科学和帝国如何占用自然(包括人的不付酬工作/能量),以此服务于剩余价值生产。金属业、采矿业、造船业、农业、纺织业和早期资本主义的许多其他重要方面,靠着新技术和新过程来获取自然的馈赠,劳动生产率大幅度提高。早期资本主义运用技术创新、系统暴力和象征层面的创新来延长工作日,同时也生产和占用廉价自然,以减少实际上的单位劳动成本。在这种情况下,对"自然丰饶"(马克思语)的占用,就等同于相对剩余价值的增加,我想到了挪威的森林、波兰的谷物,甚至是非洲的奴隶。被占用的自然变成了一种生产力量。如果把对美洲的征服也算在内,就意味着劳动生产率巨大的直接和间接增长。对全球自然的占用和资本积累,通过剩余价值的生产紧密相连。由此观点来看,我们或许就有理由询问:今天,可去开拓的前沿不断终结,这是否意味着资本主义的廉价自然战略,以及它占用非商品化自然作为提高劳动生产率的途径,这部骇人历史走到了尽头?

这些问题暗示着对价值的重新思考。价值通过剥削与占用的辩证法运作,它阐明了资本主义与自然、也处在自然之中的独特关系。这种剥削关系生产着抽象社会劳动。这种占用关系,即抽象社会劳动的生产,就让抽象社会劳动的扩展积累成为可能。一方面,这个体系启动了对有价值之物的怪异编码,在商品系统中将人的劳动作为财富的决定性度量标准,这种劳动通常就称为雇佣劳动。对于这个概念,我将扩展使用,并不限于观念上典型的无产者。① 在这个问题上,对劳动力的剥削是关键,所有其他都围绕它而动。另一方面,对雇佣劳动的剥削,要受其再生产成本核算的限制。用雇佣劳动(顶多再加上世界市场)来界定资本主义,这是错误的。关键的问题,是要看到雇佣劳动与其扩展的再生产所必需的条件之间的历史-地理联系。这些条件依赖于不付酬工作的巨大贡献,它在商品系统之外,却是商品系统的普遍化所必需的。有时,这被称为社会再生产领域,②但形容词"社会"在这里显得很不合适——试问养育孩子的"社会"动量在什么

---

① 我们有理由警惕过分狭义地界定无产阶级关系。比如,现代奴隶制,就是剥削与占用相交织关系的一种形式。S. Mintz(S. 明茨),"Was the Plantation Slave a Proletarian?"(《种植园奴隶是无产阶级吗?》),*Review*(《评论》)2 卷 1 期(1978),81—98 页。

② 参看 I. Bakker(I. 巴克)和 S. Gill(S. 吉尔)所编 *Power, Production, and Social Reproduction*(《力量、生产和社会再生产》)), New York:Palgrave Macmillan, 2003。

地方结束？"生物学"动量又在什么地方开始？显然,我们所处理的这个再生产地带,超越了社会性与生物学的任何整齐划分,而这两者最好被视作互为内在。这个再生产地带作为不付酬工作为资本而生产的领域,也不是狭窄的人类事务。因为不付酬工作不仅使得潜在劳动力作为"廉价"劳动的生产或者是实际上的再生产成为可能,而且还涉及人之外的自然的不付酬工作。在这个再生产领域,对不付酬工作的占用是核心(第二章和第九章)。

所以,我对"占用"的使用就不同于马克思,在他那里,这个术语或多或少地可以与对雇佣劳动的剥削互换。在我下面的论述中,占用是指一些经济之外的过程,它们识别、保护和引导商品系统之外的不付酬工作进入资本的环路。广义理解的科学、测绘和植物学革命,就是一些典型例子。对此我们将在第八章探讨。在这个意义上,占用的运动就与剥削雇佣劳动的运动显然不同,后者倾向于普遍化,要以占用的普遍化为前提。对不付酬工作的占用非常重要,剥削率的上升依赖于来自廉价自然的占用果实,这在根本上被理解为"四个廉价":廉价劳动力、廉价食物、廉价能源和廉价原材料。

廉价自然项目,也就是占用未被资本化的自然,作为劳动生产率的基座,不能被理解为一种狭义的经济过程。现代性的生产是合作,其核心是人与人之外自然的边界在不断修订。是的,人与其他自然之间的区分由来已久,不过,在资本主义之前,从未有过一种文明是围绕着对外在自然的实践而组织,在这种世界-实践中,各种表述、合理化、实证调查与资本积累,在创造作为外部的自然上,找到了共同的事业。什么是"自然",什么不是"自然",设置它们的边界是武断随意的,在深层常常是种族主义和宗法制的。然而,从历史观点来看,这又并非武断随意,而是由资本主义的价值规律和一种廉价自然规律打上了深深烙印。不妨想一想早期现代科学与性别的紧密联结,[1]还有16世纪

---

① 麦钱特《自然之死》(1980) 。

前期拉斯卡萨斯①与塞普尔韦达②在"自然奴隶"上的争论；③或者是 16世纪后期安第斯山区和其他地方的土著民族被殖民主义者称为"自然性的"。④ 当然，早期资本主义的边界界定步骤不仅仅是表述性和意识形态的，也与知识生产的新模式关系密切。由于哥白尼和牛顿的巨大影响，我们看到了"西方体制在发现、发展和扩散这些知识上……那些不可逆和根本性的变化……在范围和规模上都急剧改变"。⑤

不过，不仅仅是"理解自然世界"⑥的积累，这种理解还在一种历史表达中展现，这种表达旨在将自然渲染为外在的、有着大写 N 的自然，它越是成为从属，越被合理化，那么其丰饶越被榨取，为资本和帝国的服务也就越好。

如同资本主义的演变和重构一样，双重内在性的表述也是如此。资本主义的每个阶段都把"有利之地"的新旧线索交织在一起。所以，新的历史的资本主义和新的历史的自然就汇合了。这些新的历史的自然，在现代性的众多革命中成形，如科学的、工业的、资产阶级的、农业的、金融的、人口结构的以及所有其他方面的彻底变革，它们既通过"有利之地"来展现，同时又创造着新的"有利之地"。

历史的自然与笛卡尔革命

"有利之地"把我们指向另一种思路：资本主义制造自然，自然制造资本主义。这二者都是真实的，我们能够将它们作为相互渗透的真

---

① 16世纪西班牙多明我会教士，其著作《西印度毁灭述略》揭示了西班牙殖民者种种暴行。——译者注
② 西班牙文艺复兴时期的人文主义者，哲学家，支持殖民地奴隶制。——译者注
③ B. Tierney（B. 蒂尔尼），*The Idea of Natural Rights*（《自然权利的观念》），Atlanta：Scholars Press，1997.
④ Stavig（斯塔韦格），"Ambiguous Visions"（《模糊的视野》），*Hispanic American Historical Review*（《西属美洲史评论》）80 卷 1 期（2000），77—111 页。
⑤ P. O'Brien（P. 奥比里安），"Historical Foundations for a Global Perspective on the Emergence of a Western European Regime for the Discovery, Development and Diffusion of Useful and Reliable Knowledge"（《全球视野的历史基础：一个西方欧洲体制的出现对有用和可靠知识之发现、发展和扩散的作用》），*Journal of Global History*（《全球史》）8 卷 1 期（2013），15 页。
⑥ 同上。

实,"资本主义"就在其中合作生产出来。这不是——绝不是——人与自然两个分开实体的合作生产。资本主义是人开启的项目和过程同一些特定自然捆扎起来(也处在这些自然之中)的一部合作生产史。它的每一步都要求历史-地理的特定性。生命之网本身也是历史演变的。这样,"自然"(以及它的同类词)的概念归纳,就不是仅仅针对资本主义活动的宾语。生命之网不只是"水龙头"和"污水坑",它更是资本主义的呈现之场。而且,我们还可以再深入一些:自然并非静止之场,它自身就在更新,以循环和累积的方式在演变;一句话,自然是历史的。

这意味着两件事。首先,资本主义"生产"自然并非以线性方式,这是一种演变的整体,将资本的积累、力量的追求与自然的合作生产融合起来。其次,资本主义并非结构上不变的单质社会,作用于结构上不变的外在自然。相反,资本主义的历史是一部众多历史自然相继而来的历史,它们既是资本主义发展的生产者,也是其产物。这个观点至关重要,但未得到充分认识。在一个已无严肃的批判性学者用"一般生产"[1]来对新自由派资本主义进行研究的时代,大部分绿色思想却继续信奉"一般自然"的观念。这看似远离了当代那些政治问题,但我希望能够表明事实并非如此,因为"一般自然"的观念容易使许多学者和活动人士去相信天启大灾难和大崩溃的启示录想象。没有对包含人类的各个历史的自然的说明,一般自然的观念就让绿色政治学进入了一种或可持续性或大崩溃的"二必选一"的困境。[2]

尽管早在资本主义之前,人与其他自然的区分就已历史悠久,但自然/社会二元论的建构完全是现代之事。有一种观念认为,可以脱离生态关系(没有人的自然)来分析社会关系(没有自然的人)。与真实具体的将直接生产者与生产资料分离开来的做法相联系,这种观念

---

① 马克思《政治经济学批判大纲》(1973),85 页。
② 参看 R. Costanza(R. 科斯坦萨)等人,"Sustainability or Collapse"(《可持续性或崩溃》),《人类环境学刊》36 卷 7 期(2007),522—527 页。

可称是本体论上的对应物。从这个角度看，自然观念上的革命以及与它们相伴的科学实践，就紧密地绑定于原始积累的巨大浪潮——从早期现代性的科学革命到新自由主义的基因革命（见第八章）。

我将这种自然/社会的二元论称为笛卡尔式的。"笛卡尔式"一词取自笛卡尔关于身心之分的著名论证。我用这个表述来称呼一些哲学观、分析观以及询问方式。这些观点将社会和自然作为本体上各自独立的概念，它们浮现于一个"科学革命"的时代，我们也可以称为一种笛卡尔式的革命。这种革命做了3件大事。第一，它"给实体（物质）以本体地位，与关系相对（也就是说，能量、事件、人、观念等，都变成了事物）"。第二，"它设置了一条界线，一种二必选一（而不是二者兼有）的逻辑成为主宰"。① 第三，它强烈倾向于"用应用科学对自然施加有目的之控制的观念"。②

笛卡尔并非独自一人。他代表着一种更为广阔的历史运动，这运动以资产阶级思想为核心走向各种二元论。自然（也就是环境）的浮现是一个象征-物质过程，它至少在笛卡尔之前一个世纪就已经开始，一直持续到今天。名称上可以诡辩，但笛卡尔的个人情况很能说明问题，他的绝大多数重要著述写于1629年至1649年，当时他住在荷兰共和国，那里是"17世纪资本主义国家的样本"，也是从东南亚到北大西洋的世界-生态彻底变革的震中。③

笛卡尔与荷兰资本主义之间的关系值得强调，因为新的自然观念和资本主义的物质转化是紧密联系在一起的。笛卡尔的例子说明资本主义的不同阶段——如同环境史一样——如何不仅引发大规模的

① M. J. Watts（M. J. 瓦特），"Nature：Culture"（《自然：文化》），见 P. Cloke（P. 克洛卡）和 R. Johnston（R. 约翰斯顿）所编 Spaces of Geographical Thought（《地理思考中的空间》），London：Sage，2005，150—151 页。

② C. Glacken（C. 格莱肯），Traces on the Rhodian Shore（《罗德海岸的痕迹》），Berkeley：University of California Press，1967，427 页。

③ 马克思《资本论》第 1 卷，B. Fowkes（B. 福克斯）英译，New York：Vintage，1977，916 页；摩尔，"'Amsterdam Is Standing on Norway' Part II：The Global North Atlantic in the Ecological Revolution of the Long Seventeenth Century"（《"阿姆斯特丹站在挪威上面"：漫长 17 世纪的生态革命中的全球北大西洋》第 2 部），《土地变化学刊》10 卷 2 期（2010）。

森林采伐、污染、食物不安全和资源枯竭，而且暗示了看待世界的新方式。由此来看，笛卡尔智力活动的系统化推进——他对"宇宙的系统性合理化"①，可以被视为既是 17 世纪力量、资本和自然进行大规模重新组织的征兆，也是对此的贡献。如果资本积累是劳动力的无产阶级化，②那么它也是对商品化和被占用的世界进行控制、测绘和量化的那些知识的生产。对于早期现代唯物论来说，重要的不仅是解说世界，还要控制它："让我们自身成为自然的主人和拥有者。"③在资本主义历史中，"物质"形式与"象征"形式是有机整体。

笛卡尔二元论是一种奇特的创造物。自然/社会的抽象，象征地分开了资本主义历史中实际上的统一，也就是人作为物种在生命之网中的生命活动。一方面，这种二元论显然是伪造和混乱的。它假定了一种本体论上的区分，制造了一种历史叙述，人与人之间的关系（"社会"关系）在理论上独立于人与其他自然之间的关系。而且，一是作为资本主义发展对象的特定自然，一是作为基质的资本主义在其中发展的自然，这种二元论混淆了二者。借用索耶所说之意，自然/社会构成了一种二分的粗暴抽象，④二元论在所研究的历史现象中去除了本质关系。不能从资本主义的构成中去除"自然"，这就好比不能去除法律、阶级斗争、现代国家、科学或文化一样。

另一方面，这种经验性虚构的二元论又没有让自身丧失真实的历史力量。笛卡尔二元论是一种"并非仅仅作为面罩、空想或转移的抽象，也是一种在世界中运作的力量"。⑤ 笛卡尔二元论是真实抽象的一个古怪品种，因将价值构成作为抽象社会劳动与抽象社会自然的辩证

---

① W. J. Bouwsma（W. J. 鲍斯玛），*A Usable Past*（《一种有用的过去》），Berkeley：University of California Press，1990，123 页。

② 马克思《资本论》第 1 卷（1977），763—764 页。

③ 笛卡尔，*A Discourse on the Method of Correctly Conducting One's Reason and Seeking Truth in the Sciences*（《科学中正确运用理性和追求真理的方法论》），Oxford：Oxford University Press，2006［1637 年出版］，51 页。

④ D. Sayer（D. 索耶），*The Violence of Abstraction*（《抽象的粗暴》），Oxford：Blackwell，1987.

⑤ A. Toscano（A. 托斯卡诺），"The Open Secret of Real Abstraction"（《真实抽象的公开秘密》），*Rethinking Marxism*（《重新思考马克思主义》）20 卷 2 期（2008），274 页。

法而产生。它是一种出生于（同时也内在于）资本主义发展的抽象，其根深扎于早期现代实利主义和科学革命之中，而社会、经济和生态这类"家喻户晓的概念"，只是在 19 世纪英国资本主义胜利之后，才得以为世人熟知。[①] 所以，在一种不同以往的价值关系思路中，这种怪异学说和内在于抽象社会劳动体制中的环境制造模式，构成了对世界的现代主义认识，我将此简化为笛卡尔二元论。认识，在资产阶级霸权的条件下，也必须被理解为一种"物质力量"。这样的价值思路没有消解象征与物质、人与人之外的自然的生产/再生产的区分，也没有消解抽象社会劳动的"经济"动量与抽象社会自然的"象征"动量之间的区分；相反，我取这些相融的区分作为我的出发点，但并不瓦解人的环境制造中抽象与具体之间的张力。

世界-生态：这个表述意味什么？

如果如同马克思认为的那样，人自身就是"自然力量"和"自然存在"；如果人与自然相连，如同"自然与自身相连"一样；如果人在我们的生命活动中通过工作转化"外在自然"，在这样做的时候也转化了我们"自身的自然"……如果所有这些在哲学上都成立，那么它们在理论上和方法论上也应该成立。如果这些可信，我们讲述我们过去的故事、讲述我们可能的未来时，人在自然之中的关系就应该是至关重要的。坚持马克思内在关系的哲学，将历史变化理解为人与其他自然合作生产之物，但它们并不是两个相互作用的盒子，甚至也不是维恩图解[②]老套表述中的两个重叠圈子。马克思哲学的辩证推动力，在于将人类/自然视为众流之流，是一幅人在内化自然整体，自然整体也在内

---

① 参看 E. Wolf（E. 沃尔夫），"Inventing Society"（《发明出来的社会》），*American Ethnologist*（《美国民族学者》）15 卷 4 期（1988），752—761 页；T. Mitchell（T. 米切尔），*Rule of Experts*（《内行统治》），Berkeley：University of California Press，2002；J. B. 福斯特和 B. 克拉克，"The Sociology of Ecology"（《生态社会学》），*Organization and Environment*（《组织与环境》）21 卷 3 期（2008），311—352 页。
② 英国逻辑学家维恩制定的一种类逻辑图解。——译者注

化人的差异与一致的复杂图案。

这是对笛卡尔二元论幻想的挑战。

如果认真考察,笛卡尔二元论幻想并不牢靠。网上搜索一下,登上一架飞机,去便利店购物,接你的孩子放学,我们日常生活中人做的每件事情,我们这个时代那些重大的政治、经济和文化事件,都与这个地球关系密切。我们"做"的每件事,都与我们对这种关系的观念密切相关。"自然"和"社会"的概念在一个时期是有用的,生产着一幅总体自然和人类在其中之位置的图画,虽不精美但可使用。与自然在一起,我们或许是一类,但生命之流非常多样,而且仍在多样化。区分显然是必要的。

如果说需要这些新的区分(这显然需要),那么,就不能用老的方式来做。一种新的区分方式大有必要。不过这并不容易,因为我们社会-文化的 DNA 中蚀刻着什么是自然、什么不是自然的前科学概念。更糟糕的是,笛卡尔二元论作为一种区分模式,混淆了进化整体中本体论意义上的二元论与分析的差别。我们的学术语言,即使是在绿色思想出现的 40 年后,也仍然包纳在或束缚于本质上为笛卡尔的自然/社会相互作用的概念之中。自然进入了一个盒子,社会进入了另外一个盒子,这二者相互作用,相互塑造,但多样的人和人之外的自然那些错综联系和相互渗透的关系,从这些部分的运动和这个整体的构成中抽象出来了。自然与社会的这种二元论建构——绿色算法,提出了一个自己无法解答的问题,也就是整体的问题。为什么解答不了?因为自然加上社会,这样简单的叠加是行不通的,这缺失了一些东西。

缺失的东西可以用两个词来概括:语言与方式。正是在这个基础上,我希望读者在生命之网中来评估资本主义。本书的起源可以定位到两个系列的讨论,它们占据了 21 世纪的头 10 年。一个系列的讨论出现在新千年,我在加利福尼亚大学地理系的研究生使得我们的讨论走向一个有力的结论:"物质的"和"社会的"地理事实上是一个,应该会聚到一种新的综合之中。① 第二个系列的交流发生在 2009 年我在隆德大学与一群出色的研究生之间。在这些交流中，我们提出一个并不算新、但在 2008 年世界经济几近垮台之后似乎有了新的急迫性的问题。在何种程度上我们需要、在何种程度上有可能，去建构一种统一的语言，把人在自然之中与自然在人之中统一起来？对这种统一语言的呼唤在此前曾有过很多次，伯奇和科布在他们的宏著《生命的解放》中曾这样做过。② 哈维在他那篇谈"环境的性质"的富有启发的文章中，也这样做了。③ 然而，没起到什么效果。这样的呼唤在理论界有一些反响，但即使是理论界一些最为著名的隐喻，比如哈拉维的"半机械人"和"行动者-网络理论"的"混合物"，在历史变化的理论中也没有产生多少反响。

新的概念性语言无法被发明，它们只能浮现。反过来，这样的浮现又会被促进或被阻碍。呼唤一种概念性语言，将看似本体上独立的自然领域和社会领域统一起来，这是一回事；用一种清晰而容易投入使用的方式合作开发出这种概念性语言，这是另一回事。

事实证明，障碍是方法论上的，这并非积累数据上的问题，而是我们捆扎或配置人和人之外自然的方式问题。自然/社会之分非常有用，因为它们业已预制、清晰、很容易适应自然"在那边"的大众想象。时间、空间和自然早已捆在一起了，由政治生态学和批判地理学而来的精细分析也曾对此质疑，然而，几乎没有例外，它们全都在一种区域的尺度上提出质疑。这样做时，它们又重新生产了一种二元论：区域变化是"真实"的，全球变化是"理论上"的。④ 那种能够展现政治生态学和批判地理学的世界-历史意味的方式，有待于出现，这种方式将社会关系作为空间关系、作为生命之网中的关系来理解。

---

① 尤其参看 R. Lave（R. 莱夫）等人，"Intervention：Critical Physical Geography"（《介入：批判自然地理学》），*The Canadian Geographer*（《加拿大地理学家》）58 卷 1 期（2014），1—10 页。
② 伯奇、科布《生命的解放》（1981）。
③ 哈维《环境的性质》。
④ R. Peet（R. 皮特）等人所编 *Global Political Ecology*（《全球政治生态学》），London：Routledge，2011。

让这样的观点"起作用"，即将道理付诸实践，可能会有失去方向之感。为什么呢？因为这样我们被要求放弃神圣的自然/社会之区分，重新建构一些历史论题，将新自由主义、福特制或资本主义作为人和人之外的自然合作生产出来的东西。

这个挑战很令人苦恼，因为它需要新的叙述策略，可以超越那种本地—全球联系的老生常谈和资本主义一般动力的理论断言。这样的叙述策略必须超越区域主义和全球主义，从而将资本主义视为真实之地，每处都如同巴黎，如同美国中西部，如同旁遮普。这需要一种途径，在看似"社会的"和看似"生态的"之间上下求索，寻找一些持续性关系，这些关系穿越一个接一个的历史的自然，合作生产出财富、力量和生产/再生产。[①]

熔铸一种新的综合性思考，让我们的两个抽象层面——人在自然之中、资本主义在自然之中——得以具体化，批判性学者们尚未实现这一点。然而，这种综合的要素已不再缺少了。1970 年代以来，我们经常看到谈论资本在双重内在性中积累这种统一理论的思路：既是资本内化自然，也是自然内化资本。它的哲学基础存在于红色思想和绿色思想的相对整体论暗示，不管实践上多么不平衡。[②] 到了 1980 年代，同样地不平衡而且很含蓄，这种哲学思路中又加入了资本主义已经是人与其他自然之关系的理论概括。[③]

不管我们怎样频繁地看到种种可能性，将哲学立场（人在自然之

---

① 人和人之外自然合作生产的地理规模，N. Sayre（N. 塞尔）在 "Ecological and Geographical Scale"（《生态规模与地理规模》）中做了引发争议的探讨，见 Progress in Human Geography（《人类地理的进步》）29 卷 3 期（2005），276—290 页。

② 参看奥尔曼《异化》（1971）；R. Williams（R. 威廉姆斯），"Ideas of Nature"（《自然的观念》），见 J. Benthall（J. 边沁）所编 Ecology（《生态》）（1972）；哈维，"Population，Resources，and the Ideology of Science"（《人口、资源和科学意识形态》），Economic Geography（《经济地理》）50 卷 3 期（1974）；A. Naess（A. 内斯），"The shallow and the deep, long-range ecology movement"（《肤浅与深远的生态运动》），Inquiry（《探究》）16 卷 1 期（1973），95—100 页。

③ 史密斯《不均衡发展》（1984）；J. O'Connor（J. 奥康纳），Natural Causes（《自然因素》），New York：Guilford Press，1998；J. B. 福斯特，Marx's Ecology（《马克思的生态学》），New York：Monthly Review Press，2000；P. Burkett（P. 伯克特），Marx and Nature（《马克思与自然》），New York：St. Martin's Press，1999。

中）转变为历史方式（资本主义在自然之中）的行动却是太少。从哲学到方式的转换步伐如此之慢，有很多站得住脚的原因，也有一些站不住脚的原因。那些站得住脚的原因中，主要的一条就是：实实在在地讲，当大部分自然为无形时，就不可能建构起作为合作生产之物的历史变化的方式和叙述，这就如同 1990 年代之前的世界社会科学的情况一样。换言之，关于人和自然的知识的积累必须达到临界质量才行。在达到临界质量之前（现在已经达到了），要想发展出在本体论和方法论上围绕"有利之地"的分析模式，这是不现实的。由于这个原因，哲学和元理论走在了它们时代的前面。那些贡献，尤其是整个 1970 年代展示出来的那些，有很强的预示意义，而且名声卓著。[①] 不过，它们很少被用于历史变化的研究之中。历史变化一直被视为社会变化，再加上环境后果。这样的绿色算法盛行一时。

我们现在已经抵达一个不同的时刻。历史变化可以用"自然"和"社会"这样的容器来容纳，这样的命题已不再能站住脚了。关于人和自然的知识积累，已经达到了临界质量。我们的地球知识一直在增长，而且增长迅速。与此同时，我们对人怎样被其他自然所塑造、自然怎样被人所塑造的理解却停止了增长。占优势地位的人类纪观点很流行，影响颇大，就再清楚不过地说明了这一点。[②] 在这个框架中，人构成了一系列向量，推动"巨大的加速度"，[③] 成为威胁地球的危机。人被置于一个范畴中，自然被置入另外一个，而它们之间的反馈已被识别出来。致力于人类纪和类似观点的学者们，他们积累起来的证据很有必要，这些证据帮助我们勾勒出问题，而且描述性地回答了第一个关键问题："正在发生什么？"然而，这类观点也提出了一个它们无法回答的更深层问题：力量与生产的那些模式与关系，人怎样在自然之

---

① 参看史密斯《不均衡发展》（1984）。

② 参看斯蒂芬等人的《人类纪：人现在是否压倒了自然的伟力？》（2007）；"The Anthropocene: Conceptual and Historical Perspectives"（《人类纪：概念与历史的视野》）（2011）；"The Anthropocene: From Global Change to Planetary Stewardship"（《人类纪：从全球变化到地球管家身份》）（2011）。

③ 科斯坦萨等人的《可持续性或崩溃》（2007）。

中将它们合作生产出来？在二元论框架中,这个问题是无法回答的。这种二元论框架,包含了我们对下个世纪可能会有的轮廓和深化之矛盾的看法。理解 21 世纪展现出来的系统性危机的关键,就是一种历史方式,它暗示着一种新的激进实践,在这种实践中,人和人之外的自然合作生产了那些历史变化。

追寻这样一种方式,马克思关于内在关系的哲学①就引导我们走向人与自然的统一,不仅是认识上的统一,而且是本体论上的统一,统一于(如果说不等值的话)现代世界历史的起伏地形。如同绿色思想一样,在这方面,我们也找到了可以回溯到 1970 年代的一些重要的预示性观点。将辩证法转化为历史方式,这总让人充满忧虑——每件事都与每件事相连,但又总是不均衡,总是处在运动之中,总是有着新的断裂点和新的变化层面。断言一种辩证方式容易,实践一种辩证方式很难。世界-历史的传统在 20 世纪七八十年代就懂得了这一点。历史的资本主义的合理性人所共知,但揭示这种合理性的发展性的世界-历史叙述,被证明极为艰难。② 在这个问题上,世界-历史学者们发现,让区域史重叠进入"世界进程"③是一回事,相应地建构作为研究对象的世界-历史进程,则完全是另一回事。

在双重内在性之中,通过双重内在性来处理资本主义历史,可以看到地球在资本无止境积累之中的不停转变,反之亦然,这更令人费神。这是一个要将世界积累与日常生活整合起来的项目,然而如沃勒斯坦和阿瑞吉所言,二者是在不同的寄存器中。④ 这样一种综合,涉及

① 奥尔曼《异化》(1971);K. Kosík(K. 科希克),*Dialectics of the Concrete*(《具体之物的辩证法》),Boston:D. Reidel Publishing,1976。

② 参看 T. Hopkins(T. 霍普金斯),"World-Systems Analysis"(《世界体系分析》),见霍普金斯等人所编 *World-Systems Analysis*(《世界体系分析》),Beverly Hills:Sage,1982,145—158 页;沃勒斯坦《现代世界体系》第 1 部(1974);麦克迈克尔,"Incorporating Comparison Within a World-Historical Perspective"(《世界-历史视野中的合并比较》),*American Sociological Review*(《美国社会学评论》)55 卷 2 期(1990),385—397 页。

③ D. Tomich(D. 托米科),*Slavery in the Circuit of Sugar*(《蔗糖回路中的奴隶制》),Baltimore:Johns Hopkins University Press,1990。

④ 沃勒斯坦《现代世界体系》第 1 部(1974);Arrighi(阿瑞吉),*The Long Twentieth Century*(《漫长 20 世纪》),London:Verso,1994。

主体与环境、生产与再生产之间在日常生活和世界积累、世界力量和世界知识之动力的"地层"上一种不间断的运动。这意味着资本和力量并非作用于自然，而是通过生命之网来发展。它们穿过各种地理规模而运作，它们在与整体的关系中运作。这个整体既不是世界规模的过程，也不是区域单位的聚合，而是一种动态的整体，其性能并不同于它那些标量动量。

从工作和工作者的立场来看，我已经尽自全力来做这种综合了，尽管超越了这些术语的常规意味。资本主义和自然，资本主义在自然之中，从前者转向后者，这要求我们将人作为环境历史的场所，作为人参与生产"真"商品和再生产"假"商品——劳动力的场地。从此起步，我们就可以对资本主义进行重构，视其为一个体系，其主要矛盾引发了商品关系和再生产条件之总体的敌对与相互依赖。在这个框架中，人成为世界积累各种矛盾的关键场所。马克思关于资本主义"同时破坏着……土地和工作者"的伟大观察，远可以超越那个大规模工业的时代、超越劳动雇佣。[1] 对劳动力的剥削和对自然的占用，在这个体系对无止境商品化的追逐中交织起来。由此出发，接下来的就是：人与人之间的所有关系，都永远是而且已经是同时性的"与自然"的关系和"走向其他自然"的关系。（对于我们的概念性语言来说，有一个深刻的笛卡尔式的偏见：我们说人对自然的关系，似乎人与人之间的关系已经不是与自然的关系了。）围绕这样一种关系的和整体的视野来组织历史分析，就需要超越一种认识断裂——小写的自然变成了大写的自然。这是一种粗暴抽象，是存在论上的分离"基础"，社会的"上层建筑"在此之上发展。

资本主义/自然/危机

解说我们这个时代的危机是当下之急，它与我们这个时代的解放

---

[1] 马克思《资本论》第 1 卷 (1977)，638 页。

运动相关。我们是否正在面对资本主义的一种发展危机,这是一个开放的问题,可以认为这种危机能够通过新一轮的原始积累和商品化来加以解决;也可以认为这是一种划时代的危机,其标志是资本从大危机中调整道路的能力已不可逆转地衰退。由"过剩人类"为标志的全球城市化和工业化双重危机,到蹒跚而行的农业产业化生产巨头,再到看似无止境的食物、金属和能源的商品繁荣,我们有充分的理由认为,一种划时代的危机已经出现在地平线上了。

本书谈论危机,但并非通常理解的"社会"危机和"生态"危机。我会澄清,我并不相信"社会"和"自然"存在,至少不是现在流行的那种用法,即"没有自然的人"和"没有人的自然"。我也不相信有单纯的"社会建构",这是一种既粗暴又真实的抽象。说它们粗暴,是因为它们为了概念的清晰而对太多的真实做了抽象;[1]说它们真实,是因为"社会"和"自然"事实上是运作的力量,[2]在我们的知识结构和资本主义实际存在的力量与生产的关系中,都是真实的。为了避免现代性中这个最为神圣的二元论,我将所有形式的危机都理解为力量与生产的系统组织中的转折点,而这种系统组织又是人与人之外的自然的种种捆扎。这是一篇大文章,它意味着多样的过程,其关键点是首先转变世俗认识。要认识到:资本主义在自然之中的危机,其实是自然为资本主义所做之事的危机,而不是资本主义对自然所做之事的危机。这个切入点,它的中心包括了人的自然的工作,不仅提供了一种新视野,而且提供了一个契机,可以对 1970 年代以来激进思想中的积累危机理论和环境危机研究这两个重要派别进行综合。就这两个领域内所有不同凡响的工作而言,对"资本主义如何工作"和"资本主义如何制造了地球危机"的说明,尚未综合起来,即使是我们那些最有洞见的理论家也未做到。[3]

---

① 索耶《抽象的粗暴》(1987)。
② 托斯卡诺《真实抽象的公开秘密》(2008)。
③ 福斯特等人的《生态断裂》(2010)。

本书想将人在自然之中的哲学转化为世界-历史变化中一些可以用于工作的方法论框架、概念性语言和叙述策略。这就是世界-生态视野的核心，它的确是一种视野，而非一种理论，而且肯定不是一种适用一切之物的理论。世界-生态是一种融合方式，是对人／人之外／生命之网的融合，是一种多样和多层面的关系，包含了从微生物群系到生物圈的一切。它是一个构架，对人过去和当下的经历做理论阐明。没有什么视野是某个个体的工作，视野的发展必须是集体和合作的。我由衷希望读者不要将本书视为一系列封闭的构想——这种情况出现太多（读者与作者往往都这样理解），我是将此书作为一系列提议和沉思而写，想超越笛卡尔二元论，这种二元论让我们对力量、剥削、工作和解放的理解变成了一些碎片。无疑，我这些提议，有些较为好用，有些则未必。我已经尽我所能在本书中提出了一些历史根基的推理，围绕着资本积累、全球价值关系和农业生态变化而展开，以展示世界-生态所能开启的那些问题的性质。比如，将"华尔街视为一种组织自然的方式"，就提出了一些问题，这些问题被当代经济思想和生态思想过早地、不必要地排除掉了。

现在可以重申基本观点了。如果人是自然的一部分，历史变化，包括如同历史一样的现在的变化，就必须通过人制造环境和环境制造人的辩证运动来理解。人与自然这两个行动单元并不独立，而是从人的身体到生物圈的每个层面相互渗透。最为重要的或许是，这意味着看似纯粹发生在人与人之间的那些关系，比如文化或者政治力量，其实已经是"自然"关系了，它们总是与其他自然捆扎，流动和穿行于人之身和历史之中与周围。在这种众流之流中，我们所处理的就远远不止微生物、金属和其他"物质生活"，我们也在处理作为物质力量的各种观念。于是，人的历史就被理解为一个存在、知晓和行动的"完整圈子"。①

---

① H. Maturana（H. 马图拉纳），F. Varela（F. 巴雷拉），*The Tree of Knowledge*（《知识之树》），Berkeley：Shambhala，1987.

许多环境学者忧虑,当"环境"不再是单个对象而成了多方面的对象时,就会出现放弃环境研究中那些强有力见解的危险。然而,我觉得事情的另外一面更真实一些:自然作为一个整体的真实的关系性运动,被已存的自然/社会之分裂所遮蔽了。这就与绿色思想盯住一个外在自然(我称其为"一般自然")的要素如何作用于现代社会关系的思路决裂了,那样的自然并非变量。相反,我们一开始就要展示特定的历史进程——在本书中,就是世界积累——是人与人之外的自然的捆扎。这些捆扎在象征层面上和物质层面上得以实现。浮现出来的那些限制,并非自然或社会的限制,而是特定历史-地理环境中"有利之地"的限制。

结　论

能不能说历史的资本主义暗示着(也必然是)历史的自然?能不能说漫长16世纪以来历史的自然暗示着和必然是历史的资本主义?这就是双重内在性所提出的根本问题。这样的询问思路鼓励乃至于强迫我们去超越现已成为老生常谈、但很少得到具体化的自然之咒——如今人类面对的几个危机中就有它。这种询问思路要求我们去考察生命之网作为一种自然力量如何重塑人类组织,文明如何将力量、生产和再生产熔铸为一种组织自然的方式。它要求我们去重新思考我们关于资本主义的老一套理论概括,将其作为经济体系,作为社会体系,作为商品系统。因为,如果资本的生产是资本主义的战略支点,那么,在一个更大的程度上,积累就通过对地球工作/能量的占用展现出来。这样的占用既是对廉价资源的占用("水龙头"),也是对廉价垃圾处理("污水坑")的占用,并不生产作为"价值"的资本,但它的确生产让价值成为可能的关系、空间和工作/能量。资本主义的确让商品关系普遍化,但这样一种普遍化的实际程度依赖一个更大的普遍化:对不付酬的工作/能量的占用。

　　这种更大的普遍化今天已经到了一个沸点。对廉价自然的占用已经不仅迫使资本去寻求廉价劳动力、廉价食物、廉价能源和廉价原材料的新来源，而且要把大气层围起来作为温室气体的一个巨大倾倒场。这种封围是资本在自然之中的一种关系，在今天对空前的、尤其是农业中的资本积累形成了障碍。冒着对事物过于细究的风险，我认为这种对大气层的封围也可说是一种阶级关系：不仅仅是作为因果（"是资本家们做的！"），也是作为过去两个世纪中世界阶级关系的一种必要条件。

　　资本在自然之中的关系，这个思路让我们能够替换"自然作为外部限制"的模式，那个模式在红色派和绿色派关于生态危机，尤其是关于气候变化的思考中起支配作用。那种思考的缺陷在于它封闭而不是开启了一些重大问题——关于地理上的灵活性，关于资本主义作为世界-生态的历史演变。那些限制已是真实存在，而识别、叙述和解说那些限制之浮现的最好方式又是什么呢？

　　资本主义处在自然之外、作用于自然的笛卡尔式模式，以及视资本主义为生命之网中的项目和过程的思路，我们需要在这二者中作出选择。如果说资本主义的世界-生态演变的破坏特征，也就是资本主义在自然之中的"是什么"和"为什么"已被记住，那么，人怎样通过对所有自然进行持续和激进的重新配置从而得到了现代性，这方面的研究就太少了。资本主义怎样通过自然工作，而不是作用于自然，就是关键所在。我相信，我们已经抵达了一个强有力的教育时刻，它允许我们擦除那些旧的边界，开启新的远景，在历史演变的"有利之地"的基础上重建每一个过程。它让我们把现代性的那些历史的特定自然，理解为一些为了资本积累而存在的解放与限制之网，其本身就是组织自然的一种方式。如果我们严肃地对待这样一个观点，即对资本的所有限制都是历史性地浮现，都出自人与其他自然的关系，那么这一点再怎么强调都不为过。同样，为了人类和我们地球上那些邻居的解放而做的所有项目，也都是如此。

第一部分

从二元论到辩证法：
作为世界-生态的资本主义

第一章

从对象到"有利之地"：
资本主义的世界-生态中的环境制造

将近半个世纪以来，绿色思想一直在努力对付一个双重问题：自然对于人类历史那些至关重要的关系是外生的，顶多也就是起了水龙头（原材料）和污水坑（污染）的作用吗？或者说自然是一个包纳了所有人类活动的生命之网，包含了水龙头和污水坑，但也远远不止这些？换言之，自然是人作用于它们之上的一系列对象吗？或者说它是一张生命之网，人类那些关系通过这张网而发展出来？

1970年代以来浮现的绿色思想的大量研究，如政治生态学、环境史和环境社会学、生态经济学、系统生态学等，由对这两个问题都回答"是"（用不同的形式）而发展出来。一方面，大多数学者同意人的确是自然的一部分，他们排斥将没有自然的社会装入一个盒子、将没有人的自然装入另一个盒子的笛卡尔二元论。另一方面，支配我们经验主义研究的概念性语言和分析框架，又一直固守自然与社会这两个不可穿过的基本单元的相互作用。这种"双重之是"造成了一种真实的困惑：我们怎样把一种唯物主义、辩证法和整体论的"人在自然之中"的哲学，转化为可以工作的（处在工作之中的）概念性语言和分析框架？

自然加社会的算法一直是 1970 年代以来环境研究的基本生活资料。这种算法在历史上的那些社会科学中，在人文科学和自然科学中，都具有鲜明的语言学上的影响。地球系统科学家们谈论“成对的人类-自然系统”；[①]马克思主义生态学家谈“自然-社会辩证法”；[②]文化研究强调混合物、集合体和网络。[③] 将这种算法作为学术活动的一个合法领域，这成为绿色思想的最大贡献。环境人文学科和社会科学发现了笛卡尔二元论中被忘却和边缘化的那一端：环境影响的世界。这是不小的成就。“环境”现在已经被牢固地确立为一个合法而切题的分析对象。

就这个重要的成就而言，我有两个观察。第一，将自然作为因素带入全球变化研究的工作，现在基本上已经完成了。在社会理论和社会变化中，谈论核心问题而不涉及环境变化，已是越来越困难。各门历史的社会科学中，环境导向的研究如何稳定下来（或者是没有稳定下来），这仍有相当程度的参差不齐；但是，绿色思想的核心工程，从它于 1970 年代高涨时起，一直是成功的，环境研究的合法性和切题性不再成为问题。这个工程一直在灌输辩证敏感性。[④] 然而，它的操作化引出了对我们开始时所提第一个问题的肯定回答，也就是将环境作为对象，而不是将自然作为生命之网。这种优先次序——它必然如此——就导致了我们今天遇到的分裂：人在自然之中（作为哲学命题）和人与自然（作为分析性程序）这二者的分裂。这分裂体现在今日环境研究的核心僵局上，其特征是实证性研究大量涌现，却不愿超越将

---

① J. Liu（J. 刘）等人，"Coupled Human and Natural Systems"（《成对的人类—自然系统》），《人类环境学刊》36 卷 8 期（2007），639—648 页。

② B. Clark（B. 克拉克）和 R. York（R. 约克），"Carbon Metabolism"（《碳代谢》），*Theory and Society*（《理论与社会》）34 期（2005），391—428 页。

③ B. Latour（B. 拉图尔），*We Have Never Been Modern*（《我们从来未曾现代》），Cambridge, MA：Harvard University Press, 1993；J. Bennett（J. 班尼特），"The Agency of Assemblages and the North American Blackout"（《机构的组合与北美大停电》），*Public Culture*（《公共文化》）17 卷 3 期（2005），445—465 页。

④ 参看威廉姆斯《自然的观念》（1972）；哈维《人口、资源和科学意识形态》（1974）；R. Walker（沃克），"Human-Environment Relations：Editor's Introduction"（《编辑导言：人—环境关系》），《对映体》11 卷 2 期（1979），1—16 页。

环境作为对象。有着大写 N 的自然被置于生命之网之上。这个僵局或许可以理解为一种普遍的迟疑,不愿将现代性重新描绘为生命之网的生产者和产物。

所以,对于深化我们对历史的资本主义和当今处在危机中的资本主义的理解,笛卡尔二元论已是作用枯竭,这就是我的第二点观察。今天,这种二元论更多地不是照亮而是遮蔽了人在生命之网中的位置。"自然加社会"看来尤其不适用于处理今天正在扩散的危机,不仅是那些与气候变化和金融化相关的危机,还有那些倾向于全面席卷现代世界历史的危机的起源与发展。

现在必须超越作为对象的环境吗?社会进程不仅是环境的生产者,而且也是环境的产物。撰写社会进程之环境史的工程,足以把握这些多样化方式吗?社会组织带来了环境后果,这样的观念已让我们思考深入,但绿色算法能引领我们走多远,这并不清楚。

如果绿色算法不能把我们带到我们今天需要去的地方,那么有什么能够做到呢?

我对此的回应以一个简单的提议作为开始。我觉得,绿色思想的一个重要层面已经暗示了所需之物,这就是从自然和社会作为独立单元的相互作用进至人在生命之网中的辩证法的概念。这样一个概念将我们的注意力集中于人与人之外的自然的那些错综捆扎、相互渗透、相互依赖的关系的具体辩证法之上。换言之,需要的是一个允许人在自然之中的增生语言的概念,而不再是以人和自然为前提的概念了。

"有利之地"：相互作用、辩证法和中介问题

我提议,我们以"有利之地"作为开始。

"有利之地"是命名人与人之外的自然之间同时也总是之中的那种创造性、历史性和辩证性之关系的方式。"有利之地"(Oikeios)是

Oikeios topos 的简写，意思是"有利的地方"（favorable place）。此词出自希腊哲学家、植物学家泰奥弗拉斯托斯。对他而言，这个词表示"一个植物物种与环境之间的关系"。[①] 正确而言，"有利"是一个形容词，然而，在走向一个将超越两种文化（自然科学与人文科学）之词汇的长长行程中，我希望读者可以体谅语言上的某些自由。

在绿色思想中，新词层出不穷，并不值钱。我们不需要去遥远地寻找那些旨在把人与人之外的自然融合或结合起来的概念。[②] 然而，在绿色思想数十年充满活力的理论努力和分析之后，我们仍然缺少一种将"有利之地"置于中心的途径。这样一种思路将物种和环境的创造性、生产性关系作为历史变化在本体论上的中枢以及方法论上的前提。这种重新定位为历史分析开启了自然的问题：作为矩阵而不是作为资源或允许的条件。这允许我们对从战争到科技革命的人类重大运动进行重建，自然对历史进程整体很重要，而且并不仅仅是历史进程的背景，或者只是它令人讨厌的后果。

这就是"有利之地"想要有的贡献。人（和其他物种）通过一种关系创造了生命条件，用马克思和恩格斯那个美妙转化的短语就是"确定的生命模式"。[③] 把这种关系称为"有利之地"，就把我们的注意力引向那些激活了行动单元和被作用物体之特定配置的关系上。"有利之地"是一种多层面的辩证、包纳的植物区系和动物区系，但也是我们这个星球多样化的地质和生物圈配置、循环和运动。通过"有利之地"，构成和再构成一些关系和条件，它们创造和破坏了人的合作与冲突的复杂图景，也就是通常所称的"社会"组织。所以，自然作为"有利

---

① J. Donald Hughes（J. 唐纳德·休斯），"Theophrastus as Ecologist"（《作为生态学家的泰奥弗拉斯托斯》），*Environmental Review*：ER（《环境评论：ER》）9 卷 4 期（1985），296—306 页；*Pan's Travail*（《潘的阵痛》），Baltimore：Johns Hopkins University Press，1994，4 页。

② 一些最具想象力的概括化（"半机械人""自然文化"）出自哈拉维的开创性工作，他对此一一列举介绍，但不应该让我们忽略了这些表述中包含的世界－生态之意义。参看 D. Haraway（D. 哈拉维），*Simians，Cyborgs，and Women*（《类人猿、半机械人和女人》），New York：Routledge，1991；*When Species Meet*（《物种何时相遇》），Minneapolis：University of Minnesota Press，2008。

③ 恩格斯《劳动在从猿到人转变过程中的作用》，见《家庭、私有制和国家的起源》，New York：International Publishers，1970。

之地",就不是作为一个附加因素被提供,被放置在或文化或社会或经济的旁边。相反,自然成为人类活动在其中展现的矩阵,成为历史中介在其上运作的场地。由这样一个有利位置出发,食物、水、石油等问题就首先是关系的问题,然后才是对象的问题;通过一些特定文明的关系,食物、水和石油成为真实的历史作用物。

由"有利之地"的视野出发,文明(另一种简写)不是与作为资源(或者作为垃圾箱)的自然"相互作用",而是通过作为矩阵的自然来发展。气候变化就是一个好例子。文明因对现存的有利和不利的气候状态进行内化而发展。但"气候"并非这样一种历史中介,如同帝国或阶级,它自身只是从生命之网中抽象出来的中介。历史中介不可简化地捆扎在"有利之地"中。按照马克思的观点,一个物种(或生物圈过程)没有外在于自身的中介,它就不存在。① 换言之,中介不是自然和(或)社会的性质,甚至不是人的社会性的那些壮观形式的性质;相反,中介是人与其他生命的活动之特定配置的自然发生的性质。反之亦然。

对于左翼生态学而言,中介显然是一个关键问题。这里我把中介作为一种引导历史变化的能力(引导出破裂),或者是再生产已有历史安排(再生产均衡)的能力。它是一种天然而有用的特性。说自然是一种"历史主角",②这听起来很吸引人,但它真正意味着什么呢?

我们只是简单地在一个长长的历史作用物的名单上加上自然吗?或者说承认自然作为"有利之地"意味着对中介自身一种根本性的重新思考?我们可以看到许多试图阐明自然之中介作用的观点。③ 不过,无论是用笛卡尔还是用辩证法的表述,自然的中介作用如何可以

① 马克思《1844 年经济学哲学手稿》,Mineola,NY:Dover Publications,2007。

② B. Campbell(B. 坎贝尔),"Nature as Historical Protagonist"(《作为历史主角的自然》),*Economic History Review*(《经济史评论》)63 卷 2 期(2010),281—314 页。

③ T. Steinberg(T. 斯坦伯格),"Down to Earth"(《回到现实》),*The American Historical Review*(《美国历史评论》)107 卷 3 期(2002),798—820 页;J. Herron(J. 赫伦),"Because Antelope Can't Talk"(《因为羚羊不能说话》),*Historical Reflections*(《历史反思》)36 卷 1 期(2010),33—52 页。

阐明现代世界的制造，这一点并不清楚。自然，比如说气候，是否以阶级或帝国"制造"历史的那种方式来"拥有"中介作用？

既是又不是。这个问题部分是一种诱惑，想把中介作用分配给笛卡尔二元论的两端。在这样的分配中，气候、杂草、疾病以一种对阶级、资本和帝国都类似的方式"拥有"中介作用。这样的分配，也有一定的算法逻辑：如果人有中介作用，那么我们为什么不可以说人之外的自然亦是如此？这听起来是对的，但我认为并不足以把握中介作用的呈现方式。阶级、资本和帝国的关系已经与人之外的自然捆扎在一起了，它们是人与人之外的自然的一些配置。由此可得出，中介作用是人与人之外的自然特定捆扎的一种关系属性。阶级力量（不仅是阶级的中介作用）都来自并通过生命之网中力量以及生产和再生产的特定配置而展现出来。

如果自然的确是一种历史主角，它的中介作用只有通过走出笛卡尔二元论才能被充分理解。要强调的是，这个问题绝不是自然的中介作用与人的中介作用的问题。缺少了彼此，中介作用是不可想象的。所以，这个问题就是人与人之外的自然怎样捆扎起来的问题。是的，疾病制造了历史，但这只是作为流行病学的矢量，与商业和帝国联系起来才制造了历史。自然的中介作用常常被排除在思辨之外，但它制造历史的能力开启了人与人之外物种的特定配置。人的中介作用总是处在作为一个整体的自然之中，而且辩证地与它联系起来。也就是说，人的中介作用完全不是纯然人类的，它与其他自然联系起来了。

这种世界-生态的替代思路，将人/人之外活动的这些捆扎，作为自身的出发点。文明就是这种辩证捆扎的巨大而富有表现力的例子。从人领导的环境制造的那些大规模和长时期的模式来看，我们可以从基本事实的实际无穷中分辨出一些历史事实。气候变化，在事物发展的过程中，变成了地球变化的一种矢量，与文明的力量以及生产（阶级、帝国、农业等）的结构交织起来。这种社会-生态结构并非近期现象,而是可以回溯千年。[1]

这就是气候历史编纂学的实质——如果说它的文字并非总是如此。[2] 当气候变化时,力量的结构与生产也变化了。不过,并不是气候与文明结构相互作用,导致了这些结构的一些独立生命中某个点的问题。我们可以更好地调整我们的视野,视气候条件出席并卷入了这些结构的诞生。如果气候缺席的话,文明是不可想象的。而气候自身就是合作生产了力量与生产之关系的大气过程的多样性的(另一种)简写。因此,气候不过是一些决定——不是决定论——的一种捆扎,它推动、牵拉和转换历史变化那丰富的总体性。当气候急剧变化时,其后果常常是急剧与划时代的。比如,想一想公元 300 年前后,罗马气候适宜期过去之后罗马帝国的崩溃,或者是公元 1000 年后,随着小冰河期的到来封建文明的倒塌。[3] 不过,也要考虑那些对罗马力量上升(大约公元前 300 年)有利的气候变化,或者是中世纪温暖期(公元 800—900 年)的降临与欧亚大陆上从法国到柬埔寨那些新的"章程国家"的快速大量出现。[4]

要点在于,并非否认将气候变化作为历史矢量,而是将这种矢量

---

① W. F. Ruddiman(W. F. 拉迪曼),*Plows,Plagues,and Petroleum*(《犁、瘟疫与石油》),Princeton:Princeton University Press,2005.

② 参看 M. Davis(M. 戴维斯),*Late Victorian Holocausts*(《维多利亚时代后期之浩劫》),London:Verso,2001;B. Fagan(B. 费根),*The Great Warming*(《大变暖》),New York:Bloomsbury Press,2008;D. Chakrabarty(D. 查克拉巴蒂),"The Climate of History"(《历史的气候》),*Critical Inquiry*(《批判探索》)35 期(2009),197—222 页。关注当代资本主义与气候之动态关系的学者走得更远,进入到一些特定的世界-生态综合之中,其范式意味至少现在未得到充分重视。这里我想到了一些最为重要的,比如拉里·洛曼(Larry Lohmann)对碳交易市场与金融化的分析,还有克里斯汀·帕伦蒂(Christian Parenti)对气候、阶级和 21 世纪前期冲突相互交织的叙述。洛曼,"Financialization,Commodification and Carbon:The Contradictions of Neoliberal Climate Policy"(《金融化、商品化和碳:新自由主义气候政策的矛盾》),见帕尼奇等人所编 *Socialist Register* 2012:*The Crisis and the Left*(《2012 年社会主义者语域:危机与左派》),London:Merlin Press,2012,85—107 页;帕伦蒂,*Tropic of Chaos*(《无序地带》),New York:Nation Books,2011。

③ C. Crumley(C. 克伦姆利),"The Ecology of Conquest"(《征服的生态》),见克伦姆利所编 *Historical Ecology*(《历史生态学》),Santa Fe,NM:School of American Research Press,1994,183—201 页;摩尔,*Ecology in the Making (and Unmaking) of Feudal Civilization*[《封建文明制造(和消失)中的生态》],著作手稿,宾汉姆顿大学社会学系,2013。

④ V. Lieberman(V. 利伯曼),*Strange Parallels:Southeast Asia in Global Context,c. 800—1830*(《奇怪的平行线:全球背景中的东南亚,公元 800—1830》第 2 卷),Cambridge,UK:Cambridge University Press,2009。

置入"有利之地"及其相继的历史的自然之中。

这种本体论要点，呼唤它在认识论上的必然结果。如果气候的中介作用是人与人之外的自然的捆扎，那么这些捆扎就通过特定的历史-地理构成，不均衡地折射出来。气候变化（气候总是变动之中）是一个事实，但气候变化本身并不是一个历史事实，至多不过是人口和生产数据，它属于基本事实的范畴，这些基本事实是历史解说的原材料。[①] 基本事实通过我们的解说框架而成为历史。无论是笛卡尔式、世界-生态式、或者其他什么，这些解说框架提供了一种将基本事实分类的方式，将它们归于这种或那种范畴。一种颇为时髦的思路就是完全回避棘手的历史事实的问题，宣布自己倾向于一种扁平本体论，没有任何事情会必然导致其他的事情。[②]

然而，对于那些寻找危机之解说和历史的资本主义变化的人来说，这种立场很难令人满意。这是那种用红色、绿色笛卡尔式思路看待全球资本主义和全球环境变化之思路的力量。[③] 就在不太久之前，事实上在对于人类历史的所有叙述的组织方式中，似乎自然（即使是笛卡尔式的那种自然！）都不起作用。今天，这已经改变了。一种思考广阔的环境史视野已经获胜。生物圈变化的积累效应同绿色政治学和绿色思想积累的成就相遇合，在世界大学系统中产生了一种广阔但脆弱的领导权。在社会理论中忽略"自然"的地位已不再可能了，在任何规模的资本主义历史中忽略自然问题也越来越困难了。事实上，这种领导权认为，任何想要解说世界史的广阔轮廓和矛盾，却不去相应地关注环境条件和变化的尝试，都是不充分的。

这是一个重大成就，也是一个在有限框架中发生的成就。在历史变化的核心概念性语言上，绿色思想很少挑战笛卡尔式的二元论。超

---

① E. H. Carr（E. H. 卡尔），*What is History?*（《什么是历史?》），New York：Penguin，1962；Lewontion（莱亨廷），"Facts and the Factitious in Natural Sciences"（《自然科学中的事实与人为》），《批判探索》18卷 1 期（1991），140—153 页。
② 拉图尔《我们从来未曾现代》（1993）；班尼特《机构的组合与北美大停电》（2005）。
③ 福斯特等人的《生态断裂》（2010）。

越自然/社会的二元论,一直是哲学层面和理论层面做的事,[1]而且也限于区域和国家范围的历史。[2] 世界-历史变化一直是颇为不同的另一码事。[3] 环境变化被增加到资本主义历史中,但没有综合起来。

当韦纳这样确认 21 世纪环境史项目的实质精神时,他无疑是对的:"我们现在全都是后结构主义者了。"[4]这样说,他是指环境史已认为自然不可简约地与历史变化的基本关系交织在一起了。[5]（是否最好将这种关系形容为"后结构主义的",这是另外一个问题。）不过,这种现在已经普遍的政治生态学视野,却迟疑于去挑战历史资本主义领域的笛卡尔式二元论。积累仍被认为是一种有着环境后果的社会进程,而不是捆扎人与人之外的自然的一种方式。[6] 全球政治生态学和环境史已经容纳一种强调社会关系的环境史（自然加社会）的环境视野,但仍不是现代性的"社会"关系作为生产者和生命之网（社会在自然之中/自然在社会中）的产物。我们现在全都是后现代主义者了吗?也许吧。但是,当遇到历史的资本主义时,二元论仍然保持着它的领导权。

---

① 参看史密斯《不均衡发展》(1984);B. Braun(B. 布劳恩)和 N. Castree(N. 卡斯特里)所编 *Remaking Reality*(《重新制造现实》),New York:Routledge,1998。

② 参看怀特《有机机器》(1996);J. Kosek (J. 科泽克),*Understories*(《落叶层》),Durham:Duke University Press,2006;J. Scott(J. 斯科特),*Seeing Like a State*(《看似一个国家》),New York:Yale University Press,1998。

③ 摩尔,"Nature and the Transition from Feudalism to Capitalisma"(《自然与从封建主义到资本主义》),《评论》26 卷 2 期(2003),97—172 页。

④ D. R. Weiner(D. R. 韦纳),"A Death-Defying Attempt to Articulate a Coherent Definition of Environmental History"(《一种极其危险的想要阐明环境史之连贯定义的企图》),*Environmental History*(《环境史》)10 卷 3 期(2005),404—420 页。

⑤ 参看怀特,"Are You an Environmentalist or Do You Work for a Living?"(《你是环境主义者,抑或你为生活而工作?》),见 W. Cronon(W. 克罗农)编 *Uncommon Ground*(《罕见之地》),New York:W. W. Norton,1995。

⑥ 就顶端而言,政治生态学将全球政治经济认定为一种共同构成,并且提出了正确的问题:"特定的环境条件"如何产生,这些条件在什么时候、什么地方和什么原因"与全球资本主义的趋势……:积累,增长和危机缠在了一起(或者是没有)"?(皮特等人所编《全球政治生态学》,2001,29 页)然而,尽管有政治生态学的所有这些全球咒语,世界体系仍然是一种理论的而非历史的建构,是一种交给了特定条件之"背景"的普遍性,似乎资本主义本身倒不是一个有着自身特定的生产和力量之条件的特定场所![尤其参看摩尔《阿姆斯特丹站在挪威上面》》第 1 部,《土地变化学刊》10 卷 1 期(2010),35—71 页。]背景化,而不是具体化,世界-历史的动力就让政治生态学有了一种社会简化论的政治经济学,而不是一系列涉及资本积累作为社会-生态过程的命题。

民粹主义者将 21 世纪的全球动荡解说为"会聚的"危机,①这种观念或许就极为清晰地表明了这一点。就与 1970 年代那种危机论述的决裂而言——1970 年代的论述认为那些生物物理矛盾是从资本和阶级危机中分离出来,会聚危机的语言已是一个重要的进步。② 不过,从另一种意义而言,2008 年以来对资本主义的激烈批判,已经完全超越了对笛卡尔式的危机趋势分类。人们现在已经可以在 21 世纪资本主义重大断裂的增生名单上加上"气候"或"生态"了。

"自然加资本主义"的思路已经越来越没有产出能力了,因为这种思路是添加而非综合。现在红色批评与绿色批评紧密配合,但无论是红色还是绿色都没有走向一种综合,这种综合依据"环境制造"展示出"经济制造"的关系性概念的重建,反之亦然。③

将全球资本主义理解为一种"真实"的历史场所,将它理解为人与人之外的自然一种真实捆扎的逐渐具体化,这种综合将这二者统一起来。然而,全球研究中的笛卡尔式思路很有灵活性,历史变化的那些关键概念仍然嵌在我们今天很少人会同意的本体论上,也就是人独立于其他自然。这种观念坚持认为,概念上的翻新可以靠着对形容词的混杂调用做到,如"环境的""生态的"和所有其他同类词,以为就是这些需要得到解说。于是,我们就有了环境正义和社会正义,生态帝国主义和经济帝国主义,对自然的剥削和对劳动的剥削,经济危机和生态危机等,这种程式化的名单可以无限扩大。生态性形容词的这种添加,对于旧的社会简化论的历史编纂学和分析框架无疑是一种进步,在过去那种思路中,无论何种意义上的自然都不起作用。

不过,自然加社会的模式在今天越来越自我限制。我们可以无限

---

① 参看乔治《会聚的危机》(2010);麦克迈克尔《土地的攫取》(2012)。
② 可将 D. H. Meadows(D. H. 梅多斯)等人的 *The Limits to Growth*(《增长的限制》)(New York:Signet/Mentor,1972)与阿瑞吉 "Towards a Theory of Capitalist Crisis"(《走向一种资本主义危机理论》)[*New Left Review*(《新左派评论》)111 期(1978),3—24 页]的例子进行比较。
③ 但可以看洛曼对碳排放市场、气候变化和世界积累的开创性分析:洛曼,"When Markets are Poison:Learning about Climate Policy"(《市场什么时候是毒药:了解气候政策》)(2009);《金融化、商品化和碳:新自由主义气候政策的矛盾》(2012)。

地添加环境因素和后果,但那些特定的历史性整体的建构,比如资本主义,不能是把社会部分和环境部分"加起来"。资本主义也不能用区域案例研究聚合起来,那些案例研究只是在理论层面(而不是历史层面)建构现代世界体系。

世界-生态想象:转向"资本主义在自然之中"的理念

尽管泰奥弗拉斯托斯看似用一种相当常见的方式使用"有利之地",以此来表示我们所称的生态位(ecological niche),但几乎持续一个世纪的整体论思想提出一个辩证的替代思路。[①]

在这种辩证和整体论的替代思路中,"有利之地"展示了历史变化在生命之网中既被包容又得到展现的视野。[②] 这种替代思路就是世界-生态综合。如同绿色思想的许多其他思路,这种世界-生态思路提出了一种历史哲学,作为人在自然之中的前提。[③] 世界-生态的独特性在于:它试图将这种哲学前提转化为世界-历史方式,强调人与人之外的自然通过"有利之地"实现的捆扎。这种捆扎必然让我们远远超越(所谓)人类活动的"环境"维度。我们关注的是一直业已存在的,人与其他自然相互渗透的那些关系,因此也就是生命之网中变化的生产者和产物。[④] 人在自然之中多方面的项目和过程,包括帝国主义和反帝国主义、从上到下的阶级斗争、资本积累的繁荣与危机,都一直是"有利之地"的产物,即使它们在"有利之地"中创造了新的力量与生

---

① J. C. Smuts(J. C. 斯默茨),*Holism and Evolution*(《整体论与进化》),New York:Macmillan,1926;卡普拉《转折点》(1982);福斯特《马克思的生态学》(2000);哈维《人口、资源和科学意识形态》(1974);哈维《环境的性质》(1993);莱文森、莱亨廷《辩证生物学家》(1985);E. Odum(E. 奥杜姆),"The Emergence of Ecology as a New Integrative Discipline"(《生态学作为一门新的综合学科的浮现》),*Science*(《科学》)195 期(1977);奥尔曼《异化》(1971)。
② D. Bohm(D. 玻姆),*The Essential David Bohm*(《大卫·玻姆概要》),L. Nichol(L. 尼科尔)编,New York:Routledge,2003。
③ 参看卡普拉《转折点》(1982);C. Folke(C. 福尔克)等人,"Resilience Thinking"(《有灵活性的思考》),*Ecology and Society*(《生态学与社会》)15 卷 4 期(2010),http://www.ecologyandsociety.org/vol15/iss4/art20/。
④ 威廉姆斯《自然的观念》(1972)。

产的关系，也是如此。

所以，世界-生态就是一种理论概括的框架，以此来分析资本主义文明中那些至关重要的关系的战略性捆扎。这些战略性捆扎——最重要的是作为自然中抽象劳动的价值/资本——被典型地视为是一些社会关系，首先是人与人之间的关系，然后才是人与其他自然的相互作用。环境史从它起源时起，就试图在一种新的阐述中解决这种社会决定论。40 年前，克罗斯比（Crosby）就认为，在成为天主教信徒、资本家、殖民者或其他任何身份之前，人首先是生物实体。[①] 可惜，克罗斯比的这个开创性观点，没有用彻底的倒置来解决社会决定论的问题。因为，人的生物性存在是集体性与合作性的，开启了这个物种一些特定的用于象征层面的生产和集体记忆的能力。生物学与社会性并不是分开的，如果将其认定为分开，那就是做了一种霍布森式的选择：不是生物决定论，就是社会简化论。庆幸的是，"有利之地"给了我们一种真正的选择，我们可以将"所有人类历史的第一前提"视为生命之网中的生产者/产物之关系。[②] 所以，获取食物和家庭创造曾经是（也仍然是）作为生物协商与地理协商之关系的文化/社会性之事，是环境制造的方式。它们并非历史变化的某种机械的基础或上层建筑模式中的"自然基础"，而是"与其他自然"的构成关系，人通过这种关系生产"确定的生活方式"（人也是这种关系的产物）。[③]

这个观察结果不仅可以应用于日常生活的那些关系，而且也可用于现代世界体系中那些力量与生产的大范围模式。资本主义作用于自然，而不是通过生命之网来发展，这种观念在今天批判性的环境研究中仍很流行，它是一种广义的全球政治生态学的分析实践，即使其哲学前提已显然相关时，也仍然如此。[④] 我们现在已经有了一种强健

---

① A. W. Crosby，Jr.（A. W. 小克罗斯比），*The Columbian Exchange*（《哥伦布大交换》），Westport，CT：Greenwood Press，1972。
② 马克思、恩格斯《德意志意识形态》（1970），42 页。
③ 马克思、恩格斯《德意志意识形态》（1970），42 页。
④ 福斯特等人的《生态断裂》（2010）；N. Heynen（N. 海宁）等人所编 *Neoliberal Environments*（《新自由主义环境》），New York：Routledge，2007；皮特等人所编《全球政治生态学》（2011）。

的环境政治经济学,但生命之网中资本积累的重建工作很少。[1]

　　这就使得诸如"化石燃料资本主义"[2]观点等各种模样的新马尔萨斯倾向能够混进左翼生态学。它们之所以是新马尔萨斯派,是因为它们复制了马尔萨斯原来的错误,这个错误与人口无关,而在于从历史中除去了自然的动力学。在这个体系中,限制是外部的,而非合作生产出来的。随着全球政治经济学和政治生态学的发展,学者们倾向(含蓄地)接受或(明确地)排斥这样一种限制概念;但是,资本主义的限制通过"有利之地"而生产,这方面的概念重建工作仍然很少。

　　资源是指向它们自身的事物,资本主义的限制是外部约束而非内部矛盾,这样的观点对于我们的时代来说当然不新,即使在 1970 年代也不新。这种观点不仅将资本主义限制的主要根源定位在资本主义那些战略性关系之外,而且也定位在历史变化之外,这一点也很重要。在这样一个事物格局中,社会限制是历史性的、灵活的、可以重新审视的,但自然限制实际上在历史之外。如同中介问题一样,我们或许可以问:探知文明限制的最好步骤就是把限制力量归于笛卡尔二元论的此端或彼端吗?在这种自然/社会模式带来的后果中,有一种就是将限制视为"外部"的明显趋势。关于资本主义的限制的讨论,与社会简化论相对立的是生物圈决定论。这是左翼灾变论者的观点,他们在气候变化的面纱下重新引入了生物圈决定论,认为气候变化的轨道正在改变地球生命的环境,但解释这种转变时不能将气候作为外力来对待。

　　生物圈是一种限制,但这是内容上的限制,而非方式上的限制。说"限制",就会涉及外部,却暗示着"有利之地"。只有通过历史抽象

---

[1] 但可参看伯克特《马克思与自然》(1999)。

[2] A. Malm(A. 马尔姆), "The Origins of Fossil Capital: From Water to Steam in the British Cotton Industry"(《化石燃料资本的起源:英国棉花工业中从水力到蒸汽》), *Historical Materialism*(《历史唯物主义》)21 卷 1 期(2013),15—68 页; E. Altvater(E. 阿尔特瓦特), "The Social and Natural Environment of Fossil Capitalism"(《化石燃料资本主义的社会环境与自然环境》),见 L. Panitch (L. 帕尼奇)和 C. Leys(C. 莱伊)所编 *Coming to Terms with Nature: Socialist Register* 2007(《与自然达成妥协:2007 年社会主义者语域》),London: Merlin Press, 2006。

而非一般抽象,历史限制才能得到解释。所以,"一般自然"是没有什么直接用处的。"自然"这种一般抽象,不能加深我们对生物圈限制的理解,这种限制是双重内在性的产物:生物圈关系在资本主义文明中的内化,价值关系在生物圈再生产中的内化。

这种历史的自然,让我们从视自然为对象的老生常谈,转变为视自然为矩阵,是资本主义处在其中的展开之地。我们仍然对这些我们称为资源的对象感兴趣,但依据马克思的关系本体论,我们可以视资源为关系性的,从而也是历史的。① 地质学是真实的,但它通过力量与生产的一定关系而成为地理-历史学,在这种关系中,地质的处置是内在的。地质不可能"直接决定"生产的组织,②这是因为生产关系是合作生产出来的。生产与再生产以"有利之地"为中介进行连接,有机生命与无机环境的辩证法更是如此。③ 换言之,地质与具有历史特定性的人的关系相捆扎,合作生产出力量与生产。包括地质在内的这些特定关系,经历着持续转变。一个塑造时代的例子就是 19 世纪北大西洋能源体制从木炭和泥炭转为煤炭时,人的活动的重新捆扎。以此来看,地质就既是主体又是客体。文明是通过而不是围绕生命之网而动。

通过"有利之地",我们可以将现代世界中最宽广的元过程理解为社会-生态的,从家庭的形成到种族的等级到工业化、帝国主义和无产阶级化,都是如此。从这种视野出发,资本主义并不是在全球自然之上发展,而是通过人与其他自然的凌乱而带偶发性的关系浮现出来。对于我们大多数人来说,并不存在世界历史的这些巨大过程看似是混合之物或融合之物的问题;不过,如果我们假定了社会和自然有一种起始上的分离,那么"混合""融合"这类术语就还有意义。一旦我们

---

① 马克思《资本论》第 1 卷(1977);奥尔曼《异化》(1971);哈维《人口、资源和科学意识形态》(1974)。

② S. G. Bunker(S. G. 邦克)和 P. S. Ciccantell(P. S. 西肯台尔),"Economic Ascent and the Global Environment"(《经济上升与全球环境》),见 W. L. Goldfrand(W. L. 戈德弗兰克)等人所编 *Ecology and the World-System*(《生态与世界体系》),Westport,CT:Greenwood Press,1999,25 页。

③ 伯奇、科布《生命的解放》(1981)。

开始紧密地看待这些历史过程——能源体制和农业革命,当然,也包括民族主义、发展项目、民族文学、金融化,那么我们就会看到它们事实上如何深深地植根于"有利之地"中。通过"有利之地"捆扎的这种运动,我们或许既可以将环境研究的那些关注——书写社会进程的环境史——包容进来,同时又展示这些社会进程也是生命之网的产物。这就是从现代性的环境史向现代性作为环境史的转变。要完成这个转变,就涉及从视资本主义为一种社会体系转变为视资本主义为世界-生态,将资本、力量和自然融入一种"众多决定的丰富总体"之中。[1]

从环境到环境制造

以这样一种观察方式,世界-生态中的"生态"就不是一个由地理形容词修饰的名词,也不是人之外的自然中那些相互作用的同义词。相反,我们的生态源自"有利之地",在"有利之地"中,通过它,物种制造或重新制造多样的环境。自然既不被拯救也不被毁灭,它只是转变。"有利之地"代表着马克思"物质代谢"(Stoffwechsel)概念[2]内在辩证逻辑的一种激进阐述。"物质代谢"指"自然的一种物质代谢……在其中,社会和自然并不能因它们意识形态分离暗示的固定性而稳定下来"。[3] 在这种辩证阐述中,物种和环境同时既制造彼此又破坏彼此,总是如此,在每个转折都如此。所有生命都制造环境,所有环境都制造生命。

这就暗示着从环境到环境制造的转变:人与环境在历史变迁中持续变化、相互渗透和相互交换的辩证关系。我们关注引导环境制造的那些关系,以及逼迫出环境制造新规则的那些过程,比如从封建主义

---

① 马克思《政治经济学批判大纲》(1973),100 页。
② 马克思《资本论》第 1 卷(1977)。
③ N. Smith(N. 史密斯),"Nature as Accumulation Strategy"(《自然作为积累战略》),见帕尼奇、莱伊所编《与自然达成妥协:2007 年社会主义者语域》,London:Merlin Press,2006,xiv 页。

到资本主义的这个漫长转变。[1] 冒着说得过于具体的危险，我得说，"环境"不仅是原野和森林，它们还是家庭、工厂、写字楼、机场，以及城乡各种各样的建构环境。

资本主义通过自然的合作生产、对力量的追逐，以及资本积累而成形。不过，它们并非通过反馈链接相互联系的三个独立的关系块。相反，这三者在历史的资本主义的制造中相互渗透，在它今日的拆解中也是如此。我们通过将特定的人与人之外活动和运动带到一起（捆扎）的"有利之地"，来勾勒那些特定的历史关系的浮现。当马克思观察到人"作用于外在自然，以这种方式……同时改变［我们的］自身自然"，[2] 他就提出了一个观点：在一种世界-生态的意义上，劳动过程作为"捆扎"的中心性。"外在自然"并非在劳动过程之外，而是劳动过程的构成要素。处于人与人之外的自然之间这种枢轴关系，既解放，又限制，二者轮转。环境制造是所有生命的活动，人也栖息于并修改那些人之外中介所"制造"的环境。

无疑，在环境制造上，人是格外能干的：重新配置生命之网以适应它，激活一些特定的力量与生产的关系。在这种世界-生态视野中，文明并非作用于自然，而是通过"有利之地"来发展。文明是人与人之外的自然一些关系的捆扎。这些捆扎处在"有利之地"之中并通过"有利之地"形成、稳定并周期性地瓦解。人是从里面而不是从外面与作为一个整体的自然联系起来。无疑，人是一种特别有力量的环境制造的物种。然而，这并不能将人的活动与其他自然分隔开来。人之外的自然生命的制造环境的活动塑造着我们，对于它们来说，人（个体的和集体的）是被制造出的"环境"，同时也要去"撤回"它。[3] "说人的物质生活和精神生活与自然相连，不过是意味着自然与自身相连，因为人是

---

① Moore（摩尔），"The Modern World-System as Environmental History?"（《现代世界体系作为环境史？》），《理论与社会》32 卷 3 期（2003），307—377 页；《生态与资本主义的兴起》（2007）；《"阿姆斯特丹站在挪威上面"》第 1 部和第 2 部（2010）。
② 马克思《资本论》第 1 卷（1977），283 页。
③ 莱文斯、莱亨廷《辩证生物学家》（1985）。

自然的一部分。"①

如果说人与人之间的所有关系、人的活动的所有关系都通过"有利之地"而展现（它自身也展现这些关系），那么，可以得出这些关系无论何时何地都是一种与其他自然的关系。工作同时发生在内部和外部，这就是一种辩证法：地球是人的环境，人也是地球这个星球上其他生命的环境（和环境制造者）。回答这些问题的通常思路，将人与人之外的自然的辩证法视为一种相互作用；然而，这种相互作用论的模式是一种宏大（我认为未必靠谱的）简化论的前提。人，就其自身而言，是生物物理决定的复杂之网。对于亿万微生物共生有机体（微生物群系）来说，我们也是"环境"，而这些微生物群系又栖息于我们，让我们的生命活动成为可能。换言之，我们是与"众多世界中的众多世界"打交道。②

然而，问题还不限于简化论。辩证法的内涵超过相互作用，这个区别对我们怎样看待历史变化有着重大含义。即使是在激进的批评家中，笛卡尔式的社会（不带自然的人）与自然（不带人的环境）二元论也一直居支配地位。③ 从"有利之地"的视野出发，笛卡尔式的观点在理论上是武断的，在经验上是误导的。在食物的培育和消费问题上，围绕着"社会"和"自然"画一条界线试试？一片稻田或一片麦地，一处养牛场或我们的餐桌，自然过程在何处结束？社会过程又在何处开始？对于我们生活于其中并试图加以分析的日常现实，这个问题本身就显示了我们那些笛卡尔式语言的力不从心。一个人可以说我们是社会和自然的存在，但这不过是回避问题。人什么时候是"社会"存在？什么时候是"自然"生物？支配这些变化边界的关系是什么？就食物而言（当然不只食物），这个过程中的每一步都是捆扎着的。所以，问题就变成了"人与人之外的自然如何组装在一起？"而非"是社会

---

① 马克思《1844 年经济学哲学手稿》（2007），107 页。
② R. E. 利等人的《众多世界中的众多世界：脊椎动物肠道微生物群的演变》（2008）。
③ 参看福斯特等人的《生态断裂》（2010）。

还是自然？"对这个问题的充分回应，必须通过某种形式的辩证性的"有利之地"的论证。

这种论证引导我们将资本主义视为项目与过程的某种辩证法。一方面，资本主义中介的那些项目，简单而言就是资本和帝国，作为外在障碍与其他自然对峙，同时也作为财富和力量的来源。另一方面，这些项目也通过一些过程——捆扎着的自然的任性运动——而合作生产出来，文明项目通过这些过程发现一些巨大的矛盾：比如21世纪的全球变暖，或者14世纪中期农业生态耗尽枯竭、疾病和（今天仍然如此！）气候变化的影响。从这个角度看，文明以一种偶发然而准线性的方式内化各种自然关系，文明是在（所谓）人类历史的过程之中这样做，是通过（所谓）人类历史的那些项目这样做。

强调项目与过程的辩证法，是避免我们倾向于接受资本本体论的一种手段，那种观念认为人（或人的组织）作用于自然，而不是在自然之中进入相互转化的一个个瀑布。至关重要的是：这也是一种突出本体和认识二元论之真实历史力量的手段。"自然"或许是一种粗暴抽象，一个其中的基本关系被从真实中抽象出来的概念，[1]但它也是一种真实的抽象，世界中的一种运作力量。[2] 无疑，自然/社会并非唯一的二元论，但它是一种源头性的二元论。将农民与土地分离，人与自然的象征分离，就是一个奇异过程。自然作为一种粗暴而真实的抽象，它的浮现，对于资本主义兴起时原始积累如同瀑布倾泻的象征-物质转化，是至关重要的。

制造历史的能力是一种表达，不仅是人类种群中内在区分的条件与关系的表达，也是生物圈区分的条件与关系的表达。对于生命的历史运动及流量，以及我们这个星球的地球物理学运动而言，人类也是一个对象。所以，制造历史的这些能力或许转化为外—内与内—外。（我们的双重内在性。）疾病、气候或植物制造的历史如同任何帝国一

---

[1] 索耶《抽象的粗暴》（1987）。
[2] 托斯卡诺《真实抽象的公开秘密》（2008）。

样多，今天真有人对此怀疑吗？同样，将疾病、植物或气候从积累、帝国或阶级中抽象出来，然后明确讲述它们的作用，这可能吗？这样的询问思路，就允许我们超越那种视自然为人留下足迹之地的观点。它鼓励将自然视为整体的主动运动，它包含了采伐森林和毒化污染以及所有其他活动，但又不能简化为这些。通过"有利之地"，我们可以将历史视为——也是历史性地重建为——远不止是各种后果（采伐森林、土壤侵蚀、污染等）的聚集。人之外的自然的这些运动和循环是历史变化的生产者/产物，内在于历史变化的那些运动。自然作为矩阵，是文明历史中的原因、活性状态和构成（捆扎）中介。

在哲学和区域史的领域提出这些观点，已是颇具挑战性；自然起着作用——它作为生产者不亚于它作为产物，建构这样的长时段叙述，就更具挑战性了。这就是世界-生态迎头面对的挑战。如果我们的自然哲学中，自然在本体层面起作用，那么我们就可以在分析层面来展开人—生物圈的双重内在性。人同时创造和摧毁环境（如同所有物种一样），所以我们的那些关系就同时既在其他自然之中、被其他自然所创造又被摧毁（这种同时，随时间和空间不同而可能有所不同）。用这样的视角，自然的地位就有了大幅度的转变，从作为资源的自然转变为作为矩阵的自然。自然既不能被摧毁也不能被拯救，只是以各种方式重新配置，这些方式的解放性或压迫性各异。不过要注意：我们提出的"解放"和"压迫"，并非狭隘地从人的立场出发，而是经由"有利之地"的人与其他自然的搏动的、更新的辩证法。现在的关键正是这一点（也许在人类历史上，我们从未如此清晰表达过）：不要从人和自然的立场来理解解放或压迫，而要从人在自然之中和自然在人之中的视野来理解。

第二章

生命之网中的价值

每一种文明都必须决定什么有价值。马克思主义传统有时提到一种"价值规律",然而在对资本主义、它的历史运动和它与生命之网的关系的绝大多数激进分析中,这种"规律"几乎找不到。绿色派,即使是马克思主义绿色派,倾向于以某些方式回避价值的问题,但又用别的方式拥抱它。的确,"价值规律"的精神对于绿色批评来说至关重要,因为它询问我们怎样看待自然:是作为部分还是作为一个整体,或是作为价值?什么是一种可持续文明的伦理?现代世界中,对自然的估价如何实现——通过市场、国家还是观念?马克思主义与绿色思想在这些线索上某种富有生产力之综合的可能性,就是我想要表明的。我以提出一个问题来追寻这种综合:通过"有利之地"来解读马克思的价值规律,这将会如何帮助我们理解资本主义从起源至今的发展、危机和重建。

各个文明以自身的优先考虑而成形和界定,也就是决定哪些事物和哪些关系有价值。它们对力量和财富再生产的规则,体现为对什么有价值或者什么没有价值的选择。对于资本主义来说,这个选择清晰而独特:价值由商品生产中的劳动生产率来决定,也就是普通商品中的平均劳动时间。这样一种价值是前所未有的,它的表现非常壮观。对于封建主义以及通常的"纳贡"文明来说,财富体现为土地生产力。此前从未有任何文明考虑过将财富的度量标准从土地生产力转变为劳动生产率。平均工时能生产多少蒲式耳的小麦、稻米或谷类,一公顷(或一弗隆①或一亩)的土地能生产多少蒲式耳,这就是二者的差别。

当然,这样的对比并不限于谁生产什么、盈余来自哪里和流向谁。价值的"规律"也与居于支配性地位的伦理-政治对什么有价值的判断有关。看一片森林,一个资本家看到的是美元符号,一个环境学家看到的是树木、鸟儿和土壤,一个世界-生态主义者看到的是人和其他物种合作生产了这片森林以及这片"捆扎的"森林今天如何同时适应和束缚资本。我们在第十章将看到,这些伦理-政治评估与资本主义的廉价自然战略相交织,在 21 世纪前期已经达到了一个新阶段。它们的矛盾不仅导致了一种走向更为粗暴、更为毒化、更为压迫的资本主义形式的运动,而且也激起了一些强有力的反向运动。今天,这些反向运动不仅是挑战性的,而且对资本主义的价值规律提出了一些替代方案。

资本主义的世界-生态中的价值关系:一个概要

什么是价值规律? 首先,我们要清楚是从马克思那里拿来"价值"一词,他则取自黑格尔。在这个意义上,"规律"不是一种决定的铁律,而是"黑格尔'抽象'意义"②中的法则。那么,说"价值规律",就不是把历史装入一个结构性抽象的牢笼之中,而是深入提出一种关于力量和生产之持久模式的工作命题,这种模式占据了历史的资本主义的时

---

① 英国长度单位。——译者注
② P. M. Sweezy(P. M. 斯威齐),*The Theory of Capitalist Development*(《资本主义发展理论》),New York:Monthly Review Press,1970,19 页。

间和空间。用一个马克思喜爱的隐喻，价值规律就如一种引力场，塑造广泛的模式，但也允许一些重要的偶然性。

其次，笛卡尔二元论的持久遗产之一，就是在思考价值上的物质重于关系。马克思主义者和绿色派亦是如此。马克思主义者说，价值是抽象社会劳动，由社会必要劳动时间所决定，即普通商品中的平均劳动时间。"不过，且慢！"绿色思想家发言了，"平均劳动时间只是让商品成为可能的一个因素。"①马克思主义的价值规律忘记了自然——有着大写 N 之自然——对人使用的所有产物的贡献。对于这种批评，马克思主义者颇自圆其说地回答：马克思政治经济学的整个基础，就是对"财富"与"价值"的区分。② 讨论看来就在这里停止了。它重演了一个较早的女权主义学者们的讨论。这些学者如同绿色思想家一样，正确地挑战了马克思主义者对另一种隐形工作的基础性贡献的忽略：人的生命的日常和代际再生产。如同我们知道的，这种工作主要是由女性承担。③

我们能够超越这个巨大分歧吗？绿色思想和女权主义洞察到资本积累中不付酬工作/能量的中心性，马克思主义视劳动生产率为资本主义下财富与竞争适应的度量标准，我们能够超越二者的分歧吗？

我觉得我们可以，我觉得前行之路看来就是如此。价值的实体是社会必要劳动时间，推进劳动生产率的驱动对于竞争适应至关重要，这就意味着对商品化劳动力的剥削是资本积累的关键，也是个体资本家存活下来的关键。然而，这并不是事情的终结。因为积累抽象社会劳动所必需的那些关系，必然规模更大、范围更广、速度更快、强度更

---

① 参看 S. G. Bunker（S. G. 邦克），"Modes of Extraction, Unequal Exchange, and the Progressive Underdevelopment of an Extreme Periphery"（《榨取模式、不平等交换与一个极端边缘地区加重的不发达》），*American Journal of Sociology*（《美国社会学》）89 卷 5 期（1984），1017—1064 页。

② 参看伯克特《马克思与自然》（1999）；福斯特《马克思的生态学》（2000）。

③ L. Vogel（L. 沃格尔），*Marxism and the Oppression of Women*（《马克思主义与女性压迫》），New Brunswick, NJ：Rutgers University Press, 1983；M. Dalla Costa（M. 达拉·科斯塔），S. James（S. 詹姆斯），*The Power of Women and the Subversion of the Community*（《女性权力与社群的颠覆》），Bristol, UK：Falling Wall Press, 1972；S. Federici（S. 费德里西），*Wages against Housework*（《家务劳动没有工资》），Bristol, UK：Falling Wall Press, 1973。

大。资本不仅必须无休止地积累和改革商品生产,它还必须无休止地搜寻和找到生产廉价自然的方式——即不断的低代价食物、劳动力、能源和原材料抵达工厂大门(或办公室门口,或……)。也就是占用四个廉价。资本主义的价值规律是廉价自然规律。

这个规律所说的其实是:积累的每一个巨大浪潮都启用廉价自然,即用低于平均水平的价值构成来生产使用价值。系统而言,当资本、科学和帝国(大类而言)联锁起来,成功地为资本释放出免费或低代价的人和人之外的自然的新来源时,廉价自然就生产出来了。四个廉价就处于这个廉价自然的核心,在资本主义的历史中循环式地再生产。廉价自然在这里得到了格外强调,因为我们的重点是资本主义看待世界的方式。这种资产阶级的视野,认为生命之网可以切成碎片,可以用价格和价值的计算来估价。

廉价自然是在某种历史特定意义上"廉价",由在食物、劳动力、能源和原材料这四项巨大投入上,社会必要劳动时间的周期性大幅度减少而界定。[1] 廉价自然作为一种积累战略,靠作为一个整体的资本去减少价值成分(但增加技术成分)来工作,靠为投资开启新机会来工作,就其性质而言,靠的是允许各种技术和新的自然种类去改变资本积累和世界力量的现存结构。在所有这些方面,那些被占用的商品前沿是核心的。

所以,紧密联系在一起的"内在"重建和地理扩张运动,就是恢复和重新配置这四个廉价。比如,漫长 19 世纪和 20 世纪那些巨大扩张就启用了廉价的煤和石油、廉价金属、廉价食物,同时,从东欧到东亚的大量的农民社会失去稳定。

不过,这里出现了一个关键点:这些运动所创造的廉价自然所需要的关系和条件,不能被简化为直接生产过程,甚至不是作为一个整

---

[1] 许多同行认为有"第五个"廉价:廉价资金(低息借款)。这无疑是真的。然而,低息借款——今天资本主义主要利益的战略优先考虑就是维持它——只有靠它,恢复廉价自然的能力才能起作用。低息借款有助于廉价自然的生产/再生产,但它并非廉价自然。不过,货币/资本/自然作为"有利之地"的本质关系,值得进行持续的调查研究和概念阐释。

体的商品进行生产与交换。这些都至关重要,不可缺少,但还不够。因为资本主义依赖一整套战略,来占用商品系统之外的人和人之外的自然的不付酬的工作/能量。这些战略不能被简化为所称的经济关系,而是靠科学、力量和文化的混合而作用。我知道这些都是粗略之谈,但击中要害。事实情况是相互渗透、凌乱杂芜、极为复杂的。至关重要的是科学、力量和文化在价值的引力场中运作,同时也合作构成这引力场。

由此带来的启示是爆炸性的:价值规律代表着社会必要劳动的决定作用,这种决定作用既通过组织与技术的创新,也通过对"女性、自然和殖民地"的不付酬的工作/能量的占用战略而发生,二者同时起作用。① 缺少来自其他自然的不付酬的工作/能量的滚滚之流——包括女性提供的,生产成本必将上升,积累必然缓慢。所以,每一个(对商品化劳动力的)剥削行动,都依赖着(对不付酬的工作/能量)一种甚至更大的占用行动。雇佣工人被剥削,人和人之外的其他事物也被占用。为避免读者以为我为资本主义开脱,让我改述一个马克思主义的老笑话:唯一比受剥削之事更糟糕的就是……被占用。资本主义的历史流过了商品生产之岛,在不付酬的工作/能量的大海中发展。这些占用运动,为无止境的资本积累(运动中的价值)生产了必要条件。

换言之,绝大部分工作没有价值,价值才起作用。

所以,资本主义之下的价值规律,由两个运动组成。一个就是资本作为抽象社会劳动的无止境的积累,另一个则是剥削关系和占用关系——二者融为一个有机整体——的不间断的扩展。这样的视野,强调价值形成与它必然更为广阔的价值关系之间历史的、逻辑的非同一性。马克思主义政治经济学将价值作为一种有着系统性含义的经济现象,但反向的阐释或许更靠得住:价值关系是一种有着关键性经济动量的系统性现象。

---

① M. Mies(M. 米斯),*Patriarchy and Accumulation on a World Scale*(《世界规模上的父权制与积累》),London:Zed,1986,77 页。

　　这种思路完全不是否认社会必要劳动对资本主义文明的关键性，而是在一个暗示着辩证方式的理论框架内，肯定了马克思最为伟大的贡献。所以，将价值理解为一种有着关键性经济动量的系统性现象，这使得我们可以将剩余价值的生产和积累与它再生产的必要条件连接起来。而且，它还认识到这些条件超越了资本循环：抽象社会劳动可能要通过对（人和人之外的）不付酬的工作的占用方能积累。价值形式（商品）和它的实质（抽象社会劳动）依赖价值关系，价值关系将雇佣工人配置于它必然更为广阔的再生产条件，也就是那些不付酬工作。重要的是，资本对不付酬工作的占用，超越了笛卡尔式的二元论，包含了人和超出人之外的工作，但又必然指向资本循环和价值生产。

价值作为方式：资本、阶级与自然

　　价值规律不仅是廉价自然规律，而且也是阶级斗争之地。如同我在别的地方讲过的那样，漫长 16 世纪中资本主义的兴起和特定价值规律的形成，是一个阶级斗争的过程；包含"全球波罗的海"和全球大西洋的大边疆扩张，部分是由西欧农民击退封建复辟的力量驱动的。这个价值体制，正是作为西中欧阻挡封建复辟的阶级斗争而浮现，并且推动了商品生产与交换在海外的扩展。任何地方任何时候只要价值关系延伸到欧洲中心地带，阶级斗争就很快达到了沸点。中欧采矿业和冶金业的繁荣与随之而来的德国农民战争（1525 年）就是例证，它们是一系列阶级斗争中最富戏剧性的，涉及工人和农民反抗资本与国家。[①]

　　所以，如同价值关系也不能被理解为独立于生命之网的社会过程一样，价值不能被视为一个分离的经验性过程，与经验性的阶级斗争、

---

① 摩尔《自然与从封建主义到资本主义》（2003）；《现代世界体系作为环境史？》（2003）；《生态与资本主义的兴起》（2007）；《"阿姆斯特丹站在挪威上面"》第 1 部和第 2 部（2010）。

阶级形成过程相并列。然而，没有什么现成处方能将我们从抽象结构主义或抽象唯意志论拔救出来，我发现唯一有用的引导，就是在自己的分析中，去把握资本逻辑与资本主义历史之间、看似"社会"与看似"环境"之间的活跃张力。只有这样，我们才能通过它来透彻思考人类历史中的"生死凌乱一团麻"。[1]

我的思路是，将积累过程浮现的矛盾视为一个出发点，走向一个更大的项目：将资本、自然和阶级斗争的历史统一起来，作为现代世界体系中的交互关系运动。如同社会简化论和环境决定论代表了双重危险一样，抽象一般论和抽象特殊论也是如此。[2] 我的替代思路是：将资本主义的价值关系作为一个切入点，一个开启现代世界中力量、生产/再生产和自然之新问题的途径。必须承认，资本的矛盾并不讲述现代世界中历史变化的整个故事，但所有的非偶然事件都有着一些模式，这些模式在力量与生产的特定关系中既凝聚又分离。这些关系被价值规律所引导、塑造和影响，随着时间推移越发如此。

我的观点由三种观察结果而得出。

首先，价值规律通过资本对生命之网的无情商品化和占用而建立起来，它又建立起了持久的"游戏赌注"。[3] 这些斗争从 16 世纪就一直存在。如同封建时代的阶级斗争历史通过领主征税比例上的斗争在其中浮现，[4]资本主义的斗争也通过剩余价值比例上的斗争展现出来。我并不打算说这就是故事的结束，但不提及这些赌注，故事就很难开始。

其次，价值作为世界历史项目，预设了一些虚假的东西：所有自然

① Donna J. Haraway（唐娜·J. 哈拉维），"Staying with the Trouble: Anthropocene, Capitalocene, Chthulucene"（《与麻烦共存：人类纪、资本纪、克苏鲁纪》），见 J. W. 摩尔所编 Anthropocene or Capitalocene?（《人类纪或资本纪?》），Oakland：PM Press，待出。
② F. Araghi（F. 阿拉吉）和 McMichael（麦克迈克尔），"Contextualizing (Post) modernity"（《(后) 现代的背景化》），提交给 the American Sociological Association（美国社会学学会）年会的论文，2004。
③ P. Bourdieu（P. 布尔迪厄）和 L. Wacquant（L. 华康德），An Invitation to Reflexive Sociology（《给反身社会学的邀请》），Chicago：University of Chicago Press，1992，177 页。
④ G. Bois（G. 博伊西），"Against the Neo-Malthusian Orthodoxy"（《反对新马尔萨斯正统》），Past and Present（《过去与现在》）79 卷（1978），60—69 页。

可简化为一个可互换的部分。这种虚假化强有力地影响了真实自然
向简化空间的转化，比如经济作物的单一种植，尽管可能只是部分。
更为重要的或许是，价值规律作为历史-物质运动的浮现与发展，竟然
难以置信地没有与象征层面和科学的革命相伴，而恰恰是这些革命
"发现了"早期现代欧洲在时间与空间上的同质性。在现代世界中，价
值形式渐渐巩固为财富的度量标准——1450年后，就没有对商品化的
系统性逆转了，价值形式激活了资本直接循环之外的各种方式的"测
量革命"，[①]但又显然与价值的简化推力相协调。价值有着让时间空间
类同的幻想，在一个围绕此而运转的象征-物质世界中，福柯的生物政
治"力量的规则化"[②]是难以想象的例外。的确，"度量现实"[③]的彻底
变革，都成了此后那些扩大和加深资本化与占用所有生命的运动的
前提。

　　最后，一种植根于历史的研究价值问题的思路，让我们可以去解
决一个解释性的问题。一方面，倡导一种资本在自然之中的关系性本
体论的人，迟疑于将资本主义解释为世界-历史性和世界-生态性过
程。[④]另一方面，环境史学家们（颇有道理地）集中关注地貌改变、能
源消耗、污染等，却不情愿从"环境"走向"有利之地"，然后再走回
来。[⑤]价值理论的一种世界-历史性复原提供了富有成效的深入路径，

---

① W. Kula(W. 库拉)，*Measures and Men*(《测量与人》)，Princeton：Princeton University Press，1986.

② M. Foucault(M. 福柯)，*Society Must Be Defended*(《社会必须得到捍卫》)，New York：Picador，2003.

③ A. W. Crosby (A. W. 克罗斯比)，*The Measure of Reality*(《对现实的测量》)，Cambridge，UK：Cambridge University Press，1997.

④ 参看史密斯《不均衡发展》(1984)；布劳恩和卡斯特里所编《重新制造现实》(1998)；皮特等人所编《全球政治生态学》(2011)。

⑤ 环境史中一些关键性的讨论包括 W. Cronon(W. 克罗农)，*Changes in the Land*(《土地的改变》)，New York：W. W. Norton，1983；他的 *Nature's Metropolis*(《自然的大都市》)，New York：W. W. Norton，1991；他的《罕见之地》，New York：W. W. Norton，1996。克罗斯比《哥伦布大交换》(1972)；他的 *Ecological Imperialism*(《生态帝国主义》)，Cambridge，UK：Cambridge University Press，1986。W. Dean(W. 迪恩)，*With Broad Ax and Firebrand*(《带着阔斧和火把》)，Berkeley：University of California Press，1995；加吉尔、古哈《开裂的土地》，Berkeley：University of California Press，1992；R. H. Grove (R. H. 格罗夫)，*Green Imperialism*(《绿色帝国主义》)，Cambridge，UK：Cambridge University Press，1995；J. R. McNeill(J. R. 麦克尼尔)，*Something New Under the Sun*(《太阳下的新事物》)，New York：W. W. Norton，2000。麦钱特《自然之死》(1980)；他的 *Ecological Revolutions*(《生态革命》)，Chapel Hill：University of North Carolina Press，1989。怀特《有机机器》(1995)；D. Worster(D. 沃斯特)，*Rivers of Empire*(《帝国的河流》)，Oxford：Oxford University Press，1985。

同时也不必放弃上述两个阵营的洞见。同马克思一起,我将从"什么制造了资本"的分析,走向"资本制造了什么";从资本的逻辑,走向资本主义的历史。

为什么是马克思的价值理论? 那不是一种反生态的陈述,明显否认自然对资本主义发展的贡献吗? 我并不这样认为,这有两个重大理由。首先,价值是财富的一种历史特定形式,它的"原始资料"是土地和劳动。[①] 马克思的价值概念,已经将人和人之外的工作与它们的本质关系交织起来了。其次,价值关系的历史特定性不仅包含了雇佣工人,也包含了动用未被资本化的自然——土壤、女性劳作、农民的生产/再生产等,将此作为剥削比率的一个基本面。不过,资本主义中的价值仍然奇特而武断,这却也是历史的模式。把价值创造定为商品生产中的劳动力,这个模式就逼出了不停歇的地理扩张与重建。这必然不限于扩大储备的劳动力大军,也包括快速征用越来越宽广的未被资本化的自然领域,为推进劳动生产率服务。

如果"土地生产力"在资本主义之前的那些文明中占据首要地位,"劳动生产率"就成了资本主义时代的财富度量标准。这是一种简单的也被简化的逻辑。越来越多的人之外的自然附着于社会必要劳动时间的每一个量子上。越来越少的人生产得越来越多:越来越多的卡路里、越来越多的鞋子、越来越多的汽车、越来越多的东西。

这种劳动生产率的度量标准——对马克思价值规律一种粗糙和现成的简化,对于 1970 年代以来的绿色批评既是中心也不是中心。这一点最为明显地表现为批评农业产业化骇人的能量使用和营养产出的低效率。[②] 1970 年代以来,对于北半球不停提高的能源消耗来说,资本密集的农业变得更多地占据中心地位,而不是更少。美国

[①] 马克思《资本论》第 1 卷(1977),638 页。

[②] M. Perelman(M. 佩雷尔曼) , *Faming for Profit in a Hungry World* (《一个饥饿世界中为利润而种田》) , Montclair, NJ: Allanheld, Osmun & Co., 1977; D. Pimentel (D. 皮门特尔) 等人的 " Food Production and the Energy Crisis" (《食物生产与能源危机》) ,《科学》182 期(1973) , 443—449 页。

1997 年至 2002 年,达到了令人震惊的"80% 的能源流增加"。[1] 然而,与肆意挥霍的能源消耗相比,另一面则是从 1945 年到 1980 年代中期,先进的资本主义农业的劳动生产率增长了 8 倍多。[2] 通常的绿色批评难以解释的是:这种巨大的低效如何不仅是这个体系的产出,同时又是它的构成呢? 将财富视为抽象社会劳动(劳动生产率)的那种评估,会倾向于一种解释:只要能保证外部供应,社会-生态发展就会补偿自然(包括人的自然)的快速耗尽。

组织自然的一种特殊方式

现代性的价值规律是组织生命的一种极其特殊的方式。它在 1450 年后资本主义的兴起之中诞生,启动了一种前所未有的历史转变:从以土地生产力转变到以劳动生产率作为财富和力量的度量标准。这是一种机敏的文明战略,因为它能够部署资本主义的独特工艺——工具和观念、力量和自然之结晶——来占用未商品化自然的财富,为推进劳动生产率服务。1450 年后的 3 个世纪中,地貌和生物改变在规模、范围和速度上的巨大飞跃,或许就可以从这种观点来理解,我们将在本书第七章中看到。

我们可以转向资本主义最初的一些时刻,来看看这种独特的估价。从 16 世纪开始,价值规律就开始在商品生产和交换的全球延伸中成形,从萨克森和波多西的银矿到巴西和巴巴多斯的甘蔗种植园,以及斯堪的纳维亚和波罗的海地区的木材前沿。这是早期资本主义商业前沿战略,它对于时代转变是至关重要的,因为它将不付酬的自然作为机械的一种替代,以此提高了劳动生产率。每个地方,土地(森

---

[1] P. Canning(P. 坎宁)等人,"Energy Use in the U. S. Food System"(《美国食物体系中的能源使用》),经济研究报告 94 号,华盛顿:美国农业部,2010,1 页。

[2] P. Bairoch(P. 贝洛赫),"Les Trois Révolutions Agricilos du Monde Développé"(《世界农业发展的革命》),*Annales:É. S. C.*《年鉴:E. S. C.》44 卷 2 期(1989),317—353 页。

林、银矿脉、肥沃土壤）都被帝国、种植园主、领主、自耕农民和其他人组织起来，作为商品形式奴役下的生产力量，成为提高劳动生产率的机制。将未被资本化的自然整体作为一种生产力量，早期资本主义就能够以一种划时代的方式重新制造地球上的自然。[①]

远在资本主义出现之前，各个文明就一直在很大规模上重新制造自然：封建欧洲、希腊城邦、罗马人、一个接一个的中国王朝、苏美尔人，等等。在每一种情形中，都有非常重要的成群商业活动和商品生产，以及必然会有宏大的帝国项目如长城、金字塔等。1450 年后改变的则是时间与空间的单位和组织。现代之前的文明在几个世纪的时间里改变了区域，资本主义仅仅用几十年就改变了区域地貌。通过货币资本的力量来控制空间（实际上是生产空间），就出现了生产财富、自然和力量的一种模式，其本质上为全球化，中心则是商品形式。如同铁路或汽车是它们那个时代的中心一样，蔗糖生产也成为自己时代的中心，从马德拉群岛到圣多美，1450 年后迅速席卷了大西洋世界，接下来又一波波地卷入了伯南布哥、巴伊亚、巴巴多斯，从那里出发，又席卷了更大的加勒比海地区。银矿开采兴盛于中欧，燥动地从一个地点迁到另一个地点，然后通过帝国和金融的魔力迁移到相距半个世界之远的波托西，后又依次让步于 18 世纪萨卡特卡斯和瓜纳华托的巨大银矿。商品前沿以森林产品、捕鱼、铁矿和铜矿、谷物和亚麻生产为前提，带着同样的社会-空间节奏（不是一步一步来，而是舞蹈般地跳跃）前行，占领着，生产着，逐渐耗尽北大西洋一带的生态构成，从纽芬兰海岸延伸到挪威南部、维斯瓦河两岸和乌拉尔山脉的丘陵。[②] 与早期资本主义在技术或社会上呆滞的景观形成对比，全球占领和转变的每一个运动，都标志着社会组织、技术部署和地貌服从的新阶段。此前从未有过任何世界-生态体制进展得如此之快之远。决定性的事物已经改变了。

---

① 摩尔《生态与资本主义的兴起》（2007）；《"阿姆斯特丹站在挪威上面"》第 1 部和第 2 部（2010）。
② 摩尔《"阿姆斯特丹站在挪威上面"》第 1 部和第 2 部（2010）。

称自然/社会为"事物",这不过是重复我们要去回答的问题。然而,如果我们可以接受的话,哪怕是临时性地接受马克思价值理论所确定的历史的资本主义的"深层结构",那么我们对人与人之外的自然的工作如何交织起来就有了一个线索。人与人之外的自然的这种交织,它是价值的一种"规律",优先于劳动生产率,它动用未被资本化的自然,而不考虑它们的再生产。这样,我们就不只是对这个问题的简单重复了。我们已有可能将资本主义理解为一个前提,即生命之网中资本化与占用之(价值)关系上一种根本性不均衡的前提。而且,如果我们遵循马克思,确认外在出口(前沿)是中心——回忆一下他《资本论》一章章写下来,结尾时从"国内市场"的"征服"到"以全球作为战场的商业战争",再到"资本主义制度国际性质的增长"及其逐渐增加的系统矛盾的讲述,[1]那么,我们就可以开始将这种不均衡倾向的相继解决,视为本质上是自我限制的。探讨这种自我限制的运动,就必须从资本的逻辑走向资本主义的历史。

这种分析上的潜力至关重要,因为它有助于回答我们时代那个最大的问题:资本主义文明的限制是什么,这些限制怎样由人和其他自然构成? 如果说,资本主义的限制最终由生物圈自身决定,那就过于神秘了,尽管在抽象意义上这是真的,但这是一个将自然视为独立系统的观点。资本主义如何达到了极限,资本主义如何历史性地超越了极限,资本主义如何以一种方式相继重造历史的自然——而这种方式可能就为它的今日生存造成了棘手问题,我们如何富有成果地提出并试着回答资本主义处在自然之中的这些"如何"呢?

马克思的价值概念似乎提供了一种有用的思路来回答这些问题。它允许我们不仅可以辨别长时段内力量、生产/再生产和积累的模式,而且把握让这些模式浮现和演化的逻辑。我称这种方式为"引导的",因为我们将价值定位为一个引力场。经这个引力场成形的模式,以一

---

① 马克思《资本论》第 1 卷(1977),913、915、929 页。

种既准线性又偶发的方式来工作。在所有这些之中,货币当然非常重要,而且不限于资本主义文明,但货币所代表的东西没有货币自身那样凸显。货币在历史的资本主义中如此重要,因为它对于3个相互联结的过程是关键性的:(1)从人的活动中挖出来一个部分,也就是雇佣劳动,并给它以特别的价值;(2)使其他自然去价值化,以便让这些自然免费工作或以极低代价工作;(3)控制资本化与占用之间、"经济"及它的本质关系与生命之网之间演化的边界。对于货币积累("在它里面,所有商品都消融了自身")而言,商品生产(在这里,货币"将自身消融到所有商品之中")①的物质转化留下了印记并登记在册。将资本积累理解为既是客观过程又是主观项目,马克思这样的价值思考就提供了一种很有前景的思路,从整体上理解积累、生物物理变化和现代性之间的内在关联。

价值与社会必要不付酬工作的中心性

这些内在关联可以从现代性的起源上看到。它们支撑着早期现代资本主义那种土地和劳动的划时代的转变(见第七章)。不过,这些转变并非资本在其经济表现中的直接结果。那个奇特的度量标准——价值,定位了走向同样奇特的征服空间的整个中西欧。商品化和占用的地理运动,同时又被一种经由价值对空间的象征-物质的重新制造所决定。马克思称这种奇特的重新制造为"用时间消灭空间"。② 在漫长16世纪中,我们可以看到一种新的时间形式——抽象时间——在浮现。尽管所有文明的创建在某种意义上都在各种地貌中扩张,但没有一个像早期资本主义的地理实践那样,是以一种将地貌作为外部并逐渐抽象化的方式。资本主义廉价自然战略的精神,就

---

① 马克思《政治经济学批判大纲》(1973),142页。
② 马克思《政治经济学批判大纲》(1973),424页。

是将时间作为线性的,空间作为平面的,自然作为外部的。[1]

这是一种文明变形的"上帝戏法",[2]有着资产阶级的知识——量化上的专属印记和作为世界一面镜子的科学理性,于是,同一个世界就被现代性早期科学革命与帝国和资本的结盟所重塑。这"上帝戏法"是抽象社会自然的生产者和产物,这种合作生产的自然成为可以被测绘标示、被合理化、被量化的东西,而最为重要的则是:以一种让资本无止境积累感觉舒适的方式来控制。

换言之,有了抽象时间,就有了抽象空间。[3] 它们是自然作为抽象社会劳动这种怪异结晶不可缺少的推演。正是这种地位在上升的价值规律,它作为引力场而非机制发挥作用,支撑了早期现代性的异乎寻常的地貌和生物改变。我们在这些世纪中发现了资本主义廉价自然战略的起源,这种战略正是今天生物圈动荡的根源。这种战略使得劳动生产率大爆发式地一次次提高,靠的就是在四个廉价(劳动力、食物、能源和原材料)的生产上更为巨大的一次次爆发。其收获是:在对新来源的廉价自然进行标图、编码、调查、量化及其他方式的确定和促进时,资本与劳动关系并没有很好相配。后者涉及各种方式的知识-实践,它与区域力量紧密相连,但又不可简化为区域力量。在区域力量中,资本与不付酬工作之关系的扩张性再生产是中心,这就是抽象社会自然的领域,靠占用实现积累。

自然为外在的观念用起来很有效,这是因为资本"自身"扩张的条件是外在于资本的那些自然的定位与生产。(一个可感知到的合作的生产性过程。)由于这些自然是历史的,因此也是有限的。一种历史的自然的耗尽枯竭,很快就促进了新自然的"发现",它提供了性质更新、

---

① L. Mumford(L. 芒福德),*Technics and Civilization*(《独特工艺与文明》),London:Routledge and Kegan Paul,1934;麦钱特《自然之死》(1980);J. Pickles(J. 皮克尔斯),*A History of Spaces*(《一部空间的历史》),New York:Routledge,2004。

② D. Haraway(D. 哈拉维),"Situated Knowledges"(《情境知识》),*Feminist Studies*(《女权主义研究》)14 卷 3 期(1988),575—599 页。

③ 列斐伏尔《空间的生产》(1991)。

数量更大的不付酬工作的来源。所以，英国霸权的皇家植物园邱园就让位于美国霸权的"国际农业研究中心"，而后者反过来又被新自由主义时代的生物勘探、寻租行为和基因测绘所取代。[①]

然而，"自然"的起源还是要回溯到16世纪。早期资本主义的世界-实践，将象征层面的编码与物质刻写融合起来，走向对自然的一种鲁莽的盲目迷恋，集中体现为那个时代的测绘、科学和量化革命。它们是原始积累的一些象征层面的动量，创造着一个新的智力系统，它的傲慢在笛卡尔身上得到了人格化，这就是将人从其他自然中分离出来。

当然，廉价自然的起源不止于智力和象征层面。中世纪智力前沿的开拓，伴随着中世纪领土的开拓。尽管在某种意义上文明扩展对一切都有根本触动，但早期现代欧洲浮现了一个特别的地理推力。尽管所有文明都有某种前沿，但资本主义颇为不同。16世纪之前文明的前沿，比如封建欧洲对易北河以东的开拓，多多少少都是这个体系的输出；然而，随着资本主义的兴起，前沿制造就更为根本得多，不再仅仅是一个安全阀，而成了一个本质性的空间动量，去释放无止境积累的划时代潜力。资本主义力量对新的、未商品化空间的延伸，变成了资本主义生机的根源。我在别的地方也谈过早期资本主义商品前沿的历史地理学。[②] 现在，我想强调这些前沿的两根关系轴。首先，商品前沿运动不仅仅事关商品关系的延伸，尽管这是中心；但至关重要的还有：这些运动事关区域力量和地理知识的部署，这是商品导向之下占

---

① L. H. Brockway（L. H. 布罗克韦），*Science and Colonial Expansion*（《科学与殖民扩张》），New York：Academic Press，1978；J. R. Kloppenburg，Jr.（J. R. 小科勒蓬博格），*First the Seed*（《种子第一》），Cambridge，UK：Cambridge University Press，1988；K. McAfee（K. 迈克菲），"Neoliberalism on the Molecular Scale"（《分子尺度的新自由主义》），*Geoforum*（《地球论坛》）34 卷 2 期（2003），203—219 页。

② 摩尔，"Sugar and the Expansion of the Early Modern World-Economy"（《蔗糖与现代化早期世界-经济的扩张》），《评论》23 卷 3 期（2000）；《自然与从封建主义到资本主义》（2003）；《现代世界体系作为环境史？》（2003）；"Madeira, Sugar, and the Conquest of Nature in the 'First' Sixteenth Century，Part I"（《马德拉群岛、蔗糖和"第一个"16 世纪中对自然的征服》第 1 部分）；《"阿姆斯特丹站在挪威上面"》第 1 部分和第 2 部分（2010）；《马德拉群岛、蔗糖和"第一个"16 世纪中对自然的征服》第 2 部分（2010）。

用不付酬工作/能量所必需的。这种不付酬工作可由人送出,比如女性或奴隶,或者是人之外的自然送出,比如森林、土壤或河流。其次,由此开始,这样的前沿对于创造资本主义专属的廉价自然形式就成了本质性的。

将价值规律理解为人与其他自然捆扎之合作生产,这样的思路对于笛卡尔式之后的历史方式有什么启示呢?

对于马克思而言,使用价值和交换价值在表面上体现出了"使用价值和价值之内在对立"。[1] 马克思在《资本论》开始时的讨论非常抽象,以至于这个"内在对立"的意义未得到充分理解。说价值和使用价值内在相联,就等于说这种价值关系包含了一种关系,也就是说价值/使用价值必须以某种方式超越直接生产过程。

这里有一种联系,可以让我们把确定的"生产方式"与"确定的生命模式"在特定的历史实体中联结起来。[2]

这意味着,可以通过劳动力之剥削与廉价自然之占用这二者变化的配置来理解资本主义。付酬工作与不付酬工作的辩证法,要求后者(占用)与前者(剥削)相比时是一种大得不成比例的扩张。有一些被广泛引用的,对人[3]和其他自然("生态系统服务")[4]所做的不付酬工作的贡献的估计,就表现了这种实际情况。对不付酬的人的工作——绝大部分由女性提供——的一些定量测算,测出的数据从占世界 GDP 的 70% 到 80% 不等;而"生态系统服务"则是 70% 到 250% 不等。二者的关系很少得到理解,[5]它们在积累的漫长浪潮中的作用也很少得到

---

① 马克思《资本论》第 1 卷(1977),153、209 页。

② 马克思、恩格斯《德意志意识形态》(1970),42 页。

③ UNDP(联合国开发计划署),*Human Development Report* 1995(《人类发展报告 1995》),Oxford:Oxford University Press,1995;M. Safri(M. 塞夫瑞)和 J. Graham(J. 格拉哈姆),"The Global Household"(《全球家庭》),*Signs*(《标志》)36 卷 1 期(2010),16 页。

④ 科斯坦萨等人,"The Value of the World's Ecosystem Services and Natural Capital"(《世界生态系统服务和自然资本的价值》)(1997);"Changes in the Global Value of Ecosystem Services"(《生态系统服务之全球价值的变化》),*Global Environmental Change*(《全球环境变化》)26 期(2014),152—158 页。

⑤ 但可参看 P. Perkins(P. 珀金斯),"Feminist Ecological Economics and Sustainability"(《女权主义生态经济学与可持续性》),*Journal of Bioeconomics*(《生物经济学》)9 期(2007),227—244 页。

讨论。[①] 重要的是，不付酬工作所包含的并不限于劳动力日常再生产和农业与林业生产循环的不间断贡献，它还包含了对积累起来的不付酬工作的占用，其形式就是将儿童抚养为成年人的工作（比如农民的形成）和随后的推入或拉入到雇佣劳动中，还有化石燃料通过生物学过程形成，这些基本上是在商品系统之外的。

对不付酬工作的占用，意味着某种东西，它超越了那个重要然而仍属于部分性质的环境代价的概念，以及价值测定中"遗漏"的外在之物。[②] 因为，资本主义并不仅仅是一个不付代价（对"外在之物"）的体系，它还是一个不付酬（对"隐形工作"）的体系。这里，我们可以从马克思主义女权主义那里借来一个核心见解：不付酬工作的贡献并非"就在那里"，而是通过力量、生产/再生产和积累之复杂（然而模式化）的关系主动生产出来。我在这里冒卖弄之险说，自然的"免费礼物"并非"低垂之果"，并非不花多少时间或努力就可以摘到。

廉价自然是主动生产出来的。所有生命都被主动地、创造性地、不间断地卷入到环境制造之中，比如现代世界中人的独创性（现在这个样子）和人的活动（一直以来）必然激活特定自然的工作，从而占用特定的不付酬工作之流。这种激活是合作生产，捆扎着人与人之外的自然的生命活动，这既在当下，也随着时间而积累。

一种有着历史依据的价值理论，它有什么启发呢？一方面，资本主义生于并死于资本扩张的再生产——价值处在运动中。价值的实质是抽象社会劳动，或者社会必要劳动时间。另一方面，价值的这种产生又是特定的，它并不赋予一切以价值，只赋予资本循环中的劳动力以价值，因此也就依赖于一系列的贬值。大量工作——资本主义轨道中工作的主体——并不作为有价值的来记录。人的工作，尤其是女

[①] 关于不付酬的人的工作，参看 P. A. O'Hara（P. A. 欧哈拉），"Household Labor, the Family, and Macroeconomic Instability in the United States: 1940s—1990s"（《20 世纪 40 年代至 90 年代美国的家庭劳动、家庭和宏观经济的不稳定》），*Review of Social Economy*（《社会经济学评论》）53 卷 1 期（1995），89—120 页。

[②] 参看 R. Patel（R. 帕特尔），*The Value of Nothing*（《没有价值》），New York：Picador，2009。

性的工作,也包括人之外的自然执行的"工作",都是如此。赫里巴尔
(Hribal)颇有道理地问道:"动物是工人阶级的一部分吗?"①这个问题
本身就说明了价值规律的荒谬,然而又是一贯的现实。尽管在这个问
题上一直存在混乱,但有一点现在已经清楚了:马克思理解人之外的
自然为资本主义生产执行了各种各样有用(但并不明确有价值)的工
作,这种有用的工作对于资本关系是内在的。②　换言之,马克思对资本
的解读卓越地超越了笛卡尔。

　　所有这些贬值和无值形式的工作,都在价值形式(商品)之外,它
们不直接生产价值,然而它们是非常大的价值,不通过不付酬的工作/
能量,抽象劳动就不可能被生产。这使我得出一个不可避免的结论:
价值形式和价值关系并不同一。"所有一切的商品化",只有通过各种
生产力量不停的彻底变革才能维持,但也要通过再生产关系的不断彻
底变革来维持。再生产关系穿过了付酬/不付酬工作和人/人之外的
边界。这样,社会必要劳动时间的历史条件,就是社会必要不付酬
工作。

　　除去价值的工作变成了普遍化的商品生产与交换中一种"内
在……对立面"。③　在这种矛盾中,在扩张的资本再生产与生命的再生
产之间,我们就有了"两个宇宙、两种彼此陌生的生命方式,然而它们
的整体又解说着彼此"。④　这种既激活又约束付酬与不付酬工作之间
的张力,其地理意味是什么? 这就是前沿制造的必然性。社会-生态
的耗尽枯竭,可以理解为人/人之外的自然的既定捆扎已无能力再给
资本释放更多工作,这种浪潮的一再复发,就刺激了地理扩张的一再
复发。商品前沿战略之所以是划时代的,并不那么因为商品生产和交

---

① J. Hribal(J. 赫里巴尔), "Animals are Part of the Working Class: A Challenge to Labor History"(《动物
　 是工人阶级的一部分:对劳动史的一个挑战》), *Labor History*(《劳动史》)44 卷 4 期(2003),435—
　 454 页。
② 伯克特《马克思与自然》(1999)。
③ 马克思《资本论》第 1 卷(1977),209 页。
④ F. Braudel(F. 布罗代尔), *Afterthoughts on Material Civilization and Capitalism*(《对物质文明和资本
　 主义的反思》), Baltimore: Johns Hopkins University Press, 1977, 6 页。

换的延伸,那是商品前沿理论中一种常见的错误理解;① 相反,商品前沿之所以那么划时代,是因为它们在占用地带的延伸上快于商品化地带。当马克思谈论工作日的矛盾,谈论"工业病理学"的增多趋势,谈论"身体未腐烂的"人的自然将合并到世界无产阶级的必然性时,他就触及了关键性的辩证法(见第九章)。②

因此,将抽象社会劳动的影响等同于一种"经济"现象,这是不够的,尽管这的确至关重要。历史的资本主义,它无止境的前沿战略,成了世界如同无限这种看法的前提,这是资本和它那种无限可置换性之神学的狂妄。③ 其实,最好的情况也无非是:可置换性在一定的限制内发生——主要是它们所提供能源流和地理灵活性的限制。资本主义的历史是一种无情的灵活性的历史,而不是无限可置换性。一次接一次的世界-生态彻底变革,每一次都在"物质身体"的聚集上产生巨大突破,而且为商品生产制造了可供使用的新的不付酬工作/能量之流,它们得以实现的那些条件就可以理解为一个接一个的一次性之事。资本主义从泥炭、木炭走向煤炭再走向石油,从维斯瓦河两岸、英格兰南部和美国中西部的粮仓走向欧洲、非洲、拉丁美洲以及南亚与东亚的劳动前沿,这些都不是可重复之事。可置换性不会在无限的时间和空间中呈现。

在这样的解读中,抽象社会劳动是价值规律的经济表现,没有占用廉价自然的战略,这个规律是不能运转的。为什么?因为社会必要劳动时间的创造,要通过人与人之外的自然工作的一种变化平衡才能构成。换言之,社会必要劳动时间是合作生产的。如果气候变化抑制

---

① 摩尔《蔗糖与现代化早期世界-经济的扩张》(2000),409—433 页;"El Auge de la Ecologia-Mundo Capitalista, I"(《资本主义生态系统的繁荣》第 1 部分),Laberinto《解放》38 期(2013),9—26 页;《资本主义生态系统的繁荣》第 2 部分,《解放》39 期(2013),6—14 页。
② 马克思《资本论》第 1 卷(1977),380 页。
③ 大量的生态经济学可以作为对这种神学的持续批判。H. E. Daly(H. E. 戴利)和 J. Farley(J. 法莱),Ecological Economics(《生态经济学》)Washington, D. C.:Island Press,2004)中有一个有用的简介,也可参看 M. Perelman(M. 佩雷尔曼),"Scarcity and Environmental Disaster"(《稀缺与环境灾难》)(2007)。

了农业生产力,如同现在有些时候发生的情况一样,[1]生产的价值构成就相应变化,不仅仅农业是这样。社会必要劳动时间在生命之网中并通过生命之网构成和再构成。[2] 早期资本主义的地貌转变,以它们划时代的整体性而言,如果没有绘制空间、控制时间、为外在自然编目的新方式,是不可想象的,而这些单独放在世界市场或阶级结构变化的语境中难以解释。价值规律完全不能简化为抽象社会劳动,一定要找到它自我扩张的必要条件,这就是随之而来的占用廉价自然的创造。如果资本要预防生产成本的上涨,这些占用运动就必须通过经济之外的步骤和过程来得到保障。

这样说,我指的是不限于一波波原始积累浪潮的一些东西——我们已经将这些浪潮作为资本主义的周期现象接受下来了。[3] 这些浪潮仍然至关重要,但是,在我们现在重视的"扩展的再生产"与"靠剥夺而积累"[4]的辩证法之中,又有了致力于对自然进行测绘、量化和合理化的知识与实践,以此服务于资本积累。所以,就有了一种三位一体:抽象社会劳动、抽象社会自然、原始积累。这就是资本主义世界-实践的关系核心。这种不神圣的三位一体的工作是什么呢?生产廉价自然,扩大占用地带。总之,劳动、食物、能源和原材料这四个廉价自然的交付,必须快于由剥削劳动力所得到的剩余价值的积累。为什么呢?因为对劳动力的剥削速度(在商品系统中),倾向于把进入直接价值生产之中的生命制造能力耗尽:"资本不关心劳动力生命长度的问题。它唯一感兴趣的就是劳动力能够放入工作日中的尽可能大的量。它靠缩短劳动力的生命长度来达到这个目的,如同一个贪婪的农民靠榨取土壤肥力来获得更多收成一样。"[5]

---

① D. B. Lobell(D. B. 罗贝尔)等人,"Climate Trends and Global Crop Production since 1980"(《1980 年以来的气候趋势与全球粮食生产》),《科学》333 卷 6042 期(2011),616—620 页。
② "再生产过程,必须从商品特定成分在价值和材料上的替代这个立场来考虑。"马克思《资本论》第 2 卷(1978),469 页。
③ M. de Angelis(M. 德安吉利斯),The Beginning of History(《历史的开始》),London:Pluto,2007。
④ Harvey(哈维),The New Imperialism(《新的帝国主义》),Oxford:Oxford University Press,2003.
⑤ 马克思《资本论》第 1 卷(1977),376 页。

这种耗尽枯竭，可能采用明显的"生机枯萎"的方式。[1] 不过，它更经常地表现为某种已有的生产复合体在产出不付酬工作——人和人之外的自然所做的不付酬工作——的上升之流上的乏力。后面这种形式的耗尽枯竭，典型地由阶级斗争、生物物理变化、区域所造环境的"地理惯性"的倾向体现出来，由这些的某种结合而产生。[2] 在一个视为无限的世界中，资本作为一个整体表现出一种累积然而被周期性打断的趋势，要去找到和占用新的"身体未腐烂的"廉价劳动力、食物、能源和原材料地带。耗尽枯竭标志着资本的价值构成上升，以及一个已有的生产复合体为区域积累供应越来越多的不付酬工作到了衰落转折点。[3] 当"外国保留地"被确定并且占支配地位时，相关的"工业人口"的退化就无所谓了。[4] 对于人之外的自然而言，也没有很大的不同。英国农业，尽管并不一定在物质上耗尽了，但它 19 世纪前几十年向大都市资本送去廉价食物的上升之流的那种能力却无疑是耗尽了，[5]于是并不令人吃惊，处在自己世纪中期顶点的英国资本主义，是在来自北美和加勒比海的"新世界"前沿地带所供应的廉价卡路里——粮食和蔗糖——的基础上滋养自身的。[6]

我们现在可以把资本主义兴起与价值规律浮现之间的那些点联结起来了。价值关系将一种双重运动融入剥削和占用之中。在商品系统中，对劳动力的剥削为主宰，但由于其趋势是走向自我枯竭的，所以只有当对未商品化之自然的占用程度足以对抗这种枯竭趋势，它的

---

① 马克思《资本论》第 1 卷（1977），380 页。
② 摘自哈维《资本的限制》（1982），428—429 页。
③ 这解释了金融化复发浪潮的一些东西，它增加了一些衰退的世界霸权在它们"美丽年代"的利益，荷兰、英国和美国这些霸权都曾享受过积累的一种更新，由资本家在自身各自的地理位点中通过金融手段的部署来确保农业—工业扩张的果实，其基础是对世界其他区域廉价自然的占用［阿瑞吉《漫长 20 世纪》（1994）］。
④ J. Cairnes（J. 凯恩斯），*The Slave Power*（《奴隶力量》），London：Parker，Son and Bourn，1862，转引自马克思《资本论》第 1 卷，377 页。
⑤ Thomas（托马斯），*The Industrial Revolution and the Atlantic Economy*（《工业革命与大西洋经济》），New York：Routledge，1993.
⑥ 克罗农《自然的大都市》（1991）；Mintz（明茨），*Sweetness and Power*（《甘甜与力量》），New York：Penguin，1985。

主宰才有可能。

对此进行识别颇为困难,因为价值关系必然要比商品的直接生产宽广得多。商品生产的普遍化是通过价值关系之网进行的,这个网的规模和范围远远超越了生产。资本主义的发展问题,是雇佣劳动不均衡的全球化,与"其再生产条件的普遍化",这二者辩证连接起来了的问题。[①] 雇佣劳动在某种马克思主义的视野中占据中心,这并不错,却是部分性的,因为资本循环作为一个封闭体系有着不可持续性。采用新的分析思路,其困难的根源在于二元论已经内化在现代思维之中了。用我所建议的方式来建构资本主义,就等于是要超越男人/女人、自然/社会的边界,而这却是现代思想的整座大厦所依赖的。[②] 我们不仅需要通过付酬/不付酬工作——"生产性的"工作和"再生产性的"工作,将这种特殊却又互相形成的资本主义之下人的工作的辩证逻辑统一起来;我们还需要认识到资本主义的能量全靠长时段内占用和合作生产更具创意的对人与人之外的自然之工作的配置。

如果我们把付酬/不付酬工作的关系作为我们的前提,资本主义和价值关系就不能简化为资本的主人与劳动力的拥有者之间的关系。社会必要劳动时间的历史条件是社会必要不付酬工作,这种观察打开了一种远景,可以将资本主义作为穿越了笛卡尔二元论边界的生产与再生产之矛盾统一体来理解。一个意味深长的区分出现在付酬工作地带(对商品化的劳动力的剥削)与不付酬工作地带(生命的再生产)之间。这个矛盾统一体,靠着创造一个相对狭窄的商品生产领域而运作,在这个领域里,可以说劳动力在产出或升或降的生产力,它可以通过投入—产出的计算来表现(不完美地表现)。这个狭窄领域以商品生产中对劳动力的剥削为前提,它与一个宽广得多的占用领域相联系

---

① McMichael(麦克迈克尔),"Slavery in Capitalism"(《资本主义中的奴隶制》),《理论与社会》20 卷 3 期(1991),343 页。

② V. Plumwood(V. 普卢姆伍德),*Feminism and the Mastery of Nature*(《女权主义与掌握自然》),New York:Routledge,1993,41—68 页;M. Waring(M. 华林),*If Women Counted*(《如果算上女性》),San Francisco:Harper and Row,1988。

而运作,通过那个领域,从来自家庭的生命再生产到生物圈的多种多样的自然之"免费礼物",可以被拿来进入商品生产,但不会完全资本化。为什么不会呢? 这是因为再生产的资本化会受我们前面讨论过的耗尽枯竭趋势的支配,这就意味着资本价值构成的上涨,是一种资本必须承担自身代价更大比重的局面。

这种新的价值规律取决于商品生产中的社会必要劳动时间,它要求有一个广阔的(也是扩展中的)占用廉价自然的领域。早期资本主义在这上面很擅长:发展技术和知识,它们非常适宜于对廉价自然进行确认、编码和合理化。看待世界的这种新方式由文艺复兴时期出现的透视所启动,决定性地为资本主义世界-生态的一种新的组织工艺创造了条件,这体现于早期现代性的测绘-造船革命,比如从波多兰航海图和快帆船到墨卡托地球仪和西班牙大帆船,等等。

占用廉价自然,这在过去和现在都是一种很有创意的行为,远胜依赖掠夺的语言所能做到的。[1] "占用"代表着一种与"剥削"完全一样的生产活动。对基本财富的直接抢夺——这当然不是16世纪的发明,不能够为资本的无止境积累提供一个持久基础,而新的廉价自然的实践却可以。这里的占用实践与旨在全球扩张的世界市场和技术创新结合起来了。这些实践包含了很自觉的殖民战略,重新组织土著人口进入一些战略村,它们是劳动力的保留地,比如16世纪安第斯山区的集中传教社区和巴西的"村庄"(Aldeias)。[2] 这样的实践通过将土地既作为一种生产力量也作为一种"免费礼物",促进了剩余价值的上升速度。只要靠土著居民和非洲奴隶贸易而来的占用代价足够低,

---

① 参看 B. Clark(B. 克拉克)和 J. B. Foster(福斯特), "Ecological Imperialism and the Global Metabolic Rift"(《生态帝国主义和全球代谢断裂》), *International Journal of Comparative Sociology*(《比较社会学国际学刊》)50 卷 3—4 期(2009),311—334 页。

② D. W. Gade(D. W. 盖德)和 M. Escobar(M. 埃斯科瓦尔), "Village Settlementand the Colonial Legacy in Southern Peru"(《秘鲁南部的村庄定居和殖民遗产》), *Geographical Review*(《地理评论》)72 卷 4 期(1982),430—449 页;S. B. Schwartz(S. B. 施瓦茨), "Indian Labor and New World Planations"(《印第安人劳动与"新世界"种植园》),《美国历史评论》83 卷 1 期(1978),43—79 页。

那么,与上升的劳动率相伴的死亡率无论多么可怕,都不要紧。[1]

这就涉及不仅是经济历史编纂学的问题,而且是马克思主义政治经济学的问题。在对马克思的通常解读中,我们得到了剩余价值生产的两个范畴:绝对的(更多的工作时间)和相对的(同样的工作时间中生产了更多的商品)。马克思重点关注大规模工业兴起中起作用的基本趋势,这个焦点从那个时候到现在一直屡屡再现;但是,马克思也指向了关于剥削率的一种理论,它植根于人与人之外的自然的辩证法,在这种理论中,土壤肥力可以"如同固定资本的增长一样起作用"。[2] 我们可以把对土壤肥力的这个提及,作为人与人之外的自然的生命制造之能力的缩写。

即使某个地方异乎寻常的土壤肥力在某种意义上是"天生的",但它同样是合作生产的产物。比如,17世纪巴伊亚或19世纪美国中西部和大平原的土壤肥力,如果没有漫长16世纪的测绘-造船革命,或者是漫长19世纪的铁路革命和美国地域的合理化,这些肥沃土壤的慷慨只能是潜在的。这些"硬"和"软"的生产技术,通过驾驭这些自然能力来免费工作,从而提高了劳动生产率。不过,需要工作才能使这些自然免费工作。这就是早期资本主义技术进步的发明。只有通过资本、知识和人不同寻常的那些运动——每个运动都是旨在将自然的工作转化为资产阶级之价值的巨大精力支出,蔗糖前沿和小麦前沿才能重造这个世界。的确,煤和石油也是占用不付酬工作这个过程的鲜明例证。不过,这个观察,也就是认为化石燃料对于提高劳动生产率至关重要,已经变成了一种迷信,但同样的过程未能应用于早期资本主义。

这就形成了激进思考中一个巨大盲点:早期资本主义巨大的劳动

① Schwartz(施瓦茨),*Sugar Plantations in the Formation of Brazilian Society*(《巴西社会形成中的甘蔗种植园》),Cambridge, UK: Cambridge University Press, 1985;摩尔《生态与资本主义的兴起》(2007)。
② 马克思《资本论》第1卷(1977),238、636—638页;《政治经济学批判大纲》(1973),748页。

生产率革命几乎被普遍忽略了。① 我认为,之所以忽略,是因为我们的度量和叙述框架基本上不能把不付酬工作纳入价值关系中。所以,挑战就是:在我们的叙述框架和分析策略中,对一个接一个的生产力体制的分析之中,对那些使得付酬和不付酬工作的配置稳定下来、同时又周期性重建的方式进行内化。回到我们的早期现代框架内,我们或许可以问,怎样分析性地把 17 世纪巴西迈萨波土壤肥力这个意外收获加以内化? 或者是迁到波托西矿山"工人居住区"(强制雇佣工人)的家庭所做的那些贡献,或者是挪威和波罗的海地区的森林对荷兰共和国造船中心的贡献,或者是农业种植在瑞典农民淡季从事冶铁工作上的贡献——他们的劳动代价也就相应地比英国工人要低得多——在分析中把这一切加以内化。最为壮观的也许是非洲家庭的工作,这些家庭的儿女被压迫为奴隶! ——我又一次地逸出了笛卡尔社会/自然二元论的边界。

早期现代的劳动生产率革命,不仅取决于斯密的分工论、技术变化和组织创新,而且取决于价值的新工艺,通过它,廉价自然被测绘、被组织、被占用。廉价自然的"肥力"是商品地带中生产力提高的基座。或许是无心地,克拉克(Clark)提供了一个很有启发的对比,用卡路里来衡量标准显示的劳动生产率。在一篇与从能源角度批评产业化农业相合拍的文章中,克拉克提到,1800 年前后英国农业的平均"人工小时"的产出大约是 2600 卡路里,产品是小麦和牛奶,以小麦为主。② 对比之下,19 世纪前期巴西的临时性农田③农业,种植树薯、谷类和甘薯,产出介于 7000 到 17600 卡路里之间。④

这告诉我们什么呢? 最重要的是:它告诉我们,早期资本主义的

---

① 这个革命基本上不被承认,尽管有时候会暗示到。参看 D. Landes(D. 兰德斯), *The Wealth and Poverty of Nations*(《国家的财富与贫困》),New York: W. W. Norton,1998。
② G. Clark(G. 克拉克), *Farewell to Alms*(《告别施舍》),Princeton: Princeton University Press, 2007, 67—68 页。
③ 割除和烧除植被之后开出的田地。——译者注
④ 克拉克《告别施舍》(2007),67—68 页。

胜利是因为它占用令人震惊的现实存在,将世界各地未商品化之自然的非凡潜力加以实现的那种能力。如果 16 世纪的欧洲在任何技术意义上都属不同凡响的话,那么它在这个领域也不例外。食物是很好的样本,因为度量很容易,可以把人工小时意外收获之占用与早期资本主义的所有部门相乘。比方说,16 世纪后期英国矮林管理的森林与相对无人管理的挪威森林在木材劳动生产率上怎样不同? 或者是 1550 年前后长期开采的中欧银矿与波托西的塞罗里克银矿的劳动生产率如何不同? 这些不同并不在任何直接、线性的意义上"生产"出来,但这些丰富的前沿也并非就在那里等着去拿,它们是合作生产出来的。

在早期资本主义的生产力革命中,必然有一种意外发现与战略的混合在起作用:就意外发现而言,比如"新世界"的农作物(如谷类、土豆和树薯)是高产作物;就战略而言,比如新商品前沿(尤其是蔗糖和银)围绕这类高产农作物而积极建构生产体系。然而,即使旧世界的农作物被引入——秘鲁殖民地的西班牙人喜爱小麦,它们开始时的产量也异乎寻常地高(比起欧洲的平均产量要高一个数量级),在殖民统治第一个漫长浪潮(公元 1545—1640)中都是如此。[①] 有一个要点怎么强调也不算夸大:"廉价"食物的引入作为一种文明战略,"如同固定资本的增长一样起作用"。食物价格(价值构成)的下降,等于劳动生产率的提高,等于剥削率的提高。

收获是什么呢? 食物越来越便宜,原材料和能源亦是如此,这不能单单靠经济和区域手段来完成。廉价食物和作为资本项目的廉价自然,只有靠抽象社会自然的象征层面体制才能实现。

这些体制包含着由那些伊比利亚植物园组织的"植物知识的原始

[①] J. C. Super(J. C. 休珀),*Food, Conquest, and Colonization in Sixteenth-Century Spanish America*(《16 世纪西班牙美洲的食物、征服与殖民地化》),Albuquerque:University of New Mexico Press,1988;摩尔,"This Lofty Mountain of Silver Could Conquer the Whole World"(《这座高傲的银山能否征服整个世界?》),*Journal of Philosophical Economics*(《哲学经济学》)4 卷 1 期(2010),58—103 页。

积累"①、新的"地图意识"的浮现②、早期现代物质主义开启的"自然之死"③，等等。在本书后面，我们会有理由和机会再回到抽象社会自然这个问题上来。

早期资本主义及其之后，价值处在构成中的规律，通过两个同时发生的运动展现出来，与价值/使用价值的辩证法相呼应。后者是通过占用地带（价值的条件）而"生产"出来，包含了人和人之外的自然不付酬工作/能量。历史的资本主义之所以能够解决它一再出现的危机，是因为区域中介和资本中介延伸占用地带的速度快于剥削地带。这就允许资本主义一个接一个地突破看似不可克服的"自然限制"，这靠的就是强力压迫和科学，来启动劳动力、食物、能源和原材料这四个廉价自然的恢复。这四个廉价自然靠"由占用而积累"快于"由资本化而积累"的作用而生产出来。在一个资本化受限、但绝大部分生命不需资本之助而再生产的星球上，这是可能的。这就是早期但并非 21 世纪资本主义的真实。因此，就有了前沿的中心性和资本积累中的帝国主义。占用地带的巨大扩展，解决了资本主义的危机，这靠的是降低生产的价值构成、扩大物量产出、开创新的投资领域，这一切同时进行。只要资本化得到查核、占用可以释放，所有这些就可以继续下去。的确，这就是现代世界中资本、帝国和科学的历史，资本主义每个新时代都带来了新的工业化、新的帝国主义和新的科学。

结　论

将价值作为一种引导方式，就是承认过去 5 个世纪里现代世界体系中价值关系越来越增加的中心性。价值通过布罗代尔（Braudel）所

---

① J. Canizares-Esguerra（J. 卡尼萨雷斯-埃斯格拉），"Iberian Science in the Renaissance"（《文艺复兴中的伊比利亚科学》），*Perspectives on Science*（《科学视野》）12 卷 1 期（2004），86—124 页。
② 皮克尔斯《一部空间的历史》（2004）。
③ 麦钱特《自然之死》（1980）。

言"市场经济"在其中浮现。[①] 在力量和利润新的世界-历史凝结中，金融资本的缥缈之价，日常生活的平淡常规，价值将这二者交织起来，随着商品而转移。由此来看，资本主义与自然的关系看似外在，结果被揭示出是一些内在关系（资本主义处在自然之中），由新的、极度躁动的社会-生态配置而构成。

价值处在自然之中，这种视野的可能性被开启了，另一个挑战又出现了，那就是将价值视为一种方法，来探查现代性的同一新陈代谢。我们现在就转向这个挑战。

---

① F. Braudel（F. 布罗代尔），*The Wheels of Commerce*（《商业之轮》），Sian Reynolds（西恩·雷诺兹）英译，New York：Harper & Row，1982。

第三章

走向同一新陈代谢：从二元论转变到辩证法来理解资本主义的世界-生态

新陈代谢是一个有魅力的隐喻。过去 10 年里,随着人文学科和社会科学中批判性环境研究的兴旺,新陈代谢及其同源词—— 其中最重要的是"代谢断裂"—— 在绿色思想和红色思想中享有特殊地位。主流和激进的新陈代谢观点,强调对全球资本主义(或工业社会)与全球环境变化之联系进行历史观照的重要性。[①] 关于新陈代谢的这种特殊地位,我们可以说两件事。一方面,马克思的社会新陈代谢概念被重新解说为"自然和社会的新陈代谢"。[②] 另一方面,对于社会新陈代谢,事实上又没有批判性的追问,只是将它理解为"自然"与"社会"两个实体之间的代谢交换。社会新陈代谢被擦去了它的双重内在性。

为什么这成了一个问题呢?

以新陈代谢为中心的研究,面对着一个无法解决的矛盾:一方面是哲学话语上对关系本体论(人在自然之中)的拥抱,另一方面则是实

[①] 分别而言有,费舍尔-科瓦尔斯基(Fischer-Kowalski)和她同事们的"全球新陈代谢"思想学派;福斯特、理查德·约克、布雷特·克拉克以及他们学生的"代谢断裂"研究思路。参看费舍尔-科瓦尔斯基等人的"A Sociometabolic Reading of the Anthropocene"(《人类纪的社会新陈代谢解读》),*The Anthropocene Review*(《人类纪评论》)1 卷 1 期(2014),8—23 页;福斯特等人的《生态断裂》(2010)。

[②] 福斯特《马克思的生态学》(2000)。

践分析上对自然/社会二元论（人与自然）的接受。的确，1990年代后期新陈代谢作为一个"概念之星"的兴起，在很大程度上是因为它具有超越自然/社会之分的希望。[1]

当时和今天，新陈代谢都承诺了一种方式——将自然作为"有利之地"融入我们怎样看待和思考历史变化的核心。

然而，它并没有履行这个承诺。新陈代谢思路未能超越笛卡尔的二元论，反而强化了它。马克思的"社会新陈代谢的独立过程"变成了"自然与社会的新陈代谢"。[2] 新陈代谢作为一种"断裂"，成了一种分离的隐喻，以自然与社会之间的物质之流为前提。这样，新陈代谢的"断裂"就压倒了新陈代谢的"转变"——后者是一种手段，要在力量、财富和自然统一的新陈代谢中将自然中的人统一进来。同时，我们红色思想、绿色思想中的这个"概念之星"抵挡着辩证实践的趋势，这趋势就是消融自己的分析对象（自然/社会），创造新的适宜于把握人与其他自然混杂、相互渗透的范畴。

笛卡尔二元论的基本特征是这样一种倾向：在什么是人、什么是"自然"之间画一条强硬的快速扫描线，于是切断了真实情况。我们或许可称此为"认识断裂"。[3] 这种认识断裂的核心，是"自然"与"社会"这两个分离的认识领域的创造和再生产中，暗示出来了一系列粗暴抽象。这些抽象之所以"粗暴"，是因为它们为了叙述方便或理论一致，从每个节点都去除了那些基本的关系。[4] 自然与社会的这种象征层面

---

① 费舍尔-科瓦尔斯基，"Society's Metabolism"（《社会的新陈代谢》），见 M. R. Redclift（M. R. 莱德克里夫特）和 G. Woodgate（G. 伍德盖特）所编 The International Handbook of Environmental Sociology（《环境社会学国际指南》），Cheltenham，UK：Edward Elgar，1997，119—137页。

② 分别转引自马克思《资本论》第3卷（费恩巴赫英译），New York：Pelican，1981，949页；福斯特《马克思的生态学》（2000），第5章。

③ 这个术语受惠于维特尔（Vetter）、施奈德（Schneider）和麦克迈克尔（McMichael）。不过，他们各自的表述都不同于将认识断裂视为认识论上的断裂。维特尔"Expertise，'Epistemic Rift'，and Environmental Knowledge in Mining and Agriculture in the U. S. Great Plains and Rocky Mountains"（《专业知识、"认识断裂"与美国大平原和落基山区矿业和农业的环境知识》），提交给美国环境史学会（the American Society for Environmental History）年会的论文，2012年3月29日；施奈德和麦克迈克尔，"Deepening，and Repairing，the Metabolic Rift"（《新陈代谢的深化与修复》），《农民研究》37卷3期（2010），461—484页。

④ 索耶《抽象的粗暴》（1987）。

的分离在早期资本主义中得到巩固，并非没有原因。这种认识断裂是一种表现，即直接生产者们与生产资料那种翻天覆地的物质性分离的表现，并且以象征层面实践的一些新形式作为这种分离的中介。

如果新陈代谢不是准独立之物——自然/社会——之间的一种交换，而是一个生命制造的过程，发生在生物圈本身以及人所发起的那些过程之中，那么，新的分析可能性就浮现出来了。这个认识断裂就可以超越了。人在自然之中，这样一种同一新陈代谢思路，或许就允许我们去勾勒超越二元论的路径。

在普遍意义上，这其实不是一个会引起争议的论断。当然如此！难道每个人不希望超越二元论吗？这个问题常常得到普遍的肯定，不仅仅是批判性的学者们。

但是，由于缺少一种方式——我所称的双重内在性——能够鼓励让自然起作用的新分析，所以这种肯定并不要求真正的行动。即使今天，这种双重内在性的精神，仍然不在人文学科和社会科学的方法论框架、理论命题和叙述策略之中。它们仍然受制于人是例外论的逻辑，也就是那个好奇的想法：人类“本身并非一个空间的和当下的物种之间依赖关系之网”。[1] 在这种逻辑中，人际关系被视为在本体论上优先于自然关系，一种元理论程序让人把现代性作为一系列社会关系来谈论，这些社会关系作用于生命之网，而不是在生命之网中发展。

强调中断与分离，而不是重新配置与统一，这种新陈代谢断裂变成了去表示“社会体系与自然体系之间交换的一种中断”。[2] 在这个框架中，社会体系与自然体系相分离，社会体系分裂了自然体系。随着资本主义发展，这种自然的分裂逐步上升，导致“星球危机”，天启大灾难就要来了。

这一切有一定的道理，但这种判断深入吗？自然真的是最好理解

---

① 哈拉维《物种何时相遇》(2008)，11 页。
② R. York（R. 约克），“Metabolic Rift”(《新陈代谢断裂》)，见 C. J. Cleveland（C. J. 克利夫兰）所编 *Encyclopedia of the Earth*（《地球百科全书》)(2010)，http://www.eoearth.org/view/article/154577/，2014 年 3 月 8 日查阅。

为外在于资本主义，也就是资本主义的一种外在限制吗？或者说资本主义及其限制，是在人与人之外的自然变化着的配置中合作生产出来的？

如果我们从"有利之地"和双重内在性开始，或许就能够将新陈代谢重新界定为力量、资本和物质自然之流，其特点是"我们之存在、我们之作为、我们之知晓的一种未被阻断的一致"。① 在这个"未被阻断的一致"的基础上，重作我们的叙述，这就意味着从环境作为对象转变到环境制造，我们在第一章已经看到了。对于处在今天这个历史的资本主义时代的人类来说，环境制造已经达到了一个具有促进一个新的地质年代之能力的阶段。这个阶段通常就称为"人类纪"（"人的时代"）。无疑，21世纪是一个全球巨变的时刻。

解说这些全球巨变的任务令人却步，又因实际情况之外的因素而更趋复杂。因为，"经济"和"环境"之间认识断裂，限制了我们理解当下事态的能力，限制了我们对资本主义如何在长时段内创造又解决了危机的理解。然而，一个超越了这种认识断裂的新陈代谢概念，或许会将我们从这些限制中解放出来。

所以，新陈代谢就可以超越那种仅看事物"之间"流动的方式，而成为观看"经由"事物而流动的方式。在下面的内容中，我们考虑重建新陈代谢，以此作为对现代性之资本、力量和生命的差异化之流进行统一的一种方式。

从绿色算法到辩证理性

21世纪的动荡挫败了一些历史变化的旧模式。即使这些模式承认环境变化，它们也有一个前提：资本主义在自然之上发展，而不是通过生命之网发展。然而，金融化、全球变暖、中国的崛起、廉价食物的

① 马图拉纳、瓦雷拉《知识之树》（1987），250 页。

终结,等等,都不能用旧的术语来理解了。这些既不是通常理解的社会过程,也不是通常理解的环境过程,它们是人与人之外的自然的捆扎,它们的基本联系取决于力量与生产/再生产在生命之网中的配置。在这个框架内,就不再是人与自然的分离在起作用,而是人在生命之网中的位置在起作用。人是分化和复数的,它的多样性通过资本主义对"有利之地"的重塑而凝聚。这个思路提供了人与自然相分离的老套比喻所不能提供的东西:对21世纪资本主义危机和复兴(如果有的话)进行辨识的可能性。因为,我觉得我们许多人直觉地理解(哪怕我们的分析框架滞后),资本主义并不只是一个"经济"体系,它甚至大于一个社会体系。资本主义是一种组织自然的方式。

这样一种视野,马上就把我们的注意力引向两个巨大的组织契机,这就是历史变化的双重内在性。一方面,资本主义内化了生物圈的关系,不管是如何部分地。在这个过程中,资本和帝国(但不限于这些)的中介寻求将生物圈的工作/能量转化入资本(抽象社会劳动)。另一方面,生物圈内化了资本的关系。当然,这些是不对称的关系,它们的价和矢量随着时间而变化。这样,哲学上的立足点就塑造了历史观察:如同所有文明一样,资本主义通过双重内在性而形成。所以,资本主义在自然之中/自然在资本主义之中。说任何形式的人类活动都"组织"自然,这是说人类活动在本体论上与其他自然的特定捆扎之关系相一致,并且通过这些关系而形成。"社会"不仅是生命之网中变化的生产者,也是生命之网的产物。这就是一种合作演变模式的核心,人的历史在这个模式中总是与其他自然相捆扎。

所以,自然的生产总是自然的合作生产,这并不是两个本体论上的独立单位(人类加上自然)的合作生产,而是一幅演变的相互依赖的流量、力量、条件和关系的复杂图景。(人无疑在这幅图景中突出出来,这一点我们后面要谈到。)这就意味着现代世界体系中资本的积累和力量的追逐并没有一个生态维度,相反,这些积累和追逐是人的组织对同一新陈代谢——生命之网——的驱动、表现、导引和修订。在这种驱动、表现、导引和修订的每个行动中,人的组织获得新的性能、经历累积,有时是根本性的改变,给未来带来了新的矛盾。

因此,所有人的活动都是环境制造。这就远远超越了我所称的挖土掘地,如城镇化、农业扩张、采矿等。环境制造包括那些现代性再造"有利之地"的象征、文化和科学过程。环境制造的"想"和"做"是同一过程的两个动量。观念上怎样看待自然,对于"挖土掘地"至关重要。因此,环境制造就不限于挖土掘地,它还包含了地图绘制、数学、农学、经济植物学、定量和各种合理化努力上的划时代彻底变革,也就是抽象社会自然的那些关系。在这种视野中,"资本主义"就指一些长期和大规模的环境制造的模式,它们包含并且维持着一个无止境商品化的项目所需要的所有东西。挖土掘地总是通过对现实进行测绘和量化的超经济步骤,通过新的"对现实的测量"来工作的(见第八章)。①

对比之下,现在这些新陈代谢的观点回避了文化过程和科学知识在资本主义历史中的积极作用。因此,它们促进了一种唯物主义的发展,这种唯物主义极大地低估了思想在历史变革中的作用。这就有利于那些以外因崩溃模式为前提的危机解说,在这种解说中,人口过多、资源稀缺、地球系统崩溃和全球变暖加剧,将导致全球灾难或我们所知文明的终结。

这样的结果,就是在思考资本主义历史限制时,或者是在历史变化研究中考虑马克思的"生态"思想时,出现了奇怪的情况。对于大部分左翼生态思想来说,"马克思主义生态学=社会+自然",这是一个运算过程而非辩证法过程。有社会限制,也有自然限制,但自然/社会这两个单位之间的边界并没有指明,社会限制如何造成了自然限制,以及反过来自然限制如何造成了社会限制,这些都没有探讨。

社会限制和自然限制都是断言的,而非历史建构的。② 总的来说,

---

① 克罗斯比《对现实的测量》(1997)。
② 比如福斯特等人的《生态断裂》(2010)。

092 | 同一颗星球 | 生命之网：生态与资本积累

已有的新陈代谢的观点，描绘了一幅资本主义将自然推入深渊的图景，却没有意识到历史如何由人在生命之网中合作生产出来。（也没有意识到我们的政治怎样取决于这个"如何"。）结果就是一种静态的、与历史无关的自然限制理论，在这种理论中，人（非自然）最终把自然（非人）推得太远，于是自然行使了它的"报复"。[1] 而且，自然的这种报复太经常地显示为即将发生的天启大灾难，却极少是一种"正常"的资本主义的周期性现象。在"限制"问题上的这种狭窄视野，阻碍了让我们去思考资本主义如何历史性地克服它的社会-生态限制，今天又有了什么不同。

关于生态危机，如果我们承认自然是现代世界历史的一个构成领域与力量，那么，这个一刀切的模式就是大有问题的。现代世界历史充满了资本主义克服"自然"限制的例子。任何关于资本主义发展的叙述，如果不能抓住资本主义的周期性危机——发展的危机，那么也就不能勾勒出一种今日资本主义累积之限制的理论。由于忽略了资本主义的世界-生态重新组织的"正常"运作，现有新陈代谢观的这种双重体系的思路只能给我们一种危机的味道——天启大灾难。[2] 由于缺少对积累过程中人与人之外的自然之捆扎的严格的历史思路，今天那些谈论划时代危机的观点，就倾向于求助绿色算法，而不是辩证理性。

对自然限制的盲目迷信，在分析上是有问题的，因为它遮蔽了我们的眼睛，看不到资本主义在历史上通过生命之网来展示的方式。马克思主义新陈代谢学派假定了两个新陈代谢，一个是社会的，一个是自然的，忘记去回答一个真正本质更新的问题：不管怎样不均衡，资本、力量和生产各自独特的新陈代谢，如何穿越资本主义历史的长弧

---

[1] 恩格斯《劳动在从猿到人的转变中的作用》（1970）。

[2] Larry Lohmann（拉里·洛曼），"Fetishisms of Apocalypse"（《天启大灾难的盲目迷信》），*Occupied Times*（《占据时报》）10 月 30 日（2014）。

而统一起来?

这样一个问题,并不会把各个独特的新陈代谢的说明排除出去,但它的确排除了将新陈代谢作为自然/社会这两个虚构范畴之间的交换的先验指定。在福斯特最早的工作中,新陈代谢从一个开放的问题——阶级和资本的范畴可以怎样根据生物物理流来修订?——变成了一种硬化的区分:"自然与社会的新陈代谢"。通过福斯特的解读,①马克思的生态见解被一层厚重的高度二分性的批判性学问所占据。不能否认福斯特详细阐述代谢断裂的贡献,在那个时候,这个断裂概念为批判性的环境研究打开了一些新的问题。然而,与此同时,福斯特矛盾的二元论也遮蔽了一种辩证综合性思考的可能性。

这样一种综合还面对着其他一些障碍。社会新陈代谢的表述,作为自然与社会的新陈代谢,在社会科学家们中赢得如此高的流行度,是因为它留着神圣的社会范畴没有触动。在对自然与社会的新陈代谢的引导性研究中,激进的新陈代谢思路将自然简化为一些预先形成的单位之中的流量和存量。反过来,这又在马克思的历史唯物主义与马克思的价值理论之间挤入了一个楔子。

为什么这重要呢?因为资本主义的资本、力量和自然之新陈代谢,是由价值积累的逻辑所控制,这种逻辑将世界简化为剥削(剩余价值)地带和占用(对不付酬工作的占用)地带。对新陈代谢的解读,如果严肃地将价值的这种中心性理解为生命之流的生产/再生产的逻辑,那么,就可以帮助我们看到资本主义如何创造和超越限制。以一个扩展了的价值关系概念,我们可以较好地解说一些方式,在这些方式中,人在自然之中的那些世界在过去的5个世纪中变得有价值和去价值,将全球转变成一个巨大的不付酬工作/能量的贮藏库。这个廉价自然战略成为在商品系统中提高劳动生产率的基础。换言之,马克思的价值关系概念提供了一条路径,把劳动力的剥削和不付酬工作的

① 福斯特《马克思的生态学》(2000)。

占用理解为许多决定因素的同一新陈代谢。把价值关系从自然的历史唯物主义中排除出去，就有永远不具体说明资本如何通过自然而工作的优点，这的确能强化这种代谢断裂的吸引力（对于现在的吸引力），但付出了必须做到清晰的代价。

从二元论到辩证法：代谢断裂到代谢转换

在一个细目清单上加上"环境"，这其实是增加性的，而非综合性的。这种"软性"二元论，倾向于对新自由主义的危机趋势的社会简化论分析进行论证。在主流批判思路中，自然并不唤起任何基础性的重新思考——对历史的资本主义的循环、演变和危机之模式的重新思考。对于世界-历史的学者们来说，环境因素现在也得到了广泛认识，但同样还是增加性的：环境现在可以加到现代世界历史后果因素的长长清单中去了。

生命之网被转变为一个变量。这就是绿色算法（"自然加社会"），它把批判性政治经济学和世界-历史研究与将现代性视为生命之网的生产者与产物相分隔。就是这样一种算法导致福斯特在 2002 年得出结论，从而奠定了 10 年的代谢断裂分析：没有"反馈的新陈代谢……增加了将环境毁灭转为资本自身的代价"。[①]

然而，如果自然所起作用比结果更重要，比变量更重要呢？那么我们怎样去重新修整我们的方法论前提、概念性语言和分析框架，从而展示资本主义在自然之中的工作呢？任何有效的回应，必须致力于将一个哲学断言（人在自然之中）转化为处理资本主义历史——当然，也包括今天的历史——可用的分析。

对于世界-生态综合而言，这个历史任务不是解释人与自然的分离，优先要做的是详细说明人在自然之中的那些历史形式，所以，自然

---

① Foster（福斯特），*The Ecological Revolution*（《生态革命》），New York：Monthly Review Press，2009，206 页。

也在人之中。人类的物种存在既在其中,也在其外。马克思的"自然体系"通过我们的生命活动而被内化,我们的生命活动通过呈现出来的思想,既外化我们的经验,同时又在永不终结、然而不对称且带偶发性的生命循环中进行心智建构。①

世界-生态思路,以人的活动与其他自然的根本性统一为前提而展开。人的组织的历史特定性来自生命之网中它的合作生产的关系。生命之网与文明之间没有本体论上的区分,只有特定的变化和配置。文明是力量与生产/再生产的一些特定形式,这也就是说文明是特定的历史自然的生产者和产物。即使环境在某种抽象意义上是预先形成的(比如各个大陆的分布),但历史变化通过人与这些环境的遭遇而发生。这种关系是根本性的合作生产性。一道山脉或一片大洋是一个环境事实而非历史事实。但当我们从环境事实走向环境制造,历史变化就开始了,通过历史变化,人制造环境,环境也制造人。这里,我们要认识到人的环境制造是通过生产和再生产的关系来进行的,在这个过程中,人"只能如同自然自身所进行的那样来进行",靠着"改变物质的形式"②来进行。

这样一种分析模式,就给激进派现在已经仪式化的那种谴责——资本主义对自然之毁灭、退化和瓦解——装上了分析而不仅仅是道德的利齿。它允许我们转而去关注通过"有利之地"所发生的"事物重组",这发生在"有利之地"连续的历史-地理形式之中。③ 这个观念——人从里面与自然相联系,在我们的"物质和心智生活中[与之相联系]……这其实就是说自然与自身相联系"。④ 从这个视野来看,问题就不是代谢断裂,而是代谢转换。

---

① 马克思《经济学和哲学手稿》(2007),157 页。
② 马克思《资本论》第 1 卷(1977),107 页。
③ P. Verri(P. 维里),转引如上。
④ 马克思《经济学和哲学手稿》,133 页。

走向同一新陈代谢：地理、自然及其对资本的限制

追求这样一种整体和关系性的视野，意味着从二元论到辩证法的转变。代谢断裂作为一种启发性的介入，其优点在于强调了人的活动的不可还原的地理特点，总是与生命之网相互依赖。新陈代谢总是地理性的。资本主义关系运动于空间之中而不是在空间之上，也就是说，运动于作为一个整体的自然之中。

的确，细读福斯特关于代谢断裂的原初阐述，开启了一种将力量、自然和资本在同一新陈代谢中进行思考的可能性。福斯特原来是在3个语域进行阐述。第一，"人的生产与它的自然条件之间有一个断裂"。第二，"资本主义社会中人的物质疏远（异化）断裂于他们存在的自然环境"。第三，这种断裂的地理表现就是一种新的城乡对抗。[①] 福斯特在代谢断裂中用断裂来指在农业地带生产的食物和资源，改道进入了城市—工业空间。尽管今天代谢断裂几乎被普遍理解为分离的隐喻，但福斯特原来的意思不同，断裂是指重新配置和转变。

因此，福斯特开辟了新的领域，将一种新综合的要素组合起来了。这种新综合不仅提供了一种复兴和改写的历史唯物主义，它与马克思的思想体系相一致，而且会积极致力于价值关系思考的更新，也就是价值规律是人与其他自然合作生产出来的。这个观点是伯克特的那本开创性著作《马克思与自然》提出来的，它可与福斯特《马克思的生态学》比肩。[②] 它们的潜力很诱人。

一种对价值的生态阐释理论，与历史唯物主义相融合，通过将《马克思的生态学》和《马克思与自然》解读为同一种论证，就有可能产生这种综合，这将是"突破性"的贡献。它的核心见解："自然之异化与人

---

① Foster（福斯特），"Marx's Theory of Metabolic Rift"（《马克思的代谢断裂理论》）（1999），370、383—384 页。
② 参看福斯特《马克思的生态学》（2000），282 页注；伯克特《马克思与自然》（1999）。

的生产之异化,是同一个矛盾的两面".[①] 这让我们可以将资本主义的历史理解为一部世界史,自然在其中的作用不仅仅是后果,而且是构成,在抽象社会劳动的积累中很活跃。

所以,福斯特的持久贡献[②]就是表明我们可以如何将对马克思的解读,与资本、阶级和作为一个有机整体的新陈代谢结合起来。由这种视野出发,所有社会关系都是空间关系,都是生命之网中的关系。新陈代谢成为一种识别转变(暂时的统一与特定的统一)而非断裂的方式。在这些关系中,城与乡、资产阶级与无产阶级以及最为重要的社会与自然,这些看起来的坚硬区分,就开始熔化了。从二元论解放出来的新陈代谢,就作为一种溶剂而工作。因为,如果新陈代谢作为一个整体必是众流之流,生命和事物在其中进入到特定的历史-地理安排之中,所以我们被要求去建构灵活得多、历史敏感性多得多的一系列概念,这要靠一种超越各种形式的二元论的辩证方式,最为重要的是超越自然/社会之二元论,但不限于它。

那个关于限制的问题,这意味着什么呢? 福斯特的洞见将资本主义设想为一种敞喷式的新陈代谢,它要求越来越多的廉价自然到位,不仅仅是自然作为输入(比如廉价肥料),还要自然作为废料前沿(比如温室气体排放)。不过,代谢断裂思考中最强有力的那些暗示,有许多仍然被福斯特一开始就去挑战的那种二元论所束缚。很重要的一点就是将积累视为一个"经济"过程(它当然比这要多得多)的非常狭窄的视野,以及对很少加以具体化的自然之"毁灭"的过分强调。[③]

历史的自然受一些很宽广的熵过程——自然的退化——的支配,但在一些限制内这些又是可逆的。这种可逆性的许多方面,取决于资本主义的占用前沿,于是就有了"大边疆"的中心性。沃尔特·普莱斯

---

① Foster(福斯特), "Marx's Ecological Value Analysis"(《马克思的生态价值分析》),《每月评论》52卷 4 期(2000)。

② 福斯特《马克思的生态学》(2000)。

③ 福斯特等人的《生态断裂》(2010);福斯特《生态革命》(2009)。

考特·威布(W.P.Webb)创造这个词，以形容16世纪所启动的资本主义兴起在劳动—土地配给上的巨大变化。① 威布提醒我们，大边疆是前所未有的"意外利润"的来源。

这些意外之财随着黄金和白银的抢夺而开始，但并不随之而结束。大边疆的开拓，标志着一种以金钱关系为转移的文明开始兴起了。不过，这些新边疆提供的远远超过一次性的意外之财，它们提供了以意外利润为基础的整整一个新时代的可能性。威布觉得现代世界是延续了4个世纪的经济繁荣大"爆发"的产物。靠着更细致的探查，靠着先是煤后是石油的垂直前沿，大繁荣看来一直延续到21世纪的到来(1970年代出现了耗尽枯竭的迹象)。尽管威布分析的具体结论在他写作此书后的半个世纪中常常被取代，但他的基本观点仍然坚实：现代性对劳动和土地的划时代地重组，这成为对前沿财富的无情征服和持续占用的前提。

什么的前沿？商品化和全球价值关系的前沿。现代世界历史的长弧，其中心就是对那些廉价自然的贪婪消耗和无情追寻，就资本的积累而言，就资本将雇佣工作作为唯一值得付出代价之事的古怪特权而言，它们是"廉价"的。这样一种文明的狂妄，只能在去除商品系统之外人的工作的价值(大部分是所称的女性劳作)，去除人之外的自然之工作的价值，在这样的基础之上，才能浮现。

已有的思路，表明对资本主义和"廉价自然之终结"的探查，因这个问题上的笛卡尔式分类而受阻。我们太经常地看到，"自然"就是金属、石油和谷类，是排除了人的自然，排除了它们之间的构成关系。所以，我要建议我们关于资本主义新陈代谢及其限制的分析，将"过剩人类"的过程与廉价能源、廉价食物、廉价原材料的终结统一起来，由此而开始。我们要去掉这样的观念：像气候变化这样的事，可以在准独立的社会维度和自然维度上分析。我们可以相信这样的理解：讨论气

① W.P.Webb(W.P.威布)，*The Great Frontier*(《大边疆》)，Austin：University of Texas Press，1964.

候变化、金融化或战争，我们其实是在讨论人与人之外的自然的一些捆扎，它们是变化和捆扎着的"同一本质的多个决定因素"。① 这样的观念，将"限制的谈论"作为一个方法论命题，而不是实际经验的断言。把那种天启大灾难的千年之谈抛在一边，重视较有希望、较有历史感的对限制与危机的看法。无疑，危机充满了危险，但如同中国人提醒我们的那样，"危险"中也充满了"机会"。

我们以新陈代谢上的一元论和关系论来谈论限制，将人之外的自然的历史中介带入焦点，作为资本主义危机的内在之物。资本主义作为世界-生态，让通常的笛卡尔观念失效了。那种观念认为资本、力量和生产可以装入它们不流血的、可脱离肉体的盒子中，摆在自然这个盒子旁边，自然这个盒子则大一些，但仍然也很整齐。如果我们继续认为资本主义项目以离散形式创造了唤为自然的东西（资源、基因等），那么，新陈代谢上的世界-生态视野，就揭示出这种自然被区分的观点其实是一种"上帝戏法"，请去注意幕后之人吧。

同一新陈代谢的视野，就具有这样的前景。它认识到由资本、力量和自然表示的真实，不能装入二元论范畴的笼子之中。这种视野消融这些范畴，为新的、更为相关、更为实践的概念打开了可能性。资本和力量（当然，还有更多）在生命之网中呈现出一种由众多文明项目塑造的总体性。这些项目具有无限的偶发性。福斯特和他的同行们正确地认识到了资本主义的连贯性是什么，但他们的二元论（本体论与认识论的断裂），让他们未能看到价值关系——它本身即是合作生产出来的——如何创造了这种连贯性。这些价值关系创造了类似法律一样的再生产法则，它承认偶发性，资本主义最强大的力量，就是它在运用和重新组合自然各部分上的灵活性，以便为无止境的积累服务。由于价值是赋予某些自然（比如雇佣劳动）以价值、去除大部分自然（"女性、自然、殖民地"）的价值，基于这样一个前提，它就必须提出一

① 马克思《黑格尔法哲学批判》（1843），www.marxists.org/archive/marx/works/1843/critique-hpr/cho5.htm。

个极为疏离的、将自然作为外在的概念。

在资本主义项目的核心，从它 16 世纪起源开始，就以它的现代形式对自然进行科学和象征层面的创造，自然成为某种可以画图绘制、可以分离出来、可以进行量化，即可以受线性控制支配的东西。这是外在的自然，这就是我们后来称为自然的东西，尽管我们之中许多人已不再相信那种独立于人类的自然（"人类"不也是对自然的一种粗暴抽象吗?），但谈论"增长的限制"很是容易，似乎这些限制是这种（外在）自然施加的。然而，真实情况更为多刺、更为复杂，也更有希望。资本主义文明的限制包括生物物理学的情况，但不能简化为这个。如果今天资本主义的限制是某种组织自然之方式的限制，那么我们就面对着改变人类与自然之关系的可能性，而这也就是人类与自身的关系。我们经常被警告，有所谓文明"崩溃"的危险。但是，资本主义这种将其人口三分之一以上投入营养不良的文明，它的"崩溃"真的是要担心之事吗？历史经验表明并不如此。5 世纪后罗马的倒塌，14 世纪西欧封建力量的崩溃，都引来了大多数人口生活水平的黄金时期。[①] 我们既要警惕做太多这样的类比，但我们也不要忽略它们。

我一直在想，最厌世的观点，其实就是希望现代性以类似于它现在的模样复兴。然而这是不可能的，因为资本主义的新陈代谢本质上是一个畅喷系统，一直在消耗它的营养来源。资本主义能够从新的工人阶级、新的森林、含水层、油田、煤层和其他一切中榨取多少新的工作，这是有限制的。自然是有限的，资本则以无限作为前提，而二者在特定意义上都是历史的，在这个历史性结合中起作用的东西，在下一个历史性结合中就未必起作用了。于是，就有了大边疆在资本主义历史中的中心性，有了最后那些边疆——中东的廉价石油、中国的廉价劳动力、各地的廉价食物——之终结在今天事态中的中心性。正是大边疆启动了一种文明的新陈代谢，在其中大部分自然（包括大部分人

① C. Wickham(C. 威克姆)，*Framing the Middle Ages*(《勾勒中世纪》)，Oxford：Oxford University Press，2005；沃勒斯坦《现代世界体系》(1974)。

类）被牺牲以服务于雇佣劳动的生产力。这些占用前沿是一种主要方式，让那些处于资本循环之外、却在资本力量触及范围之内的其他东西，为资本的无止境积累负担费用。资本主义文明的这个巨大秘密和巨大成就，一直没有为自身付账，那些前沿使这种不付账成为可能，而它们的终结就是廉价自然的终结，随着这种终结，也就是资本主义搭便车的终结。

第二部分

历史的资本主义,历史的自然

第四章

从生态丰饶到生态衰败的趋势

　　每个人都知道为什么资本主义让自身走入了危机，对不对？太多的商品在追赶太少的顾客。经济学家们称此为"有效需求"的问题。对于马克思主义者来说，这个重点就在生产与投资地带之中，也就是生产过剩与积累过多。对于这二者而言，危机的问题在商品化地带展现出来。本章中，我的观点有所不同：危机问题通过商品化地带与再生产地带之间的统一关系展现出来。过剩资本倾向于上升，世界−生态剩余倾向于下降，二者交织在一起。

　　生命之网中资本积累的这种交织特征，长期以来都被意识到了。[1] 但是，危机在"有利之地"中的形成过程一直不为我们所理解。在接下来的三章内容中，这就是我们讨论的重点。

　　我们不妨从基础之物开始。资本主义是一个无止境积累的体系。由于积累起来的资本多得不成比例地流入资本家之手，一个大问题就呈现出来。马克思称此为"资本积累的普遍规律"：资本的积累是在少

---

① 奥康纳《自然因素》(1998)；R. Luxemburg（R. 卢森堡），*The Accumulationof Capital*（《资本的积累》），New York：Routledge，2003[1913 年原版]。

数人手中，贫困的积累却是在多数人手中。[1] 在某个点上，"实体经济"生产出来的物品和服务，越来越多地被"实际生活"中的人所无法购买。在某种意义上，这就是生产过剩问题：太多的工厂生产了太多的汽车、冰箱或电脑，无法以足够的量被购买，从而维持利润率。在另一个意义上，这也是积累过多的问题：现有投资线的利润率开始下跌，而新的、更有利润的投资机会没有出现。

到目前为止，还算顺利，在激进和主流经济思想中，发生的只是积累过多和生产过剩的一种奇怪合并。为什么是这样，这并不神秘。马克思主义和新古典主义思想在漫长 20 世纪的形成，发生于长长的化石燃料繁荣期内。这种繁荣使得一系列创新和转变成为可能，这些就促进了劳动生产率、新的农业和资源前沿，以及世界范围内价值关系的大幅度扩展，让千万农民"自由"地去做付酬劳动。这似乎驱走了早期资本主义危机缠绕的幽灵——生产不足。所以，生产过剩就是一个必需和急迫的问题，需要进行解说，而合并生产过剩与积累过多变得非常容易。

如果一个人假定资本主义开始于 1800 年前后，那么这种合并就更加容易。这就是我所称的"两个世纪模式"。它遮蔽了 1450 年后环境制造上发生的革命性转变，我们后面将会看到这一点。早期资本主义在每一个重要方面都的确是真正的资本主义：劳动生产率上升了，商品化扩大和深化了，没有系统性的逆转，无产阶级化急剧加速，资本进入到生产中，从农业进入到重工业，环境制造以新的规模、范围和速度改变世界各地的区域生态。

早期资本主义的主要危机趋势不是生产过剩，而是生产不足，相对于价值生产的要求，劳动、食物、能源和原材料的不充足的流动。早期资本主义最大的问题是廉价输入如何送进工厂大门，而不是制造中心发出来的商品的销售。有一点要清楚，我们谈论的是配置的分量，

---

[1] 马克思《资本论》第 1 卷（1977）。

生产不足与生产过剩总是同时运作的。荷兰共和国是 17 世纪的"样本资本主义国家"①，因为它组织和领导着一个世界-生态体制，将廉价谷物（来自波兰）、廉价能源（本国泥炭）和廉价木材（来自挪威和波罗的海地区）送到荷兰北部。当这个体制陷入蹒跚时，直到 1760 年代，英国人就把技术独创与地质上的好运结合起来，从越来越贵的木材燃料转向越来越便宜的煤炭。② 这种嫁接解决了生产不足的问题，但没有终止，为显著扩张的两个世纪搭建了舞台。

马克思的生产不足的普遍规律

马克思不喜欢谈论稀缺，马尔萨斯让他不喜欢这个问题。不过，马克思并不回避这个问题。可以论证的是，马克思关于积累危机的普遍模式，就植根于资本的价值的合作生产。资本的这种有机构成，佩雷尔曼有些夸张地写道，是"稀缺的一个代码……在马克思的思想深处，[资本主义的合作生产的] 稀缺，[部分地] 是利润率下降的原因"。③

对于我们在资本主义历史中看到的东西而言，稀缺很可能不是最好的用语。我对这个问题的看法与马克思一致——有较好的概念性语言我们可以使用。马克思选择的是"生产不足"。在马克思的许多"普遍规律"中，最不被欣赏的就是生产不足的普遍规律。④ 这个生产不足的普遍规律，将资本循环认定为一种社会-生态关系，虽然其实质（价值）必然盲目于"自然的特殊性"。⑤ 在这个模式中，"利润率与原

---

① 马克思《资本论》第 1 卷,916 页。
② 恰如其分地说,在现代化早期的英国,煤炭能源每个热量单位的价格因急剧上升的产量,一直保持稳定。R. C. Allen(R. C. 艾伦), "The British Industrial Revolution in Global Perspective"(《全球视野中的英国工业革命》),未发布的论文,牛津大学经济系,2006。
③ M. Perelman(M. 佩雷尔曼), "Marx and Resource Scarcity"(《马克思与资源稀缺》),见 T. Benton(T. 本顿)所编 *The Greening of Marxism*(《马克思主义的绿色化》),New York:Guilford Press,2006, 73 页。
④ 马克思《资本论》(恩格斯编第 3 卷),New York:International Publishers,1967,111 页。
⑤ 马克思《政治经济学批判大纲》(1973),141 页。

材料的价值为反比例"[1]:原材料和能源越便宜,利润率就越高。为什么呢? 因为"不变"资本由两个因素构成。一个是固定资本,由机器以及人之外的其他生产力量组成,包括牲畜,它们持续的时间超过一个生产周期。[2] 另一个是不变资本的循环,这不要与资本循环混为一谈。循环的资本在马克思的模式中是被遗忘的因素,这是思考的二元论习惯造成的意外,它由一个生产周期中用完了的能源和原材料组成。马克思观察到,资本主义生产的能量,导致"包含固定资本的不变资本的一部分……会大大领先于包含有机原料的那一部分,所以,对这些原材料的需求增长就快于它们的供应"。[3] 马克思思考得更为深入。工业生产中的固定资本不仅倾向于"领先"原材料部门,而且大规模工业生产的条件就是廉价自然:"正是靠了棉花价格的大幅下跌,才使得棉花产业以这样一种方式发展。"[4]

总之,机器(固定资本)的"生产过剩"在原材料(流动资本)的"生产不足"中发现了它的辩证对立。[5] 这个规律,如同利润率的下降趋势一样,是各种趋势与各种反趋势的辩证法,后者在其中是内生的。自然的这种内生性由双重内在性而来,使得马克思的视野成为马尔萨斯那种程序的鲜明对比。

所以,问题就不是生产过剩或生产不足,而是这二者如何在一个接一个的积累年代中组装在一起。生产不足当然远不止是机器的生产过剩和输入的生产不足。这样的模式太简单了。不过,没有它,我们也不能把握到复杂性。机器的生产过剩和原材料的生产不足,是积

---

① 马克思《资本论》第 3 卷(1967),111 页。
② 赫里巴尔和哈拉维赞同将非人的牲畜作为剩余价值生产的关键,这是对的;但将牲畜归为工人阶级这就错了。不管怎样,这并非资本对牲畜的看法,资本将牲畜或视为流动资本,或视为固定资本。的确,可变资本(人的劳动力)的必要条件是资本将非人的牲畜标示为非工人。赫里巴尔《动物是工人阶级的一部分吗;对劳动史的一个挑战》(2003);哈拉维《物种何时相遇》(2008),55 页。
③ 马克思《资本论》第 3 卷(1967),118—119 页。
④ 马克思《剩余价值理论》第 3 卷,Moscow:Progress Publishers,1971,368 页。
⑤ 马克思《资本论》第 3 卷(1967),119 页。

累的漫长周期的结束之地,也就是生产能力过剩与原材料价格的上涨。[1] 如果说在这种观察中并无什么石破天惊之处,那么它的要点就告诉我们两个很有希望的方向。首先是资本的"正常"积累如何驱动了生产成本的上涨——通过资本循环(剥削)和资本主义力量势力范围内(占用)对自然接二连三的耗尽而导致这种上涨。其次,生产不足如何束缚积累或者是威胁去束缚积累,又怎样通过地理重组的一波波巨大浪潮得到了解决。所以,那些标志着一个积累的漫长浪潮终止、另一个将要兴起的年代,就伴随着"新的"帝国主义和"新的"科学革命。在这些时段中,资本主义和区域主义中介就想找到、确保和占用能够解决旧秩序之问题的廉价自然。

我们怎样在自己的积累模式中将生产过剩与生产不足统一起来?这是一个很费思量的问题,因为它要求我们进入"有利之地"的复杂情况中。我们将在一个抽象程度颇高的层面上开始回答。我希望读者先不要判断,等到我们为现在所探讨的这个骨架模式添加了血肉之后再说。

世界–生态过剩与资本主义发展的阶段

资本进入这个世界,将它简化为一个可以互换的部分。这种简化既是象征层面的又是实际的。它们包含"经济"和"非经济"的简化。[2] 至关重要的是,价值关系的普遍化倾向,通过资本化的生产和占用性的再生产的辩证法而运作。价值即通过商品生产中对劳动力的剥削被编码,又通过对自然生命制造能力的占用被编码,二者同时。由占用而来的积累,涉及那些经济之外的过程——也许直接强制,但

① E. Mandel(E. 曼德尔), *Late Capitalism*(《后期资本主义》), London: New Left Books, 1975; W. W. Rostow(W. W. 罗斯托), *The World Economy*(《世界经济》), Austin: University of Texas Press, 1978.

② H. Braverman(H. 布雷弗曼), *Labor and Monopoly Capital*(《劳动与垄断资本》), New York: Monthly Review Press, 1974; D. Worster(D. 沃斯特), "Transformations of the Earth"(《地球的转变》), *Journal of American History*(《美国史》)76 卷 4 期(1990), 1087—1106 页;斯科特《看似一个国家》(1998)。

也是文化和计算的，通过这些过程，资本得以使用最低程度或完全没有商品化的自然——免费或尽可能地接近于免费地使用。如果占用是部分地与原始积累相关，那么它同样也与文化霸权和科技常项相关，它使得动用不付酬工作/能量成为可能，这是在一个持续却没有可持续性的基础之上，为资本积累而工作。只要不付酬工作/能量被占用而服务于商品生产，这样的积累就精力旺盛地进行着，并且为资本的投入打开新的机会。这通过地理扩张而发生，当帝国和国家致力于在新的空间施加秩序，如文化的、科学的、司法的和其他秩序时，它最为奏效。换言之，这样的地理扩张必然涉及资本主义的力量和合理性，其分量超过了资本化本身。占用通过项目来工作，对潜在并且不易控制的人和人之外的不付酬工作/能量的来源进行控制、合理化和引导，但并不马上就资本化这些来源。

所以，现代性是一个强大的控制项目。它影响到各种各样的定量和分类程序，这些程序旨在对相应的历史的自然进行识别、获取和控制，以便为积累服务。与我们的直感相反，这些程序开始时并非旨在直接商品化自然，它们旨在占用不付酬工作/能量。商品化可以做，而且的确发生了，但必须束缚，如果积累复苏了，就必须服务于占用的"更大好处"。如果资本家可以只运作较小数量的资本，而占用大量的不付酬工作/能量，那么生产成本就会下降，利润率就会上升。[1] 在这种情况中，就有了很高的世界-生态剩余（或简单的"生态剩余"）。这种生态剩余就是资本整个系统的质量与占用不付酬工作/能量的整个系统的质量之比。[2] 于是，"资本的质量"就不仅涉及固定资本，而且与人和人之外的逐渐资本化的再生产有关，即劳动力、造林、工厂化农场。

---

[1] 我使用资本与自然的一个简化模式，在世界-生态语境中理解为资本扩张的积累与生命的简单再生产之间的矛盾。如果有机会的话，一个人会很自然地希望将这个简化模式展开，阐释为一系列的世界-历史特定说明和修正——在众多决定因素的总体性之基础上这样做，在这个资本—自然的模式中引入国家力量、阶级斗争、文化转变以及其他许多因素。

[2] 这是一个不完美的说明，主要是因为商品系统中量化的条件（劳动时间的单位）是一个不付酬工作的世界，无法量化。

　　尽管过于狭窄,但生态剩余由生态经济学家们首先提出的"能源投资收益率"(EROI,energy returned on energy invested)——勘探开发的投资回报值——显示出来。[①] 它的下降由工业式农业的能源效率的下降显示出来,这是绿色批评长期以来的一个主题。这就把我们导向了一个接一个的积累周期的兴起与终止中,不付酬工作/能量的中心性。能源投资收益率让我们接近了对世界-生态剩余的一种理解,不过,只有当我们从能源投资收益率转向"能源投资的资本收益率"(EROCI,energy returned on capital invested),才能得到这个理解。能源投资的资本收益率的下降,由过去 20 年中越来越多的证据表明生产成本上升和劳动生产率增长放慢——在农业、提取业和工业方面——而显示出来。这种下降展现了一个强力问题:资本主义是否已经进入了生态剩余持续下降的时代,所以,它在全系统劳动生产率获得重大进步上的能力也下降了?

　　历史而言,"大萧条"是通过创造了意外利润之机会的世界-生态彻底变革而得到解决。那些新的机会依赖于四个廉价自然——世界-生态剩余的核心——的恢复。它与资本主义中生产的平均代价相比为"剩余",这平均代价有很多形式,但最终植根于劳动生产率。不过,这样的生产力决定性地与新的历史的自然的生产相关联,与这种生产的主要历史形式相关联,也就是圈围、帝国扩张、科学实践和驱逐运动的一个接一个浪潮。这些与占用不付酬工作/能量上的技术变化结合在一起,其速度快于全球自然资本化的上升趋势。

　　当生态剩余很高的时候,比如第二次世界大战之后,生产革命会发生,长期扩张会开始。当然,这并非只是占用,也事关资本化和社会-技术创新。生态剩余作为新的积累体制浮现,与掠夺和生产结合起来,圈围新的地理前沿(包括地下资源)与新的科学技术革命进入到劳动生产率中。劳动生产率的巨大提高,表现于平均劳动时间中材料吞

① Cleveland(克利夫兰)等人,"Energy and the US Economy"(《能源与美国经济》),《科学》225 期(1984),890—897 页。

吐量的上升，这正是靠了生态剩余的巨大扩展才有可能。比如，传统福特制的装配线，如果没有廉价钢铁、橡胶和石油，是不可想象的。这种剩余的不可简化的社会-生态特征怎样强调都不过分，它不仅包含了食物、能源和原材料，而且包含了作为劳动力和家务劳动的人的自然。漫长 20 世纪的起源不仅存在于"第二次工业革命"的大规模生产系统中，而且存在于对人和人之外的自然的众多占用之中：对美国中西部的土壤资源和水资源的占用，对东欧和南亚农民的占用，对殖民地和半殖民地世界的森林、原野和资源矿脉的占用。

在每个积累的漫长浪潮过程中，生态剩余都会下降。它的下降有4 个重要原因。第一，"有利之地"——被占用的历史的自然——会有磨损消耗。这是一个熵的问题：在"有利之地"的主流配置中，物质/能量从较有用的形式向较没有用的形式运动。这个"熵定律"——因为它，"所有经济过程……将有价值的物质与能量转变为废料"①——在力量和生产的特定模式中运作。它并不由抽象的生物圈决定。从历史的自然的角度来看，熵是可逆和周期性的，但要受特定文明逻辑中熵之上升的支配。所以，资本主义占用工作/能量的逻辑，通过在前沿确定而未被资本化的自然，就允许对上升的熵进行周期性的修复。

第二，即使没有磨损消耗，生态剩余也倾向于下降。大部分积累起来的资本，都倾向于上升的速度超过对不付酬工作/能量的占用，这是马克思生产不足普遍规律一个必然的隐含。（资本的赌注是未来的增长要快于定位新的廉价自然的实践活动。）即使在"第二次"工业革命和第二次世界大战后黄金时代这样的例外情况中，此时对不付酬工作/能量的占用是空前地高，让食物、原材料和能源便宜也要求着异乎寻常的努力，而且是反向之事。周期性运动倾向于代价上升，如同熵问题一样，它可以反转，但这种反转的空间在资本主义的长时段中会变狭窄。由这个角度看，马克思的生产不足的普遍规律，或许就可以

① N. Georgescu-Roegen（N. 杰奥尔杰斯库-罗根），"Energy and Economic Myths"（《能源与经济神话》），*Southern Economic Journal*（《南部经济学刊》）41 卷 3 期，347—381 页。

作为随着资本化的自然增多而积累率下降的趋势来阐释。它在金融化的周期性浪潮中找到了历史的表现，而金融化正是随着占用机会下降而积累过多的资本堆积起来的主要表现。

第三，生态剩余因资本的再生产时间与其他自然的再生产时间之间的矛盾而下降。资本的非乌托邦动力倾向于世俗的当下性，表现为寻找"捷径"来压缩多种自然的再生产时间。并非所有人的压缩都是粗暴的，但所有资本主义的压缩几乎都是粗暴的。资本主义农业的单一种植和对劳动生产率的迷恋，就是一个典型例子。自然的资本化之所以发生，是因为相对短期而言这有优势。资本化中的自然给资本家以短期收获，却是中期的代价。这些代价在任何可能的地方都要外化，最终是必须找到和占用新的工作/能量来源。这样，每一个积累的长周期就通过新的商品前沿表现出来。

第四，与资本的主体相比，不付酬工作/能量的比重倾向于下跌，这不仅是因为熵、资本化和暂时的比例失调，而且是因为资本的积累会随时间变得越来越浪费。这个维度是周期性的，虽然是周期性中问题最小的（现在不是这样了），但显然也是累积层面上最为重要的。工业式农业巨大的能源低效，就是一种形式。废料生产的另外一个时代性的维度，涉及大量的能源和化学使用对生物圈的毒化，激活了负面价值：出现了越来越敌视资本积累的历史的自然，只有通过越来越昂贵和毒性的策略才能暂时对其抑制（如果能抑制的话）。这种负面价值的兴起鲜明地表现于当代气候变化，表明了 21 世纪初期生态剩余重大而快速的侵蚀（见第十章）。

这意味着随时间推移，资本必须付出自身行事代价中的更大比重了。通常而言，资本积累的每一个巨大浪潮，都以很高的生态剩余来开始，它通过资本、科学和力量的结合而创造出来。[1] 我们会联想到那些与抽象社会劳动、抽象社会自然和原始积累相联系的动量。积累的

---

[1] 这三个范畴——尤其是"科学"——都是巨大的击中要害的钝器。

这种"三重螺旋",通过开发提高劳动生产率的新方式,以及确保新的、大大扩展的来源——为积累服务的不付酬工作的来源——而运作。① 这就是马克思所说的原始积累作为一个阶级形成过程(资产阶级与无产阶级)的传统表现的辩证对应物。阶级形成是原始积累的一个产物。这个产物依赖于、并且通过对"女性、自然和殖民地"的不付酬工作的占用而合作生产出来。不过,对这些新的不付酬工作/能量来源的识别、测绘和合理化的过程,不能单单用经济力量来解说,还要依赖国家和科学来让它们工作。所以,资本主义的原始积累和地理扩张,不仅仅是从非资本主义世界到资本主义世界的财富转移,也不仅仅是资产阶级与无产阶级的关系,也同样事关再生产关系(人与人之外的自然)的重组,以便让廉价自然、食物、能源和原材料的更新之流、扩大之流进入商品系统。

资本化与占用的辩证法

现在,让我们来思考资本化与占用,不仅仅是作为积累战略来思考,而且作为再生产关系来思考。由此,我们来考虑二者之间的关系。首先,再生产的资本化关系最为明显地通过人类劳动的无产阶级化而发生。所谓无产阶级化,也就是说通过资本——主要以付酬劳动的形式②——的劳动力之流的再生产。当然,即使是北半球的无产阶级的家庭劳动,其费用也一直主要依赖不付酬工作(洗衣、烹饪、养育孩子,等等)。人改变其他自然只有通过劳动,因此,劳动的直接和间接的商品化,对于人之外的自然的资本化就是关键性的。

然而,被资本化的并不止于劳动力的再生产,人之外的自然的再

---

① 特别致谢我的朋友查德·沃克提出这个"三重螺旋"。

② 我说"主要以付酬劳动的形式",是因为资产阶级与无产阶级的关系采取了许多特定形式,包括现代化早期甘蔗种植园中主人与奴隶的关系形式[明茨《种植园奴隶是无产阶级吗?》(1978)]。就20世纪后期资本主义农民而言,莱亨廷(带着某些夸张地)认为他们已经成为无产阶级[R. C. 莱亨廷,"The Maturing of Capitalist Agriculture"(《资本主义农业的成熟》),《每月评论》50卷3期(1998),72—84页]。

生产也被资本化。营养物之流、人之流、资本之流，形成了一种历史整体性，它们在其中相互暗示。起源于漫长16世纪甘蔗种植园的现代农业，展示出经济作物农业生态就是一个占用营养物、能源和水资源的过程，这靠的是全球资本流动，尤其是信贷。[①] 20世纪发生的不同寻常的转变，如通过持续的杂交、化学和生物技术"革命"，正是自然资本化的增长。不过，这是非线性的，也因此一直受阻，直到晚近因能源的大幅度便宜而改变。农业中的固氮当然至关重要，但机械化、杀虫剂和电气化也一样重要。我们在第十章中将会看到，资本主义农业从它对地方能源的依赖中解放出来，这大大地降低了第二次世界大战之后四分之一世纪的资本化，1970年代后则是一定程度的降低。然而，近来这个过程又开始加剧，过去10年中资本主义得到了重大推进。在某种意义上，每个农业革命都面临一种"反冲"——从人的反抗到人之外的自然的抵抗（比如"超级杂草"）。在关于资本主义农业"技术跑步机"的谈论中，这种反冲动力被困住了，尽管只是部分地，农民因依赖商品化的种子、机械和农药而被关入代价上升的体制内。[②] 然而，这部"跑步机"的扩张超越了生产的力量。它是一部资本、工具和自然的跑步机，也就是农业—工业资本主义的独特工艺。农场家庭必须努力生产越来越多，才能偿还一种农业生态模式的债务，也就是越来越多地"在资本积累的循环中再生产"。[③] 与一个世纪之前相比，今日农业的这种资本化，已经超越了经济作物农业对不付酬工作/能量的占用，生态剩余正在缩小。

资本化越过了笛卡尔式的二元论，对不付酬工作/能量的占用亦是如此。这种辩证法让我们能够超越那种人与自然的简化论语言。因为，在资本主义中，至关重要的区分不是人与自然之间，而是资本化与生命之网之间。资本主义的傲慢，就是在商品系统中对生命活动指

---

① 摩尔《生态与资本主义的兴起》(2007)。

② 科勒蓬博格《种子第一》(1988)。

③ W. Boyd（W. 博伊德）等人，"Industrial Dynamics and the Problem of Nature"（《工业动力与自然问题》），*Society and Nature Resources*（《社会与自然资源》）14期(2001)，560页。

派价值(一种异化的价值)、去价值,同时在资本主义力量的触及范围内,从未商品化的生命活动中为自身输血。

资本化和占用的这些行为,共同决定了社会必要劳动时间。这首先发生在商品生产的"有机整体"中,这个整体由与直接生产在一起的分配、交换与分配所构成。① 另一个则是占用不付酬工作以服务于提高劳动生产率的"有机整体"。换言之,价值规律之下的剥削率,不仅由商品生产中的阶级斗争(资本家与直接生产者之间的斗争)决定,不仅由商品生产的组织和价值构成决定,而且由人和人之外的自然同时付出的不付酬工作的贡献所决定。

所以,抽象社会劳动的体制就取决于生产和再生产的活跃的重新配置。以此来看,价值关系通过付酬与不付酬工作的辩证法来展现,直接涉及新的积累体系。这就意味着资本主义的独特工艺——可以理解为工具、自然和力量的特定结晶②,远不止是拾起低垂果实而已。资本主义的独特工艺寻求动用和占用(不付酬的)"自然之力量",以便让(付酬的)"劳动之力量"以它们的现代形式来生产,即剩余价值的生产。这就是自然之生产的重要性,自然并非资本的一个预先形成的对象。

相反,历史的自然是资本重塑的关系之网,即通过"有利之地"的双重内在性来重塑,以便为资本积累提供生物圈"工作"的贡献。对不付酬工作的占用——它在四个廉价自然周期性的兴起与衰退中显示出来——于是成为对资本主义之限制进行概念总结和研究的关键。之所以如此,是因为资本主义真正的历史限制,源自资本作为资本化与占用的关系。"增长的限制"③并非外在,而是来自资本主义的内在关系。为什么是内在呢?显然,我们并非将"内在"作为固定的边界来谈论,而是谈资本主义作为一种内化的文明。我们是将内在作为方法

---

① 马克思《政治经济学批判大纲》(1973),100页。
② 芒福德《独特工艺与文明》(1934)。
③ 梅多斯等人的《增长的限制》(1972)。

论的前提,而不是描述性的陈述。生态经济学家们经常谈论资本主义怎样"外化"其代价,大气层变成了温室气体的倾倒场,就是一个典型例子。代价的这种外化,也是资本积累所需要的空间内化。比如,大气必须作为资本的不付酬的垃圾处理工,让它来工作。这些空间或许会也或许不会直接进入资本循环。这样的空间可能是油田(对资本而言为内在),或者是前沿地带——或用于倾倒废料,或占用其不付酬工作。废料前沿现在已经部分被认识到,而资本主义文明的内化特征则更为深入,这正是因为资本的积累,依赖于对工作/能量之"身体未腐烂的"来源的活跃合并。[1]

当占用的机会与积累的资本主体相比为下降时,一系列熟悉之事肯定发生:生产成本上升,工人、土壤、森林和不付酬工作的其他方面变得枯竭或集体性地不合作,付酬工作的比例上升,原来的区域生产中心的利润率下降,最后是出现更新的资本积累的可能性,这或者是某个特定的部门,或者是资本作为一个整体,都依赖于找到新的占用前沿,于是新的生产中心浮现出来了。并非巧合,资本主义的每个新时代,都以"新的帝国主义"和新的工业化来开始。[2]

为什么新的帝国主义、新的工业化、新的农业革命和新的科学革命并肩到来?因为生产的(资本化的)力量依赖于(占用的)生产/再生产的条件:四个廉价自然。

我们对价值关系语境中这四个巨大输入的特别关注,就让我们去观察付酬和不付酬工作/能量处在它们的历史配置之中的情况。当这些配置倾向于占用时,世界积累就复兴,"黄金时代"就开始了。当这些配置转变为资本化时,处于(或高于)平均利润率的投资机会就下降,资本主义停滞的各种征象就出现,比如不平等的上升、金融化,等等。

---

[1] 马克思《资本论》第 1 卷,380 页。
[2] 哈维《新的帝国主义》(2003);P. J. Cain(P. J. 凯恩)和 A. G. Hopkins(A. G. 霍普金斯),"Gentlemanly Capitalism and British Expansion Overseas II"(《绅士风度的资本主义与英国在海外的扩张》),《经济史评论》40 卷 1 期(1987),1—26 页。

这反转了关于资本主义发展的通常想法。资本主义扩张并不那么扩张商品化的领域，它扩张改变世界积累的平衡去走向占用。所以，资本主义的地理扩张只是有时候而且只是部分地有利于商品化。更为经常的是，优先事项是资本主义力量进入那些未被资本化的再生产领域，也就是未商品化的人和人之外的自然。后者一直被资本所侵蚀、渗透和纳入，但总是部分的，这有其原因。劳动生产率的巨大进步，如英国领导的工业革命和美国领导的福特制，在漫长 19 世纪和 20 世纪一直要以对不付酬工作——人的自然所提供的（家务劳动）和人之外的自然所提供的（地质积累）——的占用为重要条件。这样的工业化依赖于商品生产中劳动生产率（剥削率）上升的配置，与之相伴的则是大得不成比例的对于不付酬工作的占用。这里面的意味至关重要，值得强调：剥削与占用之间的关系是不对称的。商品生产中劳动生产率的提高，意味着每个劳动时间单位的能源和原材料（循环的资本）之体量更为巨大的增加，积累的不付酬工作/能量尤为重要。比如，英国和美国领导的工业革命，就通过划时代的对化石燃料形成（先是煤炭，然后是石油）中积累的不付酬工作/能量的占用，对商品系统之外（被剥夺土地的农民）养育儿童成年积累的人的工作/能量的占用展现出来。

这就突出了人和人之外的自然这二者的再生产历史相一致。由这种视野来看，"工作"所包含的远不止于商品生产中的直接参与，"工作"还包含了资本主义力量范围内人和其他自然所提供的付酬与不付酬活动。不付酬的"自然的工作"——农业的短期时间、养育儿童的代际时间、化石燃料形成的地质时间——是基础性的，付酬的"资本的工作"在此基础上展现出来。这二者都刻在价值规律之中。价值形式（商品）在直接生产过程中浮现，而价值关系（包括社会必要劳动时间的系统性决定①）不仅包含了生产关系，而且包含了剩余价值的扩展生

---

① "比方说，由于种亚麻土壤肥力的耗尽，生产亚麻布所必需的劳动时间增加了 1 倍，那么亚麻布的价值也将增加 1 倍。"马克思《资本论》第 1 卷（1967），67 页。

产所必需的更为宽广的占用关系。剥削率在根本上需要条件,以对自然"免费"或尽可能免费提供的工作/能量之占用的规模、速度和范围为条件。①

随着四个廉价自然的物质化,资本积累的新机会就出现了,比如19世纪的铁路革命或20世纪的汽车革命。随着时间推移,四个廉价自然就不再廉价。积累周期上升中对不付酬工作/能量的榨取,耗尽枯竭了未商品化的再生产关系的恢复能量。与此同时,工人和农民找到了新的方式来对抗资本和世界市场。劳动代价上升了,食物、能源和原材料价格也上升了。(在历史上是不均衡的方式。)随着廉价输入不再廉价,开始变得珍贵,物质生产地带的积累机会就停滞,开始收缩。随着占用慢了下来,金融扩张倾向于开始,劳动力、食物、能源和原材料的价值构成上涨而不是下降。于是,金融扩张就去开辟原始积累的新时代,资本家和国家致力于廉价自然的恢复。

所以,工业和金融扩张重大阶段的大变更,就涉及以一种根本性的方式对廉价自然的合作生产。阿瑞吉称这二者为"物质"和"金融"扩张。② 二者合在一起,构成了一个积累周期。在物质扩张时,资本投资于劳动力、机器和原材料(M-C-M')。③ 到金融扩张时,资本从劳动力、机器和原材料(M-C-M')中撤出来,通过金融渠道(M-M')来进行积累。如同我们在第六章中会充分展开的那样,这二者是交叠的,新的工业化中心(M-C-M')的浮现会在金融化(M-M')时发生。一个接一个的物质和金融扩张,其时机、地理和组织形式,都涉及四个廉价输入的价值构成。

食物/劳动关系尤为重要,因为廉价食物和廉价劳动力由商品生

---

① 马克思《资本论》第1卷(1967),751页。
② 阿瑞吉《漫长20世纪》(1994)。
③ 在"M-C-M'中……货币资本(M)意味着选择的流动性、灵活性和自由。商品资本(C)意味着资本为了利润投入到某个特定的投入—产出组合中。于是,这就意味着特定性、刚性和选择的变窄或封闭。M'意味着选择扩展的流动性、灵活性和自由"。《漫长20世纪》(1994),5页。

产的转变(通过农业革命的资本密集动量而发生)所决定,由资本所能确保的占用商品系统之外的不付酬工作之机会的程度所决定。这就是 19 世纪后期(1840—1900)美国领导的"家庭农场"革命的实质。这场革命将不付酬的家庭劳动与人之外的自然的不付酬工作——尤其是北美西部千万年积累起来、基本上未被农业碰过的前沿肥沃土壤——结合起来了。廉价能源至关重要,尤其是蒸汽机革命之后。劳动生产率随着丰富能源而提高,随着能源价格上涨而停滞,1970 年代发生的就是如此。[①](北大西洋核心的衰退,就紧密地与 1970 年代以来石油价格相关。[②])最后,廉价能源和廉价劳动力依赖于丰富的(廉价的)原材料,来汇入制成的商品中。

　　萦绕于资本生产动力的,是生产不足之幽灵。于是,就有了强烈冲动去消解四大输入之间的边界:把食物转变为能源和原材料,把能源转变为食物,当然也把能源转变为劳动力。资本的项目就是以自身的想象来创造自然,无止境地可量化、可互换。这个项目的一个动量就是直接的生物材料,玉米就是一个典型例子,它为各种各样的"灵活性作物"引导了一条路。它似乎为各种东西提供了原材料:乙醇、食物(或"像食物的产品"),以及建筑和工业生产中的原材料。[③] 另外一个动量就是能源密集投入的氮肥在世界农业中被普遍化,迫使人类中越来越多的人去"吃"化石燃料。[④] 我们还不要忘记资本主义是消除人类特异性的前提,体现在工艺知识等之中的持续追求,要用"死的"

① D. W. Jorgenson(D. W. 乔根森),"The Role of Energy in Productivity"(《能源在生产力中的作用》),*American Economic Review*(《美国经济评论》)74 卷 2 期(1984),26—30 页;克利夫兰等人的《能源与美国经济》(1984)。

② J. D. Hamilton(J. D. 汉密尔顿),"Cause and Consequences of the Oil Shock of 2007—08"(《2007—2008 石油震荡的原因与后果》),*Brookings Papers on Economic Activity*(《布鲁金斯学会经济活动论文》)1 期(2009),215—261 页。

③ M. Pollan(M. 波伦),*The Omnivore's Dilemma*(《杂食动物的困境》),New York:Penguin,2006;*In Defense of Food*(《为食物辩护》),New York:Penguin,2008。

④ R. Manning(R. 曼宁),"The Oil We Eat"(《我们吃的石油》),*Harper's*(《哈泼斯杂志》)308 期(2004 年 2 月),37—45 页。

劳动来替代"活的"劳动。

　　人之外的自然越来越可互换,这样的走向也是计算性的。千年之交以来的商品的金融化,也是消解四个巨大输入之间边界的一个关键动量。最为引人注目的或许是全球初级产品市场近来的情况。21世纪之前,那些初级产品基本上独立于"外面的金融市场,也相互独立",比如石油价格就并不必然与铜价相关联。

　　然而,2000年之后,金融行动者们,尤其是指数投资者们,"参与了商品市场中金融化的基本过程,通过这个过程,商品价格变得更与金融资产的价格相关联,商品彼此之间也更为关联……作为这种金融化的一个结果……一种商品的价格不再单纯由它的供应和需求所决定"。① 生物物质与金融重组的结合,表明21世纪的一个情境,生产不足的倾向又重申了自身,这通过物质损耗、气候变化、新的反体系性运动与金融化一种不同寻常、动荡不稳的结合表现出来。

　　生产不足意味着一种紧要关头——一条钟形曲线的朝下,四大输入的一个或多个变得越来越昂贵了,开始束缚积累过程了。这样,生产不足就是生产过剩的一种内在矛盾。这意味着生产不足并不与一个外在自然之中的"稀缺"相关,那是新马尔萨斯派的观点,相反,生产不足因一些关系而形成,这些关系周期性地、累积地在历史的资本主义和历史的自然(我们的双重内在性)中获得流行。生产不足由人与人之外的自然合作生产出来,有着历史特定性。对一种文明而言的"稀缺",对另一种文明可能就不稀缺。资本主义的稀缺是通过价格而施加上的,2003年开始的食物价格的膨胀,并非世界食物供应短缺产生的效应,而是分配、权力和资本产生的效应。这让我们看到饥饿和其他形式的剥夺和压迫的真正的关系性来源。不过,分析不能止步

---

① K. Tang(K. 唐)和 W. Xiong(W. 熊),"Index investment and Financialization of Commodities"(《指数投资与商品的金融化》),工作文件,普林斯顿大学经济系,2011年3月。www. princeton. edu/-wxiong/paper/commodity. pdf,2011年3月17日查阅。

于此。我们需要一种方式来观察生物圈的变化怎样转变为资本主义中的深化矛盾，反之亦然。

顶峰占用

消耗是实实在在的，它最为显著的当代表现，或许就是能源。这方面，那些容易抽取的大油田在地理上越来越偏远，显然是对双重内在性的一个挑战。难道资本主义对自然的内化会生产新的地理情况，使得廉价能源回来吗？或者说自然对资本的内化会生产新的地理情况，从而让这样的回来不可能？这种"一切推到顶峰"的辩论，会让我们心烦意乱于双重内在性。这样的辩论提出了一个关于物质而非关系的问题：我们是否达到了全球石油、煤炭、磷，甚至土壤产出的"顶峰"，于是一个"后顶峰的"的稀缺世界就要来了？[①]

如果我们从关系的角度来讨论关于消耗的这个问题，会怎么样呢？我们会找到一种更为有用的不同的顶峰：顶峰占用。顶峰占用或许可以形象比喻为一条钟形曲线中那个最高的转折点，在这条曲线中，相对于对自然的资本化，不付酬工作／能量的比重达到了顶峰，这个"顶峰"代表着世界-生态剩余处于它的最高点。当然，这个形象比喻只是一个思维练习，周期变化和部门转变会以一些重大方式改变这幅图画。而且，从19世纪早期开始，廉价自然可以相对容易地被测绘、榨取、让其工作，这也使得资本主义从一个阶段到另一个阶段的转变顺利一些了。

顶峰占用是依赖"能源投资收益率"（EROI）分析的一种方式。[②] 它允许资源和能源的测量放入历史性和关系性的框架内。如同

---

① 参看 R. Heinberg（R. 海因伯格），*Peak Everything*（《一切都顶峰》），Gabriola Island，BC：New Society，2007。
② 克利夫兰等人的《能源与美国经济》（1984）。

我们已经注意到的那样,走向顶峰占用的运动是见到了生态剩余的上升。后顶峰占用的特征,则是生态剩余的下降。但是,"能源投资收益率"不能让我们得到一个将能源/资本统一起来的模式。所以,我们就需要"能源投资的资本收益率"(EROCI)。

占用和生态剩余的周期性运动,将我们的注意力不仅导向能源投资收益率,而且导向能源投资的资本收益率:每块美元的卡路里或焦耳。能源投资的资本收益率把付酬与不付酬工作/能量的相对贡献置于中心。那么,所说的顶峰就不是产出的顶峰,不是能源产出或其他初级产品产出的顶峰;相反,它是动用资本来生产某种商品,体现在这种商品中的工作/能量,这二者之间的顶峰"断裂",也就是每蒲式耳、每吨、每桶、每匹马或每个劳动力小时中多少美元。即使这样说,语言仍不够精确,这正是因为我们谈论的是特定工作/能量一种无法比较的混合。量化可以说明但并不能充分捕捉这些特性。能源和材料之流可以测量,但在资本主义中,它们无法被计算,因为资本主义动力的秘密就在于,它只计算它所重视的东西(劳动生产率)。而且,顶峰占用并非单单事关某些商品,而是事关某些初级产品在整个积累过程中"扩散"着廉价自然的方式,这煤炭和石油为典型例子。比如,1930年代后的廉价食物,变成了"石油农业",它对土壤、水和生命的惊人占用,就是越来越以廉价能源作为中介。

对于资本积累的一次次漫长浪潮而言,当与资本化的自然相比,占用自然的贡献达到"顶峰"时,顶峰占用就出现了。

所以,马克思关于土壤肥力是"固定资本"的洞见就是这样。[1] 当然,马克思理解土壤肥力并非那样自然(固定的)——如同李嘉图认为的那样。土壤肥力可以通过作为资本循环的肥料的使用而增加。[2] 不过,在土壤肥力已经给定、先于资本主义农业推进的地方,顶峰占用的意外收获可以是划时代的。19世纪美国的谷物前沿占用了千万年积

---

[1] 马克思《政治经济学批判大纲》(1973),748页。
[2] 马克思《哲学的贫困》,New York:International Publishers,1963,162—163页。

累的营养物质。与资本密集的家庭农场结合起来后，它们不仅仅对美国资本主义是彻底变革，而且廉价食物大量涌向欧洲，并为美国工业革命"喂养"了廉价劳动力。如同早期资本主义的甘蔗种植园的情况一样，我们看到了尖端的工业化生产与前沿占用的早熟的结合。资本密集增加（生产成本增加）的潜在后果，可以通过新的占用和圈围来抵消。这些让资本得以提高劳动生产率，同时降低（或是控制）生产的价值构成的上升倾向。生产的技术构成（即与劳动力相对的机器和原材料的主体）可以上升，但并不损害利润率。

我们看到，资本主义是一个前沿过程：基座就是结合在一起的无止境的积累和无止境的地理占用。与现代之前的文明相比，为资本主义工作的这种地理扩张，是一种非常新奇的方式，这正是因为资本对劳动和劳动生产率有一种异化的统一。从这个角度来看，今天能源生产上的问题并不是能源投资收益率的问题，而是能源投资的资本收益率的问题，也就是生态剩余的下降。生产成本在继续上升，而且上升很快，但令人好奇的是，上升的代价并没有制止石油价格的下降，2014年7月以来的9个月里下降了50%。没有严重的工业不景气，生产成本又在上升，怎么会这样呢？回答只有一个：低息借款。

在某种意义上，这个新自由主义时代是由低息借款界定的——1981年以来的30年中，利率是实实在在猛跌。[1] 2006年以来能源生产的历史和价格，就传递着一种特殊的意味——利率怎样围绕资金/能源之关系而耗尽。随着利率下跌和能源价格波动，让高代价的生产——主要来自页岩油——发挥作用，就变得可能了。美国石油生产大幅度增长，从2005年到2014年，页岩油产量增长了6倍。[2] 这在很

① A. Shaikh（A. 谢赫），"The First Great Depression of the 21ˢᵗ Century"（《21世纪的第一次大萧条》），见 L. Panitch（L. 帕尼奇）、G. Albo（G. 阿尔伯）和 V. Chibber（V. 基伯）所编 The Crisis this Time：Socialist Register 2011（《这一次的危机：2011年社会主义者语域》），London：Merlin Press，2011，44—63页。

② A. Sieminshi（A. 谢明斯基），"Outlook for U. S. Shale Oil and Gas"（《展望美国的页岩油和天然气》），U. S. Energy Information Administration（美国能源信息管理局），2014，www. eia. gov/pressroom/presentations/sieminski_01042014.pdf.

大程度上是通过中等规模的美国能源公司大规模借贷而实现的,它们的债务从 2006 年的 1 万亿上升到 2014 年的 2.5 万亿。随着石油价格在 2014 年 7 月开始下滑,而下行运动又被负债的生产者们寻求以倾销更多石油来抵挡风暴所扩大。[①] 到 2015 年年初,那些主要的私人石油公司也卷入借贷狂欢,这一年的头两个月就新借贷 630 亿美元。[②] 所有这些都指向这次一个非常短暂的廉价能源时代,在接下来的 10 年中,石油价格会下降至低于平均每桶 90—100 美元很多,这是非常不可能的,而那个价格已是 1983 年后 20 年中平均价格的 3 倍了。[③] 出现工业生产的巨大崩溃,导致能源价格更持久的下跌,这也是可能的。然而,这也并不会以原有方式——减少生产成本——来恢复廉价能源。

　　所有这些告诉我们,我们面对的是一个新时代:廉价能源的结束。"钱投进去,廉价石油出来"的原有逻辑,已不再如往日那样起作用了。从 1999 年到 2012 年,非石油输出国组织在石油勘探和生产上的投资已经超过了 4 倍,从每年 400 亿美元上升到 1800 亿美元。[④] 2014 年,石油和天然气勘探和生产上的新投资到达了 9000 亿美元。[⑤] 这样的投资并没有带回来廉价能源,而且也没有这样的希望。与之相反,从历史角度来看,新的石油和其他能源在提取和派上用场上是非常昂贵的。在石油部门,从 1999 年到 2013 年,每桶新石油的资本支出(Capex)每年增加 10.9%,这体现着能源投资的资本收益率的下降。这难道不多吗? 从 1985 年到 1999 年,每桶新石油的资本支出,每年的

① D. Domanski(D. 多曼斯基)等人,"Oil and Debt"(《石油与债务》),*BIS Quqrterly Review*(《BIS 评论季刊》)(2015 年 3 月),55—65 页。

② C. Adams(C. 亚当斯),"Oil majors pile on record debt to plug cashshortfalls"(《石油巨头创记录借债来填补资金短缺》),*Financial Times*(《金融时报》)(2015 年 3 月 22 日)。

③ BP(英国石油公司),*Statistical Review of World Energy* 2014(《2014 年世界能源统计分析》)(London:英国石油公司,2014),15 页,bp. com/statisticalreview。

④ R. Weijermars(R. 韦杰莫斯)等人,"Competing and Partnering for Resources and Profits"(《资源与利润上的竞争与合作》),*Energy Strategy Reviews*(《能源战略评论》)(先发表于网络,2014)。

⑤ 同上;多曼斯基等人的《石油与债务》。

增长仅为 0.9%。[①] 非传统石油的新项目,如页岩油和含油砂,并无希望来扭转这种趋势。与此同时,石油输出国组织欧佩克的石油产量——它们的生产成本一直较低,从 2005 年到 2013 年也没有增加。整个世界能源部门,生产成本都在上升。[②] 随着生产成本的上升,世界能源部门正在经历一个转折,从生产成本的净补贴者,转为净贡献者。这真是一个重大转变。

生产成本的上升与稀缺有关吗? 消耗只有经由资本市场才会变为稀缺,而市场由各种居中因素决定,如社会动荡、国际冲突、政府政策、石油发展主义、金融化,等等。的确,能源"市场"属于那些最不符合经济学家们理想类型的市场之列。[③] 承认生产不足所显示出来的狭义之消耗,我更要强调,资本只通过价格来承认稀缺,价格(交换价值)显示了价值生产中的中长期趋势。如果能源生产的价值构成由于消耗而上升,每个单位的能源需要更多的劳动生产力,那么,这就会诱发资本作为一个整体的价值构成的非线性变化。如同我们已经看到的,我们这个世界中几乎一切都依赖廉价能源,我们与"经济发展"联系起来的一切,都依赖化石燃料。然而,消耗并非一切。价格信号也反映着资本内部的矛盾,比如商品的金融化,以及阶级、帝国和国家发展主义项目的矛盾。

所以,地理意义上的消耗起重要作用,但它很少是决定性的。2000 年以来,石油的高价无疑有着地理情况的因素,这导致了勘探和生产成本的上升。然而,并非全然这些。美国领导的帝国主义冒险和占领,南半球的飞速工业化,石油生产国的石油发展主义,所有这些对于廉价能源将要终结起到了根本作用。总之,四大输入的价格以地质

---

① S. Kopits(S. 柯彼茨), "Oil and Economic Growth:A Supply-Constrained View"(《石油与经济增长:一种供应约束观点》),提交给 the Center on Global Energy Policy(全球能源政策中心)的论文,哥伦比亚大学,2014 年 2 月 11 日,43 页。

② 同上;Goldman Sachs(戈德曼·萨克斯), "Higher Long-Term Prices Required by a Troubled Industry"(《受困工业所要求的更高的长期价格》),*Equity Research*, *Goldman Sachs*(《戈德曼·萨克斯资产研究》)(2013 年 4 月 12 日);韦杰莫斯等人的《资源与利润上的竞争与合作》(2014)。

③ T. Mitchell(T. 米切尔),*Carbon Democracy*(《碳民主》),London:Verso,2011。

情况、地理情况和人之外的自然的生物圈情况为条件,同时也由种种人为关系、阶级、帝国和发展所合作决定。这些动量总是捆扎在一起的。这个含义虽然简单却具有范式意味:资本主义时代的"增长限制",既不是"自然的",也不是"社会的",而是资本主义作为"有利之地"的限制,是资本化的限制。这就是我们下一章的中心。

第五章

自然的资本化,或者说历史的自然的限制

资本主义既以人类为中心,又不以人类为中心。一方面,资本事关劳动力的价值,而劳动力只能由人来给予。另一方面,大多数人的劳动力并不是被剥削,今天也仍然如此,在大多数情况下,资本主义是占用人的活动,如同占用其他自然一样。在资本主义文明中,人的自然只是古怪地得到提升,又系统地被疏远,并且被侵犯。认识到一个组合和不均衡的发展模式,就会告诉我们关于限制的一些非常重要的事情:资本的限制和自然的限制非常紧密地联结在一起,远远超过了我们关于大灾难和大崩溃的通常叙说所告知的。有一个更有意思的故事要讲述,也是一个较有希望的故事。

四个廉价的周期性恢复,四个廉价的更新,是一个组合和不均衡的过程。如同我们已经看到的,由占用而来的积累,通过对工作/能量之流的经济之外的动用而运作。这些动用倾向于耗尽生产/再生产的"自然条件",如同新砍伐掉森林的林地种植了甘蔗或大豆,接下来的就是土壤肥力的耗尽枯竭。对早期条件这种一步接一步的耗尽,就导致了资本化,生产中越来越大的比重要依赖资本的循环。靠资本化而来的积累,通过商品地带中对生产的简化、合理化和重组来运作。所

以,资本化就有两个优先之事。一个就是从原来的占用地带中榨取更多的工作/能量,比如战后的美国农业。另一个则是对在其他地方占用的廉价自然实施更有效率的工业过程,比如一个接一个的工业革命。资本化从来不是对积累危机的真正修复,因为这样的危机只能通过对廉价自然的新占用来解决,不过,廉价自然的新形式又暗示并必然导致新的工业体系。所以,靠资本化而来的积累就以一些复杂的方式运作,同时既增加代价又降低代价。

生态剩余的下降趋势,并非一个铁律。资本化通过让特定廉价自然的大部分及其特定剩余,作为一个整体扩散至这个体系,以此抵消生产成本的上涨。这个过程最为宏大而鲜明的说明,就是化石燃料的历史。确切地讲,18 世纪以来,廉价能源就大幅度地抵消了劳动、食物和原材料之生产/再生产上的社会-生态消耗枯竭,这一开始主要是靠新的运输网络,后来则靠石油农业的兴起,那是我们第十章的中心内容。在本章中,我们集中关注对人之外的自然的资本化,以及它所告知的系统性危机如何通过"有利之地"合作生产出来的理论。

资本化与外在自然的实践

资本主义的历史,就是对自然进行彻底变革的历史。所以,资本主义文明并没有一个生态体制,它本身就是一个生态体制。资本主义是一种对"有利之地"的状态进行塑造、引导和协商的方式。当然,并非只有资本主义才这样。所有文明都以这种或那种方式来做。资本主义的特殊性在于它如何在人与其他自然之间组织起准稳定的关系,从而服务于无止境积累。这种关系最为持久的形式,就是外在自然的实践。通过这种实践,资本主义和那些区域主义中介就寻求创造新的自然,作为力量和生产的对象,也作为不付酬工作/能量的新的、扩展的来源。

无止境积累对这种实践提出了一系列问题。就现在的讨论而言,我们把这些问题减少为仅仅两个。第一个就是生物圈的特定特征与资本需求无限特点之间的问题。第二个则是资本扩张、需加速摄取工作/能量的需要，与生命之网各种要素再生产要求之间的问题。读者可能会注意到，这二者都是定量的。资本只知道一种定性关系即资本劳动，如同我们已经看到的那样，它以资本/自然为前提。其他一切都是可以简化的，这不仅仅是通过计算性的合理，而且通过实践性的重建，比如单一种植、装配线、"灵活性"作物（"flex" crops），等等。资本只给它能计算的东西以价值。

不过，资本的定量偏好必须在一个个时代中重塑。这是因为那些开始时释放了积累浪潮的历史的自然会变得枯竭。四个廉价自然变得稀缺了。再生产廉价自然的可能性耗尽枯竭，这意味着两件常常合在一起的事中的一件：历史的自然以某种方式被"彻底摧毁"了。森林可能被清除到这种程度，以至于燃料密集的商品生产再也无利可图。这种情况不多见，但"第一个"16世纪的马德拉群岛发生过。[①] 另一件事则是：自然"累惨了"，虽然继续提供工作/能量，但体量和代价都让积累难以为继了。

世界能源生产今天看来是这样一个情况：产量仍然很高，在接下来的10年中还会上升，但生产成本持续高涨。[②] 同样的消耗枯竭过程，也作用于各国的工人阶级，我们在第九章将看到。

绿色思想中的许多观点，都集中于第一种情况，也就是自然的一些部分被摧毁了。资本主义对地球发动了战争，诸如此类。不过，我想表明，更有意思也更实际相关的问题，是自然怎样"累惨了"。这个问题很令人烦恼，因为它与我们对资本主义的认定——资本主义是一个作用于外部自然的体系——格格不入。

---

① 摩尔《马德拉群岛、蔗糖和"第一个"16世纪对自然的征服》第一部分，《评论》32卷4期（2009），345—390页；《马德拉群岛、蔗糖和"第一个"16世纪对自然的征服》第二部分，《评论》33卷1期（2010），1—24页。
② 戈德曼·萨克斯《受困工业所要求的更高的长期价格》（2013）；柯彼茨《石油与经济增长：一种供应约束观点》（2014）。

　　资本主义怎样让自然工作,随着时间推移自然怎样"累惨了",这个问题有助于我们超越对于积累危机的惯常思考。将工作/能量/价值这样的历史性问题置于中心,能让我们从新的角度来看过剩资本的问题。这个问题并非简单的太多的资本追逐太少的投资机会。那样说也不错,但我们还可以深入。过剩资本的问题是一个资本让自然去工作,然后失败的问题,因为未被资本化的自然不愿意加班工作。这种"失败"就体现为积累过多的危机:太多的资本面对太少(有利可图)的地方可去。对比之下,生态剩余的上升,则让各种资本投入都有利诱人,因为大量的免费自然可以做大量的廉价加班工作。

　　资本主义对"有利之地"进行彻底变革,但并非所有一切都流动。历史的资本主义/历史的自然辩证地稳定着——它必须稳定——资本积累去复兴。所以,一个接一个的资本主义发展时代就被世界-生态体制所"统治"——如果这个词可以用的话,这个体制建立了一定的再生产关系和规则。在制度的层面上,这体制因一个接一个的世界霸权而被确定,[①]但在霸权的意义上,这体制也是政体,通过它所建立的规范,劳动力被组织,食物被生产和交换,资源被提取,知识被发展出来。那些再生产的规则和关系并非静态,而是受到走向商品化的累积趋势中周期性彻底变革的支配。自然的资本化是累积性的,但这种累积趋势却依赖于一系列彻底变革,一系列的世界-生态彻底变革。在资本、力量和自然再生产的现有组织结构、科学实践和文化规范中,这些彻底变革成了转折点。

　　发展中的危机表现为原有的力量和生产中心的衰退、世界积累的止步不前,以及生产成本中暂时的向上动能,这些危机会使一系列彻底变革必然出现。

　　这种向上动能,正是自然的资本化的上升趋势。资本化的自然依赖资本的循环,大致而言,或依赖于资本投资于劳动力、机器和原材料

---

① 阿瑞吉《漫长 20 世纪》(1994)。

的 M-C-M’,或依赖于资本通过金融渠道来进行积累的 M-M’,用于它日常和代际的再生产。(我们这里当然是讲辩证性的主要方面,资本化和占用是同时运作的。)对于资本化的自然包括劳动力而言,资本的循环直接塑造再生产的规则。这方面的一个典型例子就是,1865 年之后在美国首先发展起来的资本密集型家庭农场,它又作为第二次世界大战后的绿色革命模式而逐渐全球化。美国艾奥瓦州的谷类农场,为乙醇精炼厂而生产,这就是对自然的高度资本化。就高度资本化的人的自然而言,大都会积累中的家庭无产阶级化就是这种情况,这些家庭依赖工资作为主要收入(见第九章和第十章)。

自然的资本化,是生态剩余下降趋势的对应表现。在自然资本化的上升中,有两个重大运动。一个就是资本的积累依赖于资本技术构成的上升,生产的物质主体的上升。我们看到了马克思的生产不足之普遍规律的必然结果。随着资本技术构成上升,它的价值构成也上升,除非有快速占用廉价自然的条件。这里的关键词是"除非"。"除非"之所以关键,是因为在过去的两个世纪中,资本占用全球自然的轻而易举,让它轻松地忘掉了资本积累中占用的中心地位。迅速占用工作/能量之洪流,它能将四大输入变成四个廉价,这并不容易。除非有快速占用廉价自然的条件,我们的警告指向一种历史真实:能源和原材料的相对便宜化,不仅降低了流动资本的价值构成,而且也降低了固定资本的价值构成。比如,便宜的金属就不仅降低了原材料代价,而且降低了机器的代价。

自然资本化上升背后的第二个因素,就是资本化和占用的侵蚀效应。资本化开始时释放了不付酬工作/能量的新流,但它渐渐地限制了这些涌流。这种侵蚀通过资本对初级生产那种此时和空间的互联重组而发生。资本主义农业就是一个典型例证。不仅农业生态系统受制于营养物越来越多的下降,单一种植也以一种有利于害虫和杂草的方式重组空间。这种空间侵蚀,破坏了一个区域提供不付酬工作/能量的上升之流的能力。所以,过剩资本的上升趋势,生态剩余的下降趋势，就构成了一种不可协调的矛盾，存在于资本的项目与让这些项目成为可能的自然的工作之间。在资本化和占用的地理既定边界中，这个矛盾不可协调。于是，就总要去开拓前沿。

调整供应（这必须总是上升）与让这些供应足够便宜，从而能够扩展积累，形成这二者之间的适当平衡，这一直是资本的世界-历史性挑战。而这又因历史的资本主义与历史的自然之间的间断性发展而复杂。通过这种间断性发展，新的资源被定位、提取，带入积累过程。资本密度的上升倾向于调整供应，但又是以加速特定区域收益性的耗尽枯竭来这样做，一般是 50 年到 60 年的中期时间。

资本主义在找到克服这种耗尽的方法上一直相当擅长。通过资本集约化和社会-技术创新，资本主义中介找到了各种方法，从少中取多。然而，少中取多并不是无中取多。所以，生产不足普遍规律中的对抗趋势，就是前沿运动。从 16 世纪开始，占用生物物理丰饶的前沿，与未被资本化的劳动力和流动性充足的资本结合起来，就周期性地解决了这个潜在的矛盾。当我们进入本书的下半部分时，要去考虑的问题就是：占用了量足够大的工作/能量的今日前沿，它们可以恢复四个廉价，为现在大量积累过多的资本提供投资出口，让积累复兴吗？如果它们有足够大的量，那么这种复兴能维持多长时间呢？

对什么自然进行资本化？：从"普遍"自然到历史的自然

我们以一个老一套的观察来开始：自然并非就在那里。我们知道，自然必然要通过我们的生命活动，通过这种生命活动，就产生了三重转变：我们自身的转变，外在自然的转变，我们与其他人和其他自然之关系的转变。人类组织也是如此。其中最大者就是文明，它被理解为力量和生产/再生产的一些模式，这些模式占据了长时间和大空间。特定于这些模式、特定于这些模式发展阶段的历史的自然，是那些文明合作生产出来的。至关重要的是，这些模式不仅仅事关挖土掘地，而且事关看待和知晓自然的方式。我们将后者称为"象征层面的",但它们紧密地与物质捆扎在一起。挖土掘地的方式和知晓的方式,构成了一个打不破——如果说不均衡——的圈。说人只知晓历史的自然,这并不是否认一般自然,而是把我们关于自然的思考,以及由知晓自然的特定方式中展现出来的历史实践,放入双重内在性之中。从这种视野出发,"一般自然"之存在作为"一个本体、一个终审之范畴,就没有任何资格或特性描述了。[不过,对于资本主义而言,]自然是一个劳动对象,一种资源,一个复写,一个阁楼,一个地窖,或者是一个要去洗劫的储藏室……它是一种潜力,要被不同的时代,带着不同的目的、不同的优先考虑、不同的宇宙观、不同的世界观和议程,来加以实现。现实的、经验的、调查研究的这个形而上的基础,在改变。本体论的改变,认识论的改变,方法论的改变。在一个更为平凡的学术层面上,有一些研究范式、学科、宏大理论,所有这些都因不同时代的阶级力量的矛盾和变动的解决而形成和构成。这是一个动态的、辩证的历史过程,在冲突和斗争中产生"。①

特定于资本主义的历史的自然,有两个层面。首先是特定于作为一个整体的资本主义的历史的自然,其次是通过价值规律合作而产出来的一个接一个的历史的自然。如同我们看到的那样,价值规律就是廉价自然的规律。它是一种动态关系,迫使抽象社会劳动和抽象社会自然有周期性间断的重新组合。全球化价值关系的兴起,与时间、空间和自然的不停彻底变革同时发生,而后者从资本主义起源时起,对它而言就是中心。② 这些彻底变革本质上是社会-生态的,这一点很容易被忽视。不过,货币资本的普遍化作为价值的一个仓库是不可想象的——除非是作为世界-生态彻底变革的一个部

---

① Young(杨),"Is Nature a Labor Process?"(《自然是一个劳动过程吗?》)(1985).
② Harvey(哈维),*The Condition of Postmodernity*(《后现代性的条件》)(1989);摩尔《生态与资本主义的兴起》(2007)。

分，它使得欧洲国家和资本家能够把自然作为廉价和外部来认知、表现和作用于它。

"一般自然"的观念既危险又难以避免。一方面，显然有一个生命之网，它的持续时间估计已有数十亿年。在这样一个系统中，资本主义只是眨眼之短暂。另一方面，时间总是多层面的，对于今天人类面临的特定问题而言，这些层面并非全都生而平等。历史时间的这些层面相互渗透是根本性的，塑造着我们怎样来看待资本主义的危机——过去的危机和今天的危机。由一般自然之观念而来的看待资本主义的观点，缺乏历史的时间的相互渗透，所以就格外受限。一般自然的观念不仅倾向于把我们对生命之网的理解扁平化，理解为其能量为不可逆地取来的事物，而且把我们的资本主义概念扁平化。在那样一种表现中，自然和资本主义变成了结构上的不变量。这对二者都是伤害。资本主义的生存取决于它不同寻常的灵活性。[1] 布罗代尔强调资本从一个部门转到另一个部门的能力，比方说，从工业转到金融，我们则可以强调它这种灵活性的一种更为基本的形式：有能力从一种历史的自然转到另一个历史的自然。

资本主义在自然的资本化上升之后仍然生存下来，这是因为它对"有利之地"进行了彻底变革。资本主义的每个阶段，不仅在它的物质生产能力上有量级飞跃，而且是通过特定之历史自然的合作生产而达到这种量级飞跃的。资本积累的数量扩张，通过对历史的自然的定性改造而发生。如同 17 世纪的帝国主义和大公司不等于 21 世纪的帝国主义和大公司一样，这些时代的历史的自然也不等同。有一个定量因素值得仔细考查，20 世纪资源使用的指数增长曲线，是一个强有力的说明。[2] 我们现在对早期资本主义的能源史也有了

---

[1] 布罗代尔《商业之轮》(1982)。
[2] 参看麦克尼尔《太阳下的新事物》(2000)；科斯坦萨等人的《世界生态系统服务和自然资本的价值》(1997)。

重要的文献。① 然而,使得这些增长曲线出现的定性因素却不能分离出来。

　　资本不仅在廉价输入(定量因素)的基础上维持自身,而且它还对生产的社会-生态关系(定性因素)进行了彻底变革。以这种方式,领先的资本家和帝国主义国家动用了一个接一个的在生态剩余上的"向前大步跳跃",也就是占用的不付酬工作/能量的比重在积累的资本主体中的上升。生产能力几何级数上升的累积趋势,内含在一种周期性因素之中,也就是"有利之地"中付酬工作与不付酬工作之新配置的产生。这就是历史的自然的重要性。工业资本主义给我们的是达尔文和伦敦邱园：新自由派资本主义给我们的则是古尔德与生物技术公司。在第八章中,我们将转向合作生产历史的自然的象征层面因素与科学因素。在本章下面的内容中,我们探讨在一个接一个的生态体制中,驱动着人之外的自然的资本化和随之而来的消耗枯竭的历史模式和趋势。它是这样一个故事：历史的自然如何在积累周期的一开始被创造出来,以对不付酬工作/能量的高比例和大体量占用而输送(再输送)四个廉价,然后又经历矛盾,必须通过新的世界-生态彻底变革来加以解决。它也是这样一个故事：资本主义对自然的彻底变革,如何成了它自身所造之物的历史限制。

"有利之地"、相关的消耗枯竭、漫长浪潮

　　资本积累的常规路径,倾向于消耗已经建立的生产/再生产关系,它开辟了一个巨大的积累浪潮。这些业已建立的关系包含了各种科学的、植物的、农事的、测绘的和技术的创新,对此,我们将在下面的章

① 艾伦《全球视野中的英国工业革命》(2006)；P. alanima(P. 马拉尼莫), "Energy Crisis and Growth 1650—1850：The European Deviation in a Comparative Perspective"(《1650—1850 的能源危机与增长：比较视野中的欧洲偏误》),《全球史》1 卷 1 期(2006),101—121 页；"The Path Towards the Modern Economy：The Role of Energy"(《走向现代经济之路：能源的作用》), *Rivista di Politica Economica*(《政治经济学评论》)2 期(2011),77—105 页。

节中讨论。现在,我要阐释一个简化的模式。新的主要生产中心的出现,带着它们独特的工业组织方式和劳动生产率的上升,以占用人和人之外的自然之不付酬工作/能量的更为广阔的网络为前提。资本化(在资本的循环之中)与占用(在资本的循环之外,但在资本主义力量的触及范围之内)的配置,使得积累的漫长浪潮得以展现。它们让积累率上升,同时生产成本下降。[①] 所以,以四个廉价(廉价食物、廉价劳动力、廉价能源和廉价原材料)为特定形式的廉价自然,就成为每个积累巨浪的必要条件。随着时间推移,这四大输入的价值构成开始上升,占用率慢了下来,资本必须找到新的方式来重新配置"有利之地",恢复四个廉价。所以,生态剩余的上升和下降就塑造着资本主义周期性和累积性的发展。

在这一点上,我们回避了一个至关重要的问题:我们怎样划分发展的这些"漫长世纪",哪怕是暂时性地划分?

资本主义文学的那些时期极为宽广,极为多样。但是,这种多样性是在一个共同的、社会简化论的框架中呈现出来的。资本主义的阶段由(地理)政治力量、技术发展、阶级关系、世界市场、资本主义组织等的某种组合而界定。在笛卡尔式的框架中,对资本主义的亚冰期发展进行貌似可信的概念化,还是可能的。然而,在世界-生态的框架内,无论是对那些部分(技术、阶级,等等)的二元论概念化,还是整体(资本主义的那些时代)的概念化,都没有意义。在我业已展示的关系中,所有这些都内在为世界-生态性质,有待于对它们进行明确重建。本书就是这种重建工作的一个贡献。

划分时代的问题不能回避。我用阿瑞吉的资本积累连续的"漫长世纪"体系,作为一个引导线索。[②] 不过,我把阿瑞吉的线索与我自己

---

① 另一种情况则是:随着产量急剧增加,初级产品的价格可能保持稳定,比如 16 世纪和 17 世纪时的英国煤炭[艾伦《全球视野中的英国工业革命》(2006)],或者是 19 世纪后期的铜[施密茨,"The Rise of Big Business in the World Copper Industry,1870—1930"(《世界铜业中大买卖的兴起:1870—1930》),《经济史评论》39 卷 3 期,1986,392—410 页]。

② 阿瑞吉《漫长 20 世纪》(1994)。

的数字交织起来,其结果就是一个同志般却又独特的综合。阿瑞吉的资本主义模式,从投入—产出组合的前提来展开,[1]而不是价值作为资本/自然的一种合作生产关系。所以,他思路的核心就是实体论,这种观点把资本主义的项目与它的过程混为一谈,并且将人之外的自然降低为物质。这就导致了一个有着重大理论和方法论后果的错误。因为,阿瑞吉不认为早期资本主义是真正的资本主义。犯这个错误并非他一人。如同我们将要看到的,早期资本主义在每一个重要方面,都是真正的资本主义,最重要的就是作为廉价自然规律的价值规律成为前提,这个规律在商品生产和交换中优先提高劳动生产率。这些生产进步靠前所未有的对不付酬工作/能量的占用而实现。看不到占用廉价自然对世界积累具有中心性,就导致了对资本主义之运动定律的重大错误认识,也就是说,认为这些运动定律只在资本循环中运作,资本循环之外的社会-生态关系为背景性,而不是构成性。这种错误认识使得马克思主义者和绿色派都没有看到自然作为"有利之地"怎样起作用。社会简化论也使得许多学者未能看到,在资本主义历史中,占用不付酬工作/能量的前沿和战略,"如同固定资本增加一样起作用"。[2]的确,过去5个世纪中那些宏大的机械化,已被廉价自然对世界积累的贡献比了下去。占用自然是一种生产力量。

同阿瑞吉一样,关于资本主义发展的一个接一个的漫长世纪,我也视为其对资本主义这个故事具有中心性:资本主义并非"自动地"重建。[3]我的时期划分——读者会感觉到与阿瑞吉模式似曾相识——大致是这样:(1)德国—伊比利亚周期(1451—1648),在这个周期中,扩张阶段在1557年金融危机后转向相对的衰退;(2)荷兰领导的周期(1560年代—1740年代),在这个周期中,1680年后开始衰退;(3)英

---

① 阿瑞吉《漫长20世纪》(1994),5页。

② 马克思《政治经济学批判大纲》(1973),748页。

③ B. Silver(B. 西尔弗)和 E. Slater(E. 斯莱特),"The Social Origins of World Hegemonies"(《世界霸权的社会起源》),见阿瑞吉等人所编 Chaos and Governance in the Modern World-System(《现代世界体系中的混乱与治理》),Minneapolis:University of Minnesota Press,1999。

国领导的周期(1680 年代—1910 年代),1873 年开始相对衰退;(4) 美国领导的周期(1870 年代—1970 年代),1971 年后开始相对衰退;(5) 新自由主义周期(现在称它为新重商派还有点早),它在 1970 年代开始。命名和分期是件棘手的事,我一点也不想假称它们可能为最好,它们只是我能找到的最合理的。本书并不重建这个叙述,因为我不认为我们已经知道怎样重建这个叙述:以一种承认资本主义在自然之中/自然在资本主义中之双重内在性的方式来重建。如果我们要弄懂今日资本主义的限制,这样的重建工作就至关重要。如果这样的重建通过学者中的对话而出现,致力于一种自然在其中起作用的综合,那么,它们就是最为奏效的。同样,我这个分期也是一个暂时性的模式,希冀引发重建性的批评,它既是界定,更是一个邀请。

马克思的生产不足理论,已经在第四章中介绍过了,当然也是暂时性的。资本主义的生产动力在这里有不可否认的重要性。资本主义生产要求几何级数上升的生产能力,供应上的进进退退就不可避免,哪怕这种进退的严重性和持续时间并不均衡。然而,生产不足的故事,不能单单通过投资流动和工业生产来讲述。简单地投入更多资本运作,并不必然唤来廉价自然,今天资本家在世界能源和金属部门所发现的正是这种情况。[①] 走向生产不足的趋势,也是一个资本主义如何通过"有利之地"来展示,资本化如何消耗枯竭那些工作/能量之流——它们为扩张积累打开新的机会——的故事。简而言之,消耗枯竭的问题,就是资本主义如何让自然工作的问题。

生产成本为什么在漫长的积累浪潮中上升?这里面无疑涉及许多因素,尤其是马克思的生产不足的普遍规律也起着重要作用。在积累资本的冲动中,在竞争压倒其他公司的冲动中,资本家不仅要投资于更多的机器设备,而且要在每一步都提高劳动生产率。提高劳动生

---

① 柯彼茨《石油与经济增长:一种供应约束观点》(2014);P. Stevens(P. 斯蒂文森)等人,*Conflict and Coexistence in the Extractive Industries*(《采掘工业中的冲突与共存》),London:Chatham House,2013;D. Humphreys(D. 汉弗莱斯),"The Great Metals Boom"(《金属业大繁荣》),*Resources Policy*(《资源政策》)35 卷 1 期(2010),1—13 页。

产率，就是提高一个劳动时间单位的物质生产能力。（每小时更多的部件。）所以，生产就内在地与能源、林业、农业和矿业的提取体系联结起来了。[1] 不过，这些提取方式并不迅速响应变化着的工业和城市需求。

一些不同的暂时性在起作用，它们通过"有利之地"与主要工业生产的不同方式在地理上和物质上捆扎起来了。这些不同中最为著名的、多半也是最为重要的，就是由季节调控的农业生产时间与它的劳动时间之间的不同，比如生产的持续流动与种植的周期流动的对立。[2] 如果说，生产方面的工业工作涉及"活"劳动与"死"劳动的直接互动，如工人、机器和各种输入，那么农业提取工作除涉及这些外，还有更多，也就是活劳动与不付酬（但也是活的）劳动/能量的互动。如同做一个牛肉汉堡比杀一头牛容易一样，在这些原材料上工作，较之首先从地下把它们弄出来，要容易一些。于是，在传送原材料（循环中的资本）到工厂大门上，必然有一种供给上的粘性反应。随着资本主义发展，这种粘性反应会变得较为流畅。但是，这只是在一段时间内。到了 20 世纪结束时，资本主义在自然之中的积累起来的矛盾，开始重新施加这种"粘性"，气候变化、超级杂草以及人之外的自然反抗的其他征兆，作为可怕的障碍，开始显现于那些老的积累模式（见第十章）。

区域枯竭与历史的自然：从商品前沿到大宗商品泡沫破裂

现在，我们开始在较为切实的意义上谈论枯竭，因为生产不足的普遍规律并非仅仅事关供给反应。我们不妨从矿业来开始，因为这是一个最为明显的例子，而且在许多方面都是生态危机的一个流行比喻。不过事实上，即使是采掘系统，也不能简化为物质损耗的模式。

---

[1] 这是一个初步的区分。农业内化了生产和提取两个范畴的要素，但在主要为有机提取（耕种、林业）与主要为无机提取（煤矿、采油）之间应做区分。

[2] 马克思《资本论》第 2 卷（1967）；S. Mann（S. 曼恩），*Agrarian Capitalism in Theory and Practice*（《理论和实践中的土地资本主义》），Chapel Hill：University of North Carolina Press，1990。

掘入地球,从地下把金属提取出来,这并不容易。成功使得以同样的努力——更不必说较少努力——来采掘较多,是越来越困难。[1] 这就是历史的资本主义的擅长之处。它把资本主义之前那些文明中金属生产的漫长衰退,转变为相反之态:金属出产上长达一个世纪的繁荣。的确,资本主义的起源,部分就在于 1450 年后中欧采矿的繁荣。新的工业组织和技术创新,使得诸如银、铜、铅和铁这类关键性金属的产量增长了 5 倍(或者更多)。到了 1530 年代,扩展的步伐缓慢下来;到了 1550 年代,中欧的采矿中心不再傲立于世界金属经济的顶峰。生产转移到其他地方了:铜到了瑞典,铁到了英国,银到了秘鲁。这种运动并非地质制约资本的直线过程。扩张的步伐之所以慢下来,即使在收缩开始之前就慢了下来,并非事实上的矿石质量变差了,而是因为中欧的采矿中心越来越耗尽了自身提高(哪怕是维持)劳动生产率的能力。提高劳动生产率——剥削率——的能力,这是人与人之外的自然合作生产的产物。在 16 世纪的中欧,矿石质量就是它的一部分。地理上的挑战也是如此,比如开挖更深的矿坑以及随之而来的地下出水的问题。而且,提高工资和劳动力市场动荡的问题也是如此,因冶金需求所造成的燃料木柴和木材的价格上涨,以及城镇化和森林被砍伐等问题,都是如此。这些捆扎在一起,就耗尽了这一区域在采矿和冶金上提高劳动生产率的能力。[2]

如同我们知道的,16 世纪以来,这样的区域耗尽的事情出现过许多次。就银这个关键例子而言,中欧采银业的耗尽,是靠转移到波托西而解决的。1545 年西班牙占有了赛罗里科山(the Cerro Rico)("富饶之山")后,生产就繁荣起来。这里的矿石品质高,燃料丰富,劳工便宜。然而,不过 20 年的时间,生产就崩溃了。矿石品质不行了,这使得冶炼的燃料增加,大大提高了代价,本地的冶炼厂发现为欧洲生产

---

① 邦克《榨取模式、不平等交换与一个极端边缘地区加重的不发达》(1984)。
② F. Braudel(F. 布罗代尔),*The Structures of Everyday Life*(《日常生活的结构》),New York:Harper & Row,1981;摩尔《生态与资本主义的兴起》(2007)。

银已无钱可赚。这个区域生产中心耗尽枯竭了。历史的资本主义/历史的自然的这种配置不再工作，银出产崩溃了。

这引来了早期资本主义社会-生态转变最壮观的事情之一。一个新的总督弗朗西斯科·德·托莱多于 1571 年到来，随之而来就是广泛的转变。一种新的炼银方式即混汞法得到使用。这导致了土地重组的激烈过程，以并居区（村庄重新安置点）和"米塔"（mita）（一种劳工征募）为核心，以确保银矿所需的廉价劳动力的稳定供应。巨大的水利工程建立起来了，为磨碎矿粉的工厂提供动力，劳动组织从较为合理的分成制，发展为更为直接的劳工控制形式。产量很快恢复了，这解决了西班牙的财政危机，而更为重要的是促进了荷兰资本主义的兴起。到了 1630 年代，枯竭又开始出现，原因既有矿石品质的下降和银需求不旺，也包括（人的）再生产危机。尽管银产量后来在波托西恢复了，但是世界银经济的中心将再次转移，于 18 世纪转移到了新西班牙。①

我们在这种历史事件中看到的是一个一再复发的问题：占用关系的耗尽枯竭，这种关系曾让区域繁荣成为可能。这些繁荣与全球的积累中心、力量中心和生产中心紧密相连。至关重要的是，耗尽枯竭并不在于——就我们这个例子而言是这样——矿石品质或矿井深度或砍伐森林，而是特定时间和地点所获取的"有利之地"。所以，问题就变成了矿石品质或矿井深度或砍伐森林如何影响到商品生产中的劳动生产率。所以，在 17 世纪的秘鲁，廉价劳动力来源一直在急剧流失，人口收缩，"米塔"迫使雇佣工人们逃离银矿或村庄，这就加剧了生产点上采掘和处理矿石的困难。

所以，如同威廉姆斯可能会说的那样，耗尽枯竭事关我们是怎样"将我们的劳动与地球混合起来"。② 并非"资本主义"或"自然"被枯

---

① 参看摩尔《"阿姆斯特丹站在挪威上面"》第 1 部和第 2 部（2010）；《这座高傲的银山能否征服整个世界？》（2010）。
② 威廉姆斯《自然的观念》（1972）。

竭了,而是如同殖民地秘鲁发生的这种情况一样,区域特定的资本化与占用的关系枯竭了。区域发展中人和人之外的自然的关系,繁荣和枯竭成为它不同阶段的特征,这种关系组织起来是为了提高剥削率,或是让劳动更具生产性,或是压低劳动的收入,或是占用不付酬工作,而最为常见的就是三者同时使用。用较少的劳动力生产较多的使用价值,这个项目是在"有利之地"中展现出来,"有利之地"的配置塑造了可能性和约束的范围。开始时对"有利之地"的重组,让区域繁荣得以出现,但也生成了矛盾,这些矛盾将使繁荣终结。这不是由于人的组织或自然的限制,而是由于资本主义组织如何生产,由于它是由生命之网生产出来的。

耗尽枯竭:是实体的还是关系的?

我勾勒了区域的枯竭动量,因为这给我们一种不必过于抽象的方式,来切入这个世界-历史问题。[①] 当然,在这样一种探讨中,某种程度的抽象不可避免,因为"消耗"与"增长的限制"之并列,已经根深蒂固于我们的思维之中了。这种并列鼓励了一种难以产生结果的讨论(或没有讨论),去谈论生命之网如何是限制的一个来源。替代这种并列的思路认为,的确有限制,但这些限制并不在于自然,也不在于社会,它们出现在某种文明组织——以及寻求去组织——"有利之地"的那些方式之中。资本主义的价值项目的确生产和激起了对于自身生存的障碍,这就如同它也生产了一些战略来克服这些障碍,比如技术和前沿制造的巧妙结合:生产力与掠夺的辩证法。这些战略有一个重大方面是共同的:它们都依赖于可以便宜占用的未被资本化的自然的存在。

[①] 有一点要清楚:我们并非谈论"宏观"和"微观"——这本身又是一种遮蔽多于清晰的二元论,而是谈论通过关系而来的世界历史的合作生产,这些关系同时是地方的、区域的和系统性的。全球—地方的二元论,使得现代性之日常生活与世界积累的特定交织变得不可理解了。参看托米科《蔗糖回路中的奴隶制》(1990);摩尔《"阿姆斯特丹站在挪威上面"》第 1 部和第 2 部(2010)。

于是，枯竭就涉及贮存与流动，但不可简化如此。枯竭并非某种自然作为物质的历史财产，如同一片森林被砍掉就不再能输送木材一样。这样的情况涉及枯竭，不过，某些矿脉或某些森林在生物物理的意义上被清除，却没有引发资本危机，这当然是完全可能的。为什么呢？因为资本主义的特点就是，对可以潜在积累和占用的种种地理一直加以扩大，并且进行彻底变革。某些物质的流动和贮存，是这种动态的一部分，然而枯竭并非物质性的财富，而是特定的资本主义"有利之地"的关系性财富。

从世界积累的观点来看，枯竭因两个因素之间的关系而出现。一方面，资本的无止境积累加剧了市场竞争，在生产中要以越来越少的劳动时间生产越来越多的商品。资本的这种无止境积累，就是物质生产能力的不停扩展。然而，只有在食物、劳动力、能源和原材料的价格可以控制时，它才会发生。也就是说，四个廉价必须保持廉价，或者相对廉价才行。这是具有挑战性的，因为供给量必须持续增加，供给价格必须持续降低。另一方面，资本的积累又非常看重特定自然向资本循环输送上升的或至少是持续的工作/能量之流的能力。这可以通过剥削（劳动力）和资本化（其他自然）而直接做到。也可以通过占用"女性、自然和殖民地"[1]的工作/能量——它们在资本的循环之外，但在资本主义力量的触及范围之内——而间接做到。当特定自然——它结晶为特定的生产/再生产中心——不再输送越来越多的工作/能量时，枯竭就发生了。这时，某个生产中心中不付酬工作/能量的比重下降，资本化的工作/能量的比重上升。生产/再生产这种资本化的上升，体现在四大输入价格的上升，这几乎总是不均衡地，除非能够定位新的不付酬工作/能量的来源。

作为资本、力量和自然历史性配置的转折点，发展危机是"发展的"，因为它们可以通过一种双重运动而解决。首先，积累率的减速，

———————————
① 米斯《世界规模上的父权制与积累》(1986)，77页。

可以通过开辟新的投资竞技场和扩大商品化的规模与范围加以"修复"。而这依赖于开辟新的、更为广阔的占用领域,以及不仅扩展占用的规模,而且扩展占用的范围——不仅是更多的,而且是更多的新的自然形式。资本主义系统性再生产的基本原则就是:商品化自然,但占用要更快。

世界-生态危机:时代的与发展的

现代性对自然做了些什么,对此的激烈批评一直强有力。然而,就展现自然的合作生产如何在资本主义一个接一个的发展阶段中为它工作而言,就不是那么成功了。这是一个问题,因为重新塑造全球自然的那些战略,为占用廉价自然建立新的、扩展之条件的那些战略,如果我们要去理解今日危机的话,这些必须厘清。这种危机是发展的吗,可以通过更新的资本化和占用来解决?还是时代的,有可能导致财富、力量和自然在根本上的新的历史性配置?

这里,我们可以思考世界-生态危机的两种重大形式。在笛卡尔二元论的意义上,它们不是"生态"危机,但表明了一些带有根本性质的转折点——财富、自然和力量生产/再生产的模式之间或模式之中的转折点。第一种是具有划时代性质的危机。这样的危机非常严峻,一种生产财富、自然和力量的模式让位于另一种。"漫长 14 世纪"(1290—1450)中的封建主义,就是这样一种危机。第二种是发展性质的危机。这类危机在一个既定的生产模式内从性质上转变了力量、财富和自然的关系。公元 1000 年前后的"封建革命"就是一个典型例子。① 在资本主义的历史中,这种发展性质的危机切分出从资本主义的一个阶段到下一个阶段的转变。

---

① J. Poly(J. 保利)和 E. Bournazel(E. 布尔纳泽),*The Feudal Transformation*,900—1200(《公元 900—1200 年的封建转变》),New York:Homes & Meier,1997;摩尔《封建文明制造(和消失)中的生态》(2013)。

这就是世界-生态彻底变革的历史，体现于 16 世纪以来农业、工业、商业、科学和其他"革命"的历史编纂学中。通过发展性质的危机，对"有利之地"商品化和配置的新方式得以形成。我们可以分别来考查这两种危机。

首先，资本主义在封建主义这个划时代性质的危机中出现。[1] 这是漫长 14 世纪的危机，它标志着欧洲封建主义的终结。并没有出现狭义上的土壤和气候的生物物理危机，中世纪后期标志着领主、土地和商人力量的支配性捆扎上的复杂转变。那些领主、国家和商人们面对着越来越棘手问题的繁衍丛生。为什么棘手？因为由漫长 8 世纪的农业革命而来的那些封建关系，已经与中世纪温暖期的气候条件捆在一起了，我们在第一章中已经看到。由于封建农业的长时段趋势意味着农业生产力的长期停滞，这被越来越低效的地理和人口扩张所抵消。

封建欧洲面临的问题，并非一个抽象的人口压垮了抽象的承载能力的问题，如同今天的问题并非抽象的资本主义压垮了抽象自然的问题。相反，关键的矛盾来自农业生产力未能以维持中世纪人口体系——可理解为生产与再生产的一种阶级结构过程——所需要的速度来增长。[2] 这种体系倾向于"氨基-饥饿"和营养不良的范围越来越扩大，甚至领主们的需求（和再生产的代价）也随着时间而增长。[3] 封建欧洲的运气并不好，前沿扩展的机会，尤其是西北部核心地区的较为容易的前沿地带，随着小冰河期显现出来而开始收缩了。所以，封建主义时期的危机就是阶级、气候和人口结构合作生产出来的，占支

---

[1] 摩尔，"Environmental Crises and the Metabolic Rift"（《环境危机与代谢断裂》）（2000）；《自然与从封建主义到资本主义的转变》（2003）；《生态与资本主义的兴起》（2007）。

[2] W. Seccombe（W. 塞科姆），*A Millennium of Family Change*（《千年的家庭变化》），London：Verso，1992.

[3] L. White Jr.（L. 小怀特），*Medieval Technology and Social Change*（《中世纪技术与社会变化》），Oxford：Oxford University Press，1962，75 页；G. Duby（G. 迪比），*Rural Economy and Country Life in the Medieval West*（《中世纪西方的乡村经济与农村生活》），Philadelphia：University of Pennsylvania Press，1968，233—235 页；R. Hilton（R. 希尔顿），*The English Peasantry in the Late Middle Ages*（《中世纪后期的英国农民》），Oxford：Oxford University Press，1975，177 页。

配地位的阶级结构没有提供什么机会来转向较大的"恢复力"。如同博伊斯所澄清的那样,这是一个阶级的危机,而不是承载能力的危机。随着 1250 年前后开拓诺曼底土地的机会收缩,"农业生产上长而缓慢的提高就失去了势头,然后停止了……[诺曼底农村]经济到了增长的天花板……农业增长的拼搏到了它的最后阶段:森林和草地大量辟为农田……这个天花板肯定不抽象……[在农民的生产方式中,]生产的强化是可以想象的。比如,如果传统的[封建]耕种体系被放弃,改为种植园生产,那么诺曼底的土地将能够生产较多,养活多 2 倍、3 倍的人口"。①

阶级结构以及它提取盈余的逻辑,土地生产/再生产的体制,这二者之间的关系是至关重要的,逻辑和体制通过生命之网在这种关系中形成。走向危机的道路,是因统治阶层不愿意做出那些"或多或少痛苦的内部调整"而显现出来的,那样的调整可带来"长期的稳定"或渐进的衰退。② 所以,这些矛盾和脆弱最终导致了——当时又处在黑死病的压力之下——人们所理解的划时代转变,至少就其大的轮廓而言是这样。博伊斯的推理——与 21 世纪初期相比,显然有一些令人吃惊的相似之处——指向了阶级结构乃至于文明在环境制造上实施某些特定模式的方式,它们对于现存的力量与生产之关系的再生产是必要的,而它们也在逐渐破坏这些关系。

"增长限制"是历史特定的,它们是历史的自然的限制,这个本质点是基础性的,但很少进入人们心里。如同封建主义的危机标志着 6 个世纪中发展出来的领主-农民关系的崩溃,我们也可以更为深入地观察 21 世纪初期资本-劳动关系的侵蚀。这种侵蚀表明资本-劳动关系在超越积累障碍上的能力衰退;占用自然的需要上升,这样做的机会减少,积累上的障碍就出现了。这标志着首先于 16 世纪开辟的大

---

① G. Bois(G. 博伊斯),*The Crisis of Feudalism:Economy and Society in Eastern Normandy c.* 1300—1550 《封建主义的危机:1300—1550 年东诺曼底的经济与社会》),Cambridge,UK:Cambridge University Press,1984,264 页。
② 同上。

边疆的终结。[①] 人们通常认为,生态危机是物质之流的减少,没有足够的食物了,没有足够的石油了。然而,思考上更具成效的可能是将危机理解为一个过程,通过这个过程,人与人之外自然之关系形成了全新秩序。

发展性质的危机:漫长 19 世纪的起源

资本主义第一个巨大的发展性质的危机,是 18 世纪中期开始的。1760 年代标志着建立了英国工业化之条件的"第一次"农业革命的结束,这主要靠的是用廉价食物和劳动力淹没了那些城镇。[②] 1700 年时,英国劳动力只有 39% 被农业使用。[③] 然而,1750 年时,这场农业革命放缓。在接下来的半个世纪中,英国农业未能维持上一个世纪的大幅度上升的生产力,无论是劳动生产率还是产量,都是如此。[④] 早在 1740 年代,英国"农业……就没有增加食物和原材料的供应,未能满足城镇工业经济快速增长的需求"。[⑤] 1760 年后,农业生产力增长停止,食物价格开始上涨。即使从爱尔兰的粮食进口急剧增加,[⑥] 18 世纪结

---

① 威布《大边疆》(1964)

② R. Brenner(R. 布伦纳),"The Agrarian Roots of European Capitalism"(《欧洲资本主义的农业之根》),见 T. H. Aston(T. H. 阿斯顿)和 C. H. E. Philpin(C. H. E. 菲利宾)所编 *The Brenner Debate*(《布伦纳辩论》),Cambridge,UK:Cambridge University Press,1985,213—327 页;R. C. Allen(R. C. 艾伦),"Tracking the Agricultural Revolution in England"(《英国农业革命追溯》)(1999)。

③ S. Broadberry(S. 布劳德伯利)等人,"When did Britain Industrialise?"(《英国什么时候工业化?》),*Explorations in Economic History*(《经济史探索》)50 卷 1 期(2013),23 页。

④ 农业劳动生产率从 1700—1759 年每年的 0.57%,下降至 1759—1801 年每年的 0.41%(由布劳德伯利等人的《英国什么时候工业化?》23 页计算得出)。就小麦而言,从 1500—1700 年,每英亩的产量增长年均为 0.38%,而 18 世纪前半期为 0.32%,但 1759—1801 年,年均增长只有 0.17%。就黑麦这种穷人的食粮而言,产量实际上是下降,从 1759—1801 年,年均增长只有 0.13%,而 1550 年后的两个世纪中,年均增长为 0.47%〔S. 布劳德伯利等人的"British Economic Growth,1270—1870"(《1270—1870 英国经济增长》),未出版论文,伦敦经济学学院经济史系,2011 年,37 页〕。艾伦认为,18 世纪后半期英国农业中每个工人的出产下降了〔R. C. 艾伦"Economic Structure and Agricultural Productivity in Europe,1300—1800"(《1300—1800 欧洲的经济结构与农业生产力》),2000 年,37 页〕。

⑤ O'Brien(奥布赖恩),"Agriculture and the Industrial Revolution"(《农业与工业革命》),《经济史评论》30 卷 1 期(1977),175 页。

⑥ Thomas(托马斯),"Feeding England during the Industrial Revolution"(《工业革命中的养活英国》),*Agricultural History*(《农业史》)56 卷 1 期(1982),328—342 页。

束时,英国食物价格的上升,要比工业价格指数快 1 倍。[1] 从 1770 年
到 1795 年,与纺织品相比,食物价格上涨了 66%;与煤炭相比,上涨
了 48%。[2]

这并非狭义的英国现象。生产力放慢,不平等扩大,食物价格上
涨,整个大西洋世界都是如此。每个工人的出产,或者是下降,或者是
停滞,1750 年后半个世纪的西欧,大部分地方都是如此。[3] 在法国,食
物价格,主要是面包价格,在 1789 年之前的 20 年中,猛涨 65%,比工
资涨幅快了 3 倍。[4] 墨西哥中部也是如此,产量下降,价格上涨,18 世
纪后期谷类价格涨了将近 50%。[5] 阿贝尔将这场衰退的开始追溯到
1730 年代,此后是 80 年的食物价格上涨,1770 年前后是大幅度加速上
涨。在欧洲各地,从 1730 年到 1810 年,"主要面包用粮"(小麦和黑
麦)的价格飞涨:"英国约为 250%,意大利北部为 205%,德国为 210%,
法国为 163%,丹麦为 283%……荷兰为 265%,奥地利为 259%,瑞典为
215%。丹麦、荷兰和奥地利,涨幅是漫长价格上涨之路[到此时为止]
所达到的最高点。"[6]

英国以其"在工业和服务业增加产出,同时释放劳动岗位的能力"
而领先。[7] 换言之,也就是它劳动生产率优先于土地生产力的能力。

---

[1] O'Brien(奥布赖恩),"Agriculture and the Home Market for English Industry, 1660—1820"(《1660—1820 英国农业与英国工业的国内市场》),*English History Review*(《英国史评论》)100 期(1985),776 页。

[2] G. Clark(G. 克拉克)等人,"A British Food Puzzle, 1770—1850"(《1770—1850 年英国食物困境》),《经济史评论》48 卷 2 期(1995),233 页。

[3] 艾伦《1300—1800 欧洲的经济结构与农业生产力》(2000 年),20 页。

[4] O. Hufton(O. 赫夫顿),"Social Conflict and the Grain Supply in Eighteenth-Century France"(《18 世纪法国的社会冲突与粮食供应》),*Journal of Interdisciplinary History*(《跨学科史学刊》)14 卷 2 期(1983),304 页。

[5] S. Lipsett-Rivera(S. 利普塞特-里韦拉),"Puebla's Eighteenth-Century Agrarian Decline"(《普埃布拉 18 世纪的耕种衰退》),《西属美洲历史评论》70 卷 3 期(1990),463—481 页;L. Arroyo Abad(L. 阿罗约·阿巴德)等人,"Real Wages and Demographic Change in Spanish America, 1530—1820"(《1530—1820 西属美洲的实际工资与人口结构变化》),《经济史探索》49 卷 2 期(2012),149—166 页。

[6] W. Abel(W. 阿贝尔),*Agricultural Fluctuations in Europe*(《欧洲的农业波动》),New York: St. Martin's Press, 1980, 197—198 页。

[7] 奥布赖恩《1660—1820 英国农业与英国工业的国内市场》(1985),775 页。

当然，这是世界范围内原始积累大潮的英国时代，也是这个大潮中引人注目的一个，这股原始积累大潮穿过大西洋世界-生态，激起了从俄罗斯到美洲的农民反抗。[1] 英国乡村的转折点于 1760 年出现。议会圈地的规模和速度飞速上升：[2]与 1760 年之前的 30 年相比，1760 年后的 30 年内，圈地的数量和面积增加了 6 倍。[3] 1750 年之后的一个世纪中，足足四分之一的"英国耕地面积从旷野、公地或荒地，变成了私人财产"。[4] 从 1522 年到 1700 年，农业所占比重年均减少 0.23%，而 1759 年至 1801 年则加速至年均减少 0.35%。[5] 所以，1740 年至 1815 年这一时期，食物价格的猛涨或长期摇摆，就不仅是生物物理或"经济"的，同时也属于世界阶级斗争的一个至关重要时期。在资本主义的漫长历史中，那些长期的通货膨胀摇摆，都发生在资产阶级布置市场力量的时期，这得到了国家力量的支持，比如 1760 年之后的议会圈地[6]，将价值从生产者那里重新分配为剩余价值的积累。收入上的不平等，作为一种粗暴的中介，哪怕是暂时却很有效地对资本积累进行"修复"，让其飞速上升。在接下来的一个世纪中，英国资产阶级（人口顶层的 5%），"以中产阶级和中上阶级为代价，所获极多"。与此同时，1759 年后贫穷率的增长超过了 50%，到 1801 年时，人口的五分之

---

① 沃勒斯坦《现代世界体系》第 3 部，San Diego：Academic Press，1989，193—256 页；T. B. Slaughter（T. B. 斯劳特），*The Whiskey Rebellion*（《威士忌起义》），Oxford：Oxford University Press，1986；C. A. Bayly（C. A. 贝利），*The Birth of the Modern World* 1780—1914（《现代世界的诞生：1780—1914》），Oxford：Oxford University Press，2004，86—120 页。

② Ross（罗斯），"The Malthus Factor"（《马尔萨斯因素》）(2000)，3 页。

③ B. H. Slicher van Bath（B. H. 施莱切·冯·巴斯），*The Agrarian History of Western Europe*，500—1850 A. D.（《公元 500—1850 年西欧土地史》），New York：St. Martin's Press，1963，319 页；P. Mantoux（P. 曼图克斯），*The Industrial Revolution in the Eighteenth Century*（《18 世纪的工业革命》），New York：Harper & Row，1961，141—142 页。R. V. Jackson（R. V. 杰克逊），"Growth and Deceleration in English Agriculture, 1660—1790"（《1660—1790 英国农业的增长与减速》），《经济史评论》38 期（1985），333—351 页。

④ 我们这里要小心，不要把两个过程混为一谈：一个是"圈地法案的特定设计"，一个是"农业集中的普遍现象"。参看 E. J. Hobsbawm（E. J. 霍布斯邦），*Industry and Empire*（《工业与帝国》），New York：Penguin，1968，101 页。

⑤ 由布劳德伯利等人的《英国什么时候工业化？》23 页计算得出。

⑥ M. Turner（M. 特纳），*Enclosures in Britain*，1750—1830（《英国的圈地：1750—1830》），London：Palgrave Macmillan，1984。

一都属于贫穷人口。[①]

这并不是第一次发生这样的价值重新分配了。1470 年后的"价格革命"也是从工人那里把价值重新分配给资本家们，对农民和无产阶级饮食的强制抑制就是做法之一。[②] 的确，整个 16 世纪和 17 世纪，英国人均食物消费都在下降（而且不限于英国）。[③] 所以，如同现在，"强制的消费不足"为世界积累提供了至关重要的补贴。[④]

剥夺和无产阶级化的加速，生产力的停滞，在这二者结合起来的经济形势中，出现了两种可能性。一种就是食物价格的上涨抬高了资本的工资支出，导致积累上出现一种工资挤压。

另一种可能则是强制的消费不足之路，被挤压的变成了工人阶级的食物预算。这很可能导致无产阶级饮食上热量和营养的下降，在英国必然如此，而且很可能不限于英国。[⑤] 这种命题在 1760 年后半个世纪中人们身高的普遍降低中找到了验证。[⑥] 需要强调的是，通过食物价格变动而来的这种价值重新分配，是一种中期战略。促使消费下降是有限度的。在某个时刻，世界-生态剩余必须扩大而不能是简单的维持，不付酬工作/能量的量，与积累的资本量相比，必须上升。新的前沿必须开拓，它们的"免费礼物"要得到确认、测绘、保障和占用。

能源和原材料又如何呢？ 如同食物/劳动力，能源和原材料也是

[①] P. H. Lindert（P. H. 林德特）和 J. G. Wiooiamson（J. G. 威廉姆森），"Reinterpreting Britain's Social Tables，1688—1913"（《重新解说英国的社会表格：1688—1913》），《经济史探索》20 卷 1 期（1982），104 页。

[②] F. Braudel（F. 布罗代尔）和 F. Spooner（F. 斯普纳），"Prices in Europe from 1450 to 1750"（《1450 年至 1750 年欧洲的价格》），见 E. E. Rich（E. E. 里奇）和 C. H. Wilson（C. H. 威尔逊）所编 The Cambridge Economic History of Europe《剑桥欧洲经济史》第 4 卷），London：Cambridge University Press，1967，378—486 页；沃勒斯坦《现代世界体系》第 1 部（1974）。

[③] 艾伦《英国农业革命追溯》（1999），216—217 页。

[④] F. Arrighi（F. 阿瑞吉），"Accumulation by Displacement"（《靠移位而积累》），《评论》32 卷 1 期（2009），113—146 页。

[⑤] 奥布赖恩《1660—1820 英国农业与英国工业的国内市场》（1985）；艾伦《英国农业革命追溯》（1999）。

[⑥] J. F. Komlos（J. F. 孔洛斯），"Shrinking in a Growing Economy?"（《一种增长经济的收缩？》），Journal of Economic History（《经济史》58 卷 3 期（1998），779—802 页；F. Cinnirella（F. 辛尼雷拉），"Optimists or Pessimists? A Reconsideration of Nutritional Status in Britain，1740—1865"（《乐观主义者还是悲观主义者？ 对 1740—1865 年英国营养状况的再思考》），European Review of Economic History《欧洲经济史评论》12 卷 3 期（2008），325—354 页。

紧密相连的。早期资本主义主要的、不可缺少的原材料就是铁和木材。二者都直接或间接地来自森林。(除了家庭取暖,冶铁是早期资本主义最大的木柴消费领域。)然而,对于系统性积累而言,这里的直接障碍远没有通常设想的那样棘手。[1] 考虑到英国煤炭供应在地理上的集中,冶铁商品前沿的强大运动——在 18 世纪这包括了瑞典和俄罗斯的铁出口地带,生产不足的走势在 1760 年后就轻松地控制住了。[2] (不过,对于英国的铁生产者来说不是这样,他们看到的是 18 世纪中期自己生产成本的大幅度上升。)这一时代突出的是资本家、国家和商品市场在维持廉价铁和廉价能源上的能力,这靠的就是扩大占用地带。对比之下,廉价食物构成了较为棘手的问题。

能源的情况又如何呢?资本主义的能源体系做了两件大事。一方面,他们靠着降低原材料的代价(循环的资本),从而降低了生产的价值构成。煤炭和泥炭较为便宜,替代了木炭,在诸如制盐、建筑(比如烧砖)、烘焙和酿造以及纺织业这类关键部门被证明是不可缺少的。[3] 然而,这里有一个关键点:就劳动力(可变资本)而言,它们也更有产出性。这种廉价能源让输入代价降低和劳动生产率提高同时发生,这不是小事,因为劳动生产率的提高就是社会必要劳动时间每小时物质生产量的提高。

现代性的能源革命并非有时想象的那样追溯到 18 世纪,而是可追溯到漫长 16 世纪。英国煤炭生产上令人震惊的增长开始于 1530 年代。[4] 到了 1660 年,煤炭已经超过了这个国家能源出产的三分之一,

---

[1] 见 E. A. Wrigley(E. A. 里格利)提供的新马尔萨斯派关于能源限制的设想 *Energy and the English Industrial Revolution*(《能源与英国工业革命》),Cambridge, UK: Cambridge University Press, 2010;以及 K. Pomeranz(K. 波梅兰兹),*The Great Divergence*(《巨大的分歧》)(2000)。

[2] C. K. Hyde(C. K. 海德),"Technological Change in the British Wrought Iron Industry, 1750—1815"(《1750—1815 英国锻铁业的技术变化》),《经济史评论》27 卷 2 期(1974),190—206 页。

[3] J. W. de Zeeuw(J. W. 德·泽乌),"Peat and the Dutch Golden Age"(《泥炭与荷兰的黄金时代》),*A. A. G. Bijdragen*(《A. A. G. 贡献》)21 期(1978),3—31 页;E. A. 里格利,*Poverty, Progress and Population*(《贫困,进步与人口》),Cambridge, UK: Cambridge University Press, 2004。

[4] J. U. Nef(J. U. 内夫),*The Rise of the British Coal Industry*(《英国煤炭工业的兴起》),London: Routledge, 1966[1932 年初版]。

到 1700 年则占了一半。① 荷兰也于 1530 年代找到了提取泥炭这种原型煤的新方式。随着 1530 年后英国和低地国家中以木柴为基础的能源价格急剧上涨,这两地的煤产业也展开了。② 因廉价能源而繁荣的化石燃料资本主义的荷兰模式,以及廉价食物和木材,在 1660 年前后开始蹒跚,这也正是本国的泥炭产量下降,而英国的煤炭产量飙升之时。与此同时,荷兰模式的成功也让这个共和国的资本家们要付出此时欧洲最高的工资支出,到 1680 年时还会更高,却没有任何轻松的解决办法。机械化可以出现,而且的确出现了,但能源价格的相对性上涨限制了提高生产力的创新,这种创新本可以减少生产中的劳动,降低工资支出——工资支出一直很高,直到 1740 年代为止。③ 英国也同样面临实际工资的上涨,上涨的起点要低于荷兰,但在 1625 年之后的一个世纪中,上涨的速度要快得多。④ 如同在荷兰共和国一样,英国的工资也是"非常之高"。⑤ 不过,在英国,能源却相当便宜:"这样一种工资和价格的历史,对于 18 世纪[因廉价能源而激活]的技术突破来说,是一个根本性的原因,这些技术突破的目的是用资本和能源替代劳动。"⑥

18 世纪后期的成就,是大量生产煤炭和通过焦炭生产铁的结合。焦炭作为煤炭的衍生物,17 世纪时就为人们知晓,但只是在达尔比 1707—1709 年的技术突破之后才投入使用。1750 年,英国的铁只有

---

① R. C. Allen(R. C. 艾伦),"Energy Transitions in History: The Shift to Coal"(《历史上的能源转变:转向煤炭》),见 R. W. Unger(R. W. 昂格尔)所编 Energy Transitions in History(《历史上的能源转变》),Munich:Rachel Carson Center/Federal Ministry of Education and Research(联邦教育与研究部雷切尔·卡尔森中心),11 页;P. 马拉尼莫《走向现代经济之路:能源的作用》(2011)。

② 艾伦《全球视野中的英国工业革命》(2006);马拉尼莫《1650—1850 的能源危机与增长:比较视野中的欧洲偏误》(2006);J. de Vries(J. 德·弗里斯)和 A. van der Woude(A. 冯·德·沃迪),The First Modern Economy(《首次现代经济》),Cambridge, UK:Cambridge University Press, 1997, 37—39 页。

③ J. 德·弗里斯和 A. 冯·德·沃迪《首次现代经济》,674—676 页及以后各页;摩尔《阿姆斯特丹站在挪威上面》第 2 部(2010)。

④ R. M. Smith(R. M. 史密斯),"Fertility, Economy, and Household Formation in England over Three Centuries"(《三个世纪中英国的土地肥力、经济与家庭形成》),Population and Development Review(《人口与发展评论》)7 卷 4 期(1981),601 页。

⑤ 艾伦《全球视野中的英国工业革命》(2006)。

⑥ 艾伦《全球视野中的英国工业革命》(2006),2 页。

7%是用焦炭高炉炼出来的;到了1784年,当焦炭用于生产的各个阶段后,这个数字就达到了90%。[①] 这就是突破,因为它让固定资本大幅度便宜下来,同时新的机器得到了大规模使用。冯·泽尔曼称这个时期的资本节约与劳动节约一样多,是有理由的。[②] 铁以及逐渐增多的钢,使得工具和机器能够以庞大的规模来部署了。因此,固定资本、流动资本和可变资本的三位一体,就进入了积累的良性循环。它的基础,则是占用的良性循环。

当然,廉价能源并非一切。它依赖于便宜下来的劳动力,这是18世纪中期通过议会圈地而实现的(一直到1820年代才反转过来)。同样地,这里决定性的转折点也是在一个世纪之前发生,因为17世纪世界经济的相对减速在很大程度上来自"1625—1750年的显著的劳力短缺",体现为整个北欧核心地区工资的上涨。[③] 然而,与漫长14世纪的划时代危机相对照,漫长17世纪的这个"B阶段",遇到的却是无产阶级快速扩大,而不是它的收缩。[④] 这个过程的开始要早一些,在荷兰是15世纪,在英国是16世纪,于1750年达到了群聚效应。随着劳动力从农业生产中被驱逐出来,以及新的人口结构体系的形成,欧洲无产阶级的绝对数量,在18世纪后半期扩大了三分之一。在这一点上,英国走在前列。

至关重要的是,1760年后的议会圈地有着深远的性别效应,女性

---

① R. Fremdling(R. 弗雷姆德林),"Industrialization And Scientific And Technological Progress"(《工业化和科学与技术进步》),见 P. Mathias(P. 马赛厄斯)和 N. Todorov(N. 托多洛夫)所编 *History of Humanity*(《人类史》)第6部,New York:Routledge,2005,80—94页。

② G. N. von Tunzelmann(G. N. 冯·泽尔曼),"Technological Progress During the Industrial Revolution"(《工业革命中的技术进步》),见 R. Floud(R. 弗拉德)和 D. McCloskey(D. 麦克洛斯基)所编 *The Economic History of Britain since* 1700(《1700年后英国经济史》)第1卷,Cambridge,UK:Cambridge University Press,1981,143—163页。

③ W. Abel(W. 阿贝尔),*Crises Agraires en Europe(XIIIe-XXe Siecle)*(《13世纪至20世纪欧洲的农业危机》)第2版,Paris:Flammarion,1973,225页;转引自沃勒斯坦《现代世界体系第2部》(1980);艾伦《全球视野中的英国工业革命》。

④ 塞科姆《千年的家庭变化》(1992),193页及以后各页;C. Tilly(C. 蒂利),"Demographic Origins of the European Proletariat"(《欧洲无产阶级的人口结构起源》),CRSO工作文件编号207,密歇根大学社会组织研究中心,1979。

被多得不成比例地无产阶级化，形成了一种对于资本的"性别剩余"，表现形式就是与男性相比的更低报酬。[1] 所以，英国就把人口结构、工业革命和能源革命结合起来，奠定了走向一种新的世界–生态体制的道路。生产不足的威胁减弱了。

然而，它并没有消失。

顶峰占用时代的生产不足

煤炭为一种紧急状态中的工业资本主义秩序做了什么"工作"呢？现在已经常见的回答就是："煤炭和殖民地"将紧急之中的资本主义从一种马尔萨斯陷阱中拯救出来。[2] 这个观点有可肯定之处，即使这种马尔萨斯用语是误导的，它是另外一种二元论，让我们看不到早期资本主义的动力学。煤、铁和蒸汽动力的真正贡献，在于处理四种相连现象的方式。

第一是解决了积累过多的资本问题。1860 年时，铁路吸收的资本是纺织业的 4 倍之巨。[3] 第二是解决了铁的生产，它是最大范围的生产和基础发展所必需的，从机器到桥梁都离不了铁。在 1784 年焦炭熔铸法完善之后，铁的产量就飙升，高质量（同时也是高耗能）的锻铁生产，在 1788 至 1815 年间增长了 500%，英国的铁出口从 1814 年一年 57000 吨，上升为 1852 年的超过 100 万吨。[4] 第三是解决了劳动生产率的问题。劳动生产率的增长有多少是直接来自蒸汽动力？这很难说。不过，即使在这个问题上态度保守的克拉克，也认为 1810 年至

---

① M. Berg(M. 伯格)，*The age of Manufactures*，1700—1820(《制造的年代：1700—1820》)第 2 版，New York：Routledge，1994，17—44 页；感谢安迪·普拉盖克兹提供了"性别剩余"这个概念。

② 波梅兰兹《巨大的分歧》(2000)。

③ N. Crafts(N. 克拉夫茨)，"Productivity Growth in the Industrial Revolution"(《工业革命中的生产力增长》)，《经济史》64 卷 2 期(2004)，530 页。

④ E. Moe(E. 穆厄)，*Governance, growth and global leadership：the roleofthe state in technological progress*，1750—2000(《统治、增长和全球领导：国家在技术进步中的作用，1750—2000》)，Burlington，VT：Ashgate，2007，84 页。

1860 年的棉纺织业生产力增长了 4 倍。[①] 生产力的这种增长,蒸汽动力占据了一个增长的比重,尤其是 1830 年后蒸汽替代了水力。[②] 不过,即使如此,在这个黄金时期的世纪中期,潮流更趋向于在运输中而不是在工厂中使用蒸汽动力。1840 年时,铁路已经使用了所有蒸汽动力的 30%,1870 年时增长为 60%。[③] 第四,资本化增长和商品生产增长的潜在矛盾,被一个全球铁路和蒸汽轮船网络的建设抵消了,这个网络与北美和其他地方的原始积累相伴,大大地扩展了对工作/能量进行占用的规模、范围和速度。

无疑,蒸汽动力增强了资本主义中介改变自然的能力。一种中等规模的资本动用了相对较大的能源剩余,其中一些——并非全部——取决于煤炭。[④] (在美国,煤炭作为主要能源取代木炭是在 1880 年之后!)这就使得资本能够更快地占用新的前沿,超过了它的生产动力对现存资源和劳动力储备的消耗速度。换言之,靠资本化而来的积累——比如曼彻斯特的纺织厂中,是与靠占用而来的积累中那种真正惊天动地的彻底变革相伴的。

占用中的这种彻底变革,在 1830 年后达到了一个明确的转折点。因为商品前沿战略,靠煤炭/蒸汽动力之联系,资本主义的发展在 19 世纪中期达到了新的高度。对于资本主义作为一个整体来说,这种联系得到了自身应得到的东西:1830 年开始了铁路和蒸汽轮船扩张的第一次巨大浪潮。到 1860 年时,已经建起了 107000 公里的铁轨,803000 吨的蒸汽轮船在航行。[⑤] 从占用的角度来看,这个运动的闪爆点显然是北美。早在 1840 年,美国的铁轨就已经是英国的 2 倍,这个差距还

---

① G. Clark(G. 克拉克), "The Secret History of the Industrial Revolution"(《工业革命的秘密历史》),未发表的论文,加州大学戴维斯分校经济系,2001。

② N. Crafts(N. 克拉夫茨), "Steam as a General Purpose Technology"(《蒸汽作为一种通用技术》),*Economic Journal*(《经济学刊》)114 期(2004),338—351 页。

③ 罗斯托《世界经济》(1978),153 页。

④ C. Ponting(C. 庞廷), A Green History of the World(《绿色世界史》), New York: St. Martin's Press, 1991,284 页。

⑤ E. J. Hobsbawn(E. J. 霍布斯邦), *The Age of Capital* 1848—1875(《资本的年代:1848—1875》), New York: Meridian, 1975,310 页。

持续扩大,从 1845 年到 1860 年美国的铁路增加了将近 8 倍。[①] 这促进了美国国内贸易的爆发,从 1830 年到 1860 年,穿越阿巴拉契亚山脉以西的水上商业货运增长了将近 10 倍,促进了廉价棉花对英国纺织厂的出口。到 1860 年时,美国棉花约有 70% 出口,其中 70% 运往英国。[②] 从 1814 年到 1843 年,给英国进口商的原棉价格下跌了令人震惊的 80%。[③] 的确是廉价的自然啊!

即使是这样,我们也要谨慎地把煤—铁—蒸汽三位一体放在特定的界限之内。煤炭不能解决 18 世纪后期的农业生态危机,那是帝国主义和进行中的原始积累的工作。随着英国农业在 1760 年后的停滞,谷物进口的数量上升,开始时是从爱尔兰,在 1846 年的谷物法废除之后,则越来越多地从北美进口。英国 19 世纪中期作为"世界车间"的顶峰,与美国中西部的农业革命紧密相连。英国在爱尔兰的"农业区域"(1780—1840)的相对枯竭被北美谷物所替代。随着时间推移,美国谷物将被来自俄罗斯、印度和其他地方的新的供应所补充。从 1846 年到 1870 年代的衰退时期,英国的谷物进口增长了 254%。大量的粮食从美国越来越快地流入,从一年 25000 吨上升到超过 100 万吨,上升了 40 倍,1873 年时已占英国粮食进口的一半以上。[④] 在英国资本主义的这个黄金时代,粮食价格下降的幅度的确不大,[⑤] 而从英国人口的快速增长(从 1600 万增长为 2300 万)和快速工业化(占世界制造业的三分之一)的角度来看,这是一个很大的成就。1873 年后粮食价格雪崩:1896 年一蒲式耳进口小麦的代价,不及 1873 年的一半——

---

① D. R. Headrick(D. R. 赫德里克),*The Tentacles of Progress*(《进步的触角》),Oxford:Oxford University Press,1988,55 页;P. J. Hugill(P. J. 休杰),*World Trade Since 1431*(《1431 年后的世界贸易》),Baltimore:Johns Hopkins University Press,1995,173 页。

② 休杰《1431 年后的世界贸易》,169—170 页。

③ A. G. Kenwood(A. G. 凯伍德)等人,*Growth of the International Economy,1820 – 2015*(《1820—2015 国际贸易的增长》),New York:Routledge,2013,148 页。

④ 由 M. Atkin(M. 阿特金)的 *The International Grain Trade*(《国际粮食贸易》)(剑桥:伍德黑德出版公司,1992)17—18 页计算得出。

⑤ D. G. Barnes(D. G. 巴尔内斯),*A History of English Corn Laws*(《英国谷物法的历史》),Abingdon,UK:Routledge,1930,290 页。

即使英国日常用粮的 80% 已是外部来源,也仍然如此。[1] 供应超过了需要,这就降低了食物代价,而对多方面前沿的占用又超过了供应,让农业扩张仍有足够的利润。这不单单是煤炭的作用,在 1850 年之前,对于大部分商品来说(棉花除外),蒸汽轮船并未取代帆船,即使在 1850 年之后,也是缓慢地取代,直到 1870 年代才取而代之。[2] 如果 1830 年代标志着纺织业的转折点,那么,即使迟至 1860 年代"前工业化"的创新和实践——我们或许可把帆船运输称为"前蒸汽"——仍在运输上处支配地位。化石燃料的特性不能完全说明它。

不管煤炭在 19 世纪的直接作用如何发展,对于资本主义危机从生产不足转变为生产过剩显然是至关重要的。生产不足——粮食歉收和爱尔兰的土豆枯萎病——与生产过剩的结合,在 1845—1850 年欧洲的经济和政治动荡中起着作用。[3] 然而,生产过剩的占比越来越大。的确,从 1817 年到 1896 年这整个时期,标志就是"漫长和大幅度的通货紧缩",由 1820 年后生产力提高的普遍化所推动。[4] 作为积累危机的主轴,平衡已经倾斜于生产过剩那一端。

这个倾斜点是一个不同寻常的成就。在人类历史上,这个星球上的生活第一次被财富、力量和自然的单一逻辑所支配,即被价值规律

① M. G. Mulhall(M. G. 马尔霍尔), *The Dictionary of Statistics*(《统计学辞典》), London: Routledge, 1892,444 页;托马斯《工业革命中的养活英国》(1982),336 页;K. H. O'Rourke(K. H. 奥鲁尔克), "The European Grain Invasion, 1870 - 1913"(《欧洲的粮食入侵:1870—1913》),《经济史》57 卷 4 期(1997),775—801 页;W. Page(W. 佩奇) 所编 *Commerce and Industry: Tables of Statistics for the British Empire from* 1815(《商业与工业:1815 年后大英帝国统计表》), London: Constable, 1919, 219 页。

② 赫德里克《进步的触角》(1988),18—48 页;P. Sharp(P. 夏普), "Pushing Wheat"(《小麦的推进》),讨论论文 08 - 08,哥本哈根大学经济系,2008;D. S. Jacks(D. S. 杰克斯) 和 K. Pendakur (K. 潘德科), "Global trade and the Maritime Transport Revolution"(《全球贸易与海运革命》), *Review of Economics and Statistics*(《经济学与统计学评论》)92 卷 4 期(2010),745—755 页;C. Knick Harley(C. 科尼克·哈利), "Ocean Freight Rates and Productivity, 1740 - 1913"(《1740—1913 年海洋运费率与生产力》),《经济史》48 卷 4 期(1988),851—876 页。

③ E. Vanhaute(E. 范豪特)等人, "The European Subsistence Crisis of 1845 - 1850"(《1845—1850 欧洲的生存危机》),见 E. 范豪特等人所编 *When the Potato Failed*(《什么时候土豆不行了》), Turnhout, Belgium: Brepols, 2007。

④ D. Landes(D. 兰德斯), *Prometheus Unbound*(《解放了的普罗米修斯》), Cambridge, UK: Cambridge University Press, 1969,233—234 页。

所支配。我曾说过，煤炭并非一切，但地球改变的规模、范围和速度无疑很大程度上是拜煤炭进入资本带来的改变所赐。通过一种全球环绕的铁路和蒸汽轮船网络的生产，资本主义作为一种地球体系变得可能了。这就为两个紧密相连的发展创造了条件：（1）价值关系的全球霸权，而这以前只限于大西洋世界中；（2）绝对意义上的对地球工作/能量的前所未有之占用。地球的工作作为一个整体，这几乎全都不付酬，现在已潜在地供资本大军征用了。通过付酬与不付酬工作这种前所未有的不成比例，生产过剩的统治得以实现。这就是世界-生态剩余的世界-历史的"顶峰"：顶峰占用。在接下来的一个世纪（1870—1970）中，这个不成比例会慢慢拉平，然后显示出较快衰退的迹象。这个时代的生产力提高——"第二次"工业革命和"福特制"工业革命，之所以是革命，要靠对地球工作的更为巨大的占用。生产力和掠夺的辩证法——靠资本化的积累和靠占用的积累的辩证法，是资本主义如何生存、如何在过去的5个世纪中维持自身的核心，是早期资本主义如何度过生产不足的危机、工业资本主义如何看似驱逐了这些危机的核心。

将生产过剩作为19世纪中期的主要危机趋势，这种转变在很大程度上与我们对危机的想法有关。无疑，19世纪以来，大都会资本在确保廉价自然上是成功的。这与因廉价化石燃料而提高的生产和运输效率大有关系。不过，尽管占用自然的免费礼物自有不可否认的贡献，化石燃料平息并没有解决基本矛盾。

这里我们可以回到马克思的生产不足理论上，它主要说了两件事。第一，即使资本几何级数地扩大物质生产能力，但与机器和建筑（固定资本）相比，它也寻求降低原材料（流动资本）的价值构成。第二，资本的内在动力破坏着允许它递送廉价输入的条件。这就是新的占用前沿对于发动和维持漫长的占用浪潮至关重要的原因。

我已论证过生产不足和生产过剩的辩证相连，我们的探讨应该集中于它们的变动配置。19世纪后期的"大萧条"就是一个典型例证。

1860 年代和 1870 年代，英国原材料的价格开始急剧上升，而这正是它工业霸权的顶峰时刻。[1] 如同我们知道的那样，这场通货膨胀很快就由英国向外扩散。1873 年后，世界市场的价格普遍较大幅度下跌，与此同时，一股通货膨胀的潜流开始浮现。这个时代由一些连续的（如果说是部分的话）关键原材料的生产不足的时刻所切分，比如棉花、靛蓝、橡胶、棕榈油、铜、镍、铅、锡、黄麻和剑麻。[2] 这些通货膨胀的潜流，因新的工业强国如德国和美国的兴起而显现，又因"第二次"工业革命在生产自然上的性质转变而加剧，它的前提是石油、石化产品以及汽车、钢和电气工业。

到第二次工业革命时，生产不足的趋势得到了抑制，但并未去除。就目前而言，我们把我们的注意力限定于那些新的工业化国家，限定于价值积累与输入的生产不足加剧这二者之间的内在矛盾。这个矛盾通过资本主义一个接一个的全球生态占据的掠夺性和生产性的辩证法才得以解决：（1）地理舞台的大幅度扩大，以及殖民地和白人定居扩张的加快速度；（2）"资本对原材料生产的大量渗透"，尤其是那些新吞并地带。[3] 铜这类金属对于 19 世纪后期的工业化尤为重要，而技术创新的步伐也快而狂热。就"新的"工业强国而言，德国的优势是在新的生产过程中应用科学和资本，而美国的优势在于使用移民、从世界其他地方输入廉价劳动力，从而以大陆的规模快速占用廉价自然。20 世纪前半期的命运，就将取决于这种不同。

需要强调的是，"生产力"（资本化）的势头是被"掠夺"（占用）的势头所成就的。由于快速地理扩张所意味的靠占用来积累的机会的快速扩张，才会有投资的滚滚巨流。大都会资本在这个时代所获取的

① 霍布斯邦《资本的年代：1848—1875》(1975)，310 页；罗斯托《世界经济》(1978)；曼德尔《后期资本主义》(1975)。
② 赫德里克《进步的触角》(1988)；布罗克韦《科学与殖民扩张》(1978)；N. Bukharin（N. 布哈林），*Imperialism and World Economy*（《帝国主义与世界经济》），New York：International Publishers，1929 [1917 年初版]；H. Magdoff（H. 马格多夫），*Age of Imperialism*（《帝国主义的时代》），New York：Monthly Review Press，1969，33—40 页。
③ 曼德尔《后期资本主义》(1975)，61 页。

超额利润于是就相当之高,靠的就是对不付酬工作/能量的占用高于全系统平均水准。然而,对于生产的全部动力和不安宁的商品前沿来说,走向生产不足的趋势并没有远去。从 1870 年到 1914 年,铜产量飞升了 10 倍,没有任何价格下降,这与 1814 年后的 30 年中美国棉花产量增加了 8 倍,于是价格飞快下跌,[1]形成了鲜明对比。尽管有大量的资本投入和富有能量的商品前沿从撒哈拉以南非洲延伸到智利和美国西部,这还是发生了。[2] 在漫长 20 世纪来临之时,马来西亚的橡胶和锡、智利的硝酸盐、澳大利亚的铜和黄金,以及加拿大的镍,全都进入了世界-历史舞台,成为一场生态彻底变革中的关键动量。这场生态彻底变革,较之此前人们所知的任何改变来,"其结果要快得多,惊人得多,就其对人们的生活和景观的效应来说,要革命性得多"。[3]

1870 年后的这个世纪,特征就是一种异乎寻常的状态。这是一个顶峰占用的世纪,每一个价值单位(抽象社会劳动)中对不付酬工作/能量的最大限度的占用。技术进步、资本家的力量以及现代科学,生产出来了占用的完美风暴。北大西洋核心地区资本家力量相对收敛的特点,现在让位于力量的触角、资本化和占用,它将整个未被资本化的自然带入掌控之中。所以,顶峰占用就代表着世界-生态剩余的"顶峰",也就是不付酬工作/能量的量与积累的资本的量之比例。

这里,我们是在系统性和累积的意义上谈论顶峰占用——资本主义作为一个整体的"顶峰"时刻,但这样的顶峰,也可以视为各个漫长积累周期的顶峰,视为某个区域生产中心的顶峰。

---

① J. L. Watkins(J. L. 沃特金斯),*King Cotton: A Historical and Statistical Review*, 1790 to 1908(《棉花为王:历史和统计学的评说,1790 至 1908 年》),New York:J. L. Watkins & Sons,1908,299 页;凯伍德等人的《1820—2015 国际贸易的增长》(2013),148 页。

② G. Bridge(G. 布里奇),"What Drives the Extractive Frontier?"(《什么驱动着提取前沿?》),提交给第一届环境史世界会议的论文,哥本哈根:2009 年 8 月 3—8 日;J. Leitner(J. 雷特纳),"Red Metal in the Age of Capital"(《资本时代的红铜》),《评论》24 卷 3 期(2001),373—437 页;T. Frederiksen(T. 弗雷德里顿),"Unearthing Rule"(《发掘的统治》),提交给第一届环境史世界会议的论文,哥本哈根:2009 年 8 月 3—8 日;施额茨《世界铜业中大买卖的兴起:1870—1930》(1986)。

③ G. Barraclough(G. 巴勒克拉夫),*An Introduction to Contemporary History*(《当代史引论》),New York:Penguin,1967,44 页。

　　顶峰占用视问题为关系性的——人与人之外的自然之间和之中的关系。地质简化论是没有必要的。顶峰占用包含着地质和生物物理的动量，它把那种"一切推到顶峰"的论证所强调的东西纳入一种观点，这种观点将文明的限制尤其是资本主义的限制理解为历史性地内在于它们的战略组织原则中。这些原则，比如资本主义坚持将劳动生产率作为财富的度量标准，对于自然并非外生，而是体现为一些特定的项目和过程，这些项目和过程以一些偶发然而可持续的方式，对所有自然的关系进行着内化。

结　论

　　资本积累如何在一个后顶峰占用的时代中运作？这个问题在长时段中资本主义危机的累积和周期性表现中呈现出来。在下一章中，我们来看资本主义怎样处理它那复发性的发展危机，这些危机怎样通过持续的世界-生态彻底变革被克服。

第六章

世界-生态危机:从历次彻底变革到各种体制

今天的资本主义,面临的是划时代的危机还是发展危机? 新自由派资本主义进行中的重组,有无可能产生一个新的资本主义"黄金时代"? 或者说,更有可能的是资本主义的商品化和占用战略走到了终点枯竭? 为了有一些引导,我们不妨看一看资本主义在一个接一个漫长的积累和危机的世纪中的重组方式。它们就是一些世界-生态彻底变革的时代。

生态彻底变革通过降低自然的资本化,找到新的数量上同时也是性质上占用生物圈之工作/能量的方式,来解决发展危机。这些彻底变革重塑资本主义的"有利之地"。在这样做的过程中,它们就对人("社会""经济""文化"等)和人之外的自然进行了彻底变革。通过降低世界自然的资本化的比重,提高能够免费占用的自然的比重,资本主义"有利之地"的彻底变革靠着扩大生态剩余而"起作用"了。这种生态剩余在四个廉价中表现出来,在一种世界-历史的意义上,它们的廉价达到这样一种程度:与资本化相联系,可以扩大和增加对不付酬工作的占用。

我们将用两个阶段来阐释这个论证。首先,将资本的价值构成的上升倾向与世界自然资本化的上升联系起来,我们以此来思考积累与危机的动力学。其次,世界积累和世界商品生产通过一次接一次的世界-生态彻底变革进行重组,我们对此进行考查。

价值、自然和世界积累

我们以马克思对利润率下降趋势的分析作为开始。随着资本家投资于不变资本(机器和投入),它在生产中的比重就上升了,劳动生产率也随之上升。于是,劳动的比重(可变资本)就下降了。这样,上升的资本集约度——资本有机构成上升,就对一般利润率形成了压力。这里,一个有效的假设就是:基本而言,总利润是从总剩余价值流出来,而总利润则是不均衡地生成和分布的。[1] 那么,为什么利润率会下降呢?

"这个论证很简单。这是因为利润方程式中的分子(剩余价值)被分母(资本存量)超过了(二者都以每年来计算)……这也就是,太多的资本存量放进了世界各地的工厂和设备之中,使得各家公司在一个越来越激烈的竞争中彼此争斗,争夺市场。这就让价格必须低,导致商品产量在普遍价格上超过需求,或者是降低产能利用率——从而降低利润边际,或者是二者兼有,货物卖不出去,设备低效运转。"[2]

利润率怎样复苏?马克思主义者通常是强调危机在推进创造性毁灭上的作用。这类阐释中有三大主题。第一是固定资本的贬值,比如工厂关闭时。第二是引入生产力最大化的技术创新或组织创新,它可以提高剥削率。第三则是实施强制的强化政策,从直接生产者那里

---

① 马克思《资本论》第 1 卷(1977);《资本论》第 3 卷(1981)。

② R. A. Walker(R. A. 沃克),"The Global Agitator, or Capitalism's Recurrent Self-Criticism"(《全球鼓动者,或资本主义的复发性自我批评》),工作文件,伯克利,加利福尼亚大学地理系,1998,http://geography. berkeley. edu/ProjectsResources/Publications/Global_Economic_Crisis. html。

把财富重新分配给资本的积聚者。① 当然,对于积累危机与利润率下降之间的关系,在概念上和经验上都有着巨大的争论。②

就这三个主题而言,我要增加第四个:这取决于流动资本(投入),但又有着重要的可变资本(劳动力)的含义。马克思的"最为重要的规律"③可以更为充分地理解,它的解说力量也可以大幅度延伸,这就靠将紧密联结的两个系列的矛盾作为一个整体:(1)"第一"和"第二"自然(与机器相联系的投入的供应)之间的矛盾;(2)第二自然(与可变资本相联系的不变资本)中的矛盾。在接下来的内容中,我会将马克思的走向"一般利润率逐渐下降"的"渐进趋势",④作为理解支撑自然资本化上升趋势的历史动力的引导线索。所以,我不太关注这个普遍规律在部门或国家层面的具体操作化,而是更关注它怎样帮助我们去洞察一幅大画面,这种趋势如何说明资本主义作为世界-生态的长时段运动中决定性的断裂点? 我所持的回答是:生产的价值构成——马克思对资本积累的"有机整体"的价值概念,是以对廉价自然的占用为条件的。

我很想说,关于利润率降低的争论中,至关重要的弱点并不是这理论本身,而是对不变资本一个动量的过分强调——强调固定资本,而不是流动资本。自1830年代后,资本主义铸造了农业—提取生产中心,得以逃脱投入上的生产不足的趋势,是不是这样呢? 如果足够的廉价自然和原材料能够被动用起来,资本的价值构成上升就能够减弱,尤其是如果"资本节约"的创新与劳动节约运动有力并行的

① 哈维《资本的限制》(1982);哈维《新的帝国主义》(2003);曼德尔《后期资本主义》(1975);McNally(麦克纳利),*Global Slump*(《全球衰落》)(2011);沃克《资本主义的复发性自我批评》,《历史唯物主义》5期(2000),179—210页。
② 在 E. Mandel(E. 曼德尔)对马克思《资本论》第3卷的"Introduction"("引论")(New York:Penguin,1981,9—90页)中,以及 B. Fine(B. 法恩)和 A. Saad-Filho(A. 萨阿德-菲诺)*Marx's Capital*(《马克思的资本论》)第4版(London:Pluto,2004)中,可以找到有用的参照。
③ 马克思《政治经济学批判大纲》(1973),748页。
④ 马克思《资本论》第3卷(1981),318—319页。

话。① 当这种情况发生时，利润率降低的趋势不仅能够控制，而且能够（在一段时间内）反转。占用率的上升，就倾向于降低生产的价值构成，抵消利润率下降的趋势。然而，如果资本化的上升快于对不付酬工作的占用，比如，这正是今天资本主义农业的情况（见第十章），积累过程就会放慢。占用率的下降决定了利润率的下降。

在漫长的积累浪潮中，生产的代价倾向于上升。之所以上升，是因为积累的正常过程倾向于对日常生活的资本化，所以越来越多的日常再生产要素依赖于商品。（于是有了一个接一个的"消费革命"。）之所以上升，是因为对劳动力的剥削会导致新的受剥削者的团结，对资本进行挑战，即使这种团结远不是社会主义革命的呐喊。之所以上升，是因为对再生产关系——人与人之外的自然——的资本化，倾向于耗尽它们的能力，难以去生产上涨的工作/能量之流来进入资本的循环之中。最后这一点，就是我们这里的焦点。当这些自然被资本化后，短期效应是产生了不付酬工作/能量的强化之流，新的工艺和技术也被引入。不过，就中期而言，资本化诱发了代价的上升。

在资本的循环中，社会-生态的再生产是逐渐内化的。即使工作/能量之流增加了，与生产/再生产成本的上涨相关联，这种增加率也会放慢。后期资本主义农业就是这种趋势的一个表现，而"第二次"和"第三次"（严重女性化的）变化的扩散，则是另一个表现（我们在第四部分将会看到）。

关注对各个自然的资本化，这给我们一个很有成效的观察角度，可由此来思考积累危机。生产的价值构成上升，只是部分在工业中运作。重要的是，在初级生产部门，如耕作、林业、矿业等，资本化的步伐要快一些，超过了制造业和第三产业，这二者已经高度资本化了。所以，对世界-自然资本化构成上升的重点检查，就是前沿占用率（商品

① 从 1980 年到 2005 年，在美国和日本国际清算银行，"生产资料的相对价格下降了 25% 到 40% 之间"。767th Annual Report（767 号年度报告）（Basil：2006），www.bis.org/publ/ardpf/ar2006e_htm。

前沿)的上升。这些占用前沿,是能够被动用但未被资本化的工作/能量与最低限度的资本花费的捆扎,为商品领域内的提高劳动生产率服务。这样的前沿在这个系统的外缘地理边界可以找到,比如早期现代的蔗糖/奴隶生产中心;或者在商品化的中心地带内也可找到,比如漫长 20 世纪中女性的无产阶级化。

所以,对自然资本化的上升趋势,就是生态剩余下降趋势的对应一面。这样一个系统点似乎违反直觉,因为最大的商品前沿常常显得是高度资本密集的。想一想 17 世纪加勒比海的糖厂和种植园系统,还有殖民地波托西那些巨大的水力矿石破碎机,或者是 19 世纪后期爱荷华的机械化家庭农场。也不妨将这些与今天超资本化的资源提取——氰化物金矿、露天开采、页岩油生产——对照一下。

这正是工业化语言的误导之处。工业化特定的现代形式并不开始于城市,而是开始于农村。不是城市空间,而是乡村空间提供了用占用来积累的最有成效的地带。为什么大规模工业的先驱者出现在那些机械化可以对不付酬工作/能量快速占用的地带,这就是原因。这样,早期现代资本主义的甘蔗种植园、采矿和冶金中心蔗糖就成为关键,[①]1570 年后荷兰造船业这样的部门也是如此,因为很容易获得廉价木材。资本化的这类情况,激活了世界-生态剩余的上升,资本量的增加慢于对不付酬工作/能量的占用。这不也正是工业革命在其形成 10 年中的情况?这就是资本积累的秘密:对"有利之地"进行资本化,以便激活更为广阔的对自然的占用。然而,只有当某个地方的巨大前沿"就在那里",这才能做到。

所以,呼唤资本支付资源使用的"真实成本",这是不可能的,因为度量标准能够捕捉生命之网的差异化活动,而这种不可能正受到欢迎,因为支付的呼唤直接抵触资本的基本逻辑。要求资本支付它自身的道路,这等于是要求资本主义的废除。

---

① 摩尔《生态与资本主义的兴起》(2007)。

资本主义的持久优先事项，一直是对生产的价值构成动脑筋，这样资本化就进入新的、更为广阔的不付酬工作/能量的洪流之中。这就是马克思主义的价值批评在今天仍然强有力的原因，它说明了一个体系内在的合理性与完全的荒谬，这个体系消费不付酬的自然，以此作为它存在的条件。就不变资本而言——回忆一下它的固定与流动，资本的优先事项一直是降低与机器相关的原材料的价值比重，同时提高物质生产能力。这就降低了生产的价值构成，即使它的技术构成上升了。① 因此，占用前沿——商品前沿——的中心性就贯穿于资本主义的历史之中。不仅是资本在廉价输入的基础上支撑自身，而且，通过在一种体系的层面上对生产的社会-生态关系进行彻底变革，它就恢复和重新创造了扩展了的生态剩余。

在过去的 3 个世纪中，化石燃料对这种生态剩余至关重要。不过，这些能源来源对资本主义的作用并没有那样大，比不上资本主义通过它们的纳入而重塑自身。② 用马克思的意思，煤炭就是煤炭，"只有在一定的关系中"才变成了化石燃料。③ 这些"一定的关系"随着占用而转移。靠占用而来的积累，意味着一系列过程，通过这些过程，资本让"有利之地"工作：对劳动生产率进行最大化，然而又不为这些生命之网进行再生产关系的资本化。就其核心而言，占用与提取机制——新自由主义的私有化、殖民地收税、新旧圈围——关系不大，而是事关资本主义怎样降低它生产的基本代价：食物、能源和原材料，以及劳动力。

所以，占用和资本化并不直接与生产中和劳动力相关的机器比重

---

① "比如，由一定数量工人所代表的一定量的劳动力，被要求在一天内生产一定量的产品，这就涉及将一定量的生产资料置入动态，生产性地消费它们，如机器、原材料等。一定量的工人，对应一定量的生产资料，所以，这就是一定量的活劳动对应一定量的已经体现在生产资料中的劳动。这个比例……组成了资本的技术构成，是它有机构成的事实基础。"马克思《资本论》第 3 卷(1981)。

② "资源只能在与生产模式的联系中才能界定，这种生产模式寻求利用它们，同时这种生产模式通过使用者的体力劳动和脑力劳动来'生产'它们。所以，并没有抽象意义上的资源，或者是作为'事物本身'而存在的资源。"哈维《人口、资源和科学意识形态》(1974)，265 页。

③ 马克思《雇佣劳动与资本》，New York：International Publishers，1971。

（马克思所言资本的技术构成）有关。比如，"工业化"农业在不同的时代，一直不同地高度资本化和高度占用，农业企业高度机械化后是这样，如19世纪中期的美国农业，而早期现代的甘蔗种植园也是这样。美国中西部资本密集的农业，通过对廉价水、廉价土地和廉价能源的划时代占用而发展。在很长时间内，美国工业式农业是高度"工业"的，但无论如何，对不付酬工作/能量的占用还是要快于它的资本化。这些占用现在正走向终结，因为确保它们至关重要之输入的代价，已经接近于系统平均水平了。[1]

代价之所以上升，是因为占用对自然施加了一种特殊的时间逻辑。这种时间逻辑实施"社会必要周转时间"的系统约束，于是破坏着日常和代际的再生产条件。[2] 而且，这种时间约束与在空间上把自然重塑为一些可互换部分的贮藏库紧密相连。这些空间—时间的强制，就使得资本加速对工作/能量的提取，而代价就是破坏了一些关系网络的稳定，这种稳定是维持物质输出上升所必需的。这种时间革命从资本主义起源时就存在，在快速而大规模的地貌改变中展现出来，比如森林的砍伐，这只需要几十年，而不是封建主义时期的几百年。如同马克思在他对工作日的处理中所认识的那样，这些占用前沿对于劳动力的必要，就如同对于能源、食物和原材料的必要。[3]

占用假定了两种主要的物质形式。第一种依据生物物理的再生产过程（劳动力、林业、农业），第二种依据地质提取（能源和矿物）。在生态彻底变革中，这两种占用都将劳动生产率提到高于现在全系统的平均水平，但又不相应地提高不变资本（机器和投入）。它们也降低了这个系统中高度资本化区域再生产劳动力的代价。比如，廉价能源就使得北美工人阶级的高度郊区化和汽车化成为可能，[4] 而廉价食物

---

① T. Weis（T. 韦斯），*The Global Food Economy*（《全球食物经济》），London：Zed，2007；T. 韦斯，"The Accelerating Biophysical Contradictions of Industrial Capitalism Agriculture"（《工业资本主义农业加速着的生物物理矛盾》），《土地变化学刊》10 卷 3 期（2010），315—341 页。

② Harvey（哈维），*Spaces of Capital*（《资本的多个空间》），New York：Routledge，2001，327 页。

③ 马克思《资本论》第 1 卷（1977），377—378 页。

④ M. T. Huber（M. T. 休伯），*Lifeblood*（《命脉》），Minneapolis：University of Minnesota Press，2013.

在新自由主义时代使得北半球的工资压制成为可能，使得 1980 年后世界无产阶级的大量扩大成为可能。

我们可以依次来思考这两种形式。第一种形式包含了对社会-生态关系的占用，这些关系的再生产相对独立于资本的循环。这个过程在资本主义漫长的非农化历史中可以看到。农民形成"生产"的劳动力，这处于资本主义力量的触及范围之内，然而并不通过现金交易关系来再生产，所以，这样的劳动力价值构成就比较低。如同一个煤矿，它积累了工作/能量。如果资本和帝国能够确保新的前沿有着这种积累的工作/能量的丰富供应——就农业而言，是潜在的劳动力，它也依赖人之外的自然的再生产网络——它对积累过程的影响就相当于一种全球工资削减，或者是剥削率的上升。在资本主义的兴起中，当欧洲大部分地区的农民有效地抵抗封建复辟时，非洲的奴隶贸易、东欧的"第二次农奴制"，以及诸如秘鲁"米塔"这样的殖民地劳动体制，就起到了类似剥夺农民的作用。[1] 不同的背景中，由不同的角色上演，在所有的原始商品前沿，都发生着同样的故事，比如北美和大西洋巴西的大片森林、那些捕鲸场和渔场，经济作物农业如历史上的甘蔗与棉花，甚至是今天的大豆。

占用的第二种形式依据的是"非再生"资源，而最重要的是能源。从世界积累的观点来看，当战略资源的价值大大降低时，占用的这个阶段就构成了一个时代。它是"顶峰占用"的时期，廉价自然降低了整个系统的生产成本。这些战略资源是大宗商品，是"整整一个历史时代的标识物"。[2] 在无机自然中，银和铁、煤，然后是石油，在一个接一个的漫长积累世纪中，起到了这样的作用。

能量来源尤其重要，因为热和机械能可以让劳动生产率上升。如同食物的价值与劳动力的再生产成本紧密相连一样，能源的价值（以及它的特定形式）也与劳动力的生产力紧密相连。能源价格的上

---

① 摩尔《生态与资本主义的兴起》(2007)；《"阿姆斯特丹站在挪威上面"》第 1 部和第 2 部(2010)。
② Retort(莱托特)，*Afflicted Powers*(《受折磨的力量》)，London：Verso，2005.

涨与停滞的劳动生产率上升,二者是紧密相连的。[①] 能源生产能力的上升与劳动生产率的上升也是如此。[②] 尽管地质条件显然至关重要,但这种占用形式本质上并不是(仅仅关系上是)地质之事。如同我们已经看到的,煤炭具有划时代的意义,因为它在漫长 19 世纪促进了资本化和占用。通过工业资本主义的独特工艺,煤炭对快速提高劳动生产率起到了关键作用,靠着蒸汽动力在陆地和海洋的使用,为占用打开了广阔的新前沿。重要的是,这些占用包括来自中国、印度和东欧的非农化后的劳动之流,流向北美、加勒比海地区和世界各地的白人殖民地区。[③]

就石油而言,这显然是战后时代最为重要的大宗商品,对它的顶峰占用现在已经过去了。在过去的几十年中,它的生产成本一直在上升,而且很快。[④] 2000 年以来,世界石油部门的生产费用比"翻倍还多",勘探费用上涨了 4 倍,1991 年到 2007 年,生产一桶原油的边际代价增加了 10 倍。[⑤] 这些边际代价——也就是最差油田(不管走运不走运,这常常是在美国)的生产成本——紧密与世界价格相连,极短期情况除外。[⑥]

代价上升之力,这就是"廉价石油终结"这种流行看法[⑦]的核心真

[①] 乔根森《能源在生产力中的作用》,《美国经济评论》74 卷 2 期(1984),26—30 页。

[②] 克利夫兰等人的《能源与美国经济》,《科学》225 期(1984),890—897 页。

[③] D. Northrup(D. 诺思拉普),*Indentured Labor in the Age of Imperialism*(《帝国主义时代的契约劳工》),Cambridge, UK: Cambridge University Press, 1995;E. R. Wolf(E. R. 沃尔夫),*Europe and the People without History*(《欧洲与没有历史的民族》),Berkeley: University of California Press, 1982。

[④] Goldman Sachs(戈德曼·萨克斯),"Higher Long-Term Prices Required by a Troubled Industry"(《困顿工业所要求的更高长期价格》)(2013 年 4 月 12 日);柯彼茨《石油与经济增长:一种供应约束观点》(2014)。

[⑤] 世界银行,Global Economic Prospects 2009(《2009 年全球经济展望》),华盛顿特区:世界银行,2009,60 页;J. Simpkins(J. 辛普金斯),"The'Cheap Oil Era' is Ending Soon……"(《廉价石油时代将很快结束……》),*Money Morning*(《金钱早报》),2006 年 1 月 10 日,http://www.moneymorning.com/2009/01/cheap-oil-era/;国际货币基金,*World Economic Outlook*(《世界经济展望》),华盛顿特区:国际货币基金,2008,95 页。

[⑥] C. Bina(C. 比纳),"Limits of OPEC Pricing"(《欧佩克定价的限制》),*OPEC Review*(《欧佩克评论》)14 卷 1 期(1990),55—73 页。

[⑦] C. J. Campbell(C. J. 坎贝尔)和 J. H. Laherrere(J. H. 拉赫雷),"The end of cheap oil"(《廉价石油的终结》),*Scientific American*(《科学美国人》)278 卷 3 期(1998),60—65 页。

实。消耗无疑在生产成本上升中起到了作用，影响了石油价格。然而，金融化也是一个越来越重要的社会-生态矢量。实体经济（M-M'）投资对金融活动吸引力的增加，诱导了在开采设备财产上的拖延的"投资不足"。[①] 这种投资不足在 2003 年前后曾有反转，但增加的只是 1980 年代和 1990 年代生产增量——新石油每美元投资——的十分之一而已。[②]

金融化不仅对石油价格施加了上行压力，鼓励了市场波动，而且，较之投资于石油的勘探和开采，金融活动更有利可图。它在这样一个程度上让前者显得赢利能力不足，这对因消耗而来的石油生产成本上涨大有影响（而且是强化）。并且，金融化的逻辑就是导致各种各样的代价削减，努力降低资本的有机构成，这造成了一些可怕的后果，比如 2010 年墨西哥湾"深水地平线"外海石油钻井平台的爆炸。对于石油、天然气和煤炭而言，从占用到资本化的转变，随之而来的就是规模巨大的可怕毒化，从前所未有的漏油事故，到天然气开采的"水力压裂法"、煤矿的削平山顶，以及后期资本主义能源生产越来越显示出来的对人生存条件的性质侵蚀，更不必说人之外的自然了。

世界-生态彻底变革

世界-生态彻底变革带来了生态剩余的上升。这种"剩余"体现了占用的自然与资本化的自然之间的差距。这种剩余变得"革命性"，达到了这样一种程度：靠占用而来的积累对食物、劳动和投入的价值构成造成了重大的中期降低（40 年到 60 年）。如同资本因雇用生活在半无产者家庭中的工人而受益一样，这些家庭必要的收入和生活资料都来自工资关系之外，[③]资本也喜欢动用那些能够在现金交易关系之

---

① IEA（国际能源机构），*Energy Technology Perspectives*（《能源技术前景》），巴黎：国际能源机构，2008。

② 柯彼茨《石油与经济增长：一种供应约束观点》（2014）。

③ Wallerstein（沃勒斯坦），*Historical Capitalism*（《历史的资本主义》），London：Verso，1983.

外再生产自身的人之外的自然。(但是,要在资本主义力量的触及范围之内。)

任何时候,只要发现了很大的生态剩余,相对较小量的资本就会驱动起极大量的工作/能量。当占用自然的量(不付酬工作/能量)足够大之后,它就在资本主义力量的触及范围之内,去减少依赖于资本循环进行日常和代际再生产的"有利之地"的比重。这就是最低限度的商品化或不商品化(也就是商品前沿)在资本主义历史中如此重要的原因,从早期现代的甘蔗种植园到后期资本主义巴西的大豆前沿,都是如此。

这种工作/能量常常在使用价值的意义上讨论。然而,这忽略了一个必须的转变:从工作/能量转变为使用价值。并不如同许多激进批评家所假定的那样,使用价值并不是"就在那里",它并不是被资本使用(而且耗尽)的一种预先给定的效用。[1]

资本主义价值规律一直非常富有灵活性,因为它能够将自身一个结构性的不变规律——在商品化地带提高劳动生产率,在快速的前后承继中合作生产出历史的自然中一个接一个的瀑布。这意味着新的使用价值通过世界-生态彻底变革而产生,从而创造和维持了资本、力量和自然的新配置。换言之,使用价值自身就是通过价值关系的演变而成为历史性的。所以,低的资本,高的不付酬工作,这二者的比率(生态剩余)就只是一个必要的出发点。它反映着资本和廉价自然项目的逻辑,而不是资本主义财产的历史。那个历史的呈现需要探究资本主义中介——科学、资本和帝国——怎样通过一个接一个的生态彻底变革来绘制世界,这些变革在资本的引力场中从性质上转变了自然。数量会影响性质,性质也影响数量。

这些性质转变——世界-生态彻底变革,就是新的历史的自然形成之时。这些历史的自然并非线性"生产出来",而是由生物圈和资本

---

[1] 参看 S. G. Bunker(S. G. 邦克)和 P. S. Ciccantell(P. S. 西坎台尔),*Globalization and the Race for Resources*(《全球化和资源竞争》),Baltimore:Johns Hopkins University Press,2005。

主义合作生产出来，历史的自然是资本主义的产物，但也是新的资本主义安排的生产者。当资本、科学和帝国的创新熔铸了一种新的抽象社会劳动、抽象社会自然和原始积累的统一时，一场生态彻底变革就发生了。这种统一就是世界-生态体制。技术和组织上的创新，使得劳动生产率提高。测绘、量化和发现新的历史的自然的方式，以及新的使用价值，使得对不付酬工作/能量的占用提高。领土征服和驱逐的高强制过程，为全球价值关系的渗透，打开了新的大片未商品化的自然。农业-工业革命、科学革命和"新的"帝国主义，这三位一体形成了资本主义世界-实践的核心。这三者总是不均衡的，但在系统性危机的时期往往会聚在一起。它们成功的会聚就将恢复四个廉价。

　　这改变了我们关于技术的通常看法，尤其是使用化石燃料的机器与现代世界之关系的看法。独特工艺，而不是技术，引导着道路。[1] 这种区分至关重要，因为孤立的技术或者说一种技术/能源关系，作为生态危机的驱动者，是如此之深地扎根于环境主义者的思维之中。如同资本主义有着自己的"特殊的人口规律"，[2]它也有着自己的"特殊的技术规律"。新的机器当然起作用，它们"展现了人与自然的积极关系"。[3] 但技术怎样起作用呢？不仅仅是因为生产价值，还通过展现"生产过程，通过这个过程，他维持他的生活，因此也展示了他的社会关系的形成模式，以及由这些社会关系而来的精神概念的形成模式"。[4] 马克思在这里预见了我们现在的论点：我们在同生产与再生产、抽象社会劳动与抽象社会自然打交道。

　　这确实是资本主义划时代创新的历史——由造船和测绘到蒸汽动力和内燃机。它们造就了物质生产能力上的革命性增长，这种能力中也包括人（比如奴隶制以及那些"隐蔽的"形式）。我们知道

---

① 这里和全书其他地方，都有芒福德论述的启发，见芒福德《独特工艺与文明》(1934)。
② 马克思《资本论》第 1 卷(1977)，784 页。
③ 马克思《资本论》第 1 卷(1977)，493 页。
④ 马克思《资本论》第 1 卷(1977)，493 页。

得非常清楚，它们也造就了通常被认为是社会关系之物的一场接一场的革命性转变：阶级的转变、政治的转变、文化的转变，等等。然而，这些社会关系是否并不限于社会？人的社会性——阶级、政治和文化——的重铸，就植根于物质生产能力自身之"自然"的一次接一次的革命性转变。反过来，如果没有在观察、知晓和量化地球自然的方式上的革命，这些转变也是不可想象的。所以，由资本、力量和知识组合而成的独特工艺，就可以让我们更为清晰地辨别特定机器的革命性影响，理解在廉价自然的合作生产中这些划时代发明的根本依据。

各个漫长的积累世纪并非"轻击"一个永恒的外部自然，这些漫长的积累浪潮创造一个历史的自然，同时也被它所创造，这个历史的自然提供了一系列新的、特定的约束与机会。在一个周期开始时起作用的积累战略——通过科学、技术和新的领土权和统治管理方式，创造特定的历史的自然——会逐渐耗尽供应四个廉价的生产/再生产关系。在某种情况下，这种耗尽就体现为商品价格的上涨。

所以，资本主义的大问题就是历史的自然，而不是"一般自然"。这个问题的关键在于历史的自然所施加的条件的限制和约束，而这又是资本主义自身合作生产的。对于资本而言，问题就是创造了四个廉价的那些战略，在任何一个时代，都是"一次性"之事。你无法两次发现某一个东西。

通过降低历史的自然的资本化比例，增加能够免费占用的比例，世界-生态彻底变革以三种主要方式来发挥作用。第一，它们扩大了与正在进行的生产转变相关的生态剩余，即更多的煤炭供给更多的蒸汽机。第二，它们生产了新种类的自然，不仅仅是更多的煤炭供给现有的蒸汽机，而且有石油和汽油供给新的内燃机，于是有了一系列石化产品的使用价值。第三，同样相关地，它们在越来越全球化的规模上生产了新的历史的自然，比如早期资本主义的"大量分类练习"，以林奈的分类达到顶峰，或者是近几十年来的地球遥感监测。[1] 原始积累的每一个大时代，都与新的农事、植物和测绘知识相伴，尤其是适宜于占用和资本化的新的地理知识。[2] 这些分类项目和其他科学项目，对于一次接一次地把全球自然作为一个免费礼物之仓库来重新想象，至关重要。通过对人之外财富的新来源的识别和量化，这些一场接一场的科学、测绘和测量革命，就带来了世界-生态彻底变革的关键进展：与资本化自然相关联的占用的工作/能量的比例上升，于是也是世界-自然的资本化构成的下降。靠着全球占用而来的全系统的资本化的减少，这些彻底变革就让丰饶自然的上升之量附着于每个资本单位。这就直接和间接地控制了资本的有机构成的上升趋势，通过原材料（流动资本）的便宜而直接做到，通过廉价输入对固定资本的影响（比如便宜的钢铁意味着便宜的固定资本）而间接做到。在这样做时，这些彻底变革为新的积累的"漫长浪潮"创造了条件。

占用和资本化的这种辩证法，把我们关于资本主义漫长浪潮的通常看法颠倒过来。事实上，资本主义的大问题并不是资本化太少，而是太多。它最大的力量并不在于它将走向资本化刻入基因，[3] 而是将占用廉价自然刻入基因。与资本主义工业革命和农业革命漫长历史相连的社会-技术创新，之所以能成功，是因为它们大幅度地扩展了占用不付酬工作/能量的机会，尤其是积累起来的工作/能量，比如化石燃料（百万年积累）、土壤肥力（千年积累）和农民社会"刚刚从农田被赶出来"的人（世代积累）。从阿姆斯特丹到曼彻斯特，再到底特律，在每一场这样的革命中，的确可以找到高度资本化生产的浓缩情景。

---

① J. F. Richards（J. F. 理查兹），*The Unending Frontier*（《无止境的前沿》），Berkeley：University of California Press，2003，19 页；T. W. Luke（T. W. 卢克），"Developing Planetary Accountancy"（《开发地球核算》），见 H. Dahms（H. 达姆斯）所编 *Nature*，*Knowledge and Negation*（*Curren Perspectives in Social Theory*）〔《自然、知识与否定（社会理论的当前看法）》〕26 卷，New York：Emerald Group Publishing，2009，129—159 页。

② 远不是一种基础/超结构的关系，这些资本化、原始积累和抽象社会自然的因素，必须被理解为一种偶发的串联系列，但也是一些准决定和遥相关的过程。

③ 史密斯《自然作为积累战略》，见帕尼奇、莱伊所编《与自然达成妥协：2007 年社会主义者语域》，London：Merlin Press，2006，16—36 页。

　　不过,技术革命只有与一些对世界-生态空间做了彻底变革的帝
国项目和科学项目结合起来,才能成为划时代性质的。如果技术动力
本身就足够的话,那么德国可能在 19 世纪后期就胜过了英国和美国;
然而,美国人纵向地将公司与自己的大陆地理结合起来,加上英国的
商业和金融霸权,合在一起,就使得德国这个时代的科学领先强国被
排斥在外了。

　　资本主义的世界-生态彻底变革,与资本化和追逐廉价自然的占
用结合在一起,就在资本主义力量的触及范围内降低了"有利之地"的
资本化。如同我们已经看到的,这种逻辑最为壮观的例子之一,就是
"第二个"19 世纪(1846—1914)的全球铁路和蒸汽轮船革命,正是英
国世界霸权的顶峰和"美好年代"。它的最高成就就是占用上的一种
革命性推进,资本的钢铁触角渗透到从南亚到东欧的遥远的农民队形
中,奠定了廉价劳动力的免费大河。[1] 在北美,铁路使得南北战争前财
产关系上的彻底变革成为整个大陆的现实。[2] 资本密集的家庭农场与
国际市场结合起来,与铁路化是一致的,铁路化让家庭农场对历经千
年形成的土地和水资源的那种无畏占用成为可能。[3] 于是,铁路化的
划时代特点启动了占用的快速扩展,为廉价自然尤其是廉价食物创造
了新的条件。反过来,廉价食物搞乱了欧洲各地的农民,数百万人去
了北美和其他地方。这些人抵达之后,就在工厂中干活,这些工厂已
在依赖铁路化带来的廉价(高度占用的)能源和廉价资源来竞争了。
这就是用时间消灭空间,美国霸权的崛起,核心在此。

　　技术劳动分工中资本密集度的上升与社会劳动分工中一个独特

---

[1] 诺思拉普《帝国主义时代的契约劳工》(1995);沃尔夫《欧洲与没有历史的民族》(1982)。

[2] C. Post(C. 波斯特),*The American Road to Capitalism*(《通向资本主义的美国之路》),Leiden:Brill,
2011;摩尔,"Remaking Work, Remaking Space"(《再造工作,再造空间》),《对映体》34 卷 2 期
(2002),176—204 页。

[3] H. Friedmann(H. 弗里德曼), "World Market, State, and Family Farm"(《世界市场、国家和家庭农
场》),*Comparative Studies in Society and History*(《社会与历史比较研究》)20 卷 4 期(1978),545—
586 页;弗里德曼, "What on Earth is the Modern World-System?"(《现代世界体系到底是什么?》)
(2000)。

的（如果大体上是相似的）过程形成了辩证张力，这就是资本的有机构成上升与世界-自然的资本化的偶遇之处。当然，自然永远也不会完全被资本化，甚至不会接近于完全资本化。资本化因耗尽能够输送工作/能量的那些关系，而导致榨取这些工作/能量的中期代价上升，通常导致了相对的停滞，而非绝对的衰退。

虽然只要世界-自然保持未被资本化，资本就可以享用它们的最大礼物，但资本被推动去对世界-自然进行资本化，其比例越来越大。"竞争的强制法则"驱使资本按照社会必要周转时间的逻辑去再造其他自然，这与森林和田野的再生产时间相差甚远，更不必提矿山、油田和蓄水层了。[①] 为了保持社会必要周转时间不增加，资本主义在一个接一个的全球扩张的大爆发中，周期性地扩大占用自然的比重。所以，依赖于资本循环的社会-生态关系的体量，与由资本主义力量支配但其再生产尚不依赖资本的自然，这二者之间就出现了紧张。

生产力最大化的技术，复兴了全系统的积累，它们被用来大量占用未被资本化的自然。对于每一个阿姆斯特丹来说，都有一个维斯瓦河盆地；对于每一个曼彻斯特来说，都有一个密西西比河三角洲。这就是为什么早期资本主义被对农民工作/能量的"原型工业化"占用所推动，通过这样做，简单制造的成果能够被占用，而不会损害生育率。[②] 这也是为什么20世纪福特制如果没有北美和中东的石油前沿（廉价能源）则不可想象。

所以，占用机会的相对萎缩告诉我们一些关于新自由派资本主义的重要事情。1970年代衰退之后，大都市统治阶层的阶级攻势、剥夺的加速与它的休克主义以及金融扩张，都是一致的。面对大都市"实体经济"的渐进破损——表现为"第三次"科学技术革命以及劳动生产率巨大突破的迟迟不来，[③] 它们全都旨在重新分配财产。新自由主

---

① 马克思《资本论》第1卷（1977），44页；哈维《资本的多个空间》（2001）。
② 塞科姆《千年的家庭变化》（1992）。
③ G. Balakrishnan（G. 巴拉科瑞斯南），"Speculations on the Stationary Stage"（《对静止状态的思考》），《新左派评论》第2卷59期（2009），5—26页。

义反对彻底变革的野蛮本质,无疑与占用机会的相对萎缩大有关系。

殖民主义、圈围和"靠剥夺来积累"的漫长历史,旨在生产抽象社会自然,又不付出与 M-C-M'(资本化)相连的代价和风险,或许就可以从这个角度来理解。因此,生态剩余就是一种关系性质的运动,存在于资本与劳动之间、城镇与乡村之间、大都市与前沿之间、资本化与占用之间。如果任何既定商品的价值由它的抽象社会劳动来决定,如果社会劳动的这种平均量嵌入长期以来决定商品价格的运动,那么,较高的劳动生产率就是任何资本主义企业的第一优先。较高的劳动生产率,使资本家能够通过市场,去捕获较低劳动生产率的竞争生产单位的剩余价值。如同我们已经看到的,要达到这样的巨大努力,通常是上升的劳动生产率通过上升的资本密度(资本的价值构成)来做到。资本密度开始上升,就会出现利润率下降的趋势。[1] 不过,如果能够找到一种办法来提高劳动生产率,同时又不相应地增加不变资本,新的可能性就会浮现。

这些可能性通过占用的广阔前沿而形成,这种占用前沿体现了资本主义那些最宏大积累浪潮的特征。通过全球占用而降低世界-自然的资本化,世界-生态彻底变革就控制了资本价值构成的上升趋势。直接而言,这样的彻底变革让原材料(流动资本)便宜了;间接而言,它降低了固定资本自身的价值构成。比如,便宜的煤炭就让便宜的铁,尤其是 1860 年代之后便宜的钢,成为可能。随着美国钢产量的飙升,1865 年至 1895 年增长了 40 倍,固定资本的价格崩溃了。钢轨价格的下跌超过 80%。[2] 然后,是小惊喜:美国的劳动生产率在 1890 年至 1970 年期间激增到史无前例的最高,[3]这恰恰是"顶峰占用"最大限度地控制了资本的价值构成上升。

所以,资本依赖于四个廉价,只有一条路可以让这种廉价自然

---

[1] 马克思《资本论》第 3 卷(1981)。
[2] 罗斯托《世界经济》(1978),179 页。
[3] Gordon(戈登),"Is U. S. Economic Growth Over?"(《美国经济增长过去了吗?》)(2012).

得以修复：前沿。对这种情况必需做出的回应，一直是无止境的地理扩张和无止境的创新。它们并不相互独立。那些伟大的创新使得资本积累能够"大"到这种程度，从而能够对尚未被资本化的不付酬工作/能量快速占用。"资本密集"的、划时代的创新，它们的历史——早期现代的造船—测绘革命、19世纪的蒸汽机、20世纪的内燃机——都以重要的技术进步为特征，它们让特定区域生产的资本密集的棘轮向上运转，尤其是在荷兰、英国和美国这些霸权的心脏地区。

商品生产中的这些创新，它们的划时代特征来自对工作/能量的新的全球占用。工业革命就是一个最好的例子。曼彻斯特的纺织厂辩证地与美国南部的棉花前沿绑在一起。反过来，这个前沿又与惠特尼的轧棉机绑在一起，激活了短纤维棉花的快速地理扩张。这种扩张因苏格兰工厂和伦敦市金融机构首创的全球化信贷链而成为可能。[①] 这里，我们可以清晰地看到作为一个辩证整体的高度资本化的生产单位和全球化的占用自然，这二者结合起来却又不均衡的发展。"技术"革命通过它们与霸权项目的生成关系而成为划时代的，对世界-生态空间进行彻底变革，创造了上升的生态剩余。在三个主要的霸权时代，即荷兰时代、英国时代和美国时代，木材、煤炭和石油被自由占用，只付出相对最小的资本花费。每个划时代的创新，都在一种世界-历史的行动中将生产力和掠夺合到一起了，这在一定的时间内降低了直接依赖资本循环的历史的自然的比重。

这就在一定程度上解释了资本主义那些伟大的技术解决方案为什么以及如何与全球扩张的运动交织起来。每个技术的解决方案，都是地理的解决方案，都是世界-生态的解决方案。这在今天容易被忘记，所以人们急于找到一种技术解决方案来对付业已显示的生物圈失稳和资本主义的危机。资本主义之下的技术，是资本主义独特工艺的

---

① 麦克迈克尔《资本主义中的奴隶制》(1991)，321—349 页。

一种特定表现，资本主义独特工艺相信一种高度选择性和浪费性的转化——将工作/能量转化为价值。在这种独特工艺——资本化与占用的辩证法——之中的资本主义技术的历史，可以被分解为一个两阶段的过程：(1) 探查到最容易获取的剩余，比如亚马逊橡胶的采集就先于20世纪初期马来西亚的橡胶种植园革命；[1] (2) 在一个越来越资本主义的基础之上，对扩展中的世界自然范围进行重组，比如19世纪结束以来世界范围内林产工业的逐渐合理化。[2]

不过，简单地将此视为一个逻辑与历史的连续，那将是错误的。体现这第二阶段特点的对自然的资本化，无疑会带来短期的意外之财。奴隶在"新世界"的土地上耕种欧亚甘蔗时，早期现代种植园主们曾有过"收益率蜜月"，[3] 这显然就是它的现代版本。有利的生物物理条件与最新农学之合奏，就带来了收益爆发，而这又必然在50到70年的时间内（后期资本主义还要更快一点）转为破产。

创造了收益爆发的那些创新，损害着中期的供应条件。从"有利之地"的立场来看，这些矛盾是统一的，其表现是发散的，所包含的"社会"转变（比如说全球农业—食物体制的转变），并不少于"生物物理"的反馈（比如治理杂草）。随着这些矛盾以一些限制积累的方式显现出来，寻找新的前沿就以一种野蛮力量再次出现。如果前沿得不到，重新分配的残忍行动就会落到那些最不能做出有效抵抗的人口头上，从穷人重新分配给富人（比如新自由主义的做法），或者是从农民重新分配给重工业。

对自然的资本化，所带来的核心问题可以在这样一个程度上克服：内在矛盾找到了一个外泄口。资本有机构成上升，倾向于导致社会-生态的失调，其系统性的表现就是世界-自然资本化构成上升。如

---

[1] 布罗克韦《科学与殖民扩张》，《美国民族学家》6卷3期（1979），449—465页。

[2] R. A. Rajala（R. A. 若加拉），*Clearcutting the Pacific Rain Forest*（《太平洋雨林的砍伐殆净》），Vancouver：University of British Columbia Press，1998。

[3] P. Dark（P. 达克）和 H. Gent（H. 根特），"Pests and Diseases of Prehistoric Crops"（《史前农作物的病虫害》），*Oxford Journal of Archaeology*（《牛津考古学学刊》）20卷1期（2001），59—78页；摩尔《生态与资本主义的兴起》（2007）。

同我们已经看到的，这就是生态剩余的下降趋势。它可以通过数量（更多的空间）和性质（新的历史的自然）两个方面的地理扩张来抵消。然而，要注意这是一个关系性的过程。并非只要地理扩张抵达关键性的物质，大量的使用价值就很容易找到了。而且，一旦抵达关键性的物质，社会化自然的量对现金交易关系的依赖就会下降。漫长16世纪就是这种情况，漫长20世纪的开头是如此，"新帝国主义"的经典例子也是如此。今天，地理扩张的老模式已不再起作用了。

资本主义力量触及范围内的自然，可以在没有被资本化的前提下被社会化。资本主义力量进入新前沿造成的紧张，只要有两个条件在，就会推动世界积累长期进行。这两个条件是：(1) 新合并的形态的再生产，其自身相对独立于资本，但为生态剩余输送了可观的贡献；(2) 相对于价值积累，得到的使用价值的量足够大，于是降低了商品生产中资本化的工作/能量的比重。随着地理扩张慢了下来，相对于资本化的上升，依赖于现金交易关系的社会化自然，它的量就会上升。随着时间推移，商品化的推进达到了一个临界点，社会化的自然让位于资本化的自然。这就是资本主义的转变之时，此时无论是统治结构还是生产系统，或者是（新转化的）森林、田野、家庭和其他生态，除非通过现金交易关系，都不能再生产它们自身了。

社会生态——田野、森林、渔场等，越变成资本化的生态，它们的再生产就越被带入资本的再生产之中。资本化的上升，倾向于生产短期和中期的意外之财，但中长期来看它损害着积累的系统条件。如果"自然肥力"可以如同固定资本一样发挥作用，从而控制利润率下降的趋势，那么土壤耗尽和资源损耗则会为收益率的大幅度逆转搭建舞台，这就是漫长积累浪潮的未被充分认识的动量。

如果说，穿过空间的扩张（占用）代表一种对利润率下降的修复，那么经由时间的创新（资本化），就代表着上述那个两阶段过程的第二个阶段。这二者都不能无止境扩大。全球空间不仅仅是关系性的，从无止境积累的观点来看也是渐近而有限的。一方面，竞争驱动资本主义在地理上扩张,扩张至那些商品化程度低、占用机会高的地带。在资本可以"跳跃式攀登"的程度上,它总是与国家和帝国有某种呼应,它可以降低投入和劳动力的代价,通过这样做来增加利润率。另一方面,这加速了摄取外部自然进入几何级数扩张的生产过程,随着业已建立的生产地带中投入和劳动代价的上涨,地理扩张的驱动力强化了。以这样一种方式,资本主义对生物物理和地理自然一直加速的改变(时间的征服),就与它对新的占用前沿的贪婪胃口(空间的征服)连接起来了。

世界-生态体制

再重复一次:资本主义并非有一个生态体制,它就是生态体制。

我用生态体制来强调那些相对持久的统治模式(正式和非正式的)、技术创新、阶级结构和组织形式,它们维持和推动着漫长 16 世纪之后世界积累的各个阶段。在最低限度上,这些体制包含了那些市场、生产性和制度性的机制,以确保廉价能源、食物、原材料和劳动力的充足之流流向世界积累的组织中心。不过,故事并不在这里就结束了。我们还要注意那些生产/再生产中心复合体,它们消费这些剩余,对其他自然提出新的(也是矛盾性的)需求。也就是说,城市—乡村的对抗,与核心—边缘的区分叠加起来,但又鲜明地区别开来,这就是关键性的地理关系。以这种方式,生态体制体现着那些在历史中长期积累的稳定着的过程和条件。生态彻底变革则标志着这些暂时稳定的过程和条件在动荡中灭亡与更新。

我们怎样从资本的逻辑转向资本主义的历史? 如果"生态体制"的建构被证明有用,它就必须超越一种宏大的描述性分类。

在某种意义上,这样一种视野可以解说现代世界体系的兴起和未来的灭亡吗? 作为引导,我们可以转向乔瓦尼·阿瑞吉的"积累的系统性循环"之观点，①转向哈维的空间定位理论。②

对于阿瑞吉来说，那些支配性的世界力量，比如荷兰、英国和美国，通过资本主义和区域力量的结构中各种"组织革命"，上升为全球杰出（霸权）。一个接一个"漫长的世纪"中，阿瑞吉的资本积累模式就这样运行，经历着扩张与收缩。积累危机来自资本和世界力量的收缩，它们的特定形式在各个漫长世纪中表现得各不相同。走出这些危机的方式靠组织上和技术上的创新来提供，这些创新由浮现的世界力量孵化出来。比如，19世纪后期，美国的大量生产模式与英国工业的对比。这些创新使得资本积累通过"物质扩张"的阶段得到复兴。它们之所以是扩张性，就在于商品的物量产出、资本积累和地理扩张都是增长。以"实体"经济中资本的上升恢复为特征，物质扩张的这些阶段标志着积累的系统性循环的开始。随着时间推移，物质扩张驱动了霸权中心之外的新的竞争者。这些竞争者侵蚀霸权的超额利润，在核心地区拉平了利润率，在生产循环（M-C-M'）中耗尽了创造利润的机会。在那些霸权中心，资本减少的回归导致过剩资本的增加，它不能被（重新）赢利地投入到物质扩张中去。随着收益率下降，资本家们将资本从生产改到金融上（M-M'）。这种改变带来了"金融扩张"，也就是M-M'。它最为晚近的开始是在1970年代，这是"一种情形的症状，在这种情形中，投在贸易和生产扩张中的钱（M-C-M'），不再如同纯粹的金融交易那样有效地服务于增加流向资本家阶层的现金流。在这样的情形中，投在贸易和生产中的资本，倾向于回归它的金钱形式，更为直接地积累"。③ 这些扩张靠着与物质扩张之结束相伴的、逐步上升的地理政治竞争来支撑。这些金融扩张搭建了新一轮创新的舞台，而地理上更为扩张的霸权中心的区域中介和资本主义中介的联盟将带来新的创新。

---

① 阿瑞吉《漫长 20 世纪》（1994）。
② 哈维《资本的限制》（1982）。
③ 阿瑞吉《漫长 20 世纪》（1994），8—9 页。

与现在这种探索相关的是阿瑞吉这样一种观点:系统性危机因耗尽了那个曾解放过"物质"积累的"组织性结构"而形成。[1] 由于这种耗尽,就形成了对各自时代巨大危机的创造性的回应——组织上的革命:阶级、国家和商业组织的革命。对阿瑞吉来说,这些革命并不能缩小为工业化,工业转变通过资本家和区域组织上的创新,成为一种世界-历史的现实。尽管这几乎总是在社会简化论的语境中被理解,但阿瑞吉还是视其不同。每一个积累的漫长浪潮都因组织上的革命而变得可能,这种革命给新的霸权力量以"对世界的人与自然资源的前所未有的掌控"。[2] 这种新的、前所未有的掌控,其实现必须通过广阔构成的区域和资本组织,包含着经由资本、国家和自然合作生产的"科学体制"。[3] 要"掌控"自然,从而快速积累资本,这涉及困难而持久的过程,需要让自然对积累是清晰可辨的,也就是抽象社会自然的生产。对此,我们将在第八章讨论。

这些组织上的革命具有双重特点。一方面,它们为正在出现的霸权力量生产竞争优势,体现在政治、军事以及经济力量的实施中。另一方面,它们创造了一种支配性的发展模式,被竞争者所模仿。在一个接一个的漫长世纪中,更新和扩展的积累因这些革命而成为可能,但也生成着更新和扩展的矛盾。一个霸权收获了它组织革命的回报,它的成功就导致竞争者来模仿,然后是创新,带来越来越大的成功。最初组织革命的成功,变成了一个铁笼,那个霸权被困在里面出不来,它少年时的灵活性变成了老迈时的硬化。

阿瑞吉体系中的组织因素——将区域和资本家的组织与技术创新融合起来,补充上了空间、时间的因素。受哈维影响,[4]阿瑞吉让时间和空间成为积累系统周期之形成与瓦解的中心。对于世界-生态解

---

[1] 阿瑞吉《漫长 20 世纪》(1994),226 页。
[2] 阿瑞吉《漫长 20 世纪》(1994),223 页。
[3] R. Lave(R. 拉夫) , "Neoliberalism and the production of environmental knowledge"(《新自由主义与环境知识的生产》) , *Environment and Society*(《环境与社会》)3 期(2012),19—38 页。
[4] 哈维《资本的限制》(1982)。

读来说,这是一个至关重要的入口。阿瑞吉的思路暗示着一种长时段的矛盾:资本的无止境积累(这在资本的逻辑中是可能的)与无止境占用空间(这在"有利之地"中是不可能的)之间的矛盾。所以,"长时段"就为阿瑞吉对中期危机的强调设定了框架,以展示累积维度和周期维度上的系统性重组。

创新和组织上的革命在资本主义累积发展的约束与可能性中呈现出来,这些是时间和空间的,通过"有利之地"呈现出来。

这意味着,性质的动量——重组和创新——并不能消除掉数量的动量。组织上的革命,以它们的性质转变来回应此前时代所积累的(数量的)矛盾,同时也是在这个基础之上来回应。周期性的重组在累积的限制中发生。首先,是资本自身扩张在地理上显示出来的限制,这些地理限制因积累体制本身而产生。大都市的竞争者被那些对霸权发展模式的模仿和寻求赶赴所"赶上"。其次,现有的劳动部门中投资机会的下降,表明积累过多。这两个动量加剧了压力,必须通过市场深化和市场扩大来进行重组。为了克服这个系统一直上升的"动态密度"所意味着的危机,一个接一个的霸权复合体在其组织中心的地理规模上开创了巨大突破,影响到组织上的革命。资本或许视空间为一种用不完、无限和可替换的占用和商品化地带,阿瑞吉则揭示出每一次这样的世界体系性扩张都是特定刺激的生产,支撑它们的条件在长时段中会逐渐耗尽。

地理扩张(占用)和这些特定刺激之间的连接,比如蒸汽和内燃机之间,这是根本性的。这让我们看到了资本的积累是空间的占用:历史的自然的占用。所以,一个接一个的积累周期中形成的危机,就呼唤地理上越来越扩大的组织中心,从16世纪的热那亚城邦,到漫长20世纪的美国大陆国。结果是什么呢?创新不能无限地进行下去,因为地理扩张不能无限地进行下去。

自然(作为"有利之地")怎样对阿瑞吉的体系起作用,他似乎是无视自然?日常生活,权力与资本的世界规模的关系,他的模式指向将这二者加以整合的可能性。他悬置但没有取消这些与物质生活的连接。那么,重启积累与日常生活的问题,我们或许可以指向金融化与物质生活之间周期性深化的关系。比如,"热那亚时代"(1557—1648)就与安第斯山区生活以商品为中心的重组直接相连,紧密受缚于 17 世纪的生态彻底变革,这场彻底变革从巴西延伸至波兰及东南亚。[1] 新自由派资本主义的金融化,也同样通过规模和范围上无可匹敌的世界-生态彻底变革而实现。

"南半球转变为一个'世界农场'",[2]南方的工业化,[3]以及生物物理代价的快速具体化,导致了从癌症流行到全球变暖所有这一切的出现,所有这些都显著地出现在新自由主义时代金融化占用"有利之地"的不同寻常扩张的特征之中。

对金融化和物质生活之间关系的这种观察,只是一个开始。我们可以去思考一个更为深入的生态历史的交织。这里我们可以关注阿瑞吉那个会很有成效的观点:积累的体系性周期依据着"某种组织结构的能量,而这种能量逐渐被组织结构自身的扩张所损害"。[4] 在这样一个框架中,一旦我们引入"有利之地",有一点就会变得很清楚:某种超越竞争和反体系运动的东西,在一个接一个的积累周期中损害着收益率。的确,竞争、国家之间的竞争和反体系的斗争,都是社会-生态的争夺者,尽管不一定是"资源战争"或环境正义斗争这种明显的形式。并不是对抽象的和非历史的自然的耗尽枯竭,"导致"了收益率危机;相反,是对社会-生态关系之特定复合体的耗尽枯竭,引发了从一个体系性周期到下一个体系性周期的转变。简单来说,对旧有积累体制来说,既有组织结构的耗尽,又有历史的自然的耗尽,二者同时

---

① 摩尔《"阿姆斯特丹站在挪威上面"》第 1 部和第 2 部(2010)。

② McMichael(麦克迈克尔), "A Food Regime Analysis of the World Food Crisis"(《从食物体制分析世界食物危机》),*Agriculture and Human Values*(《农业与人的价值》)26 期(2009),281—295 页。

③ Arrighi(阿瑞吉)等人, "Industrial Convergence, Globalization, and the Persistence of the North-South Divide"(《工业会聚、全球化与南北区分的持续》),*Studies in Comparative International Development*(《国际发展比较研究》)38 卷 1 期(2003),3—31 页。

④ 阿瑞吉《漫长 20 世纪》(1994),226 页。

发生。

这可以使得我们走出那种"自然之限制"的思考。所有"社会的"和"自然的"限制,都是不可简化的社会-生态性质的。这些限制会有多种形式,从国家调节和反体系运动,到砍伐森林和气候变化。要点在于,也就是马克思所讲资本的限制就是资本自身时所强调的:所有的限制都是通过"有利之地"历史性地构成的。问题不是人与人之外的自然的"分离",而是这二者如何组合起来。这种配置通过人去重组所有自然的特定项目而浮现出来,这就是阿瑞吉所言组织革命的真正含义。

回忆一下,对阿瑞吉而言,一个体系性周期开始时形成的组织结构,耗尽它带来资本的上升回返之能力时,积累危机就发生了。对此我们可以重新阐述一下:相对于积累的资本量,当旧的组织结构不再能够维持占用不付酬工作/能量的上升之流时,危机就发生了。一个周期开始时组织起来的关系被耗尽,这就是问题之所在。尽管阿瑞吉的论述无疑是社会生态性质的,但有着各种理由把他所看重的变化的轴心诸如地理政治竞争、资本家之间的竞争和阶级冲突,视为历史的资本主义之历史的自然之中一些局部总体性。这完全不是在环境因素上进行"增加"。世界霸权不仅组织资源和食物体制,世界霸权本身就是社会-生态项目。通过一种从加拿大延伸到东南亚的香料群岛的世界-生态彻底变革,荷兰霸权出现了;通过煤炭/蒸汽动力和种植园革命,英国霸权出现了;通过石油前沿和由此而成为可能的农业产业化,美国霸权出现了。在每个时代,原来的限制都被超越了。资本主义每个阶段的社会-生态限制,未必对下一个阶段是限制。

哈维的空间定位理论,[①]增加了两个具有最重大意义的进一步联结。第一,现代性巨大的金融扩张——这在阿瑞吉的观点中具有中心地位,辩证地与"靠剥夺来积累"联结起来了。[②] 突出新自由主义时

---

① 哈维《资本的限制》(1982)。
② 哈维《新的帝国主义》(2003)。

代,哈维的"脐带"概念将金融、地区力量和剥夺联结起来,给我们指出了正确方向:

> 剥夺所做之事,是以极低代价(有些时候是零代价)释放了一系列资产(包括劳力)……(比如在英国,对公益住房、电讯、交通、水务等的)私有化……为积累过多的资本创造了一个释放的巨大空间……[解决积累过多问题的]另外一条路是把廉价原材料(比如石油)释放到这个系统中,投入代价将减少,利润将增加……如果这些新的积累地带没有打开的话,积累过多的资本在最近这30年中会发生什么?①

第二,在哈维关于空间定位的宽广理论中,资本开始时的灵活性以及周转时间的加速,通过一个时代中对资本有利的"建造环境"(城市空间),变成了下一个时代中对积累的束缚。不过,这种观点的逻辑远远不止于对环境的建造吧?历史的自然创造出来,既解放了积累,也起到了"囚禁资本主义发展的未来道路"②的作用。

阿瑞吉和哈维指向一种资本主义发展的理论,这种理论阐明了长时段中资本主义繁荣和破产的社会-生态条件。

对于阿瑞吉的观点,我们或许可以加上通过"有利之地"揭示出来的组织上的革命和技术创新;对于哈维的理论,我们或许也可以在空间定位上添加这些,以及添加"剥夺"所达到的程度,也就是促进对不付酬劳工作/能量的占用,恢复四个廉价。在这种思考中,抽象的"增长的限制"就让位于积累的限制的历史条件,这是资本主义自身所直接给予的。资本主义一个接一个的阶段,通过积累动力中的生态彻底变革(文明的项目)和这个引力场中的社会-生态关系(历史的过程)

---

① 哈维《新的帝国主义》(2003),149—150页,引文的顺序有改变。
② 哈维"地理",见 T. Bottomore(T. 巴特摩尔)所编 *The Dictionary of Marxist Thought*(《马克思主义思想辞典》),Cabmbridge,MA:Basil Blackwell,1991,219 页。

展现出来。这些阶段是管理之网中组织上的彻底变革,由资本主义中介和区域中介所制定,也是资本化和占用的建造环境上的彻底变革。它们的标志性成就是生态剩余的大幅度扩大,这靠的是相对于资本化而言,占用机会上的大幅度扩展。

我同意哈维的观点,这些世界-生态彻底变革开始时是解放了积累。"第一个"19 世纪(1763—1848)英国霸权的世界-历史的成就不正是这个? 然而,随着时间推移,组织历史的自然——通过政治调节、建造环境、工业组织、农业创新(更不必提阶级斗争)来组织——的这些新方式,就因掠夺和生产的侵蚀效应以及上升国家、资本家和危险阶级的增长挑战,而形成了矛盾。资本化扩大和加深的运动,损害了人和生物物理自然独立于资本循环(或相对独立于它)再生产自身的能力。或早或迟,再生产的规则就朝从属于资本的方向转变。农民耕种者变成了资本主义的农场主,原生的森林让位于植树造林,代际再生产介入了现金交易关系。随着世界自然资本化的上升,生态剩余就减少。这是将扩大积累的基础廉价出售,在发展危机中达到顶点。

伴随这些发展危机而来的生态体制,面对着并且也生产着作为解放和限制之网的历史的特定自然。如果我们严肃地看待所有"资本的限制"都历史性地浮现,都出自人与人之外的自然之关系的观点,那么这一点是怎么强调都不过分的。这种历史的特定性并不各别,相反,而是昭示着"有利之地"的多层面的空间—时间特点。新自由主义生产出来的那些自然,运作于历史的资本主义的一种划时代自然之中,这甚至可能是新石器时代革命以来一种人类文明的自然。对历史的自然(作为"有利之地")这种多层面的理解,就有可能去区分当今这紧要关头中哪些是累积的、周期的或真正新出现的东西。

我这里要重复:一种历史的体系或者资本主义的阶段的限制,未必对另一种体系是限制。所以,我们就可以开始把资本主义一个接一个阶段理解为创造着一个越来越资本化的世界-生态,同时也被它所创造。早期资本主义生态体制的历史的限制,比如中欧和西欧各地的农业枯竭与能源相对匮乏，在18世纪中期出现了。它们对资本积累是生态历史性的限制，不过它们也正是资本积累组织起来的。显然，它们绝不是抽象的限制。

结　论

如果说人在自然之中的限制是具有历史属性的问题，那么我们就可以使用阿瑞吉的三个问题：什么是累积的？什么是周期的？什么是新的？进而我们可以追问：今天的紧急情形与以前的社会-生态危机有什么不同？由这些问题出发，我们或许可以开始去识别下一个世纪的资本主义危机的轮廓。这些问题暗示出资本化的那些更新循环，它们包含商品化、技术创新和金融化的延伸，可能解决不了新自由主义的发展危机。从什么地方开始会有生态剩余下一个巨大扩展的到来？这很难展望。相对于资本整体而言，占用的机会从未如此之少，而对这种占用的需要也从未如此之大。要理解资本主义面对"大边疆"漫长的耗尽枯竭时发生着的转变，这是一个宝贵的线索。

第三部分

历史的自然与资本的起源

第七章

是人类纪还是资本纪？：
论我们生态危机的性质和根源

　　不能否认许多学者和公民面对气候变化问题时所感觉到的急迫。气候变化、生物多样性的第六次大灭绝、海洋酸化等一系列极严峻问题的漫长名单,这种紧迫现实是无人质疑的。但是,传达出生物物理变化的这种急迫性,是否就要替代对问题的适当的历史性解说呢？对问题进行概括提炼,努力解决问题,这二者总是紧密连在一起的。同样,我们思考问题起源的方式与我们怎样思考可能的解决方案,这也是紧密相连的。

　　在过去的 10 年中,有一种概括提炼赢得了学术界和大众的极大兴趣,这就是"人类纪"。如同所有的时髦概念一样,人类纪这个概念也得到了广泛解说,[①]不过有一种解说处于支配地位。这种解说告诉

[①] 在人类纪的时间划分上,争议很多。一些考古学家现在认为可以把"全新纪"(Holocene)的大部分或者全部放入人类纪,或是从全新纪开始时巨型动物的灭绝算起,或是从农业起源时算起,也就是公元前 11000 年左右。这方面的概要情况见 M. Balter(M. 巴尔特),"Archaeologists Say the 'Anthropocene' Is Here—But It Began Long Ago"(《考古学家们说"人类纪"在这里,但它很早以前就开始了》,《科学》340 期(2013 年 4 月 19 日),261—262 页;拉迪曼《犁、瘟疫与石油》(2005);"The Anthropocene"(《人类纪》),*Annual Review in Earth and Planetary Science*(《地球与地球科学年度评论》)41 期,编号 4.1—4.24(先发表于网络),2013;J. Gowdy(J. 高迪)和 L. Krall(L. 克拉尔),"The Ultrasocial Origin of the Anthropocene"(《人类纪的超社会起源》),《生态经济学》95 期(2013),137—147 页。也有一些人认为人类纪开始于公元前 2000 年左右,参看 G. Certini(G. 塞蒂尼)(转下页)

我们,现代世界的起源可以在英国发现,时间就在 19 世纪来临前后。[2]

那么,这个划时代转变后面的动力是什么呢? 两个词:煤炭与蒸汽。煤炭与蒸汽后面的推动力又是什么呢? 不是阶级,不是资本,不是帝国主义,甚至不是文化……你猜到了,就是人类,作为一个无差别整体的人类。

人类纪讲了一个轻松的故事。之所以说轻松,是因为它并不挑战那些在力量与生产的战略关系中已经自然化了的不平等、异化和暴力。它之所以是一个容易讲述的故事,是因为它根本不要求我们去思考这些关系。生命之网中人类活动的复杂图景,被简化为一种抽象的人类,一个同质的行动单位。不平等、商品化、帝国主义、父权文化、种族形成以及其他许多图景,基本上都被移出了考虑范围。这些关系最多也不过是被承认,仅仅是设置了问题之后的补充。这种问题设置所叙述的,是一个"人类事业"与"自然的伟大力量"相对立的故事,这显然是一种基本常识,但在我看来也是长久的误导。[3]"人类的"分类学[4]——由人支配的各种生态系统,于是不再是"野生"的了,它优先于历史的解说,代之以高度线性的时间和空间观念,来解说历史-地理变化。与此同时,人类纪学者也避不开一个结论:人也是一种"地球物

（接上页）和 R. Scalenghe（R. 斯凯伦亨）,"Anthropogenic Durees are the Golden spikes for the Anthropocene"（《人类起源期是人类纪的黄金飙升期》）, *The Holocene*（《全新纪》）21 卷 8 期 (2011), 1296—1274 页。

尽管声音微弱,但还有一些人提出了 1945/1960 年之后的时间划分,参看 J. Zalasiewicz（J. 扎拉斯维奇）等人,"Are We Living in the Anthropocene?"（《我们现在生活在人类纪吗?》）, *GSA Today*（《今日 GSA》）18 卷 2 期 (2008), 4—8 页。人类纪这样的经验主义概念,常常在概念层面和历史层面都很混乱,这正是因为它们打算把定量聚合的捆扎作为实际,而不是先去分辨实际存在的历史关系,但正是在这些历史关系中,那些数字才能获得历史意义。把事实叠加起来,这并不是作出历史阐释,参看卡尔《什么是历史?》(1962)。

[2] 斯蒂芬等人的《人类纪:人现在是否压倒了自然的伟力?》(2007);"The AnthropoceneA:Conceptual and Historical Perspectives"（《人类纪:概念层面与历史层面》）(2011);《人类纪:从全球变化到地球管家身份》(2011);查克拉巴蒂《历史的气候》(2009)。

[3] 斯蒂芬等人的《人类纪:从全球变化到地球管家身份》(2011);《人类纪:人现在是否压倒了自然的伟力?》(2007)。

[4] E. C. Ellis（E. C. 埃利斯）等人,"Anthropogenic Transformation of theBiomes, 1700—2000"（《生物群落的人为转变:1700 至 2000》）, *Global Ecology and Biogeography*（《全球生态与生物地理学》）19 卷 5 期 (2010), 589—606 页。

理力量"（这里的这个单数很重要），在自然之中运作。[1]　这就是"一个系统/两个系统"的问题，这在绿色思想的主流和批判性表达中很常见。从哲学上讲，人类是在生命之网中作为一个物种被组织起来的。但是，在我们现在的方法论框架、分析策略和叙述结构的语境中，人的活动被处理为分离和独立的：小写的人类变成了大写的人类。有了"人类建造"与"自然"建造[2]——即使人被承认为一种地球物理力量，也仍然如此。这样的不一致，就制造了更多的迷雾而不是光线，因为对人在自然之中的承认，变成了一种哲学遮蔽，仍然是人类与自然的简化讲述。

今天这个人类纪观点的争论有两个主要维度。一个就是严格强调大气和地质变化及其直接驱动。另一个事关历史，于是也事关今天的危机。这两个维度之间，常有滑移。就后面这个维度而言，占优势的人类纪观点超越了地球系统科学的领域，进入了历史分析的真正核心，也就是历史中介和分期的那些辩证捆扎在一起的问题。

人类纪论争将生物地理的问题与事实——那些多方面的地层学的显著迹象所表明的——作为历史分期的充足基础。[3]　两个精细却又强有力的方法论支撑着这种思路。第一，经验的焦点收缩到人类活动的后果之上。这样，人类纪观点就体现了绿色思想的后果主义偏见。人类对地球的控制之说，就几乎完全建立在生物圈后果重大清单的偏见基础之上。这些后果的驱动因素被典型地减少为一些非常宽泛的"黑箱"分类：工业化、城市化、人口，等等。[4]

第二种方法论上的选择，依据的是人类作为"集体"行动者的建

---

[1] 斯蒂芬等人的《人类纪：从全球变化到地球管家身份》（2011），741 页。

[2] 扎拉斯维奇等人，"The Anthropocene：A Nwe Epoch of Geological Time?"（《人类纪：地质年代的一个新时代吗？》），*Philosophical Transactions of the Royal Society A*（《皇家学会哲学汇刊 A》）369（2011），837 页。

[3] 扎拉斯维奇等人的《我们现在生活在人类纪吗？》（2008）；"Stratigraphy of the Anthropocene"（《人类纪的地层学》）（2011）。

[4] 斯蒂芬等人的《人类纪：概念与历史的视野》（2011）；《人类纪：从全球变化到地球管家身份》（2011）。

构。① 那些差异和连贯的历史-地理模式，在明快叙事的兴致中被清除了。这种清除，以及把人类拔高为集体行动者，就导致了几个重要的错误认识：（1）新马尔萨斯派的人口观，忽略了现代世界体系的家庭形成和人口运动模式；②（2）一种历史变化观，认为技术—资源复合体推动历史变化；（3）一种稀缺概念，从资本、阶级和帝国的历史关系中抽象出来；（4）人类作为集体代理人的元理论，而不承认将现代世界历史凝聚起来的资本和帝国的力量。

这样两种主要的框架设计——后果决定分期，人类作为这些后果的驱动者——都来自一种我们或许可以称为笛尔卡二元论的哲学立场。如同笛卡尔一样，人与其他自然的分离显得已是不证自明的事实了，"人现在是否压倒了自然的伟力？"③在其最简单的形式中，这种哲学将人的活动置于一个盒子中，自然置入另一个盒子中。无疑，这两个行动单位相互作用，互相影响。然而，相互之间和各自之中的不同，并不是相互构成性的，并不说一个之中的变化，就意味另一个之中的变化。这样的二元论，导致人类纪倡导者们建构这个历史分期是在这样一个算法基础之上："人的活动加上足够多的生物圈变化，就等于人类纪。"这种人类纪观点，以这种方式也将绿色算法的共识收纳进来："社会加上自然，就等于环境研究。"

所有这些在某个点上都有其意义。但是，部分并不能添加而成为一个整体。人的活动不仅生产生物圈变化，而且也通过自然来生产人与人之间的关系。自然并非作为资源的自然，而是自然作为矩阵。自然不仅在我们身外和身内运作（从全球变化到微生物群系），而且通过我们的身体，包括我们体验性心智来运作。人生产自己这个物种内的种种不同，这对于我们的历史是根本性的，阶级不平等又尤其受到性

---

① 扎拉斯维奇等人的《人类纪的地层学》（2011）。
② 参看费舍尔-科瓦尔斯基等人的《人类纪的社会新陈代谢解读》，《人类纪评论》1 卷 1 期（2014）；埃利斯等人，"Use Planet"（《使用行星》），*Proceedings of the National Academy of Sciences*（《国家科学院记录》）110 卷 20 期（2013），7978—7985 页。
③ 斯蒂芬等人的《人类纪：人现在是否压倒了自然的伟力？》（2007）

别层面和种族层面宇宙观的影响。这些不同使得人的历史,尤其是现代世界史,充满了偶然性和快速变化。它们不仅生产非线性变化,它们还被力量与财富之间的非线性关系所生产,这种非线性关系已经与生命之网捆扎在一起,而且处在生命之网中。

就在这里,通过生物圈快速和根本变化这个问题之起源来思考,我们找到了人类纪之论的核心历史、政治问题。如果我们将自己的方式做这样的转变:从对环境后果的过分优先,转为优先考虑生产者/生产之关系,那么,在人类纪问题上,一种非常不同的观点就清晰了。由这种观点出发,一种新的环境制造的模式,其起源是在漫长 16 世纪的大西洋世界开始的。为什么这并非"仅仅"只是一个历史的问题,而且是一个政治问题呢? 一句话,将现代世界的起源与蒸汽机和煤矿相连,就会优先考虑关闭蒸汽机和煤矿(以及它们在 21 世纪的那些体现);将现代世界的起源与 1450 年后资本主义文明的兴起相连,与它全球征服的鲁莽战略、无止境的商品化和无情的合理性相连,就会优先考虑力量、资本和自然的各种关系,首先是这些关系让化石燃料资本主义如此陷于绝地。关闭一个煤矿工厂,你可以让全球变暖放缓一天;关闭制造了这个煤矿工厂的这些关系,你就永远地制止了全球变暖。

所以,重新审视资本主义的早期现代起源以及它远在蒸汽机之前就对全球自然的重塑问题,对于我们的政治来说,就具有了重要性,远远超过气候变化之政治的重要性,甚至超过"环境的"政治。我们怎样对危机的起源进行理论概括,与我们怎样选择应对危机大有关系。所以,围绕各个历史时代来画线,怎样画,画在什么时候,这个问题并非无足轻重。问问任何历史学家,他会告诉你:一个人怎样划分历史时期,在根本上制约着对历史事件的解说,制约着他对重要关系的选择。把这座钟的开始定在 1784 年,以詹姆斯·瓦特的回转蒸汽机为起点,[①]我们

---

① P. J. Crutzen(P. J. 科鲁兹),"Geology of Mankind: The Anthropocene"(《人类的地质学:人类纪》),《科学》415 期(2002),23 页。

就有了一种非常不同的历史观，一种非常不同的对现代性的看法，这与我们以英国或荷兰的农业革命作为开始，以哥伦布和征服美洲作为开始，或者是 1450 年后地貌改变上的划时代转变作为开始，将会大不相同。我们的确生活在人类纪吗——回望它那欧洲中心论的人类远景以及对陈腐的资源与技术决定论的信赖；或者说，我们生活在资本纪吗——一个优先考虑资本之无止境积累的各种关系所塑造的时代。[①]

一个人怎样回答这些历史问题，就制约了他对当今危机的分析与回应。

资本主义作为一种组织自然的方式

询问人类与其他自然的现代关系，这就将我们的焦点由这些关系造成的后果，转到了包纳和展现这些后果的关系之上。后果至关重要。那些因气候变化而引发的后果尤其显著，就它们对世界农业的劳动生产率和土地生产力而言，可能尤其具有抑制影响。然而，以后果来对历史变化进行分期，或者对工业革命做高度程式化的解说，那就会遮蔽我们从源头探讨的视野。当然，我们必须从力量与生产的支配性关系开始，从阶级和商品的支配性关系开始。不过，仅仅做到这一步，并无新意。"煤炭与资本主义"之论这种较为复杂的版本，就认识到漫长 19 世纪在力量与生产关系上的转变，是一种超越了人际关系的转变，它也意味着人类与其他自然的关系转变，因此也就是人类与自身的关系。[②]

我还要更深入一点。历史并非世界-历史模式下的乒乓球比赛，

---

① 无疑，"资本纪"是一个难看体系中的难看用词。资本主义的世纪不值得有一个审美愉悦的名称。我感谢 Diana Gildea（黛安娜·吉尔德）在这一点上的提醒。
② 参看 M. T. Huber（M. T. 胡贝尔）"Energizing Historical Materialism"（《激励历史唯物主义》），《地球论坛》40 期（2008），105—115 页；马尔姆《化石燃料资本的起源：英国棉花工业从水力到蒸汽动力》，《历史唯物主义》21 卷 1 期（2013），15—68 页。

社会这个球员对着自然这另一个球员发出历史力量的齐射。历史转变可以更好地理解为环境制造过程与关系的一种层叠,人与人之外的自然的一些特定捆扎通过这种层叠流动,这些捆扎在这种层叠之上运作,而运作时也被重组。在18世纪最后几十年中得到了蒸汽的那些转变的捆扎,是人与人之外的自然的合作生产(人之外的自然在这种合作生产中也由所称的"社会"直接构成)。在后果的层面上是这样,就资本主义的战略关系而言也是如此。合作生产的这些模式具有偶发性,但也是稳定和连贯的。这种连贯性在环境制造的一些特定模式中展现出来,这些模式远不限于通常所考虑的地貌改变。这种连贯性通过一些再生产的规则——力量的、资本的和生产的规则——而实现和再生产。对于资本主义文明来说,这些规则体现为价值关系,它名副其实地决定着什么被认为有价值、什么没有价值。如同我们已经看到的那样,不同的文明有不同的价值关系,推崇不同的财富、力量和生产形式。在历史的资本主义中,抽象社会劳动也许只能通过广泛的帝国主义圈占和占用自然的"免费礼物"而累积。资本是运动中的价值,是自然中的价值。所以,土壤的自然肥力就可以"如同固定资本的增长一样起作用"。[1] 对于分析资本积累来说,这个观察饱含着社会-生态上的启示。

这里,我们再次回到了我们那个转变问题上:通过某种动力,资本、科学和国家将工作/能量转变为价值。只有一些能量变成了工作,只有一些工作变成了价值。这些广义的熵过程突出了资本关系的自耗特征,它倾向于耗尽自己所需要的生物物理条件(包括工人),这样做时又会提高资本的有机构成。[2] 所以,资本主义的廉价自然战略,以及2003年之前那种青睐更便宜之自然的复发性周期运动,[3]就可以与

---

① 马克思《政治经济学批判大纲》(1973),748页。
② 马克思《资本论》第1卷(1977),377—380页。卢森堡《资本的积累》(2003),328—347页。
③ J. Grantham(J. 格兰瑟姆),"Days of Abundant Resources and FallingPrices Are Over Forever"(《丰富资源和价格下降的日子一去不复返了》),*GMO Quarterly Newsletter*(《GMO季度通报》)(2011年4月)。

四个廉价变得昂贵的周期性威胁联系起来理解。[1] 在商品化核心地带之内和之外的商品前沿，占用不付酬工作，昂贵的自然就变得便宜了。[2] 这些前沿运动抵消了全球自然的资本化及其对应面，也就是生态剩余的下降趋势。前沿使得资本能够贪得无厌地消费地质积累和不付酬工作的生物配置，同时没有生产成本上的毁灭性增长。基于资本主义的工业推动力和致力于扩张，常态的危险就是投入的价值会上升，利润率会下降。

任何以二元论的"社会推动者加上环境后果"的模式为前提的分期（比如工业革命），世界-生态的重组模式都会对它提出质疑。全球环境研究甚至是区域研究超越这种二元论已经很长时间了，但这仍然是研究中的支配性模式。[3] 从这个观点出发，人类纪之论就不仅在哲学上和理论上有问题——将人视为与自然相分离，将资本主义从这个方程式中擦掉了——而且对历史时期提出了一个过分狭窄的概念归纳。这就在两个层面上局促而终。一是将地质年代概念与历史变化分期笨拙地合并起来。一是这种人类纪之论袭用了一种老的编史回顾：视"真正"现代性的"真正"改变于18世纪后期开始。

于是，这种人类纪之论就给绿色思想长期以来对现代性"两个世纪"模式——工业社会、工业文明、工业资本主义——的钟爱提供了养料。这种"全都以工业革命而开始"的观念，跟随我们已经很长时间了。[4] "两个世纪"的模式，它的问题并不限于忽视了一些关键之事，而且在于它让绿色思想看不到开始于漫长16世纪的土地和劳动的显

---

① 曼德尔《后期资本主义》（1975）；罗斯托《世界经济》（1978）。

② A. Hochschild（A. 霍赫希尔德），*The Second Shift*（《第二次转变》），New York：Viking，1980；摩尔《蔗糖与现代化早期世界-经济的扩张》（2000）。

③ 怀特《有机机器》（1996）；科泽克《落叶层》（2006）。

④ 生态危机起源上的"工业化观点"尤其流行：摩尔《自然与从封建主义到资本主义》（2003）；可参看戴利、法莱《生态经济学》（2004）；Heinberg（海因伯格），*The Party's Over*（《宴会结束了》）；D. Jensen（D. 延森），*Endgame, Volume 1：The Problem of Civilization*（《尾声，第1部：文明的问题》），New York：Seven Stories Press，2006；马尔姆《化石燃料资本的起源：英国棉花工业从水力到蒸汽动力》；斯蒂芬等人《人类纪：人现在是否压倒了自然的伟力？》（2007）；E. A. Wrigley（E. A. 瑞格利），*Continuity, Chance and Change*（《连续性、机会与变化》），Cambridge，UK：Cambridge University Press，1990。

著重组。在绿色思想的元叙述中,工业化仍然是作为靠着煤炭和蒸汽动力而落到历史舞台上的"机械降神"①而出现。

这里有两个问题。第一,工业化是不是现代性的大爆炸,或者说它是16世纪以来资本主义的一种周期现象? 第二,对于解释过去5个世纪中资本、力量和自然的大范围与长时期模式而言,工业化是不是最有用的概念? 如果说第一个问题在1970年代和80年代已经得到了揭示,②那么第二个问题就极少被提出来讨论。

从最好的角度讲,工业化也只是对技术与力量之间、生产的"力量"与"关系"之间张力的简化表述而已。这些并不是新奇的历史问题,但这些张力却几乎普遍被框在二元论中。这就是笛卡尔二元论的问题:工业化不是在自然之中发展,而是作用于自然之上,这种支配性的叙说结出了苦涩之果。有时,笛卡尔二元论作为一种哲学建构,发现自己在绿色思想的范围内被广泛质疑,③但这种二元论仍维持着它在解说世界-历史变化的方法、理论和叙述框架上的支配地位。

鉴于人类纪之论以生物圈后果作为开始而走向社会历史,一种不同于通常的危机顺序就以人与人之外的自然之间(以及其中)的辩证关系而开始,由此走向地质和生物物理的改变。反过来,这些后果又构成了长时段中一个接一个的资本主义重组时代的条件。力量与生产的关系,它们自身在自然之中被合作生产出来,包含和展现着后果。由这种视野出发,自然就作为整体关系而存在,人作为一种明确赋予(但并非特别赋予)了环境制造的物种,生活于生命之网中。

要把握人怎样去制造环境——力量、资本和自然怎样形成了一个

---

① deus ex machina,古希腊戏剧中,当剧情胶着,困境难以解决时,突然出现拥有强大力量的神将难题解决。指突然出现而牵强的解困手段。——译者注

② Wallerstein(沃勒斯坦),"The Industrial Revolution:Cui Bono?"(《工业革命:何人得益?》),*Thesis XI*(《论点 XI》13 期),67—76 页。

③ 参看 Harvey(哈维),*Justice, Nature, and the Geography of Difference*(《正义、自然与地理差异》),Oxford:Basil Blackwell,1996;拉图尔《我们从来未曾现代》(1993);普卢姆伍德《女权主义与掌握自然》(1993);布劳恩和卡斯特里所编《重新制造现实》(1998);N. Castree(N. 卡斯特里)和 B. Braun(B. 布劳恩)所编 *Social Nature*(《社会自然》),Oxford:Blackwell Publishers,2001。

有机整体，我们或许要回到芒福德的"独特工艺"的概念之上。① 芒福德提出，一种新的独特工艺在早期现代出现，也就是在一种新的世界-实践之中对工具和知识、自然和力量进行提炼概括，将"人"和"自然"都缩为抽象。对于芒福德来说，资本主义中的力量和生产，体现和再生产着一种广阔的文化—象征内容，它是现代性的技术进步的特定形式的原因、条件和结果。芒福德说得很直率，这并非可庆祝之事。相反，这是要重新认识和批判之事，因为它的特性就是："远在北欧之前，中国人、阿拉伯人、希腊人在发展机械上已是领先……这些民族显然拥有丰富的技术技能……它们有机械，但它们没有发展出'这台机器'。"② 如同那么多绿色思想家一样，芒福德似乎停在这里了。然而，他并没有。在芒福德观点的核心，是这样一个思想：机器、独特工艺和资本主义文明的异化暴力，通过生命之网而运作。

"自然作为一个整体的发现，是那个发现时代最为重要的部分。对西方世界而言，这个发现时代的开始是十字军东征、马可波罗之旅和葡萄牙人的向南冒险……探测的步骤在 17 世纪的哲学和结构上被明确勾勒出来后，人自身马上就从这幅画面中被排除出去。这种排除可能暂时让独特工艺受益，但长期而言，结果被证明是不幸的。为了夺得力量，人倾向于把自身降低为抽象。"③

由于缺少"独特工艺"这个关系性概念，绿色思想就把工业革命与现代性合并起来了。④ 二氧化碳排放上升和其他生态后果现象的分期暗示，以此为前提的元叙事，就将起源的问题省略掉而不是解决了。世界-生态危机的起源问题，被不需要证明地简化为 19 世纪工业化的推动者与后果的表面表现。

对工业化的这种痴迷，很快导致了对其他东西的痴迷。一种程式

---

① 芒福德《独特工艺与文明》(1934)。
② 芒福德《独特工艺与文明》(1934)，4 页。
③ 芒福德《独特工艺与文明》(1934)，31 页。
④ 斯蒂芬等人的《人类纪：概念层面与历史层面》(2011)；《人类纪：从全球变化到地球管家身份》(2011)；马尔姆《化石燃料资本的起源：英国棉花工业中从水力到蒸汽》(2013)。

化的对机器的格外看重,很快导致了对资源的格外看重。甚至那些注重阶级关系问题的左派,也出现了一定程度上的化石燃料"拜物教",比如马尔姆提出煤炭是点燃了资本这部发动机的火花。[1] 在这类叙述中,"资本"独立于生命之网而形成,作为一种外生的力量干预"自然"(或者是反过来),多方面地侵入和损害了一种事先给定的"人类与自然之间的传统平衡"。[2] 在与生命之网的关系上,将资本主义视为一种外生而非内生的行动者,这样的观点就产生悖论效果:将小写的自然简化为大写的自然,成为一种可以被人多方面保护或者毁坏的物质。[3]

"把现实作为可以'用手指来触碰'",[4]这总有一种诱惑力。在这种思路中(布尔迪厄称其为"实体论者"[5]),物质优先于而且独立于事件和关系场,并非通过由特定的事件模式聚合起来的环境而发展。[6] 在这个意义上,实体论者就构成了一种"人类例外论"的社会理论的核心,[7]这种理论将人类与它的人之外的再生产条件分隔开了。其结果就是将人类视为本体论上为独立,成了一种分离于地球/生命"物质"的人"物质"。即使声称目标是整体论,实体论还是束缚了走向综合的前进。[8] 为什么呢? 主要是因为人类例外论的社会理论——大多数社会理论仍然是这样,[9]在缺乏整体的历史特定性的情况下,假定了人类的特定性。这种整体的历史特定性就是:人的活动在其中展

---

① 马尔姆《化石燃料资本的起源:英国棉花工业中从水力到蒸汽》(2013)。也可参看阿尔塔沃特《化石燃料资本主义的社会环境与自然环境》,见帕尼奇、利斯所编《与自然达成妥协:2007 年社会主义者语域》,London:Merlin Press,2006;胡贝尔《激励历史唯物主义》,《地球论坛》40 期(2008),105—115 页。

② Foster(福斯特),*The Vulnerable Planet*(《脆弱的地球》),New York:Monthly Review Press,1994,40 页。

③ 参看 J. Martinez-Alier(J. 马尔内斯-埃利尔),*The Environmentalism of the Poor*(《穷人的环境保护主义》),Cheltenham,UK:Edward Elgar,2002。

④ 布尔迪厄、华康德《给反身社会学的邀请》(1992),228 页。

⑤ 布尔迪厄、华康德《给反身社会学的邀请》(1992),228 页。

⑥ 伯奇、科布《生命的解放》(1981),79—96 页。

⑦ 哈拉维《物种何时相遇》(2008)。

⑧ 福斯特,"The Epochal Crisis"(《划时代的危机》),《每月评论》65 卷 5 期(2013),1—12 页。

⑨ G. Ritzer(G. 瑞泽尔)所编 *Encyclopedia of Social Theory*(《社会理论百科全书》两卷本),Thousand Oaks,CA:Sage,2005。

开、人的活动主动对其贡献的自然。[1] 由于这种缺乏，有可能建立人类的"辩证之史实性"的步骤就被否定了。[2]

有一点已被证明：如同受孕一样，一个人不可能是只有一点点笛卡尔二元论。对于人所做的每一件事，包括那些大范围和长期的力量与生产的模式（我们称其为文明），自然或者是抽象和外部的，或者是历史性的和内在的，二者必居其一。就人类纪之论标示出来的情况而言，我们或许要考虑早期资本主义的那些特定关系——在生命之网中合作生产出来的那些关系，如何将作为地下一块石头的煤炭转变为化石燃料。然后我们或许要问，地质事实如何变成历史过程？

物质之流是起作用的，但它们的历史重要性最好是通过一种关系性的而非实体论的物质观来理解。资源之流、资本的循环以及阶级和国家的斗争，构成了一个辩证整体。地质是一种基础性事实，它变成一种历史性事实，要凭借资源生产的历史性合作生产的特点，而这通过"有利之地"展现出来。[3] 换言之，地质，当它与人的力量及生产模式捆扎后，就合作生产出新的力量和生产关系，所以，贯穿 18 世纪后期北大西洋资本主义关系的再捆扎，就成了从木炭和泥炭转变到煤炭的能源体制。特定的地质构成，处在特定的历史环境之中，可以马上变成人的活动的对象和历史变化的主题。这就让我们将文明视为通过其他自然而运动，而非围绕其他自然而运动。

这种关系视野让我们远离资源决定论，这种资源决定论常常制约着绿色思想的历史观。这种关系视野，把我们的注意力引向比如说煤炭如何通过新的力量与生产关系而成为煤炭——反之亦然。如同我

---

① 否认一种广义的绿色社会理论的标志性成就，这是愚蠢的，这种成就现在很重要。的确，现在的论争可能正是因为，绿色社会理论在批评那些看不到自然的理论时，让一种超越"社会理论和环境"这种传统二元论的观点成为可能了。比如 J. Barry（J. 巴里），*Environment and Social Theory*（《环境与社会理论》），New York：Routledge，2007；索南费尔德和摩尔所编"Social Theory and the Environment in the New World（dis）Order"[《"新世界"秩序（无序）中的社会理论与环境》]，*Global Environmental Change*（《全球环境变化》）专号（21 卷 3 期）（2011），771—1152 页。

② 梅萨罗斯《马克思的异化理论》（1970）。

③ 卡尔《什么是历史？》（1962）。

们已经看到的，最关键的绿色叙事之一，是给我们讲述"化石燃料资本主义"的故事，它开始的时间大约在 1800 年前后。但是，英国煤炭生产的革命开始于 16 世纪，而不是 18 世纪，如同我们不久将要看到的那样，这与环境制造上的一场革命——它标志着资本主义的兴起——紧密相连。

如果人类纪不是在 1800 年开始，而是在漫长 16 世纪开始，那么，关于 21 世纪的世界-生态危机的推动者，我们就开始问一些非常不同的问题了。英国煤炭革命在 1530 年前后的开始，将我们的注意力导向原始积累与农业阶级的关系，导向现代世界市场的形成，导向以商品为中心的地貌改变的新形式，导向国家力量的新机器。这条论证线，看来只能回到"社会关系"上，因为笛卡尔二元论的思想遗产继续告诉我们，国家形成、阶级结构、商品化和世界市场，这些全都是人之间的关系……然而它们并不是。国家、阶级、商品生产与交换，这些也都是人与人之外的自然的捆扎。它们是一些过程和项目，重新配置人在自然之中——在大的地理范围与小的地理范围中——的各种关系。

由这个观点出发，就煤炭而言，我们可以说，地质合作生产了作为各种关系之历史特定捆扎的能源体制，地质既是主体又是客体。然而，认为地质的物质特定性决定了社会组织的观点，并没有突出地质在历史转变中的作用，反而是遮蔽了。之所以这样，是因为两个紧密相连的原因。第一，说地质决定历史转变，这是把地质事实误认为历史事实。第二，把地质事实与历史事实合并起来，这是另外一种环境决定论，是自然加社会的算法。所以，我们还是要回到我们的审慎之上：自然加社会不能是添加。最为重要的或许是：无论显得多么精致复杂，环境决定论都未触动笛卡尔式的事物秩序——社会与自然是互动，而不是互渗。与之不同的思路是，视地质通过"有利之地"来合作生产历史变化。这就让我们将能源体制甚至是整个文明视为通过其他自然来运作，而不是围绕着它来运作。早期资本主义的特定关系在生命之网中合作生产出来，将煤炭转化为不付酬工作/能量，又将不付酬工作／能量转化为资本。物质之流及其特性要起作用，相当起作用；但是，它们的历史重要性最好是通过一种关系性的而非实体论的物质观来理解。在这种物质观中，资源之流、资本循环、国家和阶级的斗争，构成了一个辩证整体。

邦克洞察物质特性对工业化的制约，如同工业化对其他自然的制约一样多，这对于主流观点是一种重要的矫正。[1] 绿色左派的大部分人的观点与人类纪之论并无多少根本不同，对于他们来说，工业化是社会对地球所做之事，提取化石之碳，排放各种各样的脏物。对于工业化持这种实体论观点，并将工业化与资本主义合并起来，就鼓励了一种强有力的代谢崇拜，甚至批判"化石燃料资本主义"的激进学者也在重复它。[2] 在这样一种事物体系中，"物质之流"被赋予了本体论上的优先，先于那些创造、展现并通过这些流动而发展的关系。物质之流的这种关系性和阶级关系（尤其是阶级关系），在研究实际中被否定掉了。笛卡尔式的研究做法，把阶级和资本的运动从分析中完全排除出去。[3] 无论是激进学者还是主流学者，都倾向于调用一种外生的自然，认为这种外生的自然创造着一种"与历史无关与政治无关的结果"。

这种代谢崇拜及其展现出来的资源与能源决定论，很容易从数量的角度加以论证：更多能源被用，更多矿物被挖，更多金属被生产出来，更多的城市工业劳动者，更少的农业生产者，等等。

或许是这个原因，以环境为导向的工业革命史学家大部分都喜欢分析能源（而不是比如说议会圈地），这正是它易于计算的诱惑。[4] 然

---

① 邦克、西坎台尔《全球化和资源竞争》（2005）。

② 阿尔特瓦特《化石燃料资本主义的社会环境与自然环境》（2006）。

③ H. Haberl（H. 哈伯尔）等人，"Quantifying and Mapping the Human Appropriation of Net Primary Production in Earth's Terrestrial Ecosystems"（《人类对陆地生态系统中净初级生产量占用的量化与测绘》），《国家科学院记录》104 卷 32 期（2007），12942—12947 页；"A Socio-Metabolic Transition Towards Sustainability?"（《一种走向可持续性的社会-新陈代谢转换?》），*Sustainable Development*（《可持续发展》）19 卷 1 期（2011），1—14 页。

④ 里格利《能源与英国工业革命》（2010）；R. P. Sieferle（R. P. 西尔法莱），*The Subterranean Forest*（《地下森林》），Cambridge：The White Horse Press，2001；马拉尼莫《1650—1850 的能源危机与增长：比较视野中的欧洲偏误》（2006）。

而,数字是捉弄人的东西,它们很容易形成一种经验主义的逻辑,由此遮蔽了它的操作者们去看到其他方案,那些方案可以在世界-关系性过程中包容量化数据。① 古尔德优雅地提醒我们,"数字暗示、强迫和驳斥,单靠它们自身,它们不能说明科学理论的内容"。② 而且,更为关键的是,数字对解说造成的混淆,容易诱使"解说者……陷于数字自身的修辞[逻辑之中]。他们[倾向于]相信它们自身的客观性,不能分辨偏见,这种偏见引导他们走向一种解说,然而与他们的数字相一致的其实还有许多[其他的]解说"。③ 所以,我们就有了一种人类纪的思路,它引出了许多可能的分期,唯独没有漫长 16 世纪作为转折点的那一种。④

资本主义的起源:从生态到世界-生态

1800 年的资本主义不是雅典娜式的,它喷发而出,发育完全,全副武装,以一个石炭纪的宙斯而领头。文明不因大爆炸事件而形成,它们通过生命之网中的人的活动的一波波转变和分叉而浮现。这种层叠在黑死病(1347—1353)之后的封建文明的划时代危机后的混乱中找到了它的起源,其后就是漫长 16 世纪中"广阔而薄弱"的资本主义之出现。⑤ 如果我们要把自己的手指指向人与其他自然之关系的一个新时代,那么它就是这几个世纪。这些世纪是人为环境制造上异乎寻

---

① 这种包容的一个范例见 B. J. Silver(B. J. 西尔弗),*Forces of Labor*(《劳动的力量》),Cambridge,UK:Cambridge University Press,2003。

② S. J. Gould(S. J. 古尔德),*The Misneasure of Man*(《人的错误测量》),New York:W. W. Norton,1981,106 页。

③ 古尔德《人的错误测量》(1981),106 页。

④ 但可参看 S. L. Lewis(S. L. 刘易斯)和 M. A. Maslin(M. A. 玛斯林),"Definingthe Anthropocene"(《界定人类纪》),《自然》511 期(2015),171—180 页。

⑤ 摩尔《生态与资本主义的兴起》(2007);沃勒斯坦《现代世界体系》第 1 部(1974);M. Malowist(M. 马洛韦斯特),*Western Europe, Eastern Europe and World Development*,13th-18th Century(《西欧、东欧与世界发展:13—18 世纪》),Leiden:Brill,2009;布罗代尔,"European Expansion and Capitalism,1450—1650"(《欧洲扩张与资本主义:1450—1650》),见哥伦比亚大学当代文明组所编 *Chapters in Western Civilization*(《西欧文明章节》),New York:Columbia University Press,1961,245—288 页。

常彻底变革的世纪,在地理上集中于早期现代大西洋世界以商品为中心的那些关系的扩张范围内。1450 年资本主义的兴起,标志着人类与其他自然关系史上的一个转折点,超过了农业和最早的城镇出现之后的任何转折点;就关系而言,超过了蒸汽机的兴起。它的意义影响和数量扩张最终会带来划时代的新关系,这不会让任何历史学家吃惊。不过,即使是直接后果也十分巨大。

1450 年资本主义的兴起之所以可能,是靠大西洋世界和其他地方的地貌改变在规模、速度和范围上一种划时代变化。漫长 17 世纪发生于维斯瓦河盆地和大西洋巴西的森林及雨林清除,其规模和速度是中世纪欧洲此类事情的 5 倍到 10 倍。[①] 封建欧洲要用几个世纪的时间来清除西欧和中欧的大片森林,而 1450 年之后,相似行为只需几十年,而不是几个世纪了。只举一个例子:在中世纪的皮卡第(位于法国东北部),用了 200 年的时间来清除 12000 公顷森林,是从 12 世纪开始的。[②] 4 个世纪之后,在 1650 年代甘蔗种植热的高峰时,巴西东北部的 12000 公顷森林一年中就被清除。[③] 就力量、财富和自然之关系的一种划时代改变而言,这是一些宝贵的线索,这种改变发生在漫长中世纪危机的过程之中,发生在 1450 年后开始的扩张之中。

从 1450 年代到工业革命前夕,早期资本主义的土地与劳动转变包括下列以商品为中心并发挥影响的变化,这是一个毫不夸张的目录:

---

① 摩尔《生态与资本主义的兴起》(2007);《"阿姆斯特丹站在挪威上面"》第 2 部(2010);H. C. Darby(H. C. 达尔比),"The Clearing of Woodland in Europe"(《欧洲的林地清理》),见 W. L. Thomas, Jr. (W. L. 小托马斯)所编 Man's Role in Changing the Face of the Earth(《人在改变地球面貌上的作用》),Chicago: University of Illinois Press, 1956, 183—216 页;威廉姆斯, Deforesting the Earth(《清除地球上的森林》),Chicago: University of Chicago Press, 2003。

② R. Fossier(R. 福西耶),La Terre et les Hommes en Picardie jusqu'alaFin du XIIIe Siecle(《13 世纪结束时皮卡第的地貌与人》),Paris: B. Nauwelaerts, 1968, 315 页。

③ 摩尔《生态与资本主义的兴起》(2007),第 6 章。

（1）低地国家的农业革命(大约 1400—1600)，这因中世纪开采之后的泥炭沼下沉的危机而导致,使得荷兰劳力的四分之三到农业之外去工作;[①]

（2）中欧的采矿和冶金革命,它彻底改变了这一区域的森林政治生态学;[②]

（3）马德拉群岛蔗糖—奴隶关系的最早迹象,它的快速兴起和衰落(1452 年到 1520 年代)都取决于快速的砍伐森林;[③]

（4）马德拉群岛的危机之后,蔗糖前沿很快转移至圣多美(1540 年代到 1590 年代),以及出现最早的现代大规模种植园体系,到 1600 年时这个岛屿三分之一的森林被砍掉,这也激起了大规模的奴隶反抗;[④]

（5）在 1570 年后世界蔗糖经济的最高潮中,巴西东北部取代圣多美,由此启动了清除巴西大西洋雨林的第一波巨浪,并以前所未有的速度展现出来;[⑤]

（6）与此同时,非洲"奴隶前沿"从几内亚湾转向安哥拉和 16 世

---

① B. van Bavel(B. 冯·巴福尔), "The Medieval Origins of Capitalism in the Netherlands"(《荷兰资本主义的中世纪起源》), *BMGN-Low Countries Historical Review*(《BMGN—低地国家历史评论》)125 卷 2—3 期(2010), 45—79 页; R. Brenner(R. 布伦纳), "The Low Countries in the Transition to Capitalism"(《转向资本主义中的低地国家》), *Journal of Agrarian Change*(《农业转变学刊》)1 卷 2 期(2001), 169—241 页。

② J. U. Nef(J. U. 内夫), *The Conquest of the Material World*(《对物质世界的征服》), New York: Meridian, 1964; J. Vlachovic(J. 沃拉切韦克), "Slovak Copper Boom in World Markets of the Sixteenth and in the First Quarter of the Seventeenth Centuries"(《16 世纪和 17 世纪前 25 年中世界市场中的斯洛伐克铜繁荣》), *Studia Historica Slovaca*(《斯洛伐克历史研究》)1 期(1963), 63—95 页;摩尔《生态与资本主义的兴起》(2007)。

③ 摩尔《马德拉群岛、蔗糖和"第一个"16 世纪中对自然的征服》第一部分(2009);《马德拉群岛、蔗糖和"第一个"16 世纪中对自然的征服》第二部分(2010)。

④ J. Vansina(J. 瓦思那), "Quilombos on Sao Tome, or In Search of Original Sources"(《圣多美的基隆博,或寻找原始来源》), *History in Africa*(《非洲的历史》)23 期(1996), 453—459 页; B. L. Solow (B. L. 索洛), "Capitalism and Slavery in the Exceedingly Long Run"(《极长期内的资本主义与奴隶制》),见 B. L. 索洛和 S. L. Engerman(S. L. 恩格曼)所编 *British Capitalism and Caribbean Slavery* (《英国资本主义与加勒比海奴隶制》), Cambridge, UK: Cambridge University Press, 1987, 51—77 页。

⑤ 施瓦茨《巴西社会形成中的甘蔗种植园》(1985);迪恩《带着阔斧和火把》(1995)。

纪后期的刚果,这是奴隶贸易几次大扩展中的第一次;[①]

（7）1545 年后,波托西作为世界领先的白银产地浮现,在萨克森和波希米亚银矿开采枯竭后,波托西于 1571 年后的划时代重建让它再次获得这个地位,它自身也受困于砍伐森林、矿石质量下降和劳工动荡;[②]

（8）中欧采矿和冶金的衰退,到 1550 年时也影响了铁和铜的生产,这有利于英国的铁生产(一直到 1620 年),尤其有利于瑞典铁和铜的兴起;[③]

（9）美国的银依赖欧洲的造船木材,所以,波多美的败落就与 1570 年代森林产品前沿从波兰、立陶宛转到挪威南部相伴,其后则是 1620 年代林产品前沿重新进入但泽内陆地区,又从这里先后转向哥尼斯堡、里加和维堡;[④]

（10）1550 年代维斯瓦河粮仓兴起,将廉价谷物出口到海洋低地国家,随之而来的就是 1630 年代波兰以市场为导向的农业造成的农业生态耗尽枯竭;[⑤]

（11）因波兰农业生态衰退而来的任何短缺,很快就被英国农业革命所利用,英国农业革命让英国在 1700 年时成为欧洲粮仓,然而它

① J. C. Miller(J. C. 米勒),*Way of Death: Merchant: Capitalism and the Angolan Slave Trade* 1730—1830 (《死亡之路:商人:资本主义与 1730—1830 年的安哥拉奴隶贸易》),Madison: University of Wisconsin Press,1988.

② P. Bakewell(P. 贝克韦尔),*Miners of the Red Mountain*(《红山矿工》),Albuquerque:University of New Mexico Press,1984;摩尔《马德拉群岛、蔗糖和"第一个"16 世纪中对自然的征服》第二部分 (2010)。

③ U. Sundberg(U. 森德伯格),"An Energy Analysis of the Production at the Great Copper Mountain of Falun During the Mid-Seventeenth Century"(《17 世纪中期法兰大铜山生产的能耗分析》),*International Journal of Forest Engineering*(《林业工程国际学刊》)1 卷 3 期(1991),4—16 页;K.-H. Hildebrand(K.-H. 希尔德布兰德),*Swedish Iron in the Seventeenth and Eighteenth Centuries*(《17 世纪和 18 世纪的瑞典铁》),P. Britten Austin(P. 布里顿·奥斯丁)英译,Stockholm:Jernkonotorets Bergshistoriska Skriftserie,1992;P. King(P. 金),"The Production and Consumption of Bar Iron in Early Modern England and Wales"(《早期现代英国和威尔士的铁条生产与消费》),《经济史评论》 58 卷 1 期(2005),1—33 页。

④ 摩尔《"阿姆斯特丹站在挪威上面"》第 2 部(2010)。

⑤ W. Szczygielski(W. 斯兹西格尔斯基),"Die Okonomische Aktivitat desPolnischen Adels im 16—18. Jahrhundert"(《16 世纪至 18 世纪波兰的经济活动》),*Studia Historiae Oeconomicae*(《经济史研究》)2 期(1967),83—101 页;摩尔《"阿姆斯特丹站在挪威上面"》第 2 部(2010)。

的农业生态基础在 1760 年代后就变弱了,生产力也停滞了;①

（12）在 17 世纪的扩张中,英国的森林被快速用掉,以至于尽管需求增长,但生铁产量一直不能超过 1620 年时的产量,直到 1740 年才得以超过。需要进口铁——尤其是从瑞典进口——来满足需求;

（13）即使是瑞典的丰茂森林也很快减少,铁业吞食森林的速度之快,使得铁生产中心不停地搬到新的森林地区;②

（14）1620 年后英国铁产量的停止增长,导致铁业转到爱尔兰,这里的燃料代价要低得多。仅仅一个世纪,"绿宝石岛"（爱尔兰岛的别名）的森林面积就从 12.5% 减少为 2%,到 18 世纪中期时,这里已经生产不出来什么铁了;③

（15）围绕极其廉价的本国泥炭建立的荷兰能源体制,在 17 世纪达到高峰,但那些容易采掘的地带很快就采完了,1750 年后产量急剧下降;④

（16）从 1650 年代到 1670 年代,荷兰在东南亚实行了一种新的殖民体制,大规模去除"未被认可"的丁香树,将原住民从内陆大规模迁入易于征召劳工的新的殖民管理单位内,在巴达维亚核心之外建立新

① M. Overton（M. 奥弗顿）, *Agricultural Revolution in England*（《英国的农业革命》）, Cambridge, UK: Cambridge University Press, 1996; R. V. Jackson（R. V. 杰克逊）, "Growth and Deceleration in English Agriculture, 1660—1790"（《英国农业的增长与减速:1660—1790》）,《经济史评论》38 期（1985）, 333—351 页。

② P. 金《早期现代英国和威尔士的铁条生产与消费》,《经济史评论》58 卷 1 期（2005）, 1—33 页;托马斯《工业革命与大西洋经济》（1993）; R. Fouquet（R. 富凯）, *Heat, Power and Light: Revolutions in Energy Services*（《供暖、动力与照明:能源服务的革命》）, Northampton, MA: Edward Elgar, 2008, 59—60 页; P. Mathias（P. 马蒂亚斯）, *The First Industrial Nation: The Economic History of Britain, 1700—1914*（《第一个工业国家:1700—1914 英国经济史》）, London: Methuen & Co., 1969;希德布兰德《17 世纪和 18 世纪的瑞典铁》（1992）。

③ R. Kane（R. 凯恩）, *The Industrial Resources of Ireland*（《爱尔兰的工业资源》）第 2 版, Dublin: Hodges and Smith, 1845, 3 页; E. McCracken（E. 麦克拉肯）, *The Irish Woods Since Tudor Times*（《都铎时代之后的爱尔兰树林》）, Newton Abbot, Ireland: David & Charles, 1971, 15 页、51 页及以后各页; E. Neeson（E. 尼森）, "Woddland in History and Culture"（《历史和文化中的林地》）,见 J. W. Foster（J. W. 福斯特）和 H. C. G. Chesney（H. C. G. 切斯尼）所编 *Nature in Ireland: A Scientific and Cultural History*（《爱尔兰的自然:一部科学史与文化史》）, Montreal: McGill-Queen's University Press, 1997。

④ J. W. 德·泽乌《泥炭与荷兰的黄金时代》（1978）。

的造船厂，以这些措施来确保 1650 年代对丁香贸易的垄断；[①]

（17）从 17 世纪初期开始，从英国到伯南布格和苏里南，从罗马到哥德堡，大西洋世界各地的湿地就被开垦，这常常由荷兰工程师主持；[②]

（18）"第一个"16 世纪（大约 1450—1557）中，伊比利亚和意大利扩张的大爆发，出现了一种相对较弱但范围很广的地中海地区森林的枯竭，尤其是提供造船用材的能力的相对枯竭。对于意大利人和葡萄牙人来说，这开始得较早；对于西班牙人来说，开始得较晚；[③]

（19）西班牙造船业迁往古巴，到 1700 年时，西班牙舰队的三分之一是在这里建造的；在萨尔瓦多·达·巴伊亚和果阿，出现了葡萄牙造船业相对缓和但颇为重要的扩张；[④]

（20）18 世纪中北美的大型造船中心和重要的木材及松脂前沿；[⑤]

[①] C. Boxer（C. 博克瑟），*The Dutch Seaborne Empire*，1600—1800（《荷兰海上帝国：1600—1800》），London：Hutchinson，1965，111—112 页；C. Zerner（C. 齐纳），"Through a Green Lens：The Construction of Customary Environmental Law and Community in Indonesia's Maluku Islands"（《绿色透视：印度尼西亚马鲁古群岛上环境习惯法与社区的建立》），*Law and Society Review*（《法律与社会评论》）28 卷 5 期（1994），1079—1122 页；P. Boomgaard（P. 布姆加德），"Forest Management and Exploitation in Colonial Java，1677—1897"（《1677—1897 年爪哇殖民地的森林管理与开采》），*Forest and Conservation History*（《森林与保护史》）36 卷 1 期（1992），4—14 页；N. L. Peluso（N. L. 佩卢索），*Rich Forests，Poor People*（《丰饶的森林，贫困的人民》），Berkeley：University of California Press，1992，36—43 页。

[②] C. H. Wilson（C. H. 威尔逊），*The Dutch Republic and the Civilisation of the Seventeenth Century*（《荷兰共和国与 17 世纪的文明》），New York：McGraw Hill，1968，78—81 页；T. D. Rogers（T. D. 罗杰斯），*The Deepest Wounds*（《最深之创伤》），博士学位论文，杜克大学历史系，2005，51 页；理查兹《无止境的前沿》（2003），193—241 页；布姆加德《1677—1897 年爪哇殖民地的森林管理与开采》（1992）。

[③] 布罗代尔，*The Mediterranean and the Mediterranean World in the Ageof Philip II*（《腓力二世时代的地中海地区与地中海世界》）第 1 卷（1972）；C. Cipolla（C. 奇波拉），*Before the Industrial Revolution：European Society 1000—1700*（《工业革命之前：1000—1700 年的欧洲社会》），New York：W. W. Norton，1976；摩尔《"阿姆斯特丹站在挪威上面"》第 1 部（2010）；J. T. Wing（J. T. 温），"Keeping Spain Afloat"（《保持西班牙的海上地位》），《环境史》17 期（2012），116—145 页；F. C. Lane（F. C. 莱恩），"Venetian Shipping During the Commercial Revolution"（《商业革命中的威尼斯航运》），*American Historical Review*（《美国史学评论》）38 卷 2 期（1933），219—239 页。

[④] J. H. Parry（J. H. 帕里），*The Spanish Seaborne Empire*（《西班牙海上帝国》），Berkeley：University of California Press，1966；F. W. O. Morton（F. W. O. 莫顿），"The Royal Timber in Late Colonial Bahia"（《巴伊亚殖民地后期的皇家木材》），《西属美洲史评论》58 卷 1 期（1978），41—61 页；博克瑟《荷兰海上帝国：1600—1800》（1965），56—57 页。

[⑤] J. Perlin（J. 佩林），*A Forest Journey*（《森林之旅》），Cambridge，MA：Harvard University Press，1989；威廉姆斯《清除地球上的森林》（2003）。

（21）林产品和造船前沿的无情扩张，与越来越庞大的捕捞鲱鱼、鳕鱼、鲸鱼的船队紧密相连，这些船队搜寻和吞食北大西洋的海中蛋白质来源；[1]

（22）与捕鱼相伴的是搜寻皮毛。尽管皮毛贸易对世界积累的贡献并不大，但它在北美（还有西伯利亚）稳定增长（系列性地灭绝皮毛兽），到18世纪时延伸到广阔的大湖地区，刺激了殖民力量的重大基础设施建设；[2]

（23）世界蔗糖市场的扩展以及1650年后巴西糖业的相对衰落，有利于西印度群岛上一场接一场的糖业革命，留下的是非洲奴隶的坟墓和剥蚀的地貌；[3]

（24）人的生态在许多方面也被改变了，尤其是1550年后欧洲极不平衡的农民食物的"谷物化"和贵族与资产阶级食物的"肉食化"；[4]

（25）18世纪墨西哥银产量的复苏以及与之相伴的被砍伐稀薄的墨西哥森林；[5]

（26）1530年以来英国煤炭生产的革命；[6]

（27）划时代的"哥伦布大交换"，"旧世界"的疾病、动物和农作物流入"新世界"，"新世界"的农作物如土豆和谷类流入"新世界"。[7]

也许，有人可能会提出反对意见：这些地貌改变难道不是一种本质上为前工业文明的产物吗？这就是人类纪之论常识性的出发点。

---

① 理查兹《无止境的前沿》（2003），547—616页；B. Poulsen（B. 波尔森），"Talking Fisha"（《谈鱼》），见 L. Sicking（L. 西克）和 D. Abreu-Ferreira（D. 阿布勒-费雷拉）所编 Beyond the Catch（《捕捞之外》），Leiden：Brill，2008，387—412页。

② 沃尔夫《欧洲与没有历史的民族》（1982），158—194页；理查兹《无止境的前沿》（2003）。

③ Watts（瓦特），The West Indies（《西印度群岛》）（1987）。

④ 布罗代尔《日常生活的结构》（1981），190—199页；J. Komlos（J. 孔洛斯），"Height and Social Status in Eighteenth-Century Germany"（《18世纪德国的身高与社会地位》），《跨学科史学刊》20卷4期（1990），607—621页；孔洛斯《一种增长经济的收缩？》（1998）。

⑤ P. J. Bakewell（P. J. 贝克尔兹），Silver Mining and Society in Colonial Mexico（《墨西哥殖民地的银矿开采与社会》），Cambridge，UK：Cambridge University Press，1971；D. Studnicki-Gizbert（D. 斯图特尼基-吉兹伯特）和 D. Schecter（D. 谢克特），"The Environmental Dynamics of a Colonial Fuel-Rush"（《殖民地燃料需求热中的环境动力》），《环境史》15卷1期（2010），94—119页。

⑥ M. Weissenbacker（M. 韦森巴切），Sources of Power（《力量的来源》），New York：Praeger，2009；内夫《英国煤炭工业的兴起》（1966），19—20，36，208页。

⑦ 克罗斯比《哥伦布大交换》（1972）；《生态帝国主义》（1986）。

我们不妨把工业化视为由资本主义独特工艺的两个决定性动量构成。一是用工业化来简称机器和相对于劳动时间的其他投入的大量增长，也就是马克思所言资本技术构成的上升。把这种过程称为"机器化"或许会更有收获。一是用工业化来简称标准化和合理化，以雏形预示着 20 世纪的装配线和泰勒制。[1] 如果这个不精美但可用的定义成立的话，那我们在瓦特回转蒸汽机发明之前的 3 个世纪中，就太容易找到例证了：印刷机或许就是劳动生产率上最有预示性的进步，与 1450 年之前相比，印刷图书增加了 200 倍，到 1500 年时已有 2000 万本书印了出来；[2] 还有殖民地的糖厂以及大都市的炼糖厂，接二连三地推进劳动生产率；[3] 冶铁业中极大的鼓风炉；[4] 诸如荷兰三桅商船这样的新船，造船业中的劳动生产率提高了 4 倍；[5] 由荷兰领导的一种新的造船体制，将史密斯分工（将任务简化）、部件标准化、组织创新（集成供应系统）和技术改变（锯木机取代昂贵的熟练工人）结合起来，劳动生产率

---

[1] 这个简称不仅可以应用于机器，而且可用于人与人之外的自然的关系上的合理化，这种合理化是让机器工作起来所必需的，比如泰勒 20 世纪初期的工时与动作研究（1914），还有布雷弗曼的《劳动与垄断资本》（1974），就显示了对人与人之外的自然之关系的符号编码、筹划和"理性"的重新组织，这伴随着资本主义一次接一次的工业革命，对 20 世纪来说并不新鲜。比如，不妨想一想南北战争前美国肉类加工业的"拆解流水线"（克罗农《自然的大都市》），或者是早期现代甘蔗种植园所必需的对地貌和劳动过程的合理化（明茨《甘甜与力量》；摩尔《生态与资本主义的兴起》）。超越直接生产过程去看，人们可以看到早期资本主义的时空中，这种合理化的一条长线在起作用，韦伯的形式合理性（1947）、福柯的生物政治学和桑巴特对复式记账"计算的艺术"的论述，都从不同侧面对此做了揭示，这样的一个单子很长很长！可分别参看 M. Weber（M. 韦伯），*The Theory of Social and Economic Organization*（《社会组织与经济组织理论》），New York：Free Press，1947；福柯《社会必须得到捍卫》；W. Sombart（W. 桑巴特），*The Quintessence of Capitalism*（《资本主义的精华》），M. Epstein（M. 爱泼斯坦）英译和编辑，New York：E. P. Dutton & Co.，1915。

[2] L. Febvre（L. 费弗尔）和 H. Martin（H. 马丁），The coming of the Book（《书籍的到来》），London：Verso，1976，186 页；A. Maddison（A. 麦迪逊），*Growth and Interaction in the World Economy*（《世界经济中的增长与互动》），Washington，D. C.：AEI Press，2005，18 页。

[3] J. Daniels（J. 丹尼尔斯）和 C. Daniels（C. 丹尼尔斯），"The Origin of the Sugarcane Roller Mill"（《甘蔗滚压机的起源》），*Technology and Culture*（《技术与文化》）29 卷 3 期（1988），493—535 页；A. van der Woude（A. 范德伍德），"Sources of Energy in the Dutch Golden Age：The Case of Holland"（《荷兰黄金时代的能源来源：以荷兰省为例》），*NEHA-Jaarboek voor economische，bedrijfs，en techniekgeschiedenis*（《NEHA—经济年鉴：企业与技术史》）66 期（2003），64—84 页。

[4] 布罗代尔《日常生活的结构》（1981），378—379 页。

[5] R. W. Unger（R. W. 昂格尔），"Technology and Industrial Organization：Dutch Shipbuilding to 1800"（《技术与工业组织：1800 年时的荷兰造船》），*Business History*（《商业史》）17 卷 1 期（1975），56—72 页；J. Lucassen（J. 吕卡森）和 R. W. 昂格尔，"Shipping，productivity and economic growth"（《航运、生产力和经济增长》），见 R. W. 昂格尔所编 *Shipping and Economic Growth* 1350—1850（《1350—1850 年的航运与经济增长》），Leiden：Brill，2011，3—44 页。

提高了 3 倍;①铁制工具在农业中的快速扩展;②"新世界"银产业中混汞法的使用;③螺旋压榨机的细化和扩散;④1540 年之后中欧银铜金属矿业中的"赛格尔冲程"——提高排水效率的连杆引擎,于 1590 年来到了瑞典;⑤纺织品生产中"萨克森踏车"的快速扩散,让劳动生产率增长了 3 倍,又伴以起绒机的广泛应用,进一步提高了劳动生产率;⑥中世纪时已经广泛配置的水力磨粉机,在 1450 年后的 3 个世纪里,数量增加了 2 倍,总功率增长了 3 倍;⑦发条钟表异乎寻常的大量增加。⑧ 这样一个单子并没有完。

　　这些转变意味着什么? 一个普遍观察将指向土地与劳动、生产与力量之间关系的性质变化。如果上述例子中有一些更像是中世纪发展的数量放大,那么,就总体而言,它们体现了一种性质上的转变。如果这些转变中有许多十分吻合马克思所言制造与机械制造的不同,那么还有一些则更像现代工业,尤其是甘蔗种植园、造船和大规模冶金。

① 新的锯木机技术传播很快,"1621 年出现在布列塔尼,1635 年出现在瑞典,1623 年出现在曼哈顿,不久后出现在科钦、巴达维亚和毛里求斯"。P. Warde(P. 沃德),"Energy and Natural Resource Dependency in Europe, 1600—1900"(《1600—1900 年欧洲的能源和自然资源依赖》),BWPI 工作文件编号 77,曼彻斯特大学,2009,7 页。

② R. Wilson(R. 威尔逊),"Transport as a Factor in the History of European Economic Development"(《作为欧洲经济发展史中一个因素的运输》),*Journal of European Economic History*(《欧洲经济史学刊》)2 卷 2 期(1973),320—337 页;de Vries(德·弗里斯),"The Labor Market"(《劳动力市场》),见 K. Davids(K. 戴维斯)和 L. Noordegraaf(L. 诺尔迪格拉夫)所编 *The Dutch Economy in the Golden Age*(《黄金时代的荷兰经济》),阿姆斯特丹:1993 年荷兰经济史文档,55—78 页;诺尔迪格拉夫,"Dutch industry in the Golden Age"(《黄金时代的荷兰工业》),见戴维斯、诺尔迪格拉夫所编《黄金时代的荷兰经济》,阿姆斯特丹:荷兰经济史文档,131—157 页。

③ 贝洛赫《1700—1914 年农业与工业革命》(1973),452—506 页。

④ P. Bakewell(P. 贝克韦尔),"Mining"(《采矿》),见 L. Bethell(L. 贝瑟尔)所编 *Colonial Spanish America*(《西班牙的殖民地美洲》),Cambridge, UK:Cambridge University Press,1987,203—249 页。

⑤ H. Kellenbenz(H. 凯伦本茨),"Technology in the Age of the Scientific Revolution 1500—1700"(《1500—1700 科学革命时代的技术》),见 C. M. Cipolla(C. M. 奇波拉)所编 *The Fontana Economic History of Europe II*(《丰塔纳欧洲经济史》第 2 卷),London:Fontana/Collins,1974,177—272 页。

⑥ I. Blanchard(I. 布兰卡德),"International Lead Production and Tradein the 'Age of the Saigerprozess'"(《"塞格尔处理时代"的国际铅生产与贸易》),Wiesbaden:Fraqnz Steiner Verlag,1995;G. Hollister-Short(G. 霍利斯特-肖茨),"The First Half-Century of the Rod-Engine(c. 1540—1600)"[《连杆引擎的前半个世纪(大约 1540—1600)》],*Bulletin of the Peak District Mines Historical Society*(《皮克地区矿山历史学会报告》)12 卷 3 期(1994),83—90 页。

⑦ J-C. Debeir(J-C. 戴贝尔)等人,*In the Servitude of Power*(《力量的奴役之中》),London:Zed,1991(1986 年初版),90—91 页,76 页。

⑧ D. Landes(D. 兰德斯),*Revolution in Time*(《时间上的革命》),Cambridge, MA:Harvard University Press,1983.

对这种性质转变的任何适当解说,都必须认识到有一种转变:控制土地作为剩余占用的一种直接关系,转变为控制土地作为商品生产中提高劳动生产率的条件。这种转变在各地当然是极不均衡和凌乱的。因此,早期现代欧洲那些农民坚持耕种的地方,地貌改变的中世纪节奏就没有根本性的变化,[①]除了如同 17 世纪波兰那样的地方,农民被经济作物的种植直接推到了森林地区。[②] 瑞典实施的是割除和烧除植被后开出的临时性农田,在资本主义占用条件下,这就变成了一种商品前沿。不过,凡有初级产品生产渗透的地方,地貌改变的速度都在加快。为什么是这样?尽管技术变化的步伐的确加快了,技术扩散的速度甚至还要更快,但在"第一个"16 世纪(1450—1557),这还不足以导致地貌改变上的划时代变化。那种转变以劳动—土地关系的倒置(土地被用作一种生产的力量)以及劳动生产率作为财富的度量标准得到流行作为轴心,以占用廉价自然作为前提。这里,我们或许可以将资本主义这种脆弱和试验性的形成,视为一种抽象社会劳动的体制,是社会必要劳动时间的自然发生的一种训练。

走向暂定的综合:资本纪的起源

我已经说过,这些转变是一种划时代过渡的提示。然而,是哪种过渡的提示,是什么样的资本主义的提示?

让我提供两个工作命题,一个是解说性的,一个是阐释性的。第一,这些转变代表了商品生产与交换中劳动生产率的早期现代革命。它们是有着特定优先——靠占用而积累——的环境制造中的产物和生产者。这种劳动生产率革命,靠全球占用包括在欧洲的占用的独特工艺才得以可能。这不仅表现在欧洲帝国主义的直接实践和结构上,

---

① 参看 N. Plack(N. 普拉克)"Agrarian Reform and Ecological Change During the Ancien Regime"(《古老体制中的农业改革与生态变化》),*French History*(《法国史》)19 卷 2 期(2005),189—210 页。

② J. Blum(J. 布卢姆),"Rise of Serfdom in Eastern Europe"(《东欧农奴制的兴起》),《美国历史评论》62 卷 4 期(1957),807—836 页;摩尔《"阿姆斯特丹站在挪威上面"》第 2 部(2010)。

而且更为根本的是早期现代性的这种"新"帝国主义,如果没有看待和安排现实的新方式,是不可能的。必须看到全球,才能征服全球。[①] 这里,外在自然的那些早期方式、抽象空间和抽象时间,使得资本家们和那些帝国能够去建构规模空间的剥削与占用、计算与信贷、财产与利润的全球网络。[②] 总之,这种早期现代劳动生产率革命,取决于"大边疆"——一个并非就在那里的大边疆,而是必须去想象、去概括、去看的大边疆。[③] 早期资本主义依靠全球扩张作为提高劳动生产率和促进世界积累的主要方式,这个事实表明了早期资本主义的惊人早熟,而不是它的前现代的特征。这种早熟使得早期资本主义能够挑战前现代的繁荣与萧条模式:1450 年之后商品化没有出现系统性反转,即使在 17 世纪的"危机"中也没有出现。[④] 这是为什么? 概括而言,这是因为早期资本主义的独特工艺——对工具与力量、知识与生产的结晶化——被特别组织起来用以处理对全球空间的占用,作为财富的特定现代形式即资本的积累基础。

这就把我们带到了第二个工作命题之上,它取决于我们的阐释框架。我们已经辨识了三种革命——地貌改变的革命、劳动生产率的革命、全球占用的革命,这显示了在思考价值规律上用一些既传统又颠覆的方式所做的修正。初步想法,我觉得马克思主义者低估了现代世界体系中价值规律的重要性。首先,在漫长 16 世纪中,一种广阔但脆弱的价值规律被提炼出来了。以标准观点来看,价值规律被界定为一

---

① T. Ingold(T. 英戈尔德),"Globes and Spheres"(《地球仪与地球》),见 K. Milton(K. 米尔顿)所编 *Environmentalism*(《环境保护主义》),New York:Routledge,1993,31—42 页;M. L. Pratt(M. L. 普拉特),*Imperial Eyes:Travel Writing and Transculturation*(《帝国之眼:旅行写作与文化嫁接》),New York:Routledge,1992。

② 钱特《自然之死》(1980);列斐伏尔《空间的生产》(1991);M. Postone(M. 普斯通),*Time, Labor, and Social Domination*(《时间、劳动与社会支配》),Cambridge,UK:Cambridge University Press,1993;克罗斯比《对现实的测量》(1997);皮克尔斯《一部空间的历史》(2004);桑巴特《资本主义的精华》(1915);P. Chaunu(P. 肖尼),*European Expansion in the Later Middle Ages*(《中世纪后期的欧洲扩张》),Amsterdam:Northe Holland Publishing Company,1979。

③ 威布《大边疆》(1964)。

④ 布伦纳《欧洲资本主义的农业之根》(1985);J. A. Goldstone(J. A. 戈德斯通),"Efflorescences and Economic Growth in World History"(《世界历史中的种种风化与经济增长》),*Journal of World History*(《世界史学刊》)13 卷 2 期(2002),323—389 页。

种可简化为抽象社会劳动的"经济"形式的现象。但是，这样一种解说严重低估了价值规律的划时代影响。价值规律可以被理解为一个引力场，对资本主义的世界-生态的长时段和大范围模式发挥着持久影响。它不单单是一种经济现象，而是一种以经济要素（抽象社会劳动）为中枢的系统性过程。其次，价值积累（作为抽象劳动）的要素，是通过科学体制和象征层面体制的发展而历史性地实现，必须有这些科学体制和象征层面体制来进行识别、量化、勘测等，不仅是推进商品生产，而且是越来越广阔地占用廉价自然。

现代意义上的廉价自然，包含着多种多样的人与人之外的自然的活动，它们为资本主义发展所必需，但并不通过货币经济（"付酬"）而直接再生产。四个廉价就是核心。资本防止资本体量上升过快，超过了占用自然的体量，四个廉价就是主要方式。当这四大输入达到了世界商品生产的平均价值构成时，世界-生态剩余就下降，积累的步伐就慢下来。所以，廉价自然在资本时代的中心性，就只有通过一种超越笛卡尔二元论的框架才能适当阐释，这种框架视价值为一种组织自然的方式。由于价值关系包含了剥削与占用的矛盾统一，而不是那种笛卡尔式的二分，所以唯有从人类在自然之中的根本统一来出发的分析，才能使我们前行。目标则是关注"有利之地"的各种关系，它们构成和重新构成资本主义一个接一个的矛盾统一——剥削劳动力（付酬工作）与占用从家庭到生物圈的全球再生产地带（不付酬工作）的矛盾统一。

这样的思路和研究，让我得出了一个事先没有料到的观点：我必然在这些世纪中看到了一种新的价值规律的形成，由两个划时代的运动表现出来。一个就是知识和象征层面体制的扩散，它们把自然建构为外在的、平面和几何的空间，时间则是线性的（抽象社会自然之处）。另一个是（商品化之中的）剥削与（商品化之外但在其奴役之下的）占用的新配置。就后者（价值的生产和积累）而言，我们看到了一个类似于阀门的悖论：阀既是自身构成，但如果没有它的外在构成则不能构成。靠着抽象社会自然,我们就有了线索去了解这种悖论如何得到了历史的解决。

一方面,资本主义是一种取决于商品化地带以及其中对劳动力剥削的文明。另一方面,商品化的战略和剥削在某种程度上才能运作:未商品化的自然被不付酬或报酬极低地投入了工作。总之,资本主义必须商品化生命/工作,但必须依赖未商品化的生命/工作的"免费搭车"才能这样做。所以,这就是前沿的中心性。从历史上看,这个悖论通过强力、炮舰、外交手段、休克主义以及其他方式而得到了部分解决。然而,强力是昂贵的。不管多么需要,强力自身不足以为资本的长时段积累来释放和动用自然的财富。以伊比利亚人作为开始,一直到漫长 20 世纪,那些宏大帝国和国家首要之事之一,就是建立测绘、分类和探测这个世界的一些新方式。[1] 它们是抽象社会自然之生产的一些战略表达,我们下一章来讨论这个问题。这些新方式至关重要,有了它们,才有以前沿为先导的对廉价自然的占用,商品化这种原本会自耗的战略才有可能实施。无疑,强制性地实施占用廉价自然(包括人在内)的世界-实践,这样一个小得多的、被剥削的自然(人)群体,就提供了在商品系统(抽象社会劳动之处)中提高劳动生产率的决定性条件。我并不认为,抽象社会劳动和抽象社会自然的动量已经耗尽了可能性,但我不得不得出一个结论:资本主义作为一种组织自然的方式,要打开它的历史,抽象社会劳动和抽象社会自然的动量提供了一种不可缺少的基础。

---

[1] 卡尼萨雷斯-埃斯格拉《文艺复兴中的伊比利亚科学》(2004),86—124 页;T. J. Barnes(T. J. 巴尔内斯)和 M. Farish(M. 法里什),"Science, Militarism, and American Geography from World War to Cold War"(《科学、军国主义和从世界大战到冷战的美国地理》),*Annals of the Association of American Geographers*(《美国地理学家协会年鉴》)96 卷 4 期(2006),807—826 页。

第八章

抽象社会自然与资本的限制

　　我们怎样从"人与自然"这种叙述,走向"人在自然之中"的历史叙述、分析策略和方法论框架呢? 在第二章中,我们探讨了价值关系作为一种组织自然之方式的理论。现在,我们转向将这种理论用作一种方式的可能性:把资本主义作为世界-生态的历史重建。在这种重建工作中,我看重 4 个命题。第一,资本的积累是地球(及其生物)的转变。第二,价值的实质是抽象社会劳动,但价值关系包含和统一着付酬与不付酬工作/能量的关系。第三,由于价值的生产以占用不付酬工作为前提——不付酬工作在资本循环之外,但在资本主义力量的触及范围之内,所以价值规律就是廉价自然规律。如果廉价自然变得昂贵,积累就会慢慢停止。第四,廉价自然的前沿并非"就在那里",而是通过象征层面的实践和物质转化而主动构成的,这既是"脑力"与"体力"劳动的统一,也是二者的分离(基础/上层建筑之二元论)。

　　将价值规律解读为人的工作与人之外的自然的工作的合作生产,就从马克思的抽象社会劳动的概念展现出价值的实质。不过,我还想走得更远一点。如同我们在第二章看到的,马克思主义者把价值视为有着系统含义的经济现象,我觉得这颠倒了实际情况。价值关系是有着核心经济要素的系统现象。至关重要的是,价值形式(商品)与它必要的价值关系之间,有着一种历史和逻辑的非同一性(然而是构成关系)。对社会-生态生活的简化、合理化和同质化——这发生在多种多样的商品体制和生产系统之中——要通过(对付酬工作)的剥削和(对不付酬工作/能量的)占用的同时过程来运作。这个双重(但并非二元)过程必须同时发生,因为资本循环中的生命/活动是无情耗尽的对象,马克思在讨论工作日时对此做了强调。一些工作有价值,而其条件是大部分工作没有价值。

未被资本化的工作/能量,总是要挣来的,自然的礼物从来都不免费,这就是靠占用而积累的领域。靠着抽象社会自然的体制,这才成为可能,而抽象社会自然正是抽象社会劳动的关系对位。

如果说抽象社会自然的实质是时间为线性、空间为平面、自然为外在的"真正抽象"的生产,那么它的历史表现则可以在一系列过程中找到,通过这些过程,资本家和国家机器让人与人之外的自然能够被资本积累所辨识。廉价自然的历史条件不仅在资本-劳动的关系中可以找到,而且在知识-实践的生产中也可以找到,这种知识-实践是辨识和占用不付酬工作所必需的。这样一个框架——将人的活动与人之外的活动、付酬工作与不付酬工作这些领域统一起来,对于把握今天危机至关重要。今日危机是资本化与占用作为一个统一体的危机,也就是廉价自然的耗尽枯竭。这样的辩证统一,是发展出有效的分析和解放性的政治的关键,在未来的世纪中,现代性将阐明这一点。

历史的自然:价值、世界-实践与抽象社会自然

抽象社会自然可作为一系列过程的命名,通过这些过程,国家和资本家对人与人之外的自然进行测绘、辨识、量化、测量和编码,为资本积累服务。资本主义的价值规律对于这些过程是内在的,这些过程

由培植和维持资本长期自然我扩张的那些关系直接构成，而资本的实质就是抽象社会劳动。抽象自然与抽象劳动的辩证法，处于那些历史的自然的核心，这些历史的自然是一个接一个的漫长积累世纪的原因、结果和条件。这个思路让我们可以二者兼得。首先，它让我们超越那种自然/社会的二元论，对资本积累中"付酬"和"不付酬"工作有历史的具体阐明。其次，资本主义环境制造的历史中那种基础/上层建筑的二元论，这个思路让我们也能够超越它。我们现在就来谈这个问题。①

全球环境变化上那些常常令人兴奋的文献，有一股令人讨厌的潜流针对着它：一种庸俗的唯物主义。这种唯物主义因其对现代世界创造中的科学和（尤其是）文化的轻蔑让我吃惊。我并不是说全球环境学者没有意识到广义科学的重要性——无论是激进派还是主流派，都热情拥抱自然科学。然而，由此而来的对历史变化的解说，比如对"大加速"的解说，或者是垄断资本主义的理论，在解说现代世界历史时却几乎没有这样的思想空间。② 这里，我们看到了全球环境分析家们那种基础/上层建筑的思路如何与自然/社会二元论相遇。这意味着什么呢？人的思想并不真正体现在生命之网中，人的思想莫名其妙就是例外之物，对于人类例外论的社会科学而言，这是一种由来已久的辩护，对于理解人在自然之中而言，则是一种关键性的阻挡。

生产力的确是工具和技术系统，但它们并不止于这些。因为，人在自然之中的新陈代谢，由这个物种特定的、高度可塑的社会性模式来结构，"某种社会知识体系的应用和发展"，就走向生产和再生产生

---

① 斯蒂芬等人的《人类纪：人现在是否压倒了自然的伟力？》（2007）；福斯特等人的《生态断裂》（2010）。

② 不过，可以参看 G. Palsson（G. 帕尔森）等人，"Reconceptualizing the 'Anthropos' in the Anthropocene"（《对人类纪中的"人类"重新界定》），*Environmental Science and Policy*（《环境科学与政策》）28 期（2013），3—13 页。

活的特定方式。① 总之,观念在资本主义的历史中起着作用。

不过,确切而言,观念怎样起作用呢? 我们不妨以现代性一再出现的科学、植物、测绘、农事和化学革命作为开始。对于资本积累来说,这些都是内在的。在现代世界中,如同技术一样,科学也是一种"生产力"。② 是的,社会的统治思想就是统治阶级的思想。不过,这并没有把问题说清楚。统治阶级的统治,靠的是各种剩余的生产,然而这从来不是一个独立于社会知识之外的简单经济过程。知识的生产,本身就是资本主义世界-实践及其三位一体——抽象社会劳动、抽象社会自然、原始积累——的构成。没有知识的生产,商品化的"三股螺旋"(劳动、土地和生产的商品)就不可能在大空间和长时期中发展。

让我们将自然视为一个矩阵而不是资源。这意味着我们不再需要谈资源了吗? 当然不是!

这意味着我们认识到,资产阶级对自然的表现——表现为作为自在之物的资源,其实是一种恋物和一种特定的历史项目。要超越这种恋物,我们可以将资源视为关系的捆扎,而不是地质-生物之属性——当然并不否认这些属性。从地质学到地史学的转变,需要一种历史的方式来把握力量在人类组织中的物质-象征形成,它自身已是在生命之网中关系性地构成。所以,用这种世界-生态观来考查比如 1800 年后煤炭的"中介",就会让我们把煤炭的地质学与煤炭的地史学区分开来,将地质情况与历史情况区分开来。从地史学角度而言,无论谁都说大规模工业的时代中资本暗指煤炭。那些说化石燃料制造了工业

————————

① "那么,什么是'生产力'? 它是真实生活的生产和再生产的全部手段、任何手段。它可能被视为某种特定的农业或工业生产,但任何这类生产已经是社会合作和某种科学知识体系之应用和发展的一定模式。这种特定的社会合作或这种科学知识,其生产本身就靠生产力来完成。"[威廉姆斯,*Marxism and Literature*(《马克思主义与文学》),Oxford:Oxford University Press,1977,71、91页]。生产力也不是力量在其上展现出来的基本关系,说"生命之网中的力量和生产",就意味着这些要素在生物圈总体中的相互渗透:"首先不是全部生产关系,此外,在这些关系之外或之上,力量机会去修改或打扰它们,或者是让它们较为一致、连贯或稳定……力量机制是所有这些关系之一本质的部分,它以一种循环方式成为这些关系的结果与原因。"[福柯,*Security*,*Territory*,*Population*(《安全、地域、人口》),New York:Picador,2007,17 页]。福柯所写的生产,我们不能用来说资本吗? 他所写的力量机制,我们不能用来说自然关系吗?

② 马克思《资本论》第 1 卷(1967),341 页。

资本主义的人并不那么错，其错比不上在资本积累的关系性过程中插入一个非关系性的物体（煤炭）。就其自身而言，煤炭只是一个潜在的行为体，然而，与19世纪的阶级、帝国和占用关系捆扎起来，煤炭就变成了颇为不同的东西，它变成了命名一种大宗商品的方式，这种大宗商品的存在在19世纪资本主义的每一种战略关系中都可以感觉到。19世纪的资本，每一个毛孔都流淌着煤炭。所以，资源是主动合作生产出来的，它们是历史的自然的标记和创造者，在资本主义发展一个接一个的时代中，帮助界定机会与限制的范围。如果说这种敏感性在理论上已是存在已久，[①]但资源提取的历史编纂很少认真采纳这种关系视点。[②]

认真采纳这种关系视点，意味着什么呢？我以一个简单的观察来开始吧。什么"算作"资源，这是随着"有利之地"情况的变化——作为新的历史的自然而出现——而变化的。如同我们已经看到的那样，煤炭是煤炭，只有在特定条件下，它才变成了化石燃料，去塑造整个历史时代。历史的自然不能视为资本主义或任何其他的人类组织的一种产出，资本主义并没有按照自己的需要生产一种外在的"历史的"自然（这是实用主义的立场），资本主义也不是简单回应自然中的外在变化（这是另一种实用主义的立场）；相反，资本主义发展一个接一个的阶段，是世界-生态根本性重组的原因和结果。通过这些重组，"资本"和"自然"都获得了新的历史的属性，历史的资本主义/历史的自然这种不同的统一体，我们就可以赋予真实的历史的内容了。

这些世界-生态的根本性重组，通过一些相互渗透的地球变化——由布罗代尔的地质年代的"非常长的长时段"的说法而来[③]——的模式，以及资本主义在漫长的积累世界中形成的力量与生产的配置，而展现出来。换言之，历史的自然是部分（人的模式）与整

---

① 哈维《人口、资源和科学意识形态》(1974)。

② 邦克、西坎台尔《全球化和资源竞争》(2005)；里格利《能源与英国工业革命》(2010)。

③ 布罗代尔，"History and the Social Sciences: The Longue Duree"（《历史与社会科学："长时段"》），《评论》32卷3期(2009/1958年初版)，195页。

体(生命之网)的辩证之舞,通过它,特定的限制和机会涌现出来。① 历史的自然的问题,就是历史时间的一层层如何彼此塑造的问题。② 这个历史常常用二元论的语境来讲述,但气候与伟大文明兴衰的密切关系,比如"罗马气候适宜期"时的罗马,或者是中世纪暖期的封建欧洲,却显示了一种不同的历史的自然观。在这种不同的观点中,生命之网的级联运动进入到力量与生产的特定历史-地理配置之中。如果人的社会性清晰地联结和表达着这些关系,那么生物圈就是它的覆盖物。历史的自然就是这些特定的部分—整体的结合,在这些结合中,特定的"地质的、水文的、气候的和[生物地理的]"条件,进入了人的历史最为内在,也最为广阔的领域。③

这些历史的自然,是资本主义积累在任何一个时代展现其条件与限制之地。这样的限制和条件最好作为各种关系——比如说农业、宗教或市场——可指明的捆扎来理解。它们促成并且表达了物种-环境关系的一些特定配置。资本、劳动和力量的关系是通过自然而不是围绕着自然来展开,它们"特别得到了利用的自然力量"。④ 资本并不是作为外在之物与自然相互作用,它就是一种特别得到了利用的自然力量。资本自身是合作生产的结果,又反过来合作生产着特定的历史的自然,尽管这是处在一种满是阻力和摩擦的条件之下,资本想要一个可互换、被动、可塑之生命的世界,会遇到这些阻力与摩擦。那么结果是什么呢? 世界-经济并不是与世界-生态相互作用,世界-经济就是世界-生态。

在现代世界中,一个接一个的历史的自然通过商品化与占用的辩证法而生产出来。

---

① 这种将自然视为资本主义积累的限制与机会的观点,亨德森和博伊德等人做了清晰阐述,但分别是在区域-历史或系统-理论的语境中,而不是贯穿于资本主义作为一个整体的历史-地理。参看 G. L. Henderson(G. L. 亨德森),*California and the Fictions of Capital*(《加利福尼亚与资本的虚构》),Oxford:Oxford University Press,1998;博伊德等人的《工业动力与自然问题》(2001)。

② 布罗代尔《腓力二世时代的地中海地区与地中海世界》第 1 卷(1972),73 页。

③ 马克思、恩格斯《德意志意识形态》(1970)。

④ 马克思《政治经济学批判大纲》(1973),612 页。

一方面，这是通过土地和劳动的货币化转变而发生；另一方面，又通过为商品化服务的对不付酬的生命活动的利用而发生。后者即占用，这长期以来一直被帝国主义理论所承认。[1] 然而，这只是微弱地以积累理论为基础，而积累理论倾向于将资本循环视为一个封闭系统。这就部分解释了马克思主义经济批判对 2008 年后时代看法的自然盲视。[2]

是什么使得占用得以可能，并且成为资本主义历史中那样强有力的要素？现代世界的文化、意识形态和霸权体现着夏皮罗所称的"文化定位"（cultural fix），在长期以来人们对它的分析中，可以找到部分答案。文化定位"大致包括葛兰西所言之霸权，以及所有形式的文化与社会风俗、制度和身份建构。文化定位覆盖了阶级契约的要素和机制，因这些机制，当资本主义把自身的竞争转嫁到工人阶级身上时，工人阶级陷入了反对[自身]。空间定位和文化定位也常常交织，比如住房斗争中的贫民窟清拆和下层住宅高档化，其方式改变了工人阶级在城市生态中的身份……文化定位，[而且还包括]涉及阶级身份和关系之再生产——其时间长度超过了[资本]一个周转周期——的社会和文化因素，它们的作用对于资本[积累]而言，是本质性的，而不是表面的"。[3]

如果说文化定位在资本和直接生产者之间巩固着一代代的霸权协议，[4]那么它也超越了直接生产的范围。必然地，文化定位会超越工资关系与不付酬工作的边界。这样的定位不仅将资本占用人做的不付酬工作——其中最重要的就是劳动力的再生产——做了自然化，而

---

① 卢森堡《资本的积累》[2003(1913 年原版)]；沃勒斯坦《现代世界体系》第 1 部(1974)。

② 参看 J. B. Foster(J. B. 福斯特)和 R. W. McChesney(R. W. 麦克切斯尼)，*The Endless Crisis*(《无尽的危机》)，New York：Monthly Review Press，2012；S. Gindin(S. 因丁)和 L. Panitch(L. 潘尼奇)，*The Making of Global Capitalism*(《全球资本主义的制造》)(2012)。

③ S. Shapiro(S. 夏皮罗)，"The World-System of Capital's Manifolds：Transformation Rips and the Cultural Fix"(《资本繁殖的世界-体系：转换撕裂与文化定位》)，未发表论文，沃里克大学英文与比较文学系，2013。

④ 西尔弗、斯莱特《世界霸权的社会起源》(1999)。

且也将制造新时代的实践——占用人之外的自然所做的不付酬工作——自然化了。比如,今天的肉类工业中心,对于那些生活在资本主义较早时代的人来说不可想象,那时人与非人类动物的关系在象征层面和实际层面都直接和密切得多。[1] 原本难以接受的对全球自然(人与人之外的自然)的占用,文化定位有助于让它正常化。所以,性别和自然上的革命就紧密相连——物质层面的建立和象征层面的实践,这些关于自然/性别的"想法",就不单单是这个体系的出产,而且在生命和劳动力的代际再生产中暗示着,对于这种再生产,资本不会付酬而必须去占用(以免再生产成本上升,积累陷入困难)。这种趋势在早期现代性的科学革命与"最初工业的"人口结构重组中,有着划时代的表达。[2] 由此而论,文化定位作为占用四个廉价的"漫长浪潮"的必备象征条件而出现。

资本主义在力量、资本和自然关系上的一次次转变,文化定位将之自然化;抽象社会自然的生产则让这些转变成为可能。

在制造世界中直接暗示出来的占用关系——通过科学实践及其制度形式的占用,由抽象社会自然指示给资本积累来辨识。社会必要劳动时间通过资本-劳动关系和占用不付酬工作的辩证法而形成,通过抽象社会自然而成为可能。这样的语言很拗口,笛卡尔式的社会变化语言很难避免。有一点很清楚:我们是在与双重内在性(劳动在自然之中、自然在劳动之中)打交道,而不是与笛卡尔式的自然/社会之联结打交道。[3] 不管多么拗口,这样的表述做了一个必要之点:价值关系通过生命制造的积极关系即"有利之地"而构成和再构成。运动中的价值,就是价值处在自然之中。

在社会必要劳动时间的决定上,并不限于商品化。我们在这里必

---

① 参看韦斯《全球食物经济》(2007);赫里巴尔《动物是工人阶级的一部分吗:对劳动史的一个挑战》(2003)。
② 麦钱特《自然之死》(1980);塞科姆《千年的家庭变化》(1992)。
③ 这里我运用了法斯德·阿拉吉那个富有洞见的概念:劳动在自然之中。见阿拉吉《靠移位而积累》,《评论》32卷1期(2009),113—146页。

须谨慎地做一个部分与整体的区别。劳动时间的形成,也要通过权力与知识的关系,这些关系辨识并且让不付酬工作/能量流入对价值的测定之中,也就是工作转化为价值。如果说抽象社会自然的主要表现是与提高价值的实践——对"有利之地"的测绘、量化和其他辨识手段——相联系的,但我们不要把这些做法本身与它的关系性核心混合起来。这个关系核心取决于资本—劳动关系的占用对应物,也就是资本—不付酬工作的辩证逻辑。如果抽象社会劳动是指资本—劳动关系,通过这种关系,剩余价值被生产出来;那么,抽象社会自然就指资本—不付酬"工人"关系,通过这种关系,劳动生产率长时期内的增长就成为可能。

以这个工作性的概念提炼,有两个主要问题要考查。

第一,抽象社会劳动独自在商品系统的界限内运作,所以抽象社会劳动的那些体制被标准化、量化、数学化等的关系过程所滋养和维持着。没有这些过程,价值就不会存在。没有漫长 16 世纪走向以劳动生产率作为财富度量标准的运动——与封建主义强调土地生产力相决裂,就不会有走向抽象社会自然之体制的运动。我们看到的是各种转变的同时发生,如知识的、生产的、市场的、国家的、阶级的。辩证而言,那些新文明的浮现,是由它们变化的过程所界定的。变化不仅仅是前提,而且也是新的历史体系的第一动力,这些体系的关键模式初看起来是偶发和"不成熟"的形态。

我们的第二个问题就是:对抽象社会自然——其焦点是占用地带——的所有这些标准化、简化、测绘和量化的做法,也属于商品生产中类似的做法。商品生产中的标准化和简化与社会-生态再生产地带的标准化与简化,这两种情况是如何相似,又如何不同,这是一个现在的论争提了出来但不能解决的问题。初步而言,我要说泰勒著名的工时与动作研究[1]提供了 20 世纪初期"科学管理"革命的基础,就属于抽

---

[1] F. W. Tayor(F. W. 泰勒) , *The Principles of Scientific Management*(《科学管理的原理》) , New York: Harper & Brothers, 1914.

象社会劳动的地带,对已经商品化了的那些关系进行重塑。[①] 另一方面,诸如大革命时期法国强制使用公制这类事情,就属于抽象社会自然的地带,代表着资本力量推进到商品化微弱的再生产关系中。[②] 当然,这只是一个粗糙的区分,不仅是抽象社会自然与文化定位之间的区分,也与商品生产中的简化相关(比如科学管理)。尽管必须对那种严格区分持谨慎态度,但由抽象社会劳动所代表的物质生活的"确实"转变,得到了资本主义的世界-生态中象征层面的实践和知识形成这个"柔性"过程的补充,并使之成为可能。(原始积累是这两个要素之间的必要周期性中介。)这些"柔性"技术总是与它们背后国家和帝国的强力相伴,它们的目标,就是确保尽可能免费地得到最少商品化或未商品化的自然。

对抽象社会自然的测绘和量化,并非突然而至。[③] 这些做法在早期现代那些世纪中成形,于 18 世纪和 19 世纪达到一个转折点。最为显著之事,或许是 1789 年后公制的普遍采用。但即使如此,这种"测量革命"[④]的前提也在于早期资本主义新的地球意识,这种意识由那些与殖民扩张和测绘革命相伴的大胆征服和对全球空间的重新想象而来。[⑤] 一公尺被定为"从北极点到赤道之距离的一千万分之一",从而将一种全球想象与"极度超脱性"结合起来了,远远超越了日常生活的现实。[⑥] 由法国大革命在临近 18 世纪结束时制定的这套公制[⑦],"倾向

---

① 布雷弗曼《劳动与垄断资本》(1974)。

② Alder(奥尔德),"A Revolution to Measure"(《测量革命》)(1995);库拉《测量与人》(1986)。

③ "计算,甚至是带着小数和代数的计算,一直在印度用着。发明了十进位的西方,发展中的资本主义才利用它;在印度,它没有导致出现现代算术或簿记。数学或力学的起源也都不由资本主义的利益所决定。对于大众的生活条件那样重要的科学知识的技术使用,无疑受到了经济考虑的刺激,西方尤其注重这些经济考虑。"M. Weber(M. 韦伯),*The Protestant Ethic and the Spirit of Capitalism*(《新教伦理与资本主义精神》),New York:Routledge,1992,xxxvii。

④ 库拉《测量与人》(1986)。

⑤ 普拉特《帝国之眼:旅行写作与文化嫁接》(1992);格罗夫《绿色帝国主义》(1995)。

⑥ T. M. Porter(T. M. 波特),*Trust in Numbers*(《相信数字》),Princeton:Princeton University Press,1995。

⑦ 1789 年法国大革命胜利后,国民公会下令法国科学院组织一个委员会来制定标准的度量衡制度。委员会提议了一套新的十进制,并建议以通过巴黎的子午线上从地球赤道到北极点的距离的一千万分之一作为标准单位,称为 mètre,后演变为 meter,即"米"。——译者注

于随枪管而推行，如此才在 1868 年于德国采用，奥地利是 1871 年，俄国是 1981 年，中国是 1947 年①，当然，从来没有被美国采用"。② 为什么公制的推行如此重要？最重要的原因之一，无疑就是"公制这种理性的语言如何有意被精心制作出来以打破旧体制政治经济的掌握，作为现代交换机制的普遍习惯来服务的故事"。③

公制不仅仅是资产阶级反对古老体制的一种武器，也体现于乡村的阶级斗争中。对于早期现代欧洲各地的农民来说，"测量形式的主观性［和地方性］……［是完全可以接受的。］会出现分歧，但人们可以面对面商谈，日常随意的测量与这些相对自治社群的肌理不可分离……［相反，］公制就不是为农民设计的。它没有带来确切的蒲式耳［这在各地不同］，而是抛弃了蒲式耳，采用了一个整体上陌生的数量与名称的系统，其中大部分来自一种外国的死语言。基于普世主义的渴望而制定它的形式，因此公制的制度化就遇到了格外的困难。这种普世主义与法国大革命的意识形态是一致的，尤其与帝国的意识形态相一致"。④

这些测量革命，暗示着抽象社会自然体制中更为广阔的转变。它们也意味着国家及资本主导的"简化……［它施加一种］标准的网格，［人和其他自然］就能够被集中记录和检测了"。⑤ 这些测量革命，也包括"监督、分层、检查、记账和报告的整个系统……这可以描述为劳动的学科技术"。⑥ 如果说抽象社会劳动的印记是控制和剥削，那么，抽象社会自然的界定特点就是控制和占用。我们将测量和测绘的历史进程视为资本主义如何把越来越广阔的"经验领域带入系统之"秩

---

① 关于中国采用公制的时间，原文如此，可能是判断标准不一样。清光绪三十四年（1908），清政府就决定用米突制（公制）来确定营造尺和库平两的数值。——译者注
② P. Mirowski（P. 明可夫斯基），*The Effortless Economy of Science?*（《不费力气的科学经济?》），Durham：Duke University Press，2004，150 页。
③ 奥尔德《测量革命》（1995），39 页。
④ 波特《相信数字》（1995），223 页。
⑤ 斯科特《看似一个国家》（1998），2—3 页。
⑥ 福柯《社会必须得到捍卫》（2003），242 页。

序和控制的各种形式。① 这些广阔（而且扩张性）的对各种经验领域进行合理化和控制的过程，穿越了笛卡尔式的二元之分，它们寻求识别和收纳对于资本积累可能有用的任何形式的生命活动，包括极其古老之生命活动所凝聚的工作（化石燃料）。

价值与抽象社会自然

在英语中，价值表示两件事情。首先，它指那些有价值的事物和过程。其次，它指一些道德观念，比如现代主义思想中很有影响的事实/价值的二元区分。当然，马克思对"价值规律"的展开，旨在辨识以抽象社会劳动的扩大再生产为基础的资本主义的关系性核心。马克思之后的马克思主义者，一直捍卫或者有时取消②作为一种经济过程的价值规律，这里的价值规律包含了价值的第一层含义，即资本主义文明认为有价值的事物和关系。

所以，的确很难说价值规律的这种运作——价值关系的扩大再生产，使得抽象劳动能够数量扩张——包含了价值的两层意味。

虽然困难，但并不是不可能。从历史角度而言，难以否认新的知识和象征场面的实践对资本主义的形成至关重要，比如说测绘和复式簿记。这种早期资本主义可能成为一种早熟的价值体制，这个可能性常常被怀疑，甚至被排除掉。然而，任何随意的排除看来都没有道理：以抽象的时间和空间、货币与自然为前提，由帝国和资本进行的一种新的世界-实践，应该看一看再说。把这样的象征-文化之事引入价值之中，当然就动摇了大部分政治经济学所假定的主观/客观的二元论。事实是：价值的客观世界一直是通过"资本的'想象'"③的种种主观性

---

① M. N. Wise（M. N. 怀斯），"Introduction"（《导言》），见 M. N. 怀斯所编 *The Values of Precision*（《精确的价值》），Princeton：Princeton University Press，1995，3—16 页。

② 沃勒斯坦《现代世界体系》（1974）。

③ M. Haiven（M. 海文），"Finance as Capital's Imagination?"（《金融作为资本的想象?》），*Social Text*（《社会文本》）29 卷 3 期（2011），93—124 页。

铸造出来的。价值的计算特征并不是资本使用客观知识之事——这是以二元论和量化为前提，而是资本动用它的象征层面的力量，把价值关系的随意特点表述为客观性。[①] 这就是米切尔讲述英国在埃及殖民地的经济制造时的要点，以可计算性为中心不仅是帝国的一种客观工具，而且是内在于 20 世纪初期帝国主义对力量、阶级和自然之捆扎的一个项目。唉，这样的论证思路更以政治学而不是政治性的经济学为中心呀！注意力浪费在力量领域而没有充分关注价值关系，而后者才是牌局中决定性的赌注。资本并非独立地运作力量，相反，再生产的系统规则通常并不由力量决定，也不由土地力量决定，而是价值处在自然之中的法则所展示出来的中介来决定。

这样的重构，或许有助于我们去澄清付酬与不付酬工作的配置。长期以来，经济过程的"客观"世界被从道德批评中剥离出来，尽管有几个世纪的道德经济学的抗议与争辩作为反驳。[②] 然而，这样的事实/价值之自相矛盾，其本身不正是一种战略方式，以便让付酬与不付酬工作之间的随意界限合理吗？这不也就是说，价值作为道德和经济的两种通常用法，都暗示着资本主义的价值规律吗？

前面所述表明，知识／文化与作为抽象劳动的价值，的确是紧密相连的。

但怎样相连呢？这个观点可以很简洁地表达出来：抽象社会自然指一系列的过程，它们旨在对这个世界进行简化、标准化和其他测绘，从而为抽象劳动在数量上的扩张服务。在这种解读中，抽象社会自然指那些辨识和促进对不付酬工作进行占用的空间—时间实践。这些占用不限于提供必要的原材料，它们还合作决定着"社会"必要劳动时间。由此来看，抽象社会自然就可以理解为直接构成了价值关系，以创造商品生产和交换普遍化的条件。这从来都不是一个线性序列，既

---

① Bourdieu（布尔迪厄），"Symbolic Power"（《象征的力量》），*Critique of Anthropology*（《人类学批评》）4 期（1979），77—85 页；布尔迪厄、华康德《给反身社会学的邀请》（1992）。

② E. P. Thompson（E. P. 汤普森），"The Moral Economy of the English Crowd in the Eighteenth Century"（《18 世纪英国大众中的道德经济学》），《过去与现在》50 卷 1 期（1971），76—136 页。

不是由新知识作为先导,也不是作为商品化的衍生物,不是这样的线性序列。相反,这是同时发生之事,在其中,商品化、资本积累和象征层面创新的级联过程,构成了现代世界发展的良性循环。马克思的价值规律,严格意义上是指资本的实质是抽象社会劳动,我并不对此提出修正。然而,那些让抽象社会劳动得以增长的关系,不能被简化为经济领域,它们必然植根于资本主义力量的独特工艺和资本扩大再生产的条件之中。无论是一部充分的资本主义历史,还是富有活力的关于资本主义限制的理论,如果只停留在对价值规律的经济解读中,就都不可能做到。

对资本主义的限制进行理论解读,其中心就是价值规律作为动力,把某些商品的"自然特性"转变为"经济等值"[1],把某些劳动过程转变为"工作运动的一般形式"[2]。我们知道,是价值关系使得"社会学与经济学相互渗透",价值的"经济"关系意味着资产阶级与无产阶级的斗争。[3] 然而,生态又如何呢? 它是不是与此无关呢?

资本主义作为项目,寻求用资本的想象创造一个世界,在这个世界中,人和人之外的自然的所有要素都能有效地互换。在新古典经济学的幻想中,一个"要素"(货币、土地、资源)可以被另一个所替代,生产要素可以轻易移动,可以轻松地穿行于全球空间。[4] 用资本的想象来创造一个世界,这样的努力是资本主义的匹配项目,通过它,资本寻求迫使世界的其他部分匹配于它想要一个"经济等值"之宇宙的欲望。当然,人之外各种自然的这个世界,也包括那些生产/再生产阶级,并不怎么想要一个资本主义等值的世界。在某种程度上,所有生命都反抗现代性的价值/单一栽培关系,从农场到工厂都是如此。没有一个人,没有一种生命,想整天、每天都去做同样的事。所以,人与其他自

---

① 马克思《政治经济学批判大纲》(1973),141 页。
② 布雷弗曼《劳动与垄断资本》(1974),125 页。
③ J. A. Schumpeter(J. A. 熊彼特),*Capitalism*,*Socialism and Democracy*(《资本主义、社会主义与民主》),New York:Harper & Row,1950(1942 年初版),45 页。
④ 佩雷尔曼《稀缺与环境灾难》(2007)。

然之间关系上的斗争，就必然是一种阶级斗争。（但又不限于一种阶级斗争。）首先，在商品化支配上的斗争，就是生命与工作的竞争愿景之间的争夺。人之外的自然也抵抗经济等值的冷酷强制：超级杂草阻挠着转基因农业，动物也抵抗将它们定为对象的派定角色，抵抗生产的力量。于是，资本主义的匹配项目就遇到了各种各样的竞争和争议的愿景与抵抗，形成了一个矛盾的历史的过程。

在这些矛盾的名单上方，我们找到了那些抵消性的力量，它们威胁要延缓资本的周转时间，蔑视资本那些在根本上进行简化的管束。工人阶级在工业生产中心地带的斗争，就是一个典型例子。[①] 现代农业中人之外的自然的反抗，也是例证，这方面斗争的一个独特形式表现为"与杂草作战"，与很麻烦的虫害作战。[②] 那件杀虫剂/除草剂的单调兵器（以及同类之物），与廉价自然战略关系密切，这种战略从生产角度和世界积累规模来培育进化适应。一方面，如同 2010 年到 2011 年对"超级杂草"席卷美国转基因大豆产区的惊慌新闻报道所揭示的，生物自然现在看来进化速度要快于资本控制它们的能力，导致了"快进功能的达尔文进化"。[③] 另一方面，人之外的自然的反抗得到了积累自身造成的地理彻底变革的帮助：从现代性的起源开始，"资本的积累……就强力和主动地与外来入侵物种之积累联系起来了"。[④] 总之，资本主义的加速和地理合理化，显示着不仅是自然配置上的斗争，而且同样是资本主义空间上的斗争。这是"地理惯性"[⑤]的系统性倾向上一场正在进行的竞争，它远远超越了建造环境以便在价值的引力场中包纳所有环境。

① D. Montgomery（D. 蒙哥马利），*Worker's Control in America*（《美国的工人控制》），Cambridge，UK：Cambridge University Press，1979；西尔弗《劳动的力量》（2003）。
② N. Clayton（N. 克莱顿），"Weeds，People and Contested Places"（《杂草、人和竞争之地》），*Environment and History*（《环境与历史》）9 卷 3 期（2003），301—331 页。
③ W. Neuman（W. 纽曼）和 A. Pollack（A. 波拉克），"Farmers Cope with Roundup-Resistant Weeds"（《农民应对抗除草剂杂草》），《纽约时报》2010 年 5 月 3 日。
④ C. Perrings（C. 皮尔琳斯），"Exotic Effects of Capital Accumulation"（《资本积累的异国效应》），《国家科学院记录》107 卷 27 期（2010），12063—12064 页；克罗斯比《哥伦布大交换》（1972）。
⑤ 哈维《资本的限制》（1982），428—429 页。

　　压缩的时间与简化的空间这些时空矛盾,怎样解决呢? 大体而言,是通过地理扩张和重组来解决的。这二者在地理上各自不同,但统一起来了,二者都取决于外化的代价和占用不付酬工作——朝内进入再生产关系(比如北半球在 1970 年代后转向双收入家庭),朝外进入最少商品化的廉价自然地带。

　　地理扩张和重组的成对运动,是资本主义一个接一个的空间定位的核心,这是解决积累过多带来的一个接一个困局所必需的。它们由双重运动构成:(1)扩大和深化商品化地带(价值生产/抽象社会劳动);(2)在更大的规模上,扩大和深化占用地带。后者取决于抽象社会自然的生产——通过生物政治的、地理的和科学技术的知识与实践来生产,这是确保更新四个廉价的条件所必需的。这意味着新的不付酬工作"前沿"必须被辨识出来,迫使它为资本积累服务。

　　对价值规律的这种解读,使得我们能够看到作为历史项目的资本主义与作为历史过程的资本主义这二者之间的不同。作为项目,资本主义文明生产着象征形式和物质关系,这给笛卡尔二元论提供了某种真理的核心。资本主义创造了环境作为一种外在对象的观念,甚至是某种现实。环境作为外在对象的观念并不完全虚假,但只是资本主义的世界-生态的一种历史的创造。环境研究中的错误在于:把资本主义的世界-实践——再生产作为外在对象的环境,与资本主义的世界-过程混淆了。在这种历史过程中,环境总是同时既在我们之中又在我们之外,既是物质的又是观念的。作为合作生产出来的历史的现实,资本主义迫使这个项目与自然打交道(作为"有利之地"),价值上的乌托邦幻想和那个经济上等值的宇宙是什么情况都在所不顾。

抽象社会自然与资本主义的兴起

　　漫长 16 世纪开启了一个新的抽象时代。现在,我们开始考查抽象社会自然怎样处于浮现的价值规律的核心,动用着力量与生产的物质机器和象征机器。

在那些与物质过程结合紧密的象征层面的革命中，最为重要的是看待和知晓方式上那些显著的创新："新的思路就是这样：把你想要去思考的东西，简化至它的定义所要求的最低限度。在纸上想象，或者至少在你脑袋中想象，这会是羊毛价格的波动吗？……或者是火星穿过天空的轨迹，将它分为等量，这样你就可以测量，也就是计算这个量了。"①

早期现代这些划时代的抽象思考，通过那个时代新的测绘学、新的时间性、新的勘测和制造财产的方式，美术和音乐学校、会计实务和科学革命而显示出来。② 所有这些，共同构成了一种广阔然而脆弱的抽象社会自然的体制。早期现代的唯物主义革命，废弃了中世纪的整体论和神圣目的论，这在从封建主义到资本主义的划时代转变中暗示出来。早期资本主义的科学革命取代了封建秩序所喜欢的推理模式，代之以新的科学抽象的推理和地图视角，这有益于无止境的积累。③ 这个项目的大胆怎样估计都不过分，它提前限定自然，"以一种通过调查可以测定、可以得到的方式，把它作为一个封闭系统，[进行概念提炼，]这样，[自然的]全部就可以用计算的知识得到了"。④

这个广阔然而脆弱的体制将抽象劳动与抽象自然结合起来了，在临近16世纪结束时，它达到了早期临界点。抽象社会自然的活力中心，毫不令人吃惊的是低地国家，1600年后是荷兰共和国。在这里，空间、时间和货币，都被前所未有过地合理化和抽象化了。在1585年后的北荷兰，我们看到了那个时代领先的测绘师，在地图生产的数量和

① 克罗斯比《对现实的测量》(1997)，228页。
② 卡普拉《转折点》(1982)；D. Cosgrove (D. 科斯格罗夫)，*Geography and Vision*(《地理与视野》)，London：I. B. Tauris，2008；克罗斯比《对现实的测量》(1997)；芒福德《独特工艺与文明》(1934)；普斯通《时间、劳动与社会支配》(1993)；兰德斯《时间上的革命》(1983)。
③ 皮克尔斯《一部空间的历史》(2004)，75—106页；麦钱特《自然之死》(1980)。
④ 海德格尔语，转引自 S. Elden (S. 埃尔登)，*Speaking Against Number*(《抗议数字》)，Edinburgh：Edinburgh University Press，2006，121页。

质量上都很出色。[①]

测绘学知识对于荷兰东印度公司(VOC)是如此至关重要,东印度公司船只的领航员们得到了统一指示,要对新的地区详细测绘。到1619年,这家公司设立了一个内部的测绘办公室,以整理涌入的地理知识。[②] 这种测绘冲动并非完全是殖民性的。就在北荷兰内部,围湖造田、水控制和资本主义农业,推动了一场土地清册革命,其所进行的测量如此详尽,以至于两个世纪内都没有被取代。[③] 基督教归正会1574年会议之后,工作时间也成为"彻底合理化"的对象。这次会议"废除了所有圣日",到1650年,每年工作时间延长了20%。[④]

与空间和工作一样,货币也被合理化。这方面还是东印度公司显得突出,1602年它的形成,给世界货币以新的形式;还有信用的创造,以同一年阿姆斯特丹证券交易所的建立而夸张地表现出来,1609年又建立了阿姆斯特丹汇兑银行。随着美洲银流入阿姆斯特丹——银从地下挖掘出来,那些不少于机械方面的[⑤]生物政治层面上的精心谋算,就为法定货币的兴起提供了条件。[⑥] 正如米切尔澄清的那样:世界货币"总是物质的和可计算的",而且,也总是世界-生态的。[⑦] 如同阿姆

---

① Unger(昂格尔),"Dutch Nautical Sciences in the Golden Age"(《荷兰黄金时代的航海科学》),*E-Journal of Portuguese History*(《葡萄牙史 E 刊》)9 卷 2 期(2011),68—83 页;C. Koeman(C. 科伊曼)等人,"Commercial Cartography and Map Production in the Low Countries,1500—ca. 1672"(《1500—1672 年前后低地国家的商业性测绘学与地图》),见 D. Woodward(D. 伍德沃德)所编 *History of Cartography*(《测绘史》)第 3 卷(第 2 部分)*Cartography in the European renaissance*(《欧洲文艺复兴时的测绘》),Chicago:University of Chicago Press,1987,1296—1383 页。

② K. Zandvliet(K. 扎德夫利特),"Mapping the Dutch World Overseas in the Seventeenth Century"(《为 17 世纪荷兰海外世界绘制地图》),见伍德沃德所编《测绘史》第 3 卷(第 2 部分)《欧洲文艺复兴时的测绘》,1433—1462 页。

③ R. J. P. Kain(R. J. P. 凯因),E. Baigent(E. 贝金特),*The Cadastral Map in the Service of the State*(《为国家服务的地籍图》),Chicago:University of Chicago Press,1992.

④ 德·弗里斯《劳动力市场》,见戴维斯和诺尔迪格拉夫所编《黄金时代的荷兰经济》,阿姆斯特丹:1993 年荷兰经济史文档,60 页;*The Industrious Revolution*(《勤奋革命》),Cambridge,UK:Cambridge University Press,2008,88—89 页。

⑤ 摩尔《阿姆斯特丹站在挪威上面》第 2 部(2010)。

⑥ S. Quinn(S. 奎恩)、Stephen(斯蒂芬)和 W. Roberds(W. 罗伯兹),"The Bank of Amsterdam and the Leap to Central Bank Money"(《阿姆斯特丹银行与跃向中央银行货币》),《美国经济评论》97 卷 2 期(2007),262—265 页。

⑦ 米切尔《碳民主》(2011)。

斯特丹证券交易所的情况一样，不仅仅是荷兰东印度公司的股票在交易，很快地，越来越多的商品（1639 年时已达 360 种不同的商品！），甚至是期权衍生品（期货），也进入了交易。① 阿姆斯特丹证券交易所的实际协调和象征的"合理化，为世界信贷实践的普遍化和强化奠定了基础，有助于荷兰［领导的世界］金融秩序脱离前现代的世界金融"。②

在再一次强调早期现代的这些发展时，我希望突出 16 世纪的划时代转变，它那些最为强大的冲动，在漫长 19 世纪转向化石燃料上得到了更新和放大。通过占用的新阶段（以化石燃料为中心）而合作生产出来的大规模工业的兴起，没有那些象征层面和物质上的革命——生产抽象时间、抽象空间、抽象货币和抽象自然，是不可想象的。这一系列的抽象，对于以大西洋为中心的资本主义的世界-生态的革命性转变至关重要，此时距离蒸汽发动机达到成熟还有 3 个世纪。

这种思路让我们通过一个接一个的科学革命来解读资本主义历史，这些科学革命处在一个接一个的资本积累阶段中，并且通过这些阶段，积极地合作生产了那些历史的自然。这些科学革命，不仅为资本和国家生产了新的机会，而且转变了我们对自然作为一个整体的理解，而最为重要的或许是对人与其他自然之间边界的理解。③ 新自由主义将休克主义与地球系统和生命科学做了系统的结合，然后又与新的所有权体制紧密联系，这不仅为积累去确保土地，而且要确保生命，它所突出的正是这一点。④ 这在全球范围和分子尺度的关系上呈现出来。⑤ 一方面，1973 年后出现的新的生命科学（有着 DNA 重组的发明）变成了一种强有力的杠杆，以获得专利的生命形式——以美国最

---

① L. O. Petram（L. O. 佩特拉），"The World's First Stock Exschange"（《世界第一家股票交易所》），博士学位论文，阿姆斯特丹大学，2011。
② P. Langley（P. 兰勒），*World Financial Orders*（《世界金融秩序》），New York：Routledge，2002，45 页。
③ 杨《自然是一个劳动过程吗？》（1985）。
④ Klein（克莱因），*The Shock Doctrine*（《休克主义》）（2007）；M. Cooper（M. 库珀），*Life as Surplus*（《生命作为剩余》），Seattle：University of Washington Press，2008；B. Mansfield（B. 曼斯菲尔德）所编 *Privatization*（《私有化》），New York：Routledge，2009。
⑤ 迈克菲《分子尺度的新自由主义》，《地球论坛》34 卷 2 期（2003），203—219 页。

高法院 1980 年认可这种微生物为开始——的重新分配和投机买卖为前提的积累因此有了新的条件。野心变成了圈围"生命本身的再生产,在债务形式的约定积累中加以圈围"。[1] 另一方面,得到测绘科学极大帮助(比如遥感、GIS 等)的地球系统科学,寻求去简化地球:

> ……简化至仅仅是一个巨大的常备储存,作为现成的资源供应中心和/或可用的废物接收地来服务……[它们]渴望扫描和评估能量、信息和事物的资源化之流……最具生产力的用途,以及商品化生产留在身后的那些副产品的排走、倾倒和堆放之地。[2]

由此来看,在新自由主义历史中如此突出的科学、资本和力量的结合,在一段更长的历史可能会富有产出地存在。类似于"生物勘探"[3]的东西在早期资本主义的殖民推进中已是深深扎根,[4]在那个时代,生物学不仅是"大科学",而且是"大生意"。[5] (如同现在一样。)"源自它[早期现代]起初植物学服务于跨国商业资本的需要。"[6]然而,仅仅只是商业资本吗? 在这里,我们找到了抽象社会自然的一种关键性的起始要素,在那个时代,殖民项目的收益率大部分依赖于"对自然的历史探测和[对欧洲之外植物的]准确识别与有效种植"。[7] 这样的将"科学、资本和力量"[8]统一起来的过程,从资本主义的世界-生态的最早时刻起,就处于运动之中。从 15 世纪后期,随着蔗糖重塑了

---

① 库珀《生命作为剩余》(2009),31 页。
② 卢克《开发地球核算》,133 页;科斯坦萨等人的《世界生态系统服务和自然资本的价值》(1997)。
③ K. McAfee(K. 迈克菲),"Selling Nature to Save it ?"(《出售自然以拯救它?》),*Society and Space*(《社会与空间》)17 卷 2 期(1999),133—154 页。
④ L. L. Schiebinger(L. L. 希宾格),*Plants and Empire*(《植物与帝国》),Cambridge:Harvard University Press,2004.
⑤ Schiebinger(希宾格)和 C. Swan(C. 斯旺),"Introduction"(《导言》),见二人所编 *Colonial Botany*(《殖民植物学》),Philadelphia:University of Pennsylvania Press,2005,3 页。
⑥ 卡尼萨雷斯-埃斯格拉《文艺复兴中的伊比利亚科学》(2004),99 页。
⑦ 希宾格和斯旺《导言》,见二人所编《殖民植物学》(2005),3 页。
⑧ 布罗克韦《科学与殖民扩张》(1978),461 页。

马德拉群岛，[1]葡萄牙人也"发展一种适应园地的体系……实行一种虽然组织程度不高但颇复杂的植物系列转移"，将印度洋与西非、与加勒比海、与巴西连接起来。[2]

这些运动代表着早期资本主义大胆的、要生产抽象社会自然的全球项目。这些在18世纪林奈"庞大的分类操作"中达到了顶峰[3]：

> 当林奈[于1738年]回到瑞典时，他满足了众多委员会在工业上和制药上对植物用途的需要……还担任了乌普萨拉大学植物园的负责人，致力于把从殖民卫星国移来的植物进行育种和栽培。如同那个时期的其他植物学家一样，林奈也探索在那些可以得到廉价殖民地劳动力的地方种植这些植物的可能性，研究经济植物，看看本地种植能否取代进口。[4]

以早先伊比利亚人和荷兰人植物学初步成果为基础的这场林奈革命，启动了一个将会细化和扩展的过程：这首先是由19世纪后期大英帝国的皇家植物园邱园来做，然后是第二次世界大战之后美利坚帝国的"国际农业研究中心"。[5] 这二者都意味着新的历史的自然，它们因资本主义生产、科学和融汇世界各地付酬与不付酬工作之新结合的力量而出现。

这种新的价值规律，作为组织自然的一种新方式，在两个领域展现得最早、最引人注目。首先就是大西洋世界及其之外那些异乎寻常

---

① 摩尔《马德拉群岛、蔗糖和"第一个"16世纪中对自然的征服》第一部分（2009）；《马德拉群岛、蔗糖和"第一个"16世纪中对自然的征服》第二部分（2010）。

② 格罗夫《绿色帝国主义》（1995），73—74页。

③ 理查兹《无止境的前沿》（2003），19页。

④ A. Boime（A. 博伊姆），*A Social History of Modern Art*（《现代艺术的一部社会史》）第2卷，Chicago：University of Chicago Press，1990。

⑤ 布罗克韦《科学与殖民扩张》（1978）；R. Drayton（R. 德雷顿），*Nature's Government*（《自然的政府》），New Haven：Yale University Press，2001；科勒蓬博格《种子第一》（1988）。

的、一波接一波的地貌和身体转变(见第七章);其次,体现于一系列偶发视野的汇集,这允许欧洲国家和资本将时间、空间和自然视为外在于人的关系。就资本的自负而言,从它的起源开始,就通过"上帝戏法"来代表这个世界,也就是将特殊的资本主义的世界秩序视为"自然的",宣称这反映着它要去重建的这个世界。[①]

在看待和知晓方式上这些引人注目的创新,首先是为一种新的数量化提供了前提,这种数量化的格言就是:将真实简化为可以计算之物,然后"计算它的量"。[②] 与这种定量简化紧密匹配的,是将空间转变为可以从外面来观看的东西。于是,就出现了文艺复兴绘画的透视,它与意大利北部欧几里得几何学的复兴[③]紧密相连,其重要性远远超过了美学领域。文艺复兴的透视,"将物体的象征性关系转变为视觉关系,视觉关系反过来又变成了量化关系。在这幅新的世界图画中,大小并不意味人或神的重要性,而是距离"。[④] 在这种定量简化中,"空间被夺走了它的实质性的意义,变成了一个有序的、统一的抽象线性坐标系统"。[⑤] 就对世界新的测绘而言,这至关重要,如果没有它,现代世界市场、现代国家形成和现代财产制造,都是不可能的。

皮克尔斯注意到,测绘实践上的早期过渡,成形于资本主义兴起时涌现的"对财产和身份的一系列很具体的关心"。"首先,需要地图来展望和固定新的社群,逐渐作为有地域边界的国家和民族的一些离散单位来想象。"其次,对于资产阶级的财产权利来说,勘测变得至关

---

① B. Warf(B. 沃夫),*Time-Space Compression*(《时空压缩》),New York:Routledge,2008,40—77 页。

② 克罗斯比《对现实的测量》(1977),228 页。

③ "关键性的推进,来自对欧几里得的重新评价和将几何学提高至人类知识的楔石地位,尤其是它通过单点透视理论和技巧来表现三维空间的应用。" D. Cosgrove(D. 科斯格罗夫),"Prospect, Perspective and the Evolution of the Landscape Idea"(《景色、透视和景观概念的演变》),*Transactions of the Institute of British Geographers*(《英国地理学家学会学报》)10 卷 1 期(1985),47 页。

④ 芒福德《独特工艺与文明》(1934),20 页。

⑤ J. Martin(J. 马丁),*Downcast Eyes*(《低垂之眼》),Berkeley:University of California Press,1994,52 页。

重要，因为"资本主义的土地转让和出售，越来越成为常态"。[1]

这里，我们看到了抽象社会自然最早的形成，尤其是与资产阶级财产的关系——如同17世纪的英国一样，这种新的测绘方式，其意义十分重大。这种新的勘测做法，有助于通过将这些空间重新想象为"几何的"和"计算的"而"重新格式化财产"。[2] 土地所有权，尤其是在英国（但不限于英国），被简化为"事实和数字，这种概念必然损坏义务与责任的基质，而在此之前那一直是庄园乡村的本质"。[3] 事出有因，现代地图"事实上是16世纪的一种发明"。[4] 远不是政治经济学和帝国的衍生，而是难以想象地与资本和力量相联系，这些新的看待方式成为历史的自然的共同构成因素，这些历史的自然既限制又刺激了欧洲之中和之外的一波接一波的商品化和占用的爆发。[5] 测绘空间不仅仅代表着全球征服，而且是它的构成因素。全球商品化和对不付酬工作/能量的全球占用，取决于对宏观观测"实际活动"的表示——要用一种抽象然而对资本和帝国有用的方式来表示。[6] 既是绘图师又是资本家的墨卡托，他的巨大突破就是建造了"一种平面表示，它将子午线描绘成彼此平行，而不是地球真实表现的那样会聚于北极和南极……墨卡托这种创新在精确导航操作和商业利润上的重要性十分清楚。不是在行驶于大洋之上的船中或波特兰型海图上画那种笨拙而不精确的球架，他这个新的项目可以在平面地图的表面，精确地画出球架的线条，很清晰地展开前景……对航海术的用途不言而喻……墨卡托脑中有驾驶员和航海家，由此他进一步勾勒出数学过程，于是可以在

---

① 皮克尔斯《一部空间的历史》(2004)，99页。

② N. Blomley(N. 布罗姆莱)，"Disentangling Property, Making Space"(《解开财产，造出空间》)，见 R. Rose-Redwood(R. 罗斯-雷德伍德)和 M. Glass(M. 格拉斯)所编 Performativity, Space and Politics (《实施性、空间和政治》)，New York：Routledge，2014。

③ A. McRae(A. 麦克雷)，"To Know One's Own: Estate Surveying and the Representation of the Land in Early England"(《去知晓自己的东西：早期现代英国房地产测量和土地的表示》)，Huntington Library Quarterly (《亨廷顿图书馆季刊》)56卷4期(1993)，341页。

④ Harvey(哈维)，Maps in Tudor England(《都铎时代英国的地图》)(1993)，8页。

⑤ 摩尔《生态与资本主义的兴起》(2007)。

⑥ 科斯格罗夫《地理与视野》(2008)，21页。

自己的地图上使用精确的直线网格"。①

这场早期现代革命——抽象社会自然的诞生——也并不限于空间和人之外的自然。我们也可以看到体现于奴隶贸易中的抽象社会自然。如同今天的肉类加工业从供应者那里要求"标准猪"②一样,17世纪加勒比海地区的奴隶市场也有"标准"奴隶的测量:男性、30 到 35岁,5 至 6 英尺高。这种标准奴隶就是百分百的"印度群岛货色",达不到这个标准的就被降为(被估为)次品。③ 从等值和可交换性来考虑人之外的自然、地方财产或全球空间,往前再走一小步,就会以同样的方式来考虑人的自然了。"印度群岛货色"常常被认为只是课税的一种测量标准,④但它在 17 世纪被广泛用作测量劳动力的一种单位,从安哥拉到加勒比海地区都是如此。⑤ "印度群岛货色"是"潜在劳动[劳动力]的一种测量,而不是人本身的测量。因为,一个奴隶要吻合'印度群岛货色'的标准,他就必须是一个年轻的成年男性,要符合身形、身体条件和健康方面的一些规格。很年轻的、年老的、女性,从商业目的角度都被界定为劣于'印度群岛货色'的次品。对于西班牙帝国的经济种植而言,这个测量标准很方便,这里需要的是劳动力的常数,而不是人的常数"。⑥

这些发展揭示出早期资本主义非常真实而且现代性。从土地生产力到劳动生产率的转变,展现了一种新的价值规律。然而,这种新

---

① J. Brotton(J. 布罗顿),*Trading Territories: Mapping the Early Modern World*(《交易领土:测绘早期现代世界》),Ithaca:Cornell University Press,1997,166 页。

② F. Ufkes(F. 尤福克斯),"Lean and Mean: US Meat-Packing in an Era of Agro-Industrial Restructuring"(《做苦活:农业—工业重建时期美国的肉类加工业》),*Environment and Planning D: Society and Space*(《环境与规划 D:社会与空间》)13 卷 1 期(1995),683—705 页。

③ E. Williams(E. 威廉姆斯),*From Columbus to Castro*(《从哥伦布到卡斯特罗》),New York:Harper and Row,1970,139 页。

④ J. F. King(J. F. 金),"Evolution of the Free Slave Trade Principle in Spanish Colonial Administration"(《西班牙殖民管理中自由奴隶贸易原则的演变》),《西属美洲历史评论》22 卷 1 期(1942),34—56 页。

⑤ P. C. Emmer(P. C. 埃默),"The History of the Dutch Slave Trade: A Bibliographical Survey"(《荷兰奴隶贸易史:书目纵览》),《经济史》32 卷 3 期(1972),736 页。

⑥ P. D. Curtin(P. D. 科廷),*The Atlantic Slave Trade*(《大西洋奴隶贸易》),Madison:University of Wisconsin Press,1969,22 页。

的价值规律并不限于作为抽象社会劳动之前提的估价,它意味着又一个辩证要素:抽象社会自然。

资本对人的剥削和占用是不均衡的。商品生产中对劳动力给予价值,就意味着商品生产之外的劳动力的必然贬值。付酬和不付酬工作的这种辩证法,导致马克思主义政治经济学中许多认识的出现,因为人的工作是既被剥削(比如付酬劳动),又被占用的(比如不付酬的家庭劳动)。所以,在物种中,唯有人发现自己被资本不均衡地既剥削又占用。如同夏皮罗的文化定位理论所揭示的那样,在过去的 5 个世纪中,对人类免费礼物的这种占用,有各种各样种族化和性别化的中介被用来让其显得正常。有一点很明显:资本主义自身就实施着某种人类例外论,甚至许多激进的政治经济学家也将此内化了,这就限制了我们去关注资本循环中的劳动力。对资本积累的任何分析,这都是一根支柱。不过,我们已经被带得很远了,要理解结合起来的不均衡的积累情况,单凭这样来勾勒资本主义的发展框架,是一个非常狭窄的基础。应该看到,每一个剥削行动,都意味着更大的占用行动。

从资本主义的世界-生态这些最早的要素出发,我们看到的是一种价值规律通过双重辩证法而出现。首先是作为剥削的前提:抽象社会劳动/资本和付酬劳动。其次是作为占用的前提:抽象社会自然/资本和不付酬工作/能量。这就使得积累战略的历史的结合——资本化与占用——成为可能。通过资本化,劳动生产率靠生产的价值构成上升得到了提高;通过占用,劳动生产率靠攫取廉价自然也得到了提高,从而降低了生产的价值构成。

价值关系的系统形成,通过 1450 年后大西洋世界一波接一波的大小变化而发生。这些变化超越了经济、文化、政治等的通常界限,它们有利于一种现实观和一种物质转变的实践,鼓励着一种数学化和机械性的世界-实践。与此同时,资本主义世界-实践的出现,也依赖于1450 年后商品生产和交换的爆炸性增长,虽然这种增长就大西洋世界-生态的整体分量而言,它一段时间内分量并不重,自身对资本主义兴起的影响也不很大。与封建欧洲相对比,早期现代商品化的精髓就在于它在占用廉价自然上的明确,比如地貌转变的规模和速度就超过了商品化本身的数量增长。这使得一个狭窄领域内的劳动生产率得以增长,且是大幅度增长。正是在早期资本主义的那些前沿,机械化和占用的最大结合发生了。后来蒸汽发动机和煤炭之"垂直"前沿的到来,与此有很大的不同吗?

我们在 1450 年后看到的是一个转变过程,通过这个过程,新的再生产规则出现了,新的赌注建立起来了,新的力量和生产的逻辑创造出来了。这就是巨大历史转变的魔法。这些新的游戏规则和赌注取决于商品化,而商品化的大幅度扩张又取决于具体劳动的象征抽象和物质抽象进入到货币—资本和抽象劳动之中。这对于从占用剩余产品转变到剩余价值的积累是必需的。

必需,然而并不足够。这个转变所涉及的不限于抽象社会劳动,这一点早就被人们认识到了。有很多文献——大部分写于最近 10 年中——谈论原始积累和国家力量在确保资本积累之必要条件上的作用。[①] 然而,国家暴力和资本主义在商品生产上创新的结合,并不能生产出对世界进行测绘、航行、勘查和计算所需要的知识。把这一系列过程称为抽象社会自然,我们并没有夸大。伊比利亚的开拓者长于绘图、自然史和航行,但其方式显然不同于北欧 17 世纪科学的数学化和机械化的程序。[②] 我们不要有幻觉,生产新知识的这个起始阶段与后来那些时代典型的观念模式并不类似;然而,我们也要小心,不要低估伊比利亚海外帝国建造的功效,它通过新的"长距离控制"[③]的独特工艺而成为可能。这些独特工艺使得当时世界历史中尚不为人知晓的这些国家成为持久的跨洋航行帝国,它们之中没有一个显示出来了知

---

① 参看 M. Perelman(M. 佩雷尔曼),*The Invention of Capitalism*(《资本主义的发明》)(2000);哈维《新的帝国主义》(2003);德·安杰利斯《历史的开始》(2007)。

② 卡尼萨雷斯-埃斯格拉《文艺复兴中的伊比利亚科学》(2004)。

③ J. Law(J. 劳),"On the Methods of Long Distand Control"(《谈长距离控制的方式》),见 J. 劳所编 *Power, Action and Belief*(《力量、行动与信念》),New York:Routledge,1986,234—263 页。

识领域的自治，而是参与构成了一种薄弱却又广大的价值规律，这种价值规律以全球作为它的舞台。

将这些过程称为抽象社会自然，又增加了什么价值呢？有三点很明显。第一，任何经济简化论的价值概念，都会损害我们对资本主义兴起的解说能力，这是力量、资本和自然的统一。第二，从历史角度而言，在任何一致的经验基础上，要维持一个先验的断言，即认为经济过程推动了走向资本主义的转变，这是很困难的。对我而言，这似乎正是韦伯式思路的翻转，他强调资本主义精神及其对合理性的爱好。然而，我们在 16 世纪看到的是一系列彼此之间若即若离的过程，促成了商品化和占用的全新配置。这种新的"对现实的测量"——会计、时间记录、空间测绘和外化自然——在这个转变过程中的决定性作用，丝毫不亚于那些关键性大宗商品行业新的机械化，对我来说，不这样看待是很难的。这些一波接一波的过程，促进但并不确保资本主义的胜利，它有时由商品化浮现，有时由帝国和国家机器浮现，有时由新的知识生产（抽象社会自然）模式浮现。这样，我们又回到了资本主义兴起的世界-历史的三位一体：抽象社会劳动、原始积累和抽象社会自然。当然，它们是相互隐含的，而且各自的历史的分量也随着 16 世纪新的世界-实践的形成而不同。

第三，用抽象社会自然，我们找到了以国家为中心来表现这个过程的一条路，这种表现被斯科特[1]很聪明地概括提炼为"国家简化"的观点，以及福柯对治理术和生命权力的广泛讨论。[2] 如果抽象社会自然的生产常常与帝国和国家力量紧密相连，那么这些政治结构也必然要依赖世界积累。国家领导和市场领导的简化，揭示了一个重塑生命活动的过程，它吸纳了旨在对自然进行标准化、几何编码和测绘的一系列过程，这正是为了有利于资本积累。在这种视野中，"女性、自然和殖民地"的不付酬工作不仅是被掠夺，而且是通过象征层面实践、政

---

[1] 斯科特《看似一个国家》(1998)。
[2] 福柯《社会必须得到捍卫》(2003)。

治力量和资本积累而主动创造出来的。这个主动创造的过程由历史的自然/抽象社会自然/抽象社会劳动的关系表示出来。在这个意义上,我们对价值的解读,就为我们在现代世界历史中看到的东西建立了一个解说基础——那些地貌的、文化的、市场的、国家的,以及生产/再生产的(以及更多的)世界,它们类似和再生产着(甚至当它们竞争或适应时)价值规律中那种内在的巨大简化。

这种价值规律,可以让我们精确解释平常景象背后隐藏的东西:人类环境制造关系中的划时代转变,这开始于16世纪,于今天达到了它的限制。对价值关系的这种世界-生态解读,表明这些限制是通过资本主义、在生命之网中它自身作为生产者和产物而关系性地构成的。在这种思路中,价值规律成为一种方法论上的前提,可以发掘出资本主义的基本逻辑。这种逻辑将劳动生产率视为财富的支配性度量标准,反转了长期以来前现代文明中土地生产力的首要地位,并动用其他自然来为劳动生产率服务。单纯在抽象社会劳动意义上理解的价值关系,不能解释这种长期的对资本循环之外的不付酬工作/能量的动用。国家和科学也不是作为外在因素起作用,独立于资本积累。相反,国家、科学和资本构成了同一个过程,它由一种双重内在性而形成:简化自然,占用领域的延伸快于剥削地带。马克思深刻地看到,土壤肥力可以作为固定资本起作用,这是不能抛弃的洞见,这个观察说出了资本主义对未资本化之自然的贪婪胃口,没有这个胃口,资本的劳动生产率革命是不可想象的。

第四部分

廉价自然的兴起与萎缩

第九章

廉价劳动力？：时间、资本与人的自然的再生产

资本化和占用的辩证法在根本上取决于一些关系,人通过这些关系得到生产/再生产。所以,这就是廉价劳动力的核心重要性。没有廉价劳动力,积累就会失败。对于马克思来说,"劳动力的再生产,必须不停地再并入资本之中,作为它稳定[资本自身扩张]的手段。劳动力的再生产,不能脱离资本而自由,它被资本所奴役,这一点被个体资本家的多种多样遮掩了,劳动力的再生产出售给这些人,这种再生产事实上构成了资本自身再生产中的一个[基本]因素。所以,资本的积累是无产阶级的大量增加"。①

对于马克思的这个著名论断,我们现在或许可以补充一点:资本的积累是无产阶级的大量增加,是不付酬工作/能量的占用。在"鲜血变为资本"②中,资本关系展现了财富作为价值的生产、占用不付酬工作(生命的生产/再生产)作为价值条件的生产。甚至在大规模工业之前,抽象社会劳动的体制就在快速地理扩张的条件下出现了。③ 然而,

① 马克思《资本论》第 1 卷(1977),763—764 页;方括号内文字取自马克思《资本论》第 1 卷(1967),575—576 页。
② 马克思《资本论》第 1 卷(1977),382 页。
③ 摩尔《生态与资本主义的兴起》(2007);蒂利《欧洲无产阶级的人口结构起源》(1979)。

这种关系的意味更深于全球扩张是资本主义兴起之关键的那些观点。[1] 抽象社会劳动本身就是一种前沿过程，它并不创造那么多前沿。前沿是商品化的生命与未商品化的生命之间的界线，资本通过对抽象社会自然的测绘和量化工艺，穿越了这条界线。就资本所有的"自足"特征而言，剩余价值的生产并不仅仅是劳动的无产阶级化和资本的积累，还包括全球占用空间的生产。

人们经常批评马克思把劳动力的再生产降低为商品的消费。我们被告知，在这个过程中，马克思忽略了不付酬工作（尤其是家务劳动）的贡献。[2] 这种批评看来并不完全正确。在马克思关于"工作日"的经典讨论中，他说得很清楚，商品系统中只要包含任何劳动力的再生产，都会迅速导致劳动成本的上升，妨碍资本积累。"资本自身的利益看来指向正常工作日的方向。"[3]工作日越长，工作强度越大，"人的劳动力的退化"就越大。[4] 资本主义——甚至在大规模工业时代之前——就是"第一个体系……提供了……工业病理学的动力"，[5]这不是没有原因的。初看起来，劳动力的这种退化与资本的自身利益相抵触，因为"用完了的"劳动力必须被替换，这是一个"花钱"的命题。[6] 不过，当"劳动力的价值包括工作者再生产所需要商品的价值"时，这些商品的价值就被资本化的工作与所占用工作的结合、也就是付酬工作与不付酬工作的结合所决定。稳定的劳动力直接决定了工作者再生产所需商品的价值。与此同时，再生产中的不付酬工作也合作决定着制约这些商品价值的社会必要劳动时间。如同我们已经看到的，这种不付酬工作/能量并不限于家庭，而是延伸至整个廉价自然

---

① 参看沃勒斯坦《现代世界体系》第 1 部（1974）。

② C. Meillassoux（C. 梅勒索克斯），*Maidens, Meal and Money*（《未婚女子、饮食和货币》），Cambridge, UK：Cambridge University Press，1981；S. Federici（S. 费德里希），*Revolution at Point Zero*（《零起点的革命》），Oakland：PM Press，2012.

③ 马克思《资本论》第 1 卷（1977），377 页。

④ 马克思《资本论》第 1 卷（1977），376 页。

⑤ 马克思《资本论》第 1 卷（1977），484 页。

⑥ 马克思《资本论》第 1 卷（1977），377 页。

系统。必要劳动时间是资本化和占用合作生产的。

为什么是合作生产? 这是因为资本必须吸收非商品化工作(不付酬工作)的地带,劳动力的再生产只是部分地发生于商品生产和交换地带。要承担商品系统内家庭再生产的全部成本,很快就会带来积累过程的停止。所以,完全无产者家庭即使在今天也是很罕见的,几乎只限于薪酬很高的职业工作者(律师、医生、教授等)。从历史角度而言,即使是在无产阶级化的心脏地带,劳动力的再生产也依赖于各种各样的不付酬工作,或者是那些报酬本身不足以再生产劳动力的工作。后面这一点很重要,因为我们是在谈论不付酬工作的相对程度,是"半无产者家庭"[1]中付酬工作与不付酬工作变化着的配置。比如,20 世纪初期的美国,美国城市中所有移民女性的一半——当时移民是美国大城市中的人口主体,都接纳付钱的寄宿客人,这种劳动包括各种各样的打扫卫生、准备饮食和情绪劳动。的确,甚至在中等大小的工业城镇,比如曼西、印第安纳,所有工人阶级家庭中约有一半都自己种小菜园,直到 1920 年代还是如此。[2]

有一种诱惑:既承认抽象社会劳动的现实是通过资本化和占用而合作生产出来的,同时又否认马克思认识到了这个问题。[3] 如果这只是一个马克思是对或错的问题,那就不值得追究不休了。我们不妨来关注马克思如何建构了劳动力再生产这个论题。对于马克思来说,从一般生产、人口或交换这种一般抽象,转向较为具体或较为确定的抽象,这是一致的。[4] 在一段富有启发性的文字中,马克思提供了劳动的一般抽象和具体抽象,从前者转向后者:"作为以某种形式指向占用自然要素的有用活动,劳动是人的生存的一种自然条件,是人与自然之

① J. Smith(J. 史密斯) 和 I. Wallerstein(I. 沃勒斯坦), *Creating and Transforming Households*(《家庭的创造和转变》), Cambridge, UK: Cambridge University Press, 1992。
② L. Gordon(L. 戈登), "US Women's History"(《美国女性史》), 见 E. Foner(E. 福纳) 所编 *The New American History*(《新编美国史》), Philadelphia: Temple University Press, 1990, 271 页。
③ 参看费德里希《零起点的革命》(2012)。
④ 马克思《政治经济学批判大纲》(1973); P. Murray(P. 默里), *Marx's Theory of Scientific Knowledge*(《马克思的科学知识理论》), Atlantic Highlands, NJ: Humanities Press, 1988。

间物质交换的一种条件，它不依赖于社会形式。另一方面，有着交换价值的劳动[商品化的劳动力]，则是劳动的一种特殊的社会形式。"①

在《资本论》中，我们发现马克思一致地从资本积累的"纯粹"模式，转向一些较为确定的抽象。他在"工作日"中的论证，就提供了一种暗示资本主义倾向于劳动力的生产不足，没有市场机制来缓解这个矛盾的理论。他谈到劳动力的再生产时，这一点尤其明显。马克思最初关于劳动力价值由商品价值来界定的抽象，后来修改为一种新的历史决定的抽象，占用地带位于这种抽象的中心，②储备的劳动力大军的"潜伏"层面至关重要。③"在根子上夺走了人们的生命力……工业人口的退化就只能靠从乡村持续吸收原初和自然['身体未腐烂的']人]因素来减缓。"④后来，马克思在关于原始积累的著名讨论中，又对此进行了考查。马克思赞同地引用了凯恩斯的话，注意到如果劳动力可以"由外来的保护地供应……那么[工作者]生命的持续与它持续时的生产性相比，就是一个小问题了。因此，在奴隶经营中有一句格言：在那些奴隶进口国，最有效的经济是在最短的时间长度内拿走了人能够拿出来的最大限度的动产"。⑤

对此，马克思补充说："'名字变了，但故事讲的还是你！'奴隶贸易可以读为劳动力市场，对[奴隶贸易中的]肯塔基州和弗吉尼亚州来说，这是爱尔兰和英格兰农业地区、苏格兰和威尔士；对德国来说，这是非洲。"⑥劳动力可以读为自然，马克思将二者直接连接起来："资本不关心劳动力生命长度的问题。它唯一感兴趣的就是劳动力能够放入工作日中的尽可能大的量。它靠缩短劳动力的生命长度来达到这

---

① 马克思，*A Contribution to the Critique of Political Economy*（《对政治经济学批判的一个贡献》），N. I. 斯通英译，Chicago：Charle H. Kerr & Co.，1904（1859 年初版），33 页。
② 马克思《资本论》第 1 卷（1977），276—277 页。
③ 马克思《资本论》第 1 卷（1977），796 页。
④ 马克思《资本论》第 1 卷（1977），380 页。
⑤ 凯恩斯《奴隶力量》（1862）；马克思《资本论》第 1 卷（1977），377 页。
⑥ 马克思《资本论》第 1 卷（1977），376 页。

个目的,如同一个贪婪的农民靠榨取土壤肥力来获得更多收成一样。"①

"如同……一样",资本关系如何通过"有利之地"来呈现,这是一个富有洞见的辩证阐释。如同我们在第三章看到的,"相互依赖的社会新陈代谢的过程",取决于人与人之外自然的同一新陈代谢——虽然在历史上各有差别。这里,我们可以阐明笛卡尔二元论的象征暴力遮蔽了工作者"生命的缩短"与"榨取"土壤肥力之间的内在一致。

在大部分绿色思想,很难看到这种内在联系。半夜叫醒任何一个环境主义者,问他:"我们在什么地方看到耗尽和消耗?"他的回答是现成的:在植物和动物上,在土壤和资源上。然而,如果我们将这个回答倒转过来如何?从工作者耗尽枯竭的观点,从工作系统的耗尽枯竭来开始如何?这样的倒转不必以人类为中心,通过这样做,我们或许可以说明资本主义的世界-生态中统一的耗尽枯竭人和人之外自然的关系。

如果工作者的耗尽枯竭最为重要,我们就必须问一个至关重要的问题:谁是工作者?无疑,不仅仅是雇佣工人,而是在资本主义的价值关系中"工作"的所有生命活动。如同我们看到的,这种工作中有一些是正式的,但大部分并非正式。我们可以重新看看我们在第五章中首先遇到的两种主要的耗尽枯竭形式:"累惨了"和"清除了"。最为典型的是前者,当已有的工作人口再也不能朝资本循环中递送——或者是支持资本循环的——工作/能量的上升之流,它就已经累惨了。今天美国的工人阶级不是在急迫的身体累坏的意义上耗尽枯竭,而是朝资本递送更多量的不付酬工作的能力上耗尽枯竭,它递送不付酬工作的潜力被耗尽了。这些"转变"——付酬和不付酬工作的第二次和第三次转变——的扩散,以及新自由主义对一周工作时间的延长,都让

---

① 马克思《资本论》第 1 卷(1977),378 页。

我们有理由认为美国工人已经不能工作更多或更艰苦了。[1]（也许还在边缘,但不能超过这个程度了。）

这样的耗尽枯竭也意味着我们所说的第二种形式"消除"。这是工作/能量之流中的绝对下降而非相对下降的幽灵,这在 1980 年代以来北半球各地精神健康问题的急剧增加[2]、即使吸烟大幅度减少后癌症仍然流行、看病者的比例极大[3],等等事件之上可以看出。这意味着什么一目了然:耗尽枯竭已经有了许多形式,不能降低为生物物理意义上的崩溃了。

除了越来越多的健康问题外,人们还可以看看下降的生育力,最近几十年中北大西洋各地无产阶级女性的"育儿罢工",现在它已延伸至工业化的东亚。[4] 这表明,在一个积累周期的过程中,曾位于现金交易关系之外的再生产关系,已经变得越来越货币化了。再生产变成要通过商品关系了,不付酬工作的份额——不一定是主体——下降或是停滞了。在那些老的生产中心,人的自然变得越来越资本化。这种资本化很难不带上它的阶级政治:在劳动力再生产条件上的斗争看来越来越明显了。资本变得越来越依赖商品化的生命再生产,而不是未商品化的再生产。

我们又再一次地看到了生态剩余的下降趋势。它最为明显的标志就是四个廉价输入的价格上涨。劳动、食物、能源和原材料变得越来越昂贵。[5] 这四个廉价不再廉价了。这通常并不同时全部发生,但2003 年以来我们看到的是同时发生。四个廉价不再廉价,开始变得珍贵,这个点正是资本主义一个阶段的标志性危机。这样的危机"标志"

---

① 参看霍赫希尔德《第二次转变》(1989)。

② HHS(美国卫生及公共服务部),*Health United States* 2010(《健康美国 2010》),Washington,D. C.:U. S. Government Printing Office,2010。

③ M. Davis(M. 戴维斯),*Planet of Slums*(《贫民窟的地球》),London:Verso,2006.

④ G. Livingston(G. 利文斯顿) 和 D. Cohn(D. 科恩),"The New Demography of American Motherhood"(《美国母亲身份上新的人口结构情况》),Pew Research("皮尤研究"),2010,www. pewsocialtrends;*Economist*(《经济学人》),"Women in South Korea:A Pram Too Far"(《韩国的女性:婴儿车很遥远》),《经济学人》(2013 年 10 月 26 日)。

⑤ 当然,各种输入之间总是有不均匀,总是有地理上的差异。

着一种积累体制的耗尽枯竭。对于新自由派资本主义而言,这个标志性危机开始于 2003 年前后,其重要性远远超过了 2008 年金融系统的几近垮掉。从那之后,生态剩余就一再下降,很少有即将扭转的迹象。那些最大的商品前沿已经枯竭了,而资本的主体仍在增长。

这种积累过多危机——"剩余"资本大量增加,无法赢利地再投资——的周期性解决,一直依赖于四个廉价的周期性恢复。所以,生态剩余的下降就与实体经济中营利性的投资机会(M-C-M')的收缩紧密相连。廉价石油、廉价劳动力或廉价金属,使得新的创新(如铁路、蒸汽发动机或者汽车)在它们各自年代成为可能。(这个过程当然是级联式的,并非先廉价自然,然后划时代创新的线性过程。)这些生产系统、城市空间和基础设施发展,由那些新机器吸收巨量剩余资本显示出来。的确,1790 年至 1960 年北大西洋世界一波接一波工业化的不寻常历史,从第一次工业革命、第二次工业革命到福特制工业革命,可以通过这些划时代发明(煤炭/蒸汽,汽车/石油)重塑全球"有利之地",带来不付酬工作/能量之贡献上升的方式来讲述。有趣的是,最近 40 年的信息技术"革命"在递送新的工作/能量之流、吸纳剩余资本,或者是提高劳动生产率上,显然都不充分。[①] 让工业化的这些大潮得以可能,四个廉价对解决历史的资本主义一再出现的积累过多危机,起到了至关重要的作用。所以,在一个接一个的积累周期中,四个廉价的周期性"结束"都与剩余资本的大量增长而无处可去相伴。商品前沿的耗尽枯竭以及不付酬工作全系统的增长放缓,就与 1970 年代以来出现的金融化的一些特殊形式紧密相连了。实体经济中的积累陷于困境,资本中越来越大的份额被吸引至金融活动而不是生产活动(不再是 M-C-M',变成了 M-M')。[②] 当然,在某个时刻,这些金融化

---

① 福斯特和麦克切斯尼《无尽的危机》(2012);戈登《美国经济增长过去了吗?》(2012)。
② M-M' 是在资本主义一次接一次的金融扩张中开始起作用的(见第六章)。参看阿瑞吉《漫长 20 世纪》(1994);A. Leyshon(A. 莱申)和 N. Thrift(N. 思里夫特),"The Capitalization of Almost Everything"(《几乎一切的资本化》),*Theory, Culture and Society*(《理论、文化与社会》)24 卷 7—8 期(2007),97—115 页。

赌的是未来必会偿还，或者是赌徒必然破产。

生态剩余——不付酬工作对资本积累的减少中的相对贡献，之所以会减少，有几个原因，在这些原因中，有 5 个尤为明显。一个就是现金交易关系，它处在现代地方主义和抽象社会自然延伸的条件下，倾向于对前资本主义的力量与生产安排进行解构。有时，这种解构以殖民主义的形式到来，比如 16 世纪西班牙对秘鲁的殖民重构，就解构了乡村生活。[①] 这样的解构是资本主义的世界-生态中的周期性现象。晚近这 3 个世纪，它们仍然在起作用，比如在殖民地非洲，资本主义的发展就引发了从"转动"迁移到"不可逆转"迁移的变化。[②] 阶级斗争本身也是生态剩余减少的一个矢量。工人阶级倾向于要求一种"家庭薪资"，以及将再生产的成本、卫生保健的成本、养老金，尤其是教育的成本社会化，[③]这就将资本"锁入"较高的再生产成本之中，尤其是1970 年代以来的北半球。[④]（南半球到北半球的移民，一直是这种趋势的一个强有力抑制。）从那以后，我们也看到了环境运动在世界各地的兴起，这也就是我们的第三个矢量。这些运动推动各国去限制污染，去清理以前污染的代价。到现在为止，这是我们这些矢量中最弱的，因为到现在为止，它有可能在时间上将这些代价延期给下一代，有可能在空间上将这些代价从北半球换到南半球。它很可能是未来几十年中代价上升的最强矢量，这个问题我们下一章探讨。第四个因素是大幅度简化战略的趋势，比如单一种植，排除了农业生态系统中的滋养物，生产出了有利于害虫和杂草的环境。这种做法倾向于增加能源和毒物的投入，而这些东西自身就越来越昂贵。最后，生态剩余的减少也意味着能源和矿物资源的消耗，如同农业的情况一样，它们也倾向于带来越来越昂贵和毒性的投入（比如氰化物炼金、页岩油水力

① 摩尔《"阿姆斯特丹站在挪威上面"》第 1 部（2010）。
② 梅勒索克斯《未婚女子、饮食和货币》（1981），110 页。
③ 沃勒斯坦《历史的资本主义》（1983）。
④ N. Smith（N. 史密斯），"Transforming Households"（《转变家庭》），*Social Problems*（《社会问题》）34 卷 5 期（1987），416—436 页。

压裂开采)。

如果不付酬工作对资本积累的减少中的相对贡献是这样一个问题,那么资本为什么要容忍、而且有时还强烈鼓励再生产的资本化呢?总的来说,资本这样做有两个主要原因。第一,将再生产过程带入资本的循环,这可以让某些资本家代理机构(公司)在争夺世界剩余价值份额的竞争中获得短期收获。一家公司对合格劳动力供应的需求,不亚于对原材料的需求。第二,从系统层面而言,劳动力的商品化,尤其是在停滞时期,会增加商品的消费。[①] 显然,这里食物的商品化是关键,新自由主义的"强制消费不足"(饥饿)体验就与食物的市场化几乎不矛盾。

劳动力是说明问题的,因为它刺激我们去通过资本主义在自然之中的差异化统一来进行思考。如同马克思表明的,资本主义通过一种即使不均衡但同一的关系来耗尽土壤和工作者。尽管这样的耗尽枯竭很荒谬,但它并非无理性。在半个世纪的中期长度内,对再生产进行资本化的代价,会倾向于让不付酬工作最大化;过了半个世纪之后,不付酬工作的份额开始停止增加,然后是减少。自然的资本化构成上升了,生态剩余下降了。于是带来了两个结果:对于资本来说,再生产成本上升;资本流流向新的劳动前沿。(劳动常常流向富有活力的资本主义中心,美国资本主义的历史尤其如此。)资本自身的利益看来是指向"可持续"再生产体制的方向,但资本的短期主义和社会-生态再生产的灵活性,却驱动了资本主义历史中序列化的繁荣/破裂顺序,其前提就是资本化和占用的耗尽枯竭趋势。这些矛盾通过商品生产和社会-生态再生产的不同的时间节奏而得到缓解。付酬工作的时间是"线性和按照钟表来的",而家庭再生产的不付酬工作"以各种活动的循环节奏和模式为基础,这些活动常常是循环而非线性的,是完成任

---

① "无产阶级化背后的主要力量之一,就是世界的劳动力自身。比起他们那些自称的知识分子代言人来,他们常常更懂得,半无产者家庭中的剥削[我要说是占用]要重得多,远远超过了更为充分无产者化的家庭。"沃勒斯坦《历史的资本主义》(1983),36—37 页。

务而非按照钟表来的，而且嵌入了意义"。① 资本抓住了再生产工作的
灵活性，在一定程度上，这可以围绕抽象时间的规范来定型，侵入到日
常生活之中，用抽象社会劳动的逻辑囊括了越来越多的工作。然而，
这种灵活性并不是无限的。真正的工作日——付酬工作的工作日和
不付酬工作的工作日，不可能无限延长。

商品生产在一个非常短的时间框架内工作。最长而言，也就是一
个商业周期（7 到 12 年）。当然，生产周期还要更短一点，近几十年来
更是如此，资本主义生产"灵活"形式的丰富多样就表明了这一
点。② 如同梅利莎·赖特表明的那样，这种灵活化是以对南半球各地
女性劳作者的快速占用和随之而来的耗尽枯竭为前提的。③ 那些"用
后即丢的第三世界女性"变成了新自由主义时代中廉价劳动的支
柱。④ 早在 1970 年代，30%的韩国女性劳作者就"每天工作 15 小时甚
至更长时间，因工伤事故而致残……每年增加 17%"。⑤ 当然，这并非
新鲜之事。塞科姆为 19 世纪英国和法国工业地区的女性和儿童画出
了类似的轨迹图表。⑥ 赖特和塞科姆所强调的，正是廉价劳动商品前
沿在历史上的存在短暂的特征。

在某个时刻，不付酬再生产的这种灵活性就不再足以维持生态剩
余的增加了。

这并不是什么创见，但在 1990 年代以来世界劳动力的"大翻番"
（实际的和潜在的增加）之后，就值得重视了。⑦ 廉价劳动力不是资本

---

① M. Hilbrecht(M. 希尔伯特)等人，"I'm Home for the Kids'：Contradictory Implications for Work-Life
  Balance of Teleworking Mothers"(《"我为孩子而在家"：家中上班的母亲们，她们工作—生活平衡的
  矛盾意味》)，*Gender, Work and Organization*(《性别、工作和组织》)15 卷 5 期(2008)，456—457 页。
② 哈维《后现代性的条件》(1989)。
③ M. W. Wright(M. W. 赖特)，*Disposable Women and Other Myths of Global Capitalism*(《用后即丢的女
  性与全球资本主义的其他神话》)，New York：Routledge，2006.
④ 同上，29 页。
⑤ A. Lipietz(A. 利皮耶茨)，"Towards Global Fordism"(《走向全球福特制》)，《新左派评论》1 卷 132
  期(1982)，33—47 页。
⑥ W. Seccombe(W. 塞科姆)，*Weathering the Storm*(《渡过难关》)，London：Verso，1995，71—80 页。
⑦ R. Freeman(R. 弗里曼)，"What Really Ails Europe(and America)"(《真正让欧洲和美国苦恼的是
  什么》)，*The Globalist*(《全球主义者》)，2005 年 6 月 3 日。

主义文明的一个永恒条件。劳动力和不付酬工作的供给不仅是一个"社会"问题,而且是一个世界-生态问题,劳动力的价值(或廉价)与人和其他自然的不付酬工作直接相关联。人的劳动力与人之外的自然的工作,二者的关系并不遥远而是亲密、辩证和直接。①

替代那种笛卡尔式的看法——"对劳动和自然的剥削",②我以两种形式的劳动处在自然之中来作为开始。一是商品系统中的付酬工作,一是直接商品生产之外、但在资本主义劳动部门之内的不付酬工作。以双重内在性作为前提的方法,可以让我们把这两个不同的要素统一起来:任何时候只要我们思考劳动(劳动处在自然之中),我们最好就马上转为思考自然处在劳动之中,然后再返回来。劳动处在自然之中,就是自然处在劳动之中。工作是人和其他自然的合作产物,如同马克思所表明的,这的确是同一新陈代谢。这种新陈代谢采取了价值规律的形式,是一个连接的历史过程,通过抽象社会劳动和抽象社会自然的体制而维持,通过资本化和占用的关系来再生产。

这种矛盾关系一直是一根蜡烛两头烧,我们看到一端是资本的生产时间,另一端则是生命的再生产时间。这种战略工作那么长时间了,只要有足够的蜡烛可供燃烧就行,只要制造新的蜡烛很容易就行。因为,资本主义的生命之血,就是再生产那些能够成为工作者的人的生命活动。如果这不"便宜",而是变得越来越昂贵,那么价值的基础——商品化的劳动力——就成问题了。这里,劳动力的代际再生产出现了。在思考工业革命这个时代时,塞科姆观察到:

> 工业资本主义在它这个胜利突破之时,也显示了它的黑暗一面。处在竞争之鞭下的私人资本家,对于无产阶级的生命再生产那些最为基本的先决条件,表现出毁灭性的漠不关

---

① 尽管绿色批评一直强调食物、能源和原材料方面的问题,但他们的分析中对劳动一直只是偶尔提及。比如海因伯格《一切都顶峰》(2007);福斯特《生态革命》(2009);J. G. Speth(J. G. 斯佩思),*The Bridge at the End of the World*(《世界尽头之桥》), New Haven:Yale University Press,2008。
② 福斯特等人的《生态断裂》(2010),80 页。

心，尤其是对待女性，她们被迫要把两种敌对性的要求合在一起——日常劳动力周期与代际劳动力周期的敌对。[1]

这种"竞争之鞭"既出现于生产，也出现在市场。它对所有资本主义生产都施加了一种时间约束，但又远远超越了生产。资本恪守将劳动生产率作为财富的度量标准，这就揭示出资本主义是一种时间的体制，是一种致力于"用时间消灭空间"的体系。[2] 对空间的消灭，这是肯定的，但也通过抽象时间来消灭生命活动，也就是驱使所有生命活动按照资本的节奏来工作。汤普森所称的"工业时间"[3]的到来，它早于工业革命几个世纪，并不仅仅只是工厂范围内的现象，也同样是家庭现象，而工厂和家庭的转变都与甘蔗种植园体系密切相连，这个体系自身就是在工业时间上组织的。在 19 世纪的英国：

> 选择食物，这部分是依可供进食的时间来决定的，而不完全看相对的价格。家庭中的劳动部门制约着英国食物选择的演变，出去挣工资的妻子对家庭饮食的影响有限，即使她的工作可能会增加家庭的收入……看来可以肯定，[工厂系统提供了不同寻常的途径，可以让]蔗糖和它的副产品[供给工人们，因为这类食物可以]节省时间，[因此也部分补偿了]它提供给女性和儿童的累活。家庭烧烤面包的减少，代表着从传统的烹饪体系——它很费燃料和时间，转变到"方便饮食"。糖渍保存[果酱]可以无限期存放而不会腐烂，也不需要冷藏，它廉价而吸引儿童，与较贵的黄油相比，它与商

---

① W. Seccombe（W. 塞科姆），"Marxism and Demography"（《马克思主义与人口统计学》），《新左派评论》1 卷 137 期（1983），44 页。

② 马克思《政治经济学批判大纲》（1973），524 页。

③ E. P. Thompson（E. P. 汤普森），"Time, Work-Discipline, and Industrial Capitalism"（《时间、工作纪律和工业资本主义》）（1967），56—97 页。

店购买的面包相配味道更好，而购买面包又胜过或替代了粥，正如茶替代了牛奶一样……实际上，食物方便将挣工资的妻子从每天一顿或甚至两顿做饭中解脱出来，与此同时又给她所有家人提供了更多的卡路里。[①]

生命的再生产时间与资本的再生产时间之间矛盾的核心性，这是女权主义学者经常强调的。

但是，其含义还需延伸至生命之网中的资本主义。如果我们把生命与资本之间的时间矛盾理解为资本主义文明的一种限制，那么我们就不再停留在自然/社会的二分法之中了。说外在的自然是文明的限制，这就不可能了，因为有一个过硬的理由：这些限制是自然之中的人们作为一个整体合作生产出来的。自然是合作生产出来的，资本主义是合作生产出来的，限制是合作生产出来的。

到目前为止，如果说环境史学家的重大关注一直是空间；[②]那么现在就有可能来考虑空间处在时间之中（以及时间处在空间之中）了。所以，工作的核心性就凸显出来了。作为价值规律核心的，是资本的社会必要周转时间想要缩减为零的冲动，这种野心在 21 世纪的高频外汇交易中最接近于成为现实。事实上，将资本的周转时间缩减为零的冲动，是资本主义环境史中一个关键要素，其力量超越了生产、交换、运输和交流的领域。[③] 在价值规律的万有引力中，用时间来消灭空间，这改变了所有的生命和空间。比如，想一想肉类生产中的"工厂化农业"革命。在北美，1955 年肉鸡育成需要 73 天，1995 年为 42 天，这种变化就是这个革命造成的。[④] 体现这种革命，幅度更大的或许是中

①　明茨《甘甜与权力》（1985），130 页。
②　不过，可以参看克罗农《自然的大都市》（1991）。
③　哈维《后现代性的条件》（1989）；沃夫《时空压缩》（2008）。
④　W. Boyd（W. 博伊德），"Making Meat"（《制造肉食品》），《技术与文化》42 卷 4 期（2002），631—664 页。

国养猪的变化，1978 年时肉猪育成需要 12 个月，2011 年缩短为 6 个月。[1]"工厂作为环境"，在这里展现得十分清晰。[2]

这与人的工作者非常不同吗？把"工厂化农业"视为环境问题，但把"工厂化生产"视为社会问题，这就是危险所在。然而，这样的二元论遮蔽了资本主义时间生产、空间生产和自然生产中的太多问题。在美国，从福特制者到新自由派的肉类加工业，我们不妨回忆一下美国肉类加工业现代生产线在 19 世纪的起源，[3]这种转变正是从薪酬较高、较为安全的工作，转变为 1980 年后薪酬很低、高度危险的工作。这种转变不仅显示出肉类加工业是美国最为危险的工业化工作，而且极大地损害了食品安全，细菌污染的爆发变得普遍了。[4] 基于廉价劳动力的中心性，我们还可以指出新自由派的肉类加工业中拉美移民的中心性。由于一种双管齐下的阶级进攻，才导致了这种廉价劳动的到来。一方面是国界之内发生的阶级进攻，导致了农业小资产阶级和工业上的工人阶级力量[5]——这里是指中等规模的家庭猪场主和高度组织化的肉类加工业工人——同时被摧毁。[6] 另一方面的阶级斗争则表现出新殖民和新自由派的特征，比如墨西哥的农业订单越来越不稳定，尤其是 1994 年之后。时间对空间的消灭，以及它在空时与时空新配置中的对应物，标志着资本的积累、力量的追求和自然的合作生

① M. Schneider（M. 施奈德），*Feeding China's Pigs*（《中国养猪》），Minneapolis：Institute for Agriculture and Trade Policy（农业与贸易政策研究所），2011；M. MacDonald（M. 麦克唐纳），S. Iyer（S. 伊耶），*Skillful Means：The Challenges of China's Encounter with Factory Farming*（《善巧：中国有了工业化农业之后的挑战》），New York：BrighterGreen，2011。

② C. Sellers（C. 塞勒斯），"Factory as Environment"（《工厂作为环境》），*Environmental History Review*（《环境史评论》）18 卷 1 期（1994），55—83 页。

③ 克罗农《自然的大都市》（1991）。

④ L. Gouveia（L. 戈维亚）和 A. Juska（A. 尤斯卡），"Taming Nature，Taming Workers"（《驯服自然，驯服工人》），*Sociologia Ruralis*（《农村社会学》）42 卷 4 期（2002），370—390 页。

⑤ K. Moody（K. 穆迪），*An Injury to All*（《伤害所有人》），London：Verso，1988；C. MacLennan（C. 麦克伦纳）和 R. Walker（R. 沃克），"Crisis and Change in U. S. Agriculture"（《美国农业的危机与变化》），见 R. Burbach（R. 布尔巴赫）和 P. Flynn（P. 弗林）所编 *Agribusiness in the Americas*（《美洲的农业综合企业》），New York：Monthly Review Press，1980，21—40 页。

⑥ Food and Water Watch（"食物与水守护"组织），*The Economic Cost of Food Monopolies*（《食物垄断的经济代价》），华盛顿特区："食物与水守护"组织，2012；P. J. Rachleff（P. J. 雷切尔），*Hard-Pressed in the Heartland*（《心脏地带的紧逼》），Boston：South End Press，1993。

产……所有这些都同时发生!

历史变化——生命和空间的时空压缩[①]——的加速,并非新鲜之事。它是资本主义兴起的必要部分。[②]"抽象时间"的兴起是关键性的,只有当时间能够作为"独立"变量来把握,[③]时间对空间的消灭才能发生。独立于什么呢?开始时,是独立于作为文明基础的土地生产力。当力量体现为对土地的控制时,比如封建欧洲或中国宋代,这种文明的时间是春夏秋冬的时间、播种与收获的时间、出生和死亡的时间,"灾难与节日"的时间。[④] 这是一种不规则的时间。不过,即使是这种情况,我们也要记住,女人和男人,在力量和日常生活中积极地合作生产着时间,她/他们并不是"自然"循环的被动对象。当然,后者强大,在这样的文明中,无论是创造抽象时间的能力或动力(或二者)都是缺乏的。这样的能力和动力将会在14世纪的欧洲开始到来。最早的枢机钟表出现于13世纪末,在漫长14世纪的危机中,钟表将成为城镇-工业欧洲日常生活的一个特征。从钟表到钟表-时间的转变,的确是创新,与其说这是技术之事——钟表只是钟表,不如说是独特工艺之事。它变成了钟表—时间,将技术、力量和自然汇聚在一起,这只能出现在一定的情况下。[⑤]

一种以货币和劳动时间为前提的文明,会呼唤出一种非常不同的时间。总的来说,欧洲封建主义一直处于前现代的繁荣与萧条模式之中,其前提是土地生产力、边界扩张和领主-农民关系的动力学。然而,它也是一种以力量和财富异乎寻常之破碎为前提的文明。这就使

---

① 哈维《后现代性的条件》(1989)。

② 摩尔《生态与资本主义的兴起》(2007);沃夫《时空压缩》(2008),40—77页。

③ 普斯通《时间、劳动与社会支配》(1993)。

④ G. J. Whitrow(G. J. 惠特罗), *Time in History*(《历史中的时间》),Oxford:Oxford University Press, 1989,110页。

⑤ 所以,比如11世纪中国的苏颂就发明了一座机械钟(1092年,北宋宰相苏颂主持建造了一台水运仪象台,这个仪器能报时打钟,结构和现代钟表很相似——译者注),但它是为皇帝,而不是为日常生活设计的。J. Needham(J. 尼达姆)等人,*Heavenly Clockwork: The Great Astronomical Clocks of Medieval China*(《天之钟:中世纪中国的大型天文钟》)第2版,Cambridge,UK:Cambridge University Press,1986(1960年初版)。

得无产阶级化和生产的新的集中成为可能,尤其是从 13 世纪后期开始,这就预示了资本主义的兴起。"杜埃、伊普尔或布鲁塞尔这样的大纺织城镇……[可以相比于]一座巨大的工厂",工作日的开始和结束用钟声来管理。[①] 到 14 世纪初期,钟声在钟表时间的快速扩张面前退了下来,这仍然不算是抽象时间,但已经与 10 世纪的农业时间渐行渐远了。到 14 世纪中期时,"60 分钟为 1 小时很快……[取代了]纺织业中以天作为劳动时间基本单位"。这种新的分时段工作日,在持久的封建危机中成了激烈阶级斗争的一个主题。[②] 的确,正是在这个划时代危机的时代,我们看到了劳动生产率观念的起源,它敏感于"时间就是金钱"。[③]

14 世纪结束时,钟表时间及其 60 分钟为 1 小时,"已经在西欧那些主要城镇地区坚固建立,取代了以天作为基本的时间单位"。[④] 如果说抽象时间的最早出现起源于修道院,那么,到了 1370 年,至少是在法国,钟表时间就冰冷冷地用于俗世了:"新的时间……[成了]国家的时间。"[⑤]这种新时间的不同,不仅在于它的线性和规则,而且在于时间已经"外在于生命了"。[⑥] 钟表(作为独特工艺)所起的作用,就如同文艺复兴透视法对空间所起的作用。它"把时间与人的各种事情分离开来……创造了一种信念:有一个可数学计量其序列的独立世界"。[⑦]

当漫长 16 世纪到来时,欧洲资本家和国家向外突进,就将钟表时间与广义上的"商人时间"融合起来了。[⑧] 我们开始看到世界时

① E. M. Carus-Wilson(E. M. 卡洛斯-威尔逊),"The Woolens Industry"(《毛织品业》),见波斯坦和里奇所编《剑桥欧洲经济史》第 2 卷,Cambridge, UK:Cambridge University Press, 1952, 644 页。
② 惠特罗《历史中的时间》(1989),108 页;J. Le Goff(J. 莱戈夫),*Time, Work and Culture in the Middle Ages*(《中世纪的时间、工作与文化》),Chicago:University of Chicago Press, 1980, 43—52 页。
③ 兰德斯《国家的财富与贫困》(1998),49—50 页。
④ 莱戈夫《中世纪的时间、工作与文化》(1980),49 页。
⑤ 莱戈夫《中世纪的时间、工作与文化》(1980),50 页。
⑥ A. J. Gurevich(A. J. 古列维奇),"Times as a Problem of Cultural History"(《时间作为文化史的一个问题》),见 L. Gardet(L. 加德特)等人所编 *Cultures and Time*(《文化与时间》),巴黎:联合国教科文组织出版社,1976,241 页。
⑦ 芒福德《独特工艺与文明》(1934),15 页。
⑧ 莱戈夫《中世纪的时间、工作与文化》(1980)。

间——抽象时间——的一些新形式，它们超越了"仅仅是记录时数"。在金钱、商品生产和国家力量相交织的新画面中，抽象时间变成了一种"让人的行动合拍于"自然的方式。[1]

这种"时间上的革命"[2]支撑着早期资本主义在空间的革命，支撑着 1450 年后地貌改变的迅急加速（见第七章）。这种加速源于作为一种幻想项目的历史的价值关系，它在环境改变的加速中有着现实世界的对应，这就是资本的对应项目的重要性。这个项目，如同我们已经看到的那样，要把生命时间降低为积累时间。这看起来是不可能的。然而，瞬时资本主义的这种欲望，激活了世界积累的各种冷酷强制。所以，就不仅仅是地貌和其他自然的"急剧简化"——显示着价值规律在起作用，同时也要让"自然的时间"越来越靠拢"资本的时间"。

这就是资本主义的对应项目，资本通过它而寻求以自己的想象、按照自己的节奏来重塑现实。农业的地貌变得耗尽枯竭了，因为资本对不付酬工作的榨取必然快于农业生态关系对自身的再生产。各种劳动阶级变得耗尽枯竭了，因为资本对剩余劳动力的榨取必然是越快越好。某些资本家在这个过程中可能会收获，但随着时间推移，资本作为一个整体会遭受损害，因为再生产全系统的资本化，其代价会快速增加。不付酬工作的比例下降，生态剩余减少。

廉价自然的兴起与萎缩：新自由主义之时

在新自由主义时代，能够看到生态剩余下降的趋势吗？我们不妨回顾一下：世界-生态剩余之高，代表着高占用与低资本化的比率。对于积累的复苏而言，这是必要条件。1983 年后开始的新自由主义的"繁荣"伴随着或者说领先于食物、能源和资源价格的一种周期性的重大下降。1975 年至 1989 年，食物的商品价格下降了 39%，金属则下降

---

[1] 芒福德《独特工艺与文明》(1934)，14 页。
[2] 兰德斯《时间上的革命》(1983)。

了一半。与此同时,石油价格到 1983 年时稳定下来,以战后时期每桶价格的 2 倍左右持续稳定了 20 年。[1]

然而,变得便宜了的并非仅仅是人之外自然。

1980 年代积累的复苏,也依赖于廉价劳动。这引发了一种积累体制,它可以用足够的量来供应付酬和不付酬工作,从而恢复积累。正式而言,重新建立廉价劳动,这意味着降低劳动力的价值。但这并不容易做到。1973 年后新自由主义恢复廉价劳动的项目,有 5 个关键维度。第一个是工资抑制。北半球的资产阶级开始作为一个阶级组织起来,在 1974—1975 年的衰退之后,极力对抗工会。[2] 在 1970 年代劳动生产率的增长下降之中——这种减速越来越看似永久性的了,[3]工资抑制尤显重要。第二,美国工业的利润率下降(劳动阶级的力量和资本有机构成上升所导致),使得美国和其他地方的资本家快速向 1970 年代的"全球工厂"转移,[4]这是世界历史上一次结构性转变,带来了同时发生的核心区域的去工业化和南半球的快速工业化。[5] 第三,全球工厂依赖开始于 1980 年代初期的"巨大的全球圈围"。[6] 通过

① McMichael(麦克迈克尔),"Global Development and the Corporate Food Regime"(《全球发展与企业食物体制》),见 F. Htel(F. 赫特尔)和麦克迈克尔所编 New Directions in the Sociology of Global Development(《全球发展社会学的新方向》),Oxford:Elsevier,2005。M. Radetzki(M. 拉迪特兹基),"The Anatomy of Three Commodity Booms"(《三次商品繁荣之剖析》),《资源政策》31 期(2006),56—64 页。D. van der Mensbrugghe(D. 冯·德·曼斯博格)等人,"Macroeconomic Environment and Commodity Markets"(《宏观经济环境与商品市场》),见 P. Conforti(P. 孔福尔蒂)所编 Looking Ahead in World Food and Agriculture(《世界食物与农业展望》),Rome:FAO,2011。MGI(麦肯锡全球研究所),"MGI's Commodity Price Index-an Interactive Tool"(《MGI 商品价格指数——一种交互工具》)(2014),www.mckinsey.com。
② 穆迪《伤害所有人》(1988)。
③ R. J. Gordon(R. J. 戈登),"Revisiting U. S. Productivity Growth over the Past Century with a View of the Future"(《再访过去一个世纪中的美国生产力增长,并展望未来》),工作文件编号 15834,剑桥:National Bureau Of Economics Research(国家经济学研究署),2010;戈登《美国经济增长过去了吗?》(2012)。
④ R. Barnet(R. 巴奈特),The Lean Years(《荒年》),New York:Simon and Schuster,1980;D. M. Gordon(D. M. 戈登)等人,Segmented Work,Divided Workers(《分段的工作,分裂的工人》),Cambridge,UK:Cambridge University Press,1982。
⑤ Arrighi(阿瑞吉)等人,"Industrial Convergence,Globalization and the Persistence of the North-South Divide"(《工业会聚、全球化和北南分裂的持续》),Studies in Comparative International Development(《比较国际发展研究》)38 卷 1 期(2003),3—31 页。
⑥ F. Araghi(F. 阿拉吉),"The Great Global Enclosure of Our Times"(《我们时代的巨大全球圈围》)(2000)。

结构调整计划和市场自由化而得以实现的这些全球圈围,在世界范围内重新结构了农业阶级关系。单是在中国,大约有 2 亿到 3 亿人从乡村迁移到了城市。① 这种新的全球无产阶级,让此前任何类似之事都相形见绌。与俄罗斯、中国和印度向世界市场敞开相一致,1989 年后的世界无产阶级翻了一番。② 第四,这种"巨大的翻番"代表着甚至更为巨大的女性无产阶级的扩大,以一种前所未有的规模在不付酬工作之上又添加了付酬工作。这样来计算,新自由主义的无产阶级化是霍赫希尔德"第二次转变"③的前所未有过的全球扩展。第五,也是几乎被环境主义者们普遍忽略的一点,廉价劳动是靠新的"强制消费不足"体制才得以可能,它在北半球表现为工资抑制,在南半球则是福利的普遍下降。④

2003 年时,世界-生态剩余停止增长,开始下降。由先慢后快而发展的商品繁荣所表征,这就是新自由主义作为一种组织自然之方式的标志性危机。危机的这种表现,表明生态剩余周期性收缩的开始,它最清晰的显示就是金属、能源和食物商品价格的上升。不过,这并非任何商品繁荣,尤其是因为它不同寻常的持久,尽管就价格而言已经过了它的顶峰(至少是当下),但在价格仍然颇高于 1980—2000 年平均水准的意义上,它仍然是 种"繁荣"。这种看起来不会结束的商品繁荣,说明了什么? 最低限度而言,这种繁荣的特点——包括更多的初级产品、持续时间更长、有更多的价格波动,这些都超过了现代世界历史中此前任何商品繁荣,⑤表明新自由主义的廉价自然战略的耗尽枯竭。值得注意的是,至少在 2008 年金融危机之前五年,新自由主义降低四大输入价格的战略就开始蹒跚而行了。基本商品价格的上升长达 10 年,经济学家们将这种非常之长的商品繁荣作为"超级周期"

① M. Webber (M. 韦伯), "The Dynamics of Primitive Accumulation"(《原始积累的动力学》), *Environment and Planning A*(《环境与规划 A》)44 卷 3 期(2012),560—579 页。
② 弗里曼《真正让欧洲和美国苦恼的是什么》(2005)。
③ 霍赫希尔德《第二次转变》(1989)。
④ 阿拉吉《靠移位而积累》(2009)。
⑤ 世界银行,*Global Economic Prospects* 2009(《2009 年全球经济展望》)(2009)。

来谈论。

然而,到目前为止,他们一直就一种抽象的"稀缺世界"来谈论,①而没有考虑今天的超级周期可能代表着对资本主义长时段的廉价自然体制的历史的限制。

这样的合作生产出来的限制,就暗示着对廉价劳动的侵蚀。换言之,新自由主义的标志性危机,不仅仅是人之外自然的问题——这反映在那种商品繁荣之中,而且也是人的自然的问题。在中国,从 1990 年到 2005 年,实际工资增长了 300%。② 制造业工资的增长比通货膨胀率要快 6 倍,从 2000 年到 2011 年,单位劳动成本上涨了 85%。③ 尽管劳动生产率有惊人的增长,但单位劳动成本的上涨更不同寻常,从 1993 年到 2013 年,中国工人的人均出产每年增长 7.2%。④

与此同时,寻求廉价劳动的通常战略——寻找新的不付酬工作之流,以支撑低工资工人——也在运行之中,但是回报在减少。在中国,政府的"开发西部"政策,旨在吸引工业前往内地,已经把内地与沿海地区的劳动成本缩小至"令人吃惊的……微不足道的工资差距"。⑤ 从农村到城市的人口迁移近年来已经明显放缓。⑥ 到 2012 年,柬埔寨的人均外国投资已经走在中国前面。⑦ 然而,柬埔寨比中国要小得多。这只是一个大问题的一部分:正当资本需要越来越大的商品前沿来解决积累过多的问题的时候,前沿却在收缩。与此同时,使得

① Jacks(杰克斯),"From Boom to Bust?"(《从繁荣到破产?》)(2013).

② Midnightnotes. org("午夜提醒"组织),"Promissory Notes. From Crisis to Commons"(《期票:从危机到常态》)(2009).

③ USDC(美国商务部),"Assess Costs Everywhere"(《评估成本无处不在》)(2013)。acetool. commerce. gov/labor-costs,2013 年 4 月 24 日查阅.

④ International Labour Office(ILO,国际劳工办公室),*Global Employment Trends* 2014: *Risk of a Jobless Recovery?* (《2014 年全球就业趋势:经济恢复但失业的风险?》),日内瓦:国际劳工办公室,2014, 52 页.

⑤ J. Scott(J. 斯科特),"Who Will Take Over China's Role as the World's Factory Floor?"(《谁将取代中国成为世界工场?》),*Saturna Sextant Newsletter*(《萨尔纳六分仪时事通报》),2011 年 8 月,1 页.

⑥ B. Fegley(B. 费格雷),"30 years of Double-Digit Chinese Growth"(《中国两位数增长的 30 年》), *From the Yardarm*(《从桁端》)7 卷 1 期(2013)。

⑦ K. Bradsher(K. 布拉德什),"Wary of China, Companies Head to Cambodia"(《谨慎于中国,公司搬往柬埔寨》),《纽约时报》,2013 年 4 月 8 日。

全球生产成为今天这个样子的信息通信技术，也被用于阶级斗争之中："在仅仅数年、而不是 25 年之后，如今柬埔寨工人也开始了工会行动。出现了罢工和要求增加工资福利的压力，而这些也在被接受。这当然就减少了跨国公司们在柬埔寨、缅甸、越南或菲律宾建厂的价值。现在证明，从中国撤出带来的节省并没有那么大。"[①]

对廉价劳动的持续侵蚀并非只是东亚故事。人们知晓较少但同样重要的还有，北半球各地走向"第二次（以及第三次）转变"的变化，也就是付酬劳动加上不付酬的再生产劳动。这个变化导致出并体现于历史的资本主义那些持久的巨大商品前沿中的一个：16 世纪以来不付酬的家庭劳动一直是无止境商品化的一根支柱。[②] 在北半球，尤其是在北美，1970 年后我们看到了女性的加速无产阶级化。这标志着福特制的一份收入家庭的终止，"灵活的"两份收入家庭的兴起。苏联的唯发展论预告着 1970 年代的这种加速，[③]而 1930 年代以来美国女性快速进入付酬工作中，也是一个预示。[④] 它们也是商品前沿，其标志就是工作潜力日渐商品化，（人的）自然的"免费礼物"日渐被占用。这就是多重"转变"的施加，对女性时间的双重挤压，同时通过资本化的运行压力和占用来挤压——早在 1960 年代中期，越来越多的美国已婚女性就把她们的每周 55 小时家庭劳动换成了每周 76 小时的在家和（付酬）劳动。[⑤] 如果如同霍赫希尔德[⑥]对商品前沿描绘的那样，这就是全部了，那么就没有什么可添加的了。然而，商品前沿理论所阐

---

① Wallerstein(沃勒斯坦)，"End of the Road for Runaway Factories?"（《撤离工厂无路可走了？》，《评论》351 期（2013 年 4 月 15 日），www2.binghamton.edu/fbc/commentaries/archive-2013/351en.htm，2013 年 11 月 14 日查阅。

② 米斯《世界规模上的父权制与积累》(1986)。

③ M. Sacks(M. 萨克斯)，"Unchanging Times"（《不变的时间》），*Journal of Marriage and Family*（《婚姻与家庭学刊》）39 卷 4 期（1977），793—805 页。

④ C. Golding(C. 戈尔丁)，"Gender Gap"（《性别差异》），见 D. R. Henderson(D. R. 亨德森)所编 *The Concise Encyclopedia of Economics*（《经济学简明百科全书》）(2008)，www.econlib.org/library/Enc/GenderGap.html，2013 年 5 月 1 日查阅。

⑤ H. I. Hartmann(H. I. 哈特曼)，"The Family as the Locus of Gender, Class, and Political Struggle"（《作为性别、阶级和政治斗争之轨迹的家庭》），《标志》6 卷 3 期（1981），366—394 页。

⑥ A. Hochschild(A. 霍赫希尔德)，"The Commodity Frontier"（《商品前沿》），工作文件编号 1，伯克利加利福尼亚大学工作家庭研究中心，2002。

明的,不仅仅是一波接一波的成双的商品化/占用运动的模式,而且是每一个这种运动内含的有限机会。在美国,母亲劳动力参与的快速增长——1975 年到 1995 年增长了 50%,[1]这不仅是新自由主义在维持有效(消费者)需求的同时抑制工资的一个强力因素,而且也是一个一次性交易。这个商品前沿是一张单程票。前沿,一旦被占用和商品化后,就不再是前沿了。不过,它们还会往前发展,比如 1980 年代以来在南半球各地首次展示的女性无产阶级关系。[2]

结 论

对不付酬的家庭劳动和人之外自然丰富馈赠——二者都是不付酬工作——的占用,不是资本主义中实际生产的残留物。相反,不付酬工作的占用地带的周期性和冷酷无情的扩张,与商品生产的彻底变革一道,是积累的决定性要求。扩展不付酬工作的地带,要快于对"有利之地"的资本化,资本面对的这种需要是一种历史的基础,资本主义的力量借此把对"女性、自然和殖民地"的划时代的占用合在了一起。[3] 没有女性、自然和殖民地——这当然是一个程式化的顺序,积累就会蹒跚。对去除了其价值的工作的占用,必然会突出资本化工作的价值,以免四大输入(劳动力、食物、能源、原材料)的成本开始上涨,通过商品生产和交换而来的积累机会(M-C-M)开始下降。

廉价自然"终结"的可能性,只有通过资本主义劳动分工的中心的系统性关系才能充分理解,也就是食物与劳动力之间的关系。我们现在就转向这个问题。

---

① BLS(劳动统计局),"Labor Force Participation Rate of Mother, 1975—2007"(《1975—2007 年母亲劳动力参与率》),The Editor's Desk(《编辑桌》),2009 年 1 月 8 日。www. bls. gov/opub/ted/2009/jan/wk1/arto4. htm,2013 年 5 月 1 日查阅。

② N. Kabeer(N. 卡比尔),Marriage, Motherhood and Masculinity in the Global Economy(《全球经济中的婚姻、母亲身份与男性》),发展研究所工作文件 290 号,苏塞克斯大学发展研究所,2007;麦克迈克尔,Development and Social Change(《发展与社会变化》)第 5 版(2012)。

③ 米斯《世界规模上的父权制与积累》(1986)。

第十章

漫长的绿色革命:
漫长 20 世纪中的生命与廉价食物时代

通向现代世界之路,是用廉价食物铺就的。当然,廉价食物总是对一些人来说才是廉价。即使是在新自由主义的商品低价时代,约有三分之一的人类也遭受着营养不良的折磨。[①] 如同阿拉吉嘲讽的那样,一直只有一种"食物"体制。其他的呢? 都是饥饿体制。[②]

在一个接一个的资本主义时代,对于积累的复苏来说,廉价食物一直是一个一再出现的条件。新自由主义也不例外。世界历史上最廉价的食物是 1970 年代危机之后出现的。与重新稳定能源、原材料和劳动力的战略相配合,廉价食物带来了 1980 年代初期开始的积累复苏。由紧密联结的食物/燃料关系所导出的 2003 年至 2012 年的商

---

① 韦斯《全球食物经济》(2007)。

② F. Araghi(F. 阿拉吉),"The End of Cheap Ecology and the Future of 'Cheap Capital'"(《廉价生态的结束与"便宜资本"的未来》),提交给 the Annual Meeting of the Political Economy of World-Systems Section of the American Sociological Association(美国社会学学会世界体系政治经济组年会)的论文,加州大学河滨分校,2013 年 4 月 11—13 日。

品繁荣，[①]标志着对这四个廉价的侵蚀以及随之而来的投资机会的崩溃。由于这个原因，商品繁荣就代表着新自由主义的标志性危机。标志性危机宣告着一种体制性占用不付酬工作/能量之能力的临界点，换言之，其递送战略性输入的方式不再是减少而是增加着生产的全系统成本。有待观察的是，现在的局势单单是新自由派资本主义的临界点吗？抑或四个廉价的耗尽枯竭也标志着长时段的廉价自然体制的耗尽枯竭？

什么是廉价食物？商品系统中用较少的平均劳动时间生产出较多的卡路里。在这个语境中，"较多的卡路里"和"较少的劳动时间"是指一种长期趋势，也就是越来越多的卡路里，越来越少的社会必要劳动时间。食物价格之所以如此重要，是因为它为劳动力的价值提供了条件。资本主义的农业不仅增加了生产力，降低了工资支出，而且让无产阶级化和生产力的提高动态配合起来。它也通过安置"自由的"农民和其他曾是绑在土地上的人来这样做，与此同时它降低了劳动力的成本（价值构成），所以，即使没有重大的技术进步，也能促进剥削率的提高。

资本主义与廉价食物的中心性

资本主义与农业的关系，一直引人关注。不同前面那些文明，以劳动生产率的提高为前提，资本主义组织出一系列异乎寻常的食物剩余的扩张。我们将这些扩张称为农业革命。资本主义之前的那些文明能够也的确有过一些食物剩余的重大扩张，但这些扩张未能成为一种由国家与市场来强化的生产力模式的前提。于是，那些文明的"黄金时代"就不可避免地转变为危机——只要耕种还掌握在农民手中就

---

① J. Baffes（J. 巴弗斯），"A Framework for Analyzing the Interplay Among Food, Fuels, and Biofuels"（《食物、燃料和生物燃料之间相互影响的一个分析框架》），*Global Food Security*（《全球食物安全》）2 卷 2 期（2013），110—116 页。

必然如此，农民不会因他们的低生产力而被逐出。与之形成鲜明对照，资本主义把资产阶级财产关系施加于乡村，强制完成了从农民生产者到资本主义农场主的转变，从而实现了它的长期扩张。靠着这种走向资本主义的转变，新的财产关系就带来一个剥夺和分化的过程，这导出了农业劳动生产率的提高和食物剩余的上升。

无疑，存在着用十分适度的努力而达到极高食物生产水平的非资本主义耕种模式。1800 年前后英国农业（主要生产牛奶和小麦），平均"人工小时"生产出大约 2600 卡路里；大约与此同时，巴西的轮耕农业（主要生产树薯、玉米和甘薯），平均"人工小时"生产 7000—17600 卡路里。[①] 不过，在资本主义兴起之前，没有任何地方在这样一个长时段、这样一个广阔地域中实现农业劳动生产率的提高。[②] 农业生产力的这种提高，由农业阶级结构所奠定和加强，这种阶级结构将"多余"人口从土地上驱逐出去。这是创造巨大廉价劳动力储备和巨量农业剩余并且相对便宜地养活这种劳动力的基本条件。从早期现代的荷兰和英国农业革命，到 19 世纪和 20 世纪的家庭农场和绿色革命，资本的血腥征收在这种标志性成就的基础上论证了自身的正确。

农业革命完成了两件大事。第一，它们在食物剩余上实现了一个巨大突破，之所以是"剩余"，是因为使用价值膨胀后的体量已经足够大，能够拉低劳动力再生产的全系统成本了。与世界无产阶级的联结是至关重要的，工人阶级再生产的成本受到食物价格的强大影响。所以，要较有效地榨取剩余价值，一种方法就是降低食物的价值。降低食物的价值构成，不仅靠对劳动力的剥削，而且靠占用不付酬工作/能量。这就是廉价食物真正的历史特征。

第二，对于进入资本主义的荷兰、英国和美国资产阶级的相继兴起来说，农业革命一直居中心地位。食物和农业事关世界力量，一点

---

① 克拉克《告别施舍》（2007），67—68 页。
② 摩尔《生态与资本主义的兴起》（2007）；R. Brenner（R. 布伦纳），"Agrarian Class Structure and Economic Development in Pre-Industrial Europe"（《工业化之前欧洲的农业阶级结构与经济发展》）（1976）；布伦纳《转向资本主义中的低地国家》，《农业转变学刊》1 卷 2 期（2001），169—241 页。

也不亚于世界积累。那些霸权都是生态项目，每个强大力量在追逐世界首位时都将内部和外部的农业革命编织在一起。

然而，在新自由主义的历史中，难以看到这两个成就。从历史角度看，那些占据优势地位的霸权力量都带来了产量巨大突破的农业革命，可向世界无产阶级的主体提供廉价食物，16 和 17 世纪的荷兰是这样，17 和 18 世纪的英国是这样，19 和 20 世纪的美国也是这样。[①] 用阿瑞吉所说的"组织革命"[②]的意思而言，这些革命在多个维度上呈现出来，从生产力量上的创新延伸至阶级形成，延伸至信贷和运输的新方式。

新自由主义时代不仅表现出农业生产力增长越来越缓慢的特征，我们还看到了一种前所未有的逆转的远方迹象。新自由主义的世界秩序处在一种标志性危机但并非终结危机之中，它能否引导资本主义走向布罗代尔曾经说过的"反向的农业革命"[③]呢？在本书最长的这一章中，我们就来探讨这个问题，勾勒使得现代世界成为可能的这种廉价食物模式的兴起及其今日的系统性拆散。

在 20 世纪后期之前，每个创造时代的"经济奇迹"都依赖创造时代的农业革命，它不仅足以养活它自身，而且也引导世界。每个世界霸权都提供了新的农业发展模式，荷兰共和国是 17 世纪欧洲农业知识的"麦加"，[④]其后，先是英国人后是美国人，于 19 世纪和 20 世纪，用正当和不正当的手段，把他们的农事智慧分发给了世界其他地方。[⑤] 如果我们的确面对着美国全球农业模式——从 1930 年代开始

---

① 布伦纳《转向资本主义中的低地国家》(2001)；弗里德曼《世界市场、国家和家庭农场》，《社会与历史比较研究》20 卷 4 期(1978)，545—586 页；R. A. Walker(R. A. 沃克)，*The Conquest of Bread*(《面包的征服》)，New York：New Press，2004。

② 阿瑞吉《漫长 20 世纪》(1994)。

③ 布罗代尔《腓力二世时代的地中海地区与地中海世界》第 1 卷(1972)，427 页。

④ D. B. Grigg(D. B. 格里格)，*The Agricultural Systems of the World*(《世界农业体系》)，Cambridge，UK：Cambridge University Press，1974，165 页。

⑤ 德雷顿《自然的政府》(2001)；小科勒蓬博格《种子第一》(1988)。

的"漫长"绿色革命的递次变化①——的危机，那么，美国霸权的危机和世界农业的危机，二者的紧密联结就可能超过了人们的想象。

工业化农业的两次革命：
从美国西部到漫长绿色革命

我们可以从第五章来回顾一下漫长 18 世纪的发展危机。从 1740 年代到 1815 年拿破仑战争结束，整个欧洲，尤其是英国，出现了食物价格飞速上涨和实际工资飞速下降的情况。② 由这种发展危机而浮现出了一种新的组织资本主义农业的方式：工业化农业。

英国 17 世纪的农业革命——这作为我们经典的参考框架，并非"简单"的轮作、新的排水系统、新的阶级结构、新的财产关系等的表达，只有在一种地理扩张的双重运动的基础上，这些才能起到划时代的作用。这个双重运动的第一重是富氮草地变为耕地的"内部"转变，这在英国内部打开了一个富氮前沿。③ 第二重运动是英属加勒比海地区变为甘蔗种植园单一种植的"外部"转变。先是英国后是大不列颠资本主义在这种双重运动的基础上繁荣起来。工业革命就在它的基础上成形，第一重运动带来了劳动力过剩，④第二重运动带来了资本盈余。⑤

到 1760 年时，这种农业革命显示出耗尽枯竭的迹象，尤其是在英国内部。

18 世纪中期之后，每英亩的产量增长停滞了。绝大部分欧洲农业都是这样。这是不是"土壤耗尽枯竭"——没有足够的营养来维持生

① R. Patel(R. 帕特尔)，"The Long Green Revolution"(《漫长绿色革命》)，《农民研究》40 卷 1 期 (2013)，1—63 页。
② 施莱切·冯·巴斯《公元 500—1850 年西欧土地史》(1963)，222—236 页。
③ 奥弗顿《英国的农业革命》(1996)。
④ 布伦纳《工业化之前欧洲的农业阶级结构与经济发展》(1976)。
⑤ R. Blackburn(R. 布莱克本)，*The Making of New World Slavery*(《制造新的世界奴隶制》)，London：Verso，1997.

产力的上升了? 既是又不是。资本主义农业倾向于耗尽枯竭土壤,尽
管这因农作物和土壤的类型不同而颇不相同。任何时候我们看到某
种陷于困境的农业模式时,土壤结构和营养构成都在起着作用。与此
同时,我们解说 18 世纪后期的农业僵局——它与我们今天的情况有
惊人的相似,最好的引导就是将英国农业革命的这种枯竭作为一种双
重内在性来考察。对于波梅兰茨来说,最好将这种僵局理解为社会-
生态组织的僵局,而不是资源消耗的狭窄问题:

> 耕地每英亩产量和总产量一直没有上升,时时有下降的
> 威胁,直到英国开始开采、进口和后来合成肥料——主要是
> 1850 年之后,才有好转……尽管英国研究大陆农业的做法、
> 经典的农业手册,自己也做试验,很是专心致志,但他们所学
> 到的怎样最好地维持土壤肥力同时又增加产量的知识,大部
> 分事实上没有应用于英国,因为这涉及高强度的劳作方式,
> 而英国的资本主义农民……对劳动成本最小化和利润最大
> 化非常在意。他们采用的方式提高了劳动生产率,但与大部
> 分记录最佳耕作方法的文献在根本上并不相同,而且很多时
> 候事实上破坏了保持土壤肥力。[1]

没有什么"自然限制",相反,看似生物物理现象的困局,本身是资
本主义关系合作生产出来的限制。波梅兰茨的解说,关注资本主义农
民的算计,但更可以从资本作为一个整体的角度再进行解说。拿破仑
战争之后有了外来的磷酸盐肥料,[2]在此之前,大幅度提高土地产量的
唯一方法,就是高强度的劳作。在某种程度上走了这条路,18 世纪后

---

[1] 波梅兰茨《巨大的分歧》(2000)。

[2] F. M. L. Thompson(F. M. L. 汤普森),"The Second Agricultural Revolution, 1815—1880"(《1815—
1880 年的第二次农业革命》),《经济史评论》21 卷 1 期(1968),62—77 页。

半期,工作时间就大大增加了,农村和城市都是这样。[1] 工作时间增加了,人均消费却没有变化,就这个普遍模式而言,最为惊人的是:这在农业中最为突出,而农业播种和收获季节的高强度劳动时间本已很长了。[2]

波梅兰茨所强调的解决之道——一条与"劳动成本最小化"之收获相冲突的道路,英国资本主义对此是不会让步的。因为这样的转折将会让劳动力回到农业之中,而此时这种劳动力的供应又最为需要,以推进工业化和满足战争对人力的需求。

那么,1815 年廉价食物是如何得到恢复的呢? 一个词:美国。

"第一次"工业化农业

19 世纪廉价食物的恢复,靠的是"生产力加掠夺"的结合:新的技术创新如蒸汽轮船、铁路和机械化,再加上北美各地异乎寻常的前沿运动。[3] 资本主义的粮仓将从欧洲移到美国。这是人类历史上一个异乎寻常的发展,此前没有文明把自己的农业生态中心地带从一个大陆重新放置另一个大陆。这个转变是"第一个"19 世纪(1763—1830 年代前后)的工作,这是一个深远的动荡与重构的时代,城镇和乡村的新配置在这个时代出现,它"滴着鲜血与肮脏"(马克思会这样说的)。[4] 从俄国的普加乔夫起义,到北美一系列"穷乡僻壤"的反抗,[5]大西洋世界各地的农民起来反抗原始积累在世界范围内的涌现,

---

① H. J. Voth(H. J. 沃斯),"The Longest Years: New Estimates of Labor Input in England, 1760—1830" (《最漫长的年份:对 1760—1830 年英国劳动投入的新估计》),《经济史》61 卷 4 期(2001), 1065—1082 页。

② R. C. Allen(R. C. 艾伦)和 J. L. Weisdorf(J. L. 韦斯多夫),"Was There an ' Industrious Revolution' Before the Industrial Revolution? An Empirical Exercise for England, c. 1300—1830"(《有工业革命之前有没有一场"勤奋革命"? 1300—1830 年左右英国的一场经验实践》),《经济史评论》64 卷 3 期 (2011),715—729 页。

③ 这是就中心而言,但也包含了经济作物通过世界范围内白人殖民者的殖民主义而扩张。参看 P. McMichael(P. 麦克迈克尔),Settlers and the Agrarian Question(《殖民者与土地问题》)(1984)。

④ 马克思《资本论》第 1 卷(1977),926 页。

⑤ 沃勒斯坦《现代世界体系》第 3 部(1989);斯劳特《威士忌起义》(1986)。

而原始积累旨在深化资本在大西洋两岸农业中的霸权地位。在初期的美国，这种动荡最为剧烈。美国的现代政治形式以 1789 年的宪法安排而成型，它由 1786 年的沙依起义所推动。一个强大的中央集权国家的创造，对于创造抽象社会自然的体制是基础性的，这种抽象社会自然通过 1780 年代一个个西北法令①而编成了法典，这确保了资产阶级财产在大陆各地扩张的再生产。② 所以，在资本主义发展的一个个时期中，阶级斗争、政治地理和农业革命形成了一个有机整体。

因此，不管多么不均衡，工业革命和农业革命是一起展现出来。英国工业化（1840 年代至 1870 年代）的盛花期，恰恰是美国中西部变成了资本主义最新粮仓之时。

当这个新的、由美国领导的农业革命到来之时，出现了一股独特的自然、资本和耕种相融合的涡流。

> （1840 年代）欧洲殖民者终于用约翰·迪尔发明和制造的钢犁犁开了厚实的杂草……这种犁由牲畜拉曳，更像是欧洲农作而非土著民族的耕种。殖民者们的役畜，牛仔们放牧的牛群，占领了作为屠宰对象的本地野牛的这个环境。外来的作物和牲畜必须用栅栏围起来，没有树木的平原上缺乏木材，就会发明铁丝网来充当栅栏。住处……要求着木材的进口。犁、土地、牲畜、建筑材料和圈围起来的农场，所有这些都来自农场之外，甚至是这个地区之外。所以，货币就比自然的肥力更稀缺也更有压力。从一开始起，移植来的外来人口就必须尽可能多地生产和销售。殖民者农民、牛仔和大农场主开采自然数千年积累下来的养分，把移植来的物种的产品以打折的价格卖回旧世界。不过，不能更新的土壤是会消

---

① 美国国会制定的数项法令，为宾夕法尼亚州以西、俄亥俄河以北、密西西比河以东和大湖区以南的西北地方的垦殖和建州制定了办法和程序。——译者注

② C. Parenti（C. 帕伦蒂），"The Inherently Environmental State：Nature, Territory, and Value"（《固有的环境状态：自然、地域和价值》），未发表论文，纽约大学世界人文科学系，2014。

耗的。殖民者们更深地嵌入市场，而不是大平原的尘世周期中。[①]

不过，这些尘世周期并没有废除，而是加入了一种新的综合。农业的历史，就是一件合作生产的世界-生态之事，是一部人如何制造其他自然、自然如何制造人的组织的历史。在人类从自然中分离出来的神话中，这样的合作生产经常被忘记，这就是廉价食物体制的一个成就。"靠着将如此之多的生态系统和群落的产物［与关系］联结和整合起来，［这个体制］遮蔽了正是它帮助创建的那些联结。"[②]大规模工业的时代及其继承者特有的这种新的综合，就是农业的工业化，或者简单说"工业化农业"——采用了这样的象征形式和物质形态。[③] 农业产业化的两大阶段，第一个开始于美国内战之前的数十年中，不仅养活了英国，而且 1840 年之后在生产资料部门推进了美国的工业化，不仅仅是纺织品。[④]

不过，农业产业化不只是一件机械之事。它作为枢轴，配置力量、资本和科学来占用一个大陆的财富。19 世纪美国农业异乎寻常的成就，是它有能力驯服大陆空间，这是提高劳动生产率的关键。这场农业革命在土地生产力上并无什么收获，1930 年每公顷生产的玉米和小麦与 1870 年时相同。[⑤] 不过，劳动生产率飞速提高，尤其是大宗谷类作物。1840 年至 1900 年期间，种植玉米的劳动时间在收获期之前下降了三分之二，在收获期内下降了一半。[⑥] 在接下来的 30 年中，劳动

① 弗里德曼《现代世界体系到底是什么?》(2000)，491—492 页。
② 克罗农《自然的大都市》(1991)，256—257 页。
③ 韦斯《全球食物经济》(2007)；韦斯《生态蹄印：工业化畜群的全球负载》(2013)。
④ 波斯特《通向资本主义的美国之路》(2011)；B. Page（B. 佩奇）和 R. Walker（R. 沃克），"From Settlement to Fordism"（《从殖民到福特制》），《经济地理》67 卷 4 期(1991)，281—315 页。
⑤ 科勒蓬博格《种子第一》(1988)，89 页。
⑥ W. N. Parker（W. N. 帕克），*Europe, America, and the Wider World*（《欧洲、美国和更广阔的世界》），Cambridge, UK：Cambridge University Press，1991，160、174 页。

时间继续下降。① 运输上的外来革命又将生产力上的收获放大,大幅度降低了内战之前的食物价格。②

　　尽管"生物创新"和机械化对这种进步起到了相当大的作用,但决定性的变量仍然是前沿的鲜血与肮脏。一方面,这是一个通过暴力和空间合理化之混合而得以出现的前沿。是的,土地上清除了那些让人烦恼的土著居民;不过,长期而言,更为重要的是新的抽象社会自然的创新性生产,而最重要的是一种新的空间格网和地质调查,这让资本积累可以清晰辨认这片大陆。所以,美国国家的中心性,就在于让这个农业革命成为可能。另一方面,中西部和大平原前沿贡献了千年积累的养分(和水),这维持了 19 世纪最后几十年中工业化农业的快速推进。1870 年代堪萨斯州西部的小麦农场主的劳动生产率超过一些欧洲耕种者一个数量级。③ 然而,20 年内,堪萨斯州西部的土地生产力就开始下降。到了 1920 年代,每英亩的产量是 1890 年代产量高峰期的四分之一到一半。④ "第一次"工业化农业模式,到 20 世纪的前几十年时就耗尽枯竭了自身,这很大程度上是因为那种"土壤开采"的战略——加上快速的机械化,随着这个前沿关闭,它变得越来越产生反效果了。

　　如果说,第一次农业产业化模式巩固了英国作为世界车间的地位,那么美国在成为世界装配线之前就必须找到新的农业产业化模式。

① G. Smiley(G. 斯迈莱),"US Economy in the 1920s"(《1920 年代的美国经济》),见 R. Whaples (R. 威帕莱斯)所编 EH. Net Encyclopedia(《EH 网络百科全书》)(2004)。eh. net/encyclopedia/the-u-s-economy-in-the-1920s,2014 年 6 月 3 日查阅。
② D. C. North(D. C. 诺思),The Economic Growth of the United States,1790—1860(《1790—1860 年美国的经济增长》),New York:W. W. Norton,1966.
③ G. Cunfer(G. 坎弗)和 F. Krausmann(F. 克劳斯曼),"Sustaining Duree Fertility:Agricultural Practice in the Old and New Worlds"(《维持绵延的肥力:"旧""新"世界的农业实践》),Global Environment(《全球环境》)4 期(2009),29—30 页。
④ 同上;G. 坎弗,"Manure Matters on the Great Plains Frontier"(《大平原前沿的施肥起作用》),《跨学科史学刊》34 卷 4 期(2004),539—567 页。

"漫长"绿色革命

绿色革命经常被视为一个冷战项目，它首先于 1930 年代出现在美国。这是相对传统模式的农业革命而言，是一系列相互联结的组织创新、技术创新和农事创新。它们超越了一系列温和的技术调整，实现了朝向廉价食物之供给的巨大飞跃。在这样做时，这些农业革命带来了世界无产阶级的跨越性扩大以及随之而来的低成本的再生产，一波漫长的积累浪潮亦随之而来。

在资本主义的语境中，这个漫长绿色革命的成功是怎样评价都不过分的。它的全球开花是在 1950 年代中期，出现了美国的 480 号公法（1954）[①]和赫鲁晓夫对扩大苏联谷物产量的推动（1953）。（我们不要忘记，苏联的农业产业化是从美国学的！[②]）从 1950 年到 1980 年，全球谷物产量翻了一番还多（增长了 126%）。[③] 世界范围内，从 1960 年到 1980 年，每公顷的粮食产量增长了 60%，而绿色革命的热点地区增长更快得多：印度增长了 87%（小麦），美国在杂交玉米革命中基本上也是同样的增长率。[④] 世界谷物贸易增长得更快。在"国家"农业的顶峰期，[⑤]谷物贸易飞速发展，从 1952 年到 1972 年增长了 3 倍多——1952 年前因战后重建出现了食物价格的高峰，1972 年后因 1972—

---

① 1954 年美国国会通过的"农产品贸易发展及援助法案"，为美国处理剩余农产品的重要法案。——译者注

② D. K. Fitzgerald（D. K. 菲茨杰拉德），*Every Farm a Factory*（《每座农场都是一个工厂》），New Haven：Yale University Press，2003.

③ EPI（地球政策研究所）的计算结果，见其"Fertilizer Consumption and Grain Production for the World，1950—2013"（《1950—2013 年世界肥料消耗和粮食生产》）（2014）。www.earth-policy.org/data_center/C24，2014 年 7 月 10 日查阅。

④ 数字分别取自地球政策研究所"World Average Corn，Wheat，and RiceYields，1960—2012"（《1960—2012 年世界平均玉米、小麦和水稻产量》）（2013）。www.earth-policy.org/data_center/C24，2014 年 7 月 10 日查阅；地球政策研究所，"Wheat Production，Area，and Yield in India 1960—2011"（《1960—2011 年印度小麦生产、面积和产量》）（2012）。www.earth-policy.org/data_center/C24，2014 年 7 月 10 日查阅；W. W. Cochrane（W. W. 科克兰），*The Development of American Agriculture*（《美国农业的发展》）（1979），128 页。

⑤ H. Friedmann（H. 弗里德曼）和 P. McMichael（P. 麦克迈克尔），"Agriculture and the State System"（《农业与国家体系》），《农村社会学》29 卷 2 期（1989），93—117 页。

1975 年商品繁荣也出现了食物价格的高峰,谷物贸易的飞速增长就发生在这两个价格高峰之间。[1]

廉价食物被一再生产,甚至是"过多"生产,尽管对于作为一个整体的资本而言,永远不嫌食物太廉价。

1952 年之后的 20 年中,食物商品价格每年下降 3%,这比 20 世纪的平均下降速度要快 3 倍。[2] 从 1960 年到 20 世纪结束,这一期间,水稻、玉米和小麦的实际价格下降了 60%。[3] 即使随着世界城市化——这是无产阶级化的一个大致指示——以极快速度推进,世界市场的主要粮食价格也稳步下降。[4] 甚至在 1970 年代初期的危机之后,通过绿色革命创造的各国农业部门的活力,也为接下来的 10 年提供了可观的产量增长。1982 年后,它们又为转换成为新自由主义的农业出口地带提供了丰产之地。[5] 这种战后农业革命正好验证了我们的石蕊试验:食物剩余的跨越式增长,发生于世界无产阶级跨越式增长之时。

我们已经勾勒出来了漫长绿色革命的那些成就。然而,这种革命是如何实现它的奇迹的呢?

绿色革命的核心合成,将 19 世纪富有活力的家庭农场模式与新的财富体制的生物枢轴——杂交玉米——合到了一起。美国在 1930 年代中期商业性地引入杂交玉米,提高了每英亩产量,而通过机械化和大量使用肥料(当时还有农药)又导致了资本化的上升。杂交玉米

---

① A. Warman(A. 沃曼), *Corn and Capitalism*(《玉米与资本主义》), Chapel Hill, NC: University of North Carolina Press, 2003。

② 数字来自 K. O. Fuglie(K. O. 弗格利)和 S. L. Wang(S. L. 王), "New Evidence Points to Robust but Uneven Productivity Growth in Global Agriculture"(《新证据表明全球农业有强健但不均衡的生产力增长》), *Amber Waves*(《琥珀色海浪》)10 卷 3 期(2012), 2 页。

③ 联合国粮农组织, *World Agriculture Towards 2015/2030*(《走向 2015/2030 年的世界农业》), 罗马: 联合国粮农组织, 2002。

④ J. A. Davis(J. A. 戴维斯), "The European Economies in the Eighteenth Century"(《18 世纪的欧洲经济》), 见 A. Di Vittorio(A. 迪·维托利奥)所编 *An Economic History of Europe*(《欧洲经济史》), New York: Routledge, 2006, 92—134 页。

⑤ P. McMichael(P. 麦克迈克尔), "Rethinking Globalization"(《重新思考全球化》), *Review of International Political Economy*(《国际政治经济评论》)4 卷 4 期(1977), 630—662 页; D. Tilman (D. 蒂尔曼)等人, "Agricultural Sustainability and Intensive Production Practices"(《农业可持续性与集约生产》), 《自然》418 卷 6898 期(2002), 671—677 页。

标志着资本导向的生物创新的一个早期转折点。使用杂交玉米自交系可以有很高的产量,但打下的粮食不能当种子再用,这样美国的种子公司就切断了粮食与种子之间的古老联系。[1] 所以,杂交是把生物技术控制与市场竞争的强制处置融到一起,将都市农夫与"技术跑步机的……恶性循环"和加速的阶级分化链锁到一起了。[2]

旧剧本玩出了新花样,绿色革命的"奇迹"就在于此。通过资本化和占用的新配置——它以杂交玉米和高产量的新小麦的引入而成形于 1930 年代,这个新模式重新塑造了世界力量、积累和自然。[3] 这个杂交革命的潜力,又因国家在 19 世纪后期就已经开始的对大学领导的农业研究的巨额资助而得到放大,因资本化一个包括机械化但远不止于此的新阶段而放大。劳动投入减少了三分之二还多,1935 年至 1970 年机械化程度提高了 213%。与此同时,肥料和农药的投入增加了异乎寻常的 1338%。[4] 这是一个"石化-杂交复合体",体系性地将"新植物、肥料、农药和灌溉系统"结合起来。[5]

从 1935 年到 1980 年,这种新的杂交玉米产量提高了 4 倍多。[6] 从 1929 年到 1964 年,美国农业的劳动生产率每年提高 3.8%,超过工业领域 50% 还多。[7] 不过,这个杂交革命也夺走了农民自治上的沉重代价。不同于自由授粉的农作物,杂交农作物生产的种子质量低下,杂交使得种子与粮食"解开了"。这迫使农民每年要到种子商店去购买新的种子。[8] 所以,杂交就成为一种强有力的战略之楔,为耕种的资本化打开了新的机会。美国农业大幅度而且快速地向外了。农业生产中市场输入与非市场输入的关系,几乎是一夜之间颠倒过来。1935 年

① 科勒蓬博格《种子第一》(1988),91—129 页。
② 科勒蓬博格《种子第一》(1988),119 页。
③ 科勒蓬博格《种子第一》(1988),119 页。
④ 数字来自科克兰《美国农业的发展》(1979),130—131 页。
⑤ 沃克《面包的征服》(2004),150—151 页。
⑥ 科勒蓬博格《种子第一》(1988),89 页。
⑦ 数字来自曼德尔《后期资本主义》(1975),191 页。
⑧ 科勒蓬博格《种子第一》(1988),93 页。

之后的数十年中，购买而来的输入，其比例翻了一番还多；而非市场购买的输入，其比例下降了一半多。[①] 这种情况的直接结果就是无竞争力的农民快速出局，1935 年到 1970 年，将近 400 万个农场消失了。1969 年时，219000 个农场——美国农场总数的前 7%，生产了美国农业总产量的 53%。[②] 与此同时，随着非农业就业的大幅度增加——1970 年代达到了就业总量的 95%，[③]花在食物上的费用从家庭平均收入的 24%下降为 14%。[④] 这就是自然的资本化开足了马力，还有更快的对自然的占用。

这种快速资本化，靠的是一种异乎寻常的点金术：把石油和天然气变成食物。1935 年后，农作不再只是农作，它变成了石油农作。[⑤] 于是 1930 年之后的划时代地理变化就很特殊。石油农作使得全球和地下的前沿结合起来发挥作用。那些用占用来积累的战略，得到了量子扩张。它前所未有地扩大了潜在的不付酬工作/能量之源。输入原来主要取自农业区域，现在转为取自农业区域之外的大量使用能源与化工品的输入，这就是主要的转变。这标志着一场巨大的肥料和杀虫剂—除草剂革命。

资本主义农业中的两个重要转变随之而来。第一，就其能源使用而言，资本主义农业变得效率严重低下。尽管问题已是长期隐含在资本主义农业之中，但 1935 年——这一年是漫长绿色革命的元年——之后的漫长绿色革命，把此前 4 个世纪那种劳动/土地能源预算炸了个粉碎。能源——廉价能源——是至关重要的。这是劳动生产率快速提高的条件。1930 年代时，大约要用 2.5 卡路里的能量来实现 1 卡

---

① 科勒蓬博格《种子第一》(1988)，33 页；科克兰《美国农业的发展》(1979)，129—132 页。
② 科克兰《美国农业的发展》(1979)，133—134 页。
③ G. Jacobs(G. 雅各布森)和 I. Slaus(I. 斯劳斯)，"Global Prospects for Full Employment"(《充分就业的全球前景》)，*The Cadmus Journal*(《卡德摩斯学刊》)1 卷 2 期(2011)，61 页。
④ H. Elitzak(H. 伊利特扎克)，"Food Cost Review, 1950—97"(《食物支出回顾：1950—1997》)，*Agricultural Economic Report No.* 780(《农业经济报告》780 号)，Food and Rural Economics Division，Economic Research Service，U. S. Department of Agriculture(美国农业部经济研究服务署食物与农村经济处)，1999，20 页。
⑤ 沃克《面包的征服》(2004)。

路里的食物;到了 1950 年代,这个比例就快速上升为 7.5∶1;1970 年代初期则变成了 10∶1。[1] 到了 21 世纪,从农场到餐桌,已经需要 15到 20 卡路里的能量来实现 1 卡路里的食物,而全球采购水果所需还多得多。[2]

由漫长绿色革命带来的第二个巨大转变是毒化。历史上第一次,农业变成了毒化的领军中介。从 1950 年到 1980 年,杀虫剂和除草剂生产增长了一个数量级。[3] 许多年中,这种毒化的典型代表就是 DDT(有机氯类杀虫剂)。在美国,单是 1945 年到 1972 年,大约 13 亿磅这种强力致癌的杀虫剂被用掉。[4] 今天,美国农业中每年都要使用 10 亿磅杀虫剂和除草剂。[5]

它们对健康的影响早就被认识到了,而且一直被广泛研究。[6] 尽管这些"外在之物"计入积累账本的数字不准确,但它们的规模令人印象深刻,21 世纪初期美国农业付出的不付酬成本总量将近 170 亿美元。[7] 这是一种反向的"生态系统服务"。不过,不算政治上的态度,资本主义的计算模式倾向于更多的毒化:被认为是外在之物的花在健康上的 170 亿美元,面对防止每年因杂草而来的估计为 330 亿美元的

① J. S. Steinhart(J. S. 斯坦哈特)和 C. E. Steinhart(C. E. 斯坦哈特),"EnergyUse in the U. S. Food System"(《美国食物系统中的能源使用》),《科学》184 卷 4134 期(1974),307—316 页;D. Pimentel(D. 皮门特尔)等人,"Food Production and the Energy Crisis"(《食物生产与能源危机》),《科学》182 期(1973),443—449 页。
② P. Canning(P. 坎宁)等人,"EnergyUse in the U. S. Food System"(《美国食物系统中的能源使用》),经济研究报告 94 号,华盛顿特区:美国农业部,2010;T. L. Acker(T. L. 艾克)等人"Energy Inefficiency in Industrial Agriculture"(《工业化农业中的能源低效》),*Energy Sources, Part B*(《能源来源 B 部分》)8 卷 4 期(2013),420—430 页。
③ 蒂尔曼等人《农业可持续性与集约生产》,《自然》418 卷 6898 期(2002),671—677 页。
④ 美国环保署,"DDT: A Review of Scientific and Economic Aspects of the Decision to Ban Its Use as a Pesticide"(《DDT:禁止将其作为杀虫剂使用之决定的科学与经济角度回顾》),华盛顿特区:美国商务部,1975。
⑤ C. Cook(C. 库克),"The Spraying of America"(《美国的喷洒》)(2005)。
⑥ 参看 R. Carson(R. 卡森),*Silent Spring*(《寂静的春天》),New York: Houghton Mifflin, 1962;A. Wright(A. 莱特),*The Death of Ramon Gonzalez*(《拉蒙·冈萨雷斯之死》),Austin: University of Texas Press, 1990;D. Steingraber(D. 斯坦格雷伯),*Living Downstream*(《活在下游》),New York: Vintage, 1997。
⑦ E. M. Tegtmeier(E. M. 台格特梅尔)和 M. D. Duffy(M. D. 达菲),"External Costs of Agricultural Production in the United States"(《美国农业生产的外在成本》),*International Journal of Agricultural Sustainability*(《农业可持续性国际学刊》)2 卷 1 期(2004),1—20 页。

损失①并不算什么——这些损失还将随着急剧的气候变化而大幅度增加，我们将在本章后面讨论这一点。

从墨西哥到旁遮普，石油农作的全球化紧紧跟随着美国农业的道路，而美国农业的道路是农业阶级斗争和冷战时期地缘政治学的产物。② 然而，在漫长绿色革命中，这种决定性的地理变化只是次一级的全球化——如果我们所说的全球是指地球表面的话。农田有了大量扩张，但这并不是前所未有的：比起1840年到1880年，1950年到1980年的农业扩张步伐明显慢下来，由1.03%降为0.83%。③ 漫长绿色革命的真正革命性举动，是它的朝地下突进，吸取体量惊人的廉价能源和廉价水。从1950年到1980年，世界农业对水的占用，是农田扩大步伐的几乎3倍。④

在美国，当农业用水增加了80%时，种植谷物的区域实际上减少了。⑤ 对能源占用的增长还要更快。从1950年到1980年，世界肥料使用增长了729%，几乎是农田扩大的9倍。⑥ 这个地理变化是一种从主要为水平到主要为垂直的转变，主要是从一个地质层到另一个地质层，而不是从一个大陆到另一个大陆——尽管绿色革命模式全球化了。

① T. Christopher(T. 克里斯多夫),"Can Weeds Help Solve the Climate Crisis?"(《杂草能够帮助解决气候危机吗?》),《纽约时报》2008年6月29日。

② D. A. Sonnenfeld(D. A. 索南费尔德),"Mexico's 'Green Revolution',1940—1980"(《1940—1980年墨西哥的"绿色革命"》),《环境史评论》16卷4期(1992),28—52页;J. H. Perkins(J. H. 珀金斯),Geopolitics and the Green Revolution (《地缘政治学与绿色革命》),Oxford:Oxford University Press,1997。

③ 联合国粮农组织对1955年至1995年农田扩大的估计数字较为保守(每年0.36%),只是理查兹估计数字的一半(数字取自联合国粮农组织,2000年,125页);数字分别取自 J. F. Richards(J. F. 理兹),"Land Transformation"(《土地转变》),见 B. L. Turner II(B. L. 特纳二世)等人所编 The Earth as Transformed by Human Action (《人的行为对地球的改变》),Cambridge, UK: Cambridge University Press,1990,164页;马尔霍尔《统计学辞典》(1899),7页。

④ 数字取自上述著作,以及 R. S. Chen(R. S. 陈)"Global Agriculture, Environment, and Hunger"(《全球农业、环境与饥饿》),Environmental Impact Assessment Review(《环境影响评估评论》)10卷4期(1990),335—338页;USGS(美国地质调查局),"Irrigation Water Use"(《灌溉水使用》)(2014),water. usgs. gov/edu/wuir. html,2014年7月18日查阅。

⑤ 同上。

⑥ EPI(地球政策研究所)的计算结果,见其《1950—2013年世界肥料消耗和粮食生产》(2014)。www. earth-policy. org/data_center/C24,2014年7月10日查阅。

漫长绿色革命怎样与以前的农业革命区分开来呢? 如同它之前的每一场农业革命,绿色革命也增加了世界-生态剩余,这是通过对农民生态的重新配置而做到的,尤其是在南亚和东南亚。在某种意义上,长期以来这就是一个模式,此前那些农业革命也总是通过占用廉价自然而增加了生态剩余。如同我们已经看到的那样,19 世纪中期美国中西部的"第一次"工业化农业革命是这样,17 世纪和 16 世纪的英国与荷兰农业革命也是这样,还有美洲甘蔗尤其是波兰谷物的(新)殖民革命。然而,在另一种意义上,绿色革命又并不吻合这个模式,它预示着新自由主义农业生态在 21 世纪的困局。较之前面那些农业革命来,绿色革命的生物物理"租金"较低,这很有助于解释后期很高的投资率和技术变革。相对于 1840 年代的"第一次"工业化农业,1930 年代启动的漫长绿色革命代表着一种幅度不那么大的生态剩余的扩展。与此前那些时代相比,资本化的增长要快得多,占用相对慢一些。然而,相对于资本的量,占用不付酬工作/能量的量持续增加,因为自然是那样大、那样大,而资本只是 1945 年之后才开始深化它的全球延展。

绿色革命的成功(就它自身的语境来讲它成功的地方和时间),一个很大原因就是它将先进技术与低代价的土地和劳动结合起来了。这就降低了食物价格,于是,在其他条件相同的情况下,也降低了劳动力的成本。换言之,廉价食物减轻了资本在工资支出上的压力,缓解了利润率的下降。在南半球各地,农业服从于工业化的推动,这是美国战后发展项目的一个标志。① 因此,在表象的层面上,我们得到了某种视觉错觉,新的资本投入之流让人按照资本密集来思考绿色革命。

但是,就这个"革命性"项目所占用的肥沃土地、水资源和劳动力而言,对于资本来讲成本很小或没有成本,生产的价值构成事实上非

---

① 麦克迈克尔《发展与社会变化》第 5 版(2012)。

常低。所以，就有了廉价食物。漫长绿色革命的革命性成就，既靠生产力，也靠掠夺。

养活新自由主义：一种并不革命的农业革命

1970 年代的积累危机之后，漫长绿色革命至少维持了 10 年的生产力上升。由于漫长绿色革命的历史地理是在一颗行星的范围内用几个阶段展现出来——用一个接一个的未资本化自然的"前沿"地带来撕开这颗行星，世界农业就继续递送很多食物剩余直至 1980 年代。这在某种程度上就解释了 1975 年之后食物价格的快速下降，这种下降保障了新自由主义重建的起始阶段。从 1975 年到 1989 年，世界食物价格下降了 39%，在那之后的 10 年中下降得更多。[1] 如同我们知道的，廉价食物的时代是在 1970 年代中期开始，2002 年后瓦解，这个故事我们在下一节讲述。现在，让我们思考一下廉价食物何以在 1970 年代之后仍能维持，当时农业生产力的增长已经开始变缓了。

1975 年后食物价格的大幅度下降，体现着一种特别的农业革命。就较多食物以较低价格递送出来而言，这是革命。然而，就生产力而言，它是非常不革命的。与此前那些农业革命进行对比，1970 年代以来生产力并无划时代的进步。而且，恰恰相反，尽管引入了农业生物技术和肥料以及其他输入的普遍使用，产量增长还是逐渐慢了下来。

从 1980 年代中期开始，生产力减速的迹象就明显起来。[2] 1982 年后，美国谷物业的产量增长就变慢了，总产量增长也是如此。这种下

① 麦克迈克尔《全球发展与企业食物体制》(2005)，279 页；联合国粮农组织，"FAO Food Price Index"(《联合国粮农组织食物价格指数》)(2009)。
② F. H. Buttel(F. H. 巴特尔)、M. Kenney(M. 肯尼)和 J. R. Kloppenburg, Jr.(J. R. 小科勒蓬博格)，"From Green Revolution to Biorevolution"(《从绿色革命到生物革命》)，*Economic Development and Cultural Change*(《经济发展与文化改变》)34 卷 1 期(1985)，31—55 页。

降幅度不大,从 1981 年到 2004 年为 10%—15% 的范围。[1] 不过,与此前 40 年相比,1981 年到 2004 年期间,劳动生产率的增长下降了三分之一还多。[2]

相对于作为一个整体的北半球,美国谷物业还保持在这条曲线的前端;与 1970—1990 年相比,1990—2010 年北半球的产量增长下降了令人吃惊的 79%。[3] 在南半球各地,与 1967—1982 年相比,1982 年之后的 10 年中,产量增长放慢了三分之一。[4] 就小麦而言,这种放慢来得迟一些,但下跌更快。从 1982 年到 1992 年,印度小麦每公顷产量年均增长 3.4%,但在接下来的 10 年中,降至微弱的年均 0.6%。[5] 的确,2002 年之后,印度人均粮食消费也下降了。[6] 水稻的下降慢一点,而它在南亚和东南亚的食物供应中比重很大。水田水稻的产量增长从 1962 到 1982 年期间的年均 2.5%,降至此后 30 年中的年均增长 0.8%。[7] 尽管有全球需求以及世界无产阶级扩大带来的需求增长,但食物价格仍在下降,直至 2002 年为止。[8]

考虑到农业生产力的逐渐减速,我们有理由问一个问题:1975 年后廉价食物是如何恢复的? 要回答这个问题,我们就必须从农业生态转入政治经济的核心关注。

---

[1] K. O. Fuglie(K. O. 弗格利)等人,"Productivity Growth in U. S. Agriculture"(《美国农业的生产力增长》),*Economic Brief*(《经济简报》)9 期,华盛顿特区:美国农业部,2007 年 9 月,5 页;数字取自地球政策研究所"U. S. Grain Production, Area, Yield, and Stocks, 1960—2012"(《1960—2012 年美国粮食生产、区域、产量和库存》)(2013),www. earth-policy. org/data_center/C24,2014 年 7 月 10 日查阅。

[2] 弗格利等人《美国农业的生产力增长》,5 页。

[3] 联合国粮农组织,*FAO Statistical Yearbook* 2012 (《2012 年联合国粮农组织统计年鉴》),罗马:联合国粮农组织,2012。

[4] 数字取自 M. Strauss(M. 斯特劳斯),"When Malthus Meets Mendel"(《马尔萨斯何时遇见孟德尔》),*Foreign Policy*(《外交政策》)119 期(2000),107 页。

[5] I. Matuschke(I. 迈图斯切克)和 M. Qaim(M. 加伊姆),"Adoption and Impact of Hybrid Wheat in India"(《印度杂交小麦的种植与影响》),提交给国际农业经济学家协会会议的论文,澳大利亚黄金海岸:2006 年 8 月 12—18 日,2 页。

[6] P. Patnaik(P. 帕特莱克),"The World Food Crisis"(《世界食物危机》),*People's Democracy* (《人民民主》)35 卷 9 期(2011),pd. cpim. org/2011/0227_pd/02272011_10. html,2011 年 3 月 18 日查阅。

[7] 《经济学人》,"Antibiotic Resistance: The Drugs Don't Work"(《抗生素耐药性:药不作用》),《经济学人》2014 年 5 月 3 日。

[8] 弗里曼《真正让欧洲和美国苦恼的是什么》(2005)。

1970 年代初期,美式和平累积的灾难达到了一个拐点。尼克松于 1971 年关闭了美联储的黄金兑换窗口①。1972 年,金属和食物的商品繁荣开始出现,然后是 1973 年后期的石油价格大幅飙升。"从 1972 年到 1974 年,18 个月的时间里,原材料价格上涨的幅度超过了此前 [两个世纪中]任何一段这样的持续时间。"②这种商品繁荣很快就把世界经济推入 1930 年代以来最为严重的衰退之中,预示着 21 世纪初期的发展。1974—1975 年的衰退与此前 30 年的扩展形成了鲜明对比:"北半球的工业产量下降了 10%。美国股票市场的价值损失了一半,世界体系因大萧条以来最大的两起银行倒闭而撼动,一是美国的富兰克林国民银行,一是德国的赫斯塔特银行。"③

1975 年,纽约市宣布破产,第二年英国工党政府向国际货币基金组织请求紧急贷款,实施早期形式的结构调整。④ 在 1973 年之后的 5 年内,7 国集团的经济中,制造业的利润率下降了四分之一,直到 1983 年才复苏,而且即使复苏也比战后的黄金年代要低得多。⑤

在这样的形势中,廉价食物就变得比以往任何时候都重要。随着 1970 年代积累的放慢,劳动生产率的增长也变慢了。与 1960 年代相比,1973 年到 1979 年,经济合作与发展组织国家中的劳动生产率下降了 61%。⑥尽管 7 国集团的利润率在 1983 年后复苏,但劳动生产率没有。利润率复苏而劳动生产率增长却停滞,怎么会这样呢? 部分而言,这是因为 1974 年后北半球各地的工资冻结所致。谈美国的情况

① 1971 年 8 月 15 日,美国总统尼克松决定打破布雷顿森林体系,暂停美元兑换黄金,冻结工资和物价,为期 90 天,以对付通货膨胀;同时增加 10% 的进口附加税,以防止美元贬值,稳定美国经济,降低美国的失业率和通货膨胀率。——译者注
② J. Kolko(J. 科尔克),*Restructuring the World Economy*(《重建世界经济》),New York:Pantheon,1988,22 页。
③ 麦克纳利《全球衰落》(2011),31 页。
④ 同上;D. Harvey(D. 哈维),*A Brief History of Neoliberalism*(《新自由主义简史》)(2005)。
⑤ Brenner(布伦纳),*The Economics of Global Turbulence*(《全球动荡经济学》)(2006),145 页;麦克纳利《全球衰落》(2011);R. Went(R. 温特),*The Engima of Globalization*(《全球化之谜》),New York:Routledge,2002。
⑥ 数字取自 J. Crotty(J. 克罗蒂)"Slow Growth, Destructive Competition, and Low Road Labor Relations"(《放慢的增长,破坏性的竞争和低成本劳动关系》),《工作文件系列》6,艾摩斯特:马萨诸塞大学政治经济研究所,2000,6 页。

时，布伦纳看到了"上个世纪、或许是内战以来从未有过的工资抑制"。[1] 然而，食物支出在收入中的比重继续下降。从 1980 年到 20 世纪结束时，食物支出在家庭收入中的比例从 13.4% 下降至 10.7%[2]，这个数字到 2011 年时几乎没有改变，即使食物商品价格处在很高水平。[3]

新自由主义那种农业革命的新奇之处，是金融与帝国的奇怪混合，与强制的生产过剩和强制的消费不足结合起来了，而没有生产力的革命。我们不妨来分别考查这些因素。

首先，新自由主义要想成功，就必须有一种方式让耕种者跑在提升商品生产的跑步机上，哪怕世界市场价格下跌，也要跑下去。这一时期，有两波农业出口扩展的大潮。一波发生在 1970 年代，它由 1972—1974 年的食物价格尖锋所预示和强化，但持续到 1980 年，世界农业出口的美元价值上涨了 4 倍。

整个 1970 年代，农业贸易的增长快于产出，到了 1980 年，这两条增长曲线联动起来，[4]这是新自由主义食物体制巩固的一个关键拐点。到了 1985 年，另一个出口浪潮开始了，在接下来的 10 年中，出口翻了一番。[5]

这两次浪潮都是负债驱动的，但各自的方式不同。1970 年代，低息借款泛滥于南半球。从 1974 年到 1978 年，"主要西方银行的国际

---

① 布伦纳《全球动荡经济学》(2006)，3 页。

② 伊利特扎克《1950—1997 年食物成本回顾》，《农业经济报告》780 号，美国农业部经济研究服务署食物与农村经济处，1999。

③ 对于最贫穷的 20% 的人来说，他们的食物价格要比起中间的 20% 的人高大约 50%。"廉价食物"显然并非对所有人都廉价。D. Thompson (D. 汤普森)，"How America Spends Money on Food"(《美国在食物上怎样花钱》)，*Atlantic*(《大西洋》)，2013 年 3 月 8 日。www. theatlantic. com/business/archive/2013/03/cheap-eats-how-america-spends-money-on-food/273811，2014 年 2 月 12 日查阅；D. Gambrell (D. 甘布里尔)，"America's Shrinking Grocery Bill"(《美国收缩的食品支出》)，*Business Week* (《商业周刊》)，2013 年 2 月 28 日。

④ 联合国粮农组织，*The State of Food and Agriculture 1995. Agricultural Trade: Entering a New Era?* (《1995 年食物与农业状况——农业贸易：进入了一个新时代?》)，罗马：联合国粮农组织，1995。

⑤ 联合国粮农组织，*The State of Food and Agriculture. Agricultural Trade and Poverty: Can Trade Work for the Poor?* (《食物与农业状况——农业贸易与贫困：贸易能帮助穷人吗?》)，罗马：联合国粮农组织，2005。

出借量从 2800 亿美元上升为 9000 亿美元"。[1] 领头的是纽约那些银行(不再是原先那种以多边贷款为主了)。尽管有些借款用到了非生产性的目的上,但其中大部分、尤其是在拉丁美洲,都用于扩展福特制时代的工业化农业之上。[2] 之所以能够提供低息借款,靠的是北半球的资本积累过多与来自石油输出国组织地区的石油美元的结合,于是就帮助建立了新自由主义时代农业和原材料部门持久生产能力过剩的条件。[3] 这些条件,部分是通过一些基础设施项目——比如泛美公路的扩展——得到了实现,部分是通过生产资料的进口而实现。不过,这种趋势并不限于南半球。的确,靠着北半球的种粮农民,南半球农业榨取的生产能力过剩在 1980 年代和 1990 年代维持下来。他们的关系通过负债体制而联结起来。美国农民看到自己的债务负担在1970 年代上涨了 3 倍。[4] 与战后模式不同,美国农民融资扩张主要是通过"外部债务资本",这点燃了一种资产繁荣,而这种资产繁荣又强化了 1980 年代初期的生产过剩趋势。[5] 到 2004 年时,3.4%的美国农场就生产了按价值算的产出的 45%还多,接近于 1970 年代那些最大农场产出比重的 1 倍。[6] 到 2010 年时,美国农民的 12%生产着农场价值的 88%。[7]

① A. Lipietz(A. 利皮耶茨),"How Monetarism Has Choked Third World Industrialization"(《货币主义怎样阻塞了第三世界的工业化》),《新左派评论》1 卷 145 期(1984),77 页。

② R. J. Ortiz(R. J. 奥蒂兹),"Latin American Agro-Industrialization,Petrodollar Recycling, and the Transformation of World Capitalism in the Long 1970s"(《拉丁美洲农业产业化,石油美元再循环,以及漫长 1970 年代世界资本主义的转化》),*Critical Sociology*(《批判性社会学》),网络版,2014。

③ 同上。

④ M. Strange(M. 斯特兰奇),*Family Farming*(《小农经济》),Omaha:University of Nebraska Press,1988,21—22 页。

⑤ B. J. Barnett(B. J. 巴奈特),"The U. S. Farm Financial Crisis of the 1980s"(《1980 年代美国农场的金融危机》),《农业史》74 卷 2 期(2000),371 页;M. Kenney (M. 肯尼)等人,"Midwestern Agriculture in US Fordism"(《美国福特制中的中西部农业》),《农村社会学》29 卷 2 期(1989),131—148 页。

⑥ 麦克伦纳、沃克《美国农业的危机与变化》;M. K. Hendrickson(M. K. 亨德里克森)等人,"Does the World Need U. S. Farmers Even if Americans Don't?"(《假如美国不需要美国农民,世界需要吗?》),Journal of *Agricultural and Environmental Ethics*(《农业伦理学和环境伦理学》)21 期(2008),311 页。

⑦ W. Hauter(W. 奥特尔),*Foodopoly*(《食物寡头》),New York:The New Press,2012,13 页。

这种集中,有一些是被南半球各地美国"开发项目"的成功所驱动,这些地方富有活力的国家资本主义已经成型。到了 1970 年代,不仅仅是美国工业受到了国际竞争者的挑战,在接下来的 40 年中,美国农民的出口依赖加深了,他们也受到新的竞争压力。1970 年代和 1980 年出现的那些"新的农业国家",比如泰国、巴西、墨西哥和智利,"复活了[1846—1929 年期间]世界市场上那种激烈的出口竞争",美国在含油种子和谷类这些关键出口领域的支配地位受到了威胁。① 与此同时,欧洲也变成了小麦出口者,阿根廷出口也东山再起。这两个地方加在一起,1975 年到 1985 年它们的世界市场份额几乎翻了一番。1980 年代和 1990 年代初期,美国在世界小麦市场的份额为 30%—40%,1995 年后就下跌,在接下来的 10 年中下降了20%—30%。②

这些竞争动力的加深,出现在 1980 年代,其拐点是 1981—1982 年的第三世界债务危机和世界衰退造成的困局。1974—1975 年衰退中涌现出来的那些矛盾,现在因出现的债务体制的矛盾而强化。1979 年10 月的"沃尔克震撼"③为世界衰退搭建了舞台,美联储要压制通货膨胀——通货膨胀是金融资本最大的恐惧,相对于 1965—1979 年的平

---

① 那些新兴农业国,就它们在 1980 年之后的发展而言,最大的作用就是供给了所称的"高值食物……如水果蔬菜、家禽、种子、奶制品和贝类"。当世界谷物贸易在 1980 年代衰退时,高值食物的贸易每年上升 8 个百分点。参看 P. Rosset(P. 罗塞特)等人,"Thailand and the World Tomato"(《泰国与世界西红柿》),*International Journal of Sociology of Agriculture and Food*(《农业与食物社会学国际学刊》)8 期(1999),72 页;Harriet Friedmann(哈里特·弗里德曼),"The Political Economy of Food"(《食物的政治经济学》),《新左派评论》I/197(1993),29—57 页。

② 美国农业部,"U. S. Wheat Trade"(《美国小麦贸易》)(2013)。www. ers. usda. gov/topics/crops/wheat/trade. aspx#. U_oeOPLDXvQ,2014 年 7 月 22 日查阅。T. Darr(T. 达里)和 G. Gribbons(G. 格里布恩斯),"How US Exports Are Faring in the World Wheat Market"(《世界小麦贸易中美国出口怎样经营》),*Monthly Labor Review*(《每月劳工评论》)108 期(1985),10—24 页。

③ 1979 年,美国总统卡特任命保罗·沃尔克为美联储主席。沃尔克认为停止危机的唯一办法是通过增加利率来遏制通胀,主张压制货币供应,鼓励存款,以提高币值。1981 年里根总统上台后,留任沃尔克,进而把利率从个位数提升至 20%。这治愈了通胀,但导致了大规模衰退,失业率超过10%。——译者注

均水平,在此后 2 年中美国政府将实际利率提高了 3 倍。[1]

如同我们已经看到的南半球那样,北半球的个人、公司和政府债务在 1973 年后全都快速上升,失业大量增加,增长停滞,利润率放慢。[2] 1981—1982 年的世界衰退马上就强化了新的矛盾——那些围绕债务与金融新配置而盘旋的矛盾,而且要去解决那些老问题—— 对外是执拗的第三世界,对内是倔强的工人阶级。就经济层面而言,1981—1982 年的衰退比 1974—1975 年的衰退更糟,[3]而它的性质更为恶劣。

1982 年 8 月,墨西哥财政部长来到华盛顿特区,带来了这个国家再也不能偿还债务的消息,对于世界积累而言,这是一个重大问题。1979 年至 1982 年,墨西哥债务利息涨了 3 倍。晚近以来,拉丁美洲的债务国(墨西哥和巴西位于前列),发现还债已经吃掉了它们出口收入的 60%,这是南半球平均债务情况的 3 倍。[4] 这个问题快速发展,越来越严重。波蒂略政府“对墨西哥私人银行实行国有化,宣称这些银行‘对国家的掠夺远远超过了任何殖民国家’”。[5] 如同曾巩固了北半球的力量,在南半球核心地区实现了对革命的阻击一样,1982 年的债务危机也威胁去破坏新自由主义的秩序。“延伸的”第三世界—— 包括

---

[1] “经营货币以获取利润的资本家,在借款基础上从事物质生产来获取利润的资本家,二者的兴趣有实质的不同。金融家们是债权人,而债权人最大的希望是防止会侵蚀他们回报的通货膨胀,维持高实际利率,有完全的自由让自己的资金进出各国以寻求最高利润,这本质上是投机。而且,不同于生产性投资而来的积累,通过对跌价的外国资产的收购与获取而来的资本的快速集中化,这是金融资本的首选路线。那些让自己对这种资金之流的扰动效应完全开放的发展中国家,其周期性的资产亏损和收入通货紧缩,让金融资本的这个目标得以实现。”U. Patnaik(U. 帕特奈克),“Global Capitalism, Deflation and Agrarian Crisis in Developing Countries”(《全球资本主义、发展中国家的通货紧缩与农业危机》),《农业转变学刊》3 卷 1—2 期(2003),34 页;科尔克《重建世界经济》(1988),41—42 页;F. W. Engdahl(F. W. 恩达尔),“The Financial Tsunami: The Financial Foundations of the American Century, Part II”(《金融海啸：美国世纪的金融基础》第 2 部),Center for Research on Globalization(全球化研究中心),2008. www. globalresearch. ca/index. php? context = va&aid = 7813,2011 年 1 月 18 日查阅。

[2] 哈维《后现代性的条件》(1989);A. Kliman(A. 克里曼),The Failure of Capitalist Production (《资本主义生产的失败》),London: Pluto Press,2012;麦克纳利《全球衰落》(2011)。

[3] 科尔克《重建世界经济》(1988)。

[4] R. K. Schaeffer(R. K. 舍费尔),Understanding Globalization (《理解全球化》),Lanham, MD: Rowman & Littlefield,2003,101 页;因丁和潘尼奇《全球资本主义的制造》(2012),214 页。

[5] 因丁、潘尼奇《全球资本主义的制造》。

东欧——的债务，1970 年以来增长了 12 倍。[①] 美国银行尤易受损。1981 年时，那些最大的美国银行对第三世界的放款——尤其是墨西哥和巴西，其面值已经达到令人震惊的它们资本和储备总值的 233%。[②]

危机有两个可能的结局。危险在于墨西哥、巴西和其他债务沉重国家违约，拒绝偿还它们的债务，又不进行重大调整。世界将对借贷资本进行大规模贬值，初级产品的价格通货再膨胀，1980 年代初期的严重衰退转变为北半球的持续不景气。如同我们知道的，这个结局并没有发生。

另外一种可能性——发生之事，就是债务体制的扩张。拉丁美洲的债务在 1980 年代增加了 3 倍。[③] 南半球那些负债国家加入这种新的债务体制中，这种体制包括一国金融和农业部门的快速自由化，随着 1982 年的财政动荡而出现。那些最为重要的后果之一，就是新的国际劳役偿债体系，它强化了初级产品的"出口过剩"。[④] 这种新的体制"对一国施加压力来强化土地和劳动的商品化。土地和普遍的自然资源［变成了］加强的出口战略的对象，以换取外汇，这常常用来偿还债务"。[⑤] 随着砍伐森林的推进、毒化的加剧和饮食的恶劣化，南半球各地发生着地球和人的身体的深远变化。[⑥] 然而，对于今天来说，仅仅是对于今天来说，这些环境变化极少进入世界积累的账目之中。

后果马上就显现出来了。在外围国家中，受到负面"价格冲击"——即与上年同期数字相比实际价格下降 10% 或更多——的国家

---

① 舍费尔《理解全球化》(2003)，95 页。
② 因丁、潘尼奇《全球资本主义的制造》；麦克纳利《全球衰落》(2011)，98 页。
③ 舍费尔《理解全球化》(2003)，96 页。
④ P. 麦克迈克尔《发展与社会变化》第 4 版 (2008)，130 页。
⑤ P. 麦克迈克尔，"The Global Crisis of Wage-Labour"(《雇佣劳动的全球危机》)，*Studies in Political Economy*(《政治经济学研究》)58 期 (1999)，26—27 页。
⑥ 同上，11—40 页；阿拉吉《我们时代的巨大全球圈围》(2000)，见 F. Magdoff(F. 麦格道夫)等人所编 *Hungry for Profit*(《为了利润的饥饿》)，New York：Monthly Review Press, 2000, 145—160 页；W. F. Bello(W. F. 贝罗)，*Dark Victory*(《黑色胜利》)，London：Pluto Press, 1994；S. George(S. 乔治)，*The Debt Boomerang*(《债务回旋》)，Boulder：Westview Press, 1993；赖特《用后即丢的女性与全球资本主义的其他神话》(2006)。

数量,在 1981—1983 和 1984—1986 年期间,从 25 个增加为 90 个,而价格下降严重的则是 25% 至 50%。[1] 就世界范围而言,1980 年到 1992 年,非能源性质的原材料价格下降了将近一半。[2] 如同高恩挖苦评述的那样,就北半球而言,这种新的债务体制为那些"要让他们的借贷得到偿还"的食利者效劳,为那些"让生产所需的投入有更便宜的进口"[3]的工业资本效劳,更不必提为让工人得到更廉价食物而效劳了。

1982 年后出现的这种债务体制,迫使南半球在第二次世界大战之后形成的孱弱的国家农业部门大幅度外向。

如同此前的那些农业革命,这种新的由债务驱动的农产品体制事实上把耕种者从土地上驱逐出去了。[4] 1980 年时,出现了第三世界农民从相对下降到绝对下降的重大转变;而 10 年之后,南半球每年都有 2000 万到 3000 万人口从乡村转移到城市。[5] 然而,由于农业生产力并没有出现重大革命,这种脱离乡村的运动既由食物"自给自足率"的下降所激活又进一步导致了它。食物自给自足率的下降,这倒并非虚弱的必有标志,比如我们看到英国在 19 世纪也进口食物。在非洲,在 1960 年代和"1970 年代——当时维持着强劲的经济增长,直到 1974 年为止"[6],食物进口的增长比人口增长要快 3 倍。然而,如果缺乏农业革命,食物自给自足率的下降就会危险得多。1970 年代和 1980 年代,南半球大部分地方的食物依赖都增加了。[7] 所出现的后果之一,就

[1] 国际货币基金组织,*Fund Assistance for Countries Facing Exogenous Shocks*(《对那些面临外源冲击国家的基金援助》)(2003),37 页。www.imf.org/external/pdr/sustain/2003/080803.pdf,2011 年 3 月 11 日查阅。

[2] 舍费尔《理解全球化》,96 页。

[3] P. Gowan(P. 高恩),*The Global Gamble*(《全球赌博》),London:Verso,1999,103 页。

[4] 阿拉吉,"Global Depeasantization,1945—1990"(《全球非农化:1945—1900》),*The Sociological Quarterly*(《社会学季刊》)36 卷 2 期(1995),337—368 页;阿拉吉《我们时代的巨大全球圈围》(2000)。

[5] 同上。

[6] C. K. Eicher(C. K. 艾彻),"Facing up to Africa's Food Crisis"(《直视非洲食物危机》),*Foreign Affairs*(《外交事务》)61 卷 1 期(1982),156 页;阿瑞吉,"The African Crisis"(《非洲危机》),《新左派评论》II 卷 15 期(2002),5—36 页。

[7] P. Uvin(P. 尤文),"The State of World Hunger"(《世界饥饿状态》),*Nutrition Reviews*(《营养学评论》)52 卷 5 期(1994),3 页。

是饥馑和挨饿更为频繁地出现，以及十年之久的经济停滞。

不过，1970 年代之后的廉价食物能够出现，也靠北半球农产品综合体的快速资本化。新自由主义的做法将北半球农业的竞争优势转变为恢复廉价食物的手段。在美国，与国民经济整体相比，工业化农业的劳动生产率的增长快 2 倍还多。[①] 的确，工业化农业的生产力（它主要但并非完全集中于北半球），低投入（"乡下人"）的耕种，这二者之间的差距在绿色革命全球化期间急剧扩大，并且从那时起持续到新自由主义时代。[②] 到 2010 年时，北半球每天人均生产的卡路里是令人震惊的 11741 大卡，这是东亚的 2 倍多，是南亚的将近 4 倍[③]，这靠的主要就是农业产出快速集中于世界各地大农场手中，尤其是欧美核心区域。[④] 结果是什么呢？与选择性的农业自由化相结合，以 1982 年后的结构调整来引导，北半球的廉价食物涌入南半球，使得千百万农民流离失所。可不是吗！廉价食物加上自由化，就产生了廉价劳动。

这种新自由主义的债务体制运作如此之好，是因为它防止了此前那些危机中有过的那种脱钩。非洲在 1980 年代经历的多种情况与不均衡发展的粮食局面并不新奇：17 世纪中期，在荷兰领导的"国际劳役偿债体系"中，波罗的海粮食从波兰流出，流入阿姆斯特丹，而波兰

[①] 弗格利、S. L. 王《新证据表明全球农业有强健但不均衡的生产力增长》(2012)，1—6 页；戈登《美国经济增长过去了吗？》，工作文件，国家经济研究局，2012。

[②] S. Amin（S. 阿明），"World Poverty，Pauperization，and Capital Accumulation"（《世界贫困、贫穷化和资本积累》），《每月评论》55 卷 5 期（2003），1—9 页；D. F. Bryceson（D. F. 布莱塞森），"Sub-Saharan Africa's Vanishing Peasantries and the Specter of a Global Food Crisis"（《撒哈拉以南非洲正在消失的农民与全球食物危机的幽灵》），《每月评论》61 卷 3 期（2009），48—62 页；T. Kastner（T. 卡斯特纳）等人"Rapid Growth in Agricultural Trade：Effects on Global Area Efficiency and the Role of Management"（《农业贸易的快速增长：对全球面积效率的影响与经营的作用》），*Environmental Research Letters*（《环境研究通报》)9 期（2014)，1—10 页。

[③] 联合国粮农组织，*FAO Statistical Yearbook* 2012（《联合国粮农组织 2012 年统计年报》），罗马：联合国粮农组织，2012，35 页。

[④] J. C. Franco（J. C. 弗兰科）和 S. M. Borras Jr.（S. M. 小博拉斯）所编 *Land Concentration，Land Grabbing and People's Struggles in Europe*（《欧洲的土地集中、土地夺取与人民斗争》），阿姆斯特丹：跨国研究所，2013，www. eurovia. org/IMG/pdf/Land _ in _ Europe. pdf，2014 年 6 月 13 日查阅。GRAIN（"粮食"组织），"2,4-D Soy：Waging War on Peasants"（《2,4-D 大豆：对农民开战》），*GRAIN Report*（《"粮食"组织报道》）（2014），www. grain. org/article/entries/4945-2-4-d-soy-waging-war-on-peasants，2014 年 6 月 4 日查阅。

农民的食物却遭到了挤压，波兰的土地肥力也消耗殆尽。[①] 不过，波兰的这些危机导致它在 18 世纪时相对脱钩于世界贸易，尽管谈不上繁荣，但大大缓解了去面对农业榨取、剥夺、食物贫乏和资源枯竭的问题。

在新自由主义时代到来之时，这样的缓解就不会发生了。1980 年代初期作为"华盛顿共识"而融合起来的金融帝国力量，被用来防止南半球国家从世界市场的相对撤退。长时段来看，这样的撤退曾是一种发展模式，世界经济收缩为外围和半外围地区提供了空间，让其发展国内市场，从事"内核般"的资本主义发展，比如 17 世纪的墨西哥、1763 年后的英属北美，或者是 1930 年代的拉丁美洲。然而，这种相对撤退，为一种正在出现但并不处在新的生产力革命之中的积累体制所不能容忍。在 10 年的极低生产力增长之后，处于 1980 年代的开端，阻止这种相对撤退更是至关重要。新自由主义要成功，就必须想办法让南半球生产者锁定于为世界市场的生产之中，即使付出强制性的人和人之外自然的"再生产不足"的代价，也要这样做。

处于这些条件之下，这种新的债务体制就使得受制于市场约束的越来越大的世界耕种者份额成为"全球忧虑卖家"，这尤其是在（但并不限于）南半球。[②] 1980 年代以来，咖啡、香蕉或海鲜这类"高值"产品——它们都有自己的时间性，即使市场价格下降，除了增加产量外也找不到其他什么替代方案。[③] 这个重要转变并非通过那些小农的转换而达到——这些小农被挤到越来越小的小片土地上，今天世界 90%

① 沃勒斯坦《现代世界体系》(1974)，121—122 页。
② 帕特奈克《全球资本主义、发展中国家的通货紧缩与农业危机》(2003)，3 页。
③ MGI［麦肯锡全球研究所］《MGI 商品价格指数——一种交互工具》(2014)；F. Asche（F. 阿舍），"Global Seafood Markets in 2030"（《2030 年时的全球海产品市场》），提交给社会和经济研究所的论文，阿拉斯加大学，2012 年 10 月 24 日，greenandgold. uaa. alaska. edu/media/AscheAlaskaAnchorage. pdf，2014 年 7 月 12 日查阅；联合国粮农组织，*The World Banana Economy*，1985—2002（《世界香蕉经济：1985—2002》），罗马：联合国粮农组织，2003，www. fao. org/docrep/007/y5102e00. htm，2014 年 6 月 29 日查阅。

的"农场"面积不足 2 公顷——而是靠工业化农业的全球扩张。① 令人震惊的是,1990 年以来事实上所有的农田扩张都以出口为目的,②这与"国家农业"时代形成了严峻对比,在那个时代,这是难以想象的。

新自由主义农业的矛盾

新自由主义的农业模式有着引人注目的成功。到 2000 年时,联合国粮农组织的粮食价格指数为 92,1983 年以来它就在 100 上下波动。这个时间选择并非偶然,北半球各地就是在这个时候复苏。石油价格也开始了 20 年的相对稳定。就食物而言,2000 年的指数值几乎比 1960 年代平均数值低了三分之一,处于漫长绿色革命全球阶段的高位。③ 食物作为北半球工人阶级家庭收入的一部分——诚然,这是一种选择性措施,却是维持工资抑制的关键——从来没有如此廉价过。④

到了 2003 年,食物价格开始上涨,一开始时缓慢,然后快了起来。到了 2008 年,商品食物价格已经比 2002 年高 62%;到了 2011 年,高出 77%。⑤ 尽管食物价格指数从来没有达到 1974—1975 年那种不同寻常的高点,但 1970 年代(大致为 1973—1981 年)的价格比

① "粮食"组织,*Hungry for Land*(《渴望土地》)(报告,2014),www. grain. org/article/entries/4929 = hungry-for-land-small-farmers-feed-the-world-with-less-than-a-quarter-of-all-farmland. pdf,2014 年 6 月 18 日查阅。
② 卡斯特纳等人的《农业贸易的快速增长:对全球面积效率的影响与经营的作用》(2014)。
③ 联合国粮农组织,"World Food Situation:FAO Food Price Index"(《世界食物情况:联合国粮农组织食物价格指数》)(2014),www. fao. org/worldfoodsituation/foodpricesindex/en/,2014 年 5 月 16 日查阅;数字取自联合国粮农组织"Food Price Index:Nominal and Real"(《食物价格指数:名义的与实际的》)(2014),www. fao. org/fileadmin/templates/worldfood/reports _ and _ docs/food _ price _ index _ nominal_real. xls,2014 年 8 月 18 日查阅。
④ 汤普森《美国在食物上怎样花钱》(2013);伊莱扎克《食物支出回顾:1950—1997》(1999);R. Schnepf(R. 史涅夫)*Consumers and Food Price Inflation*(《消费者与食物价格通货膨胀》),华盛顿特区:国会研究咨询部,2013。
⑤ 数字取自联合国粮农组织《食物价格指数:名义的与实际的》(2014)。

晚近时期（2007—2014）要低。

而且，1960 年代的"正常"价格，1970 年代的"高"价格，这二者之间的差别比起我们在 2000 年以来所看到的差别要小得多。的确，1970 年代的食物价格指数，只比 1960 年代的平均数值高 7.6%。[1] 对比之下，过去 10 年的食物通货膨胀，与 1990 年代相比，价格上涨了50%，[2]而且没显示出会从这个轨迹返回的迹象。资本主义看来已经把廉价食物扫入了历史的垃圾箱。

对于食物高价，近年来出现了最为多种多样的解说：肉制品联合体的原因，金融投机，农业使用燃料的膨胀，南半球各地"新中产阶级"的出现，气候变化的加快，能源价格的上涨，人口增长与城市化，生产大部分世界食物的小农被驱逐，等等。当然，这些解说中有许多是重叠的。以上这些以及肯定还有更多的解说，都在今天这种局势中显现着。在本节内容中，我的关注不是还原食物价格上涨的历史，而是要询问：廉价食物能否再回来？

我不能肯定对这个问题的原来那些回答是否还适用。在过去 5个世纪中维持着一次次农业革命的那些前沿，已经基本上消失了。16 世纪的荷兰之所以变得富裕，是因为有来自波兰维斯瓦河盆地的廉价粮食；19 世纪的英国则是有爱尔兰、加勒比海地区和美国中西部。当美国成为世界强国后，它也靠中西部，外加美国南部和加州，还有拉丁美洲。在所有这些例子中，那些巨大的粮食剩余都靠未开发的前沿地带加上新的技术体制和劳动组织而赢得。也如同我们看到的那样，南亚的绿色革命在很大程度上也靠对"垂直"前沿的占用，即国内土地丰富的含水层和来自国外的相对廉价的能源供应（用于生产化肥）。然而，转化为肥力的廉价水和廉价能源，如今正

---

[1] 所计算的时间是 1962—1972 年（133.6），与 1973—1981 年相比（143.7）。（数字取自联合国粮农组织，同前注。）

[2] 所计算的时间是 1993—2002 年（101.6），与 2007—2014 年相比（152.6）。

在快速消失。① 尽管生物技术和生物剽窃的新"圈围"让一些资本家变得非常富有,但它们并没有做到此前那些农业革命所做到的事情:恢复廉价食物。

今天的廉价食物模式的深层矛盾,是否意味着是一种发展危机——一种在资本主义内部可以解决的危机? 如果是的话,我们就期待正在中国形成的一种农业革命,那里是最富有活力的积累中心。

中国 1979 年之后的农业制度改革,加上火箭般上升的化肥使用,大大促进了生产量和出产,尽管其步伐并没有超过 1960 年代和 1970 年代。② 然而,在最初的 1980 年代生产力和产量的爆发之后,中国农业并没有变得特别革命性。1979 年至 1996 年,它每年谷物生产增加 3 亿吨到 5 亿吨。③ 然而,1998 年以来,小麦生产的增长——中国是世界上最大的小麦生产者——却停滞下来。④ 就水稻而言,1990 年代的生产增长比 1960 年代的步伐慢了将近一半。2003 年,中国的大豆进口首次超过了国内生产。⑤ 尽管中国奇迹有着引人注目的成就,但工业和农业的劳动生产率仍然只是北半球已达到平均水平的四分之一(或

① M. Palaniappan(M.齐丹巴拉姆)和 P. H. Gleick(P. H.格雷克),"Peak Water"(《水峰值》),见 P. H.格雷克所编 The World's Water 2008—2009(《世界的水:2008—2009》),Washington, D. C.:Island Press,2008;Index Mundi("蒙迪指数"),"DAP Fertilizer Monthly Price-US per Metric Ton"(《DAP 肥料每月价格—每吨美元价格》),Index Mundi(《蒙迪指数》)(2014),www. indexmundi. com/commodities/? commodity = dap-fertilizer&months = 360,2014 年 8 月 13 日查阅。
② D. Wen(D.闻)和 M. li(M.李),"China:Hyper-Development and Environmental Crisis"(《中国:超速发展与环境危机》),见帕尼奇、莱斯所编《与自然达成妥协:2007 年社会主义者语域》(2006),130—146 页;J. Y. Lin(J. Y.林),"Rural Reforms and Agricultural Growth in China"(《中国的农村改革与农业增长》),《美国经济评论》82 卷 1 期(1992),34—51 页。
③《中国:超速发展与环境危机》(2007)。
④ B. Lohmar(B.洛马尔),China's Wheat Economy:Current Trends and Prospects for Imports(《中国的小麦经济:当前趋势与进口预期》),美国农业部经济研究服务署,2004;W. Zhang(W.张)等人"Global Pesticide Consumption and Pollution:With China as a Focus"(《全球农药使用与污染:以中国为典型样例》),Proceedings of the International Academy of Ecology and Environmental Sciences(《国际生态学与环境科学记录》)1 卷 2 期(2011),125—144 页。
⑤ Z. Defeng(Z.德峰),"Bridging the Rice Yield Gap in China"(《缩小中国的水稻出产差距》),见 M. K. Papademetriou(M. K.帕帕迪麦秋)等人所编 Bridging the Rice Gap in the Asia-Pacific Region(《缩小亚太地区水稻差距》),曼谷:联合国粮农组织,2000,69—83 页;People's Daily Online(《人民日报》网络版),"Last Year Saw China's Soybean Import Hit a Record High in History"(《去年中国大豆进口达到历史高点》),《人民日报》网络版,2004 年 2 月 14 日,english. peopledaily. com. cn/200402/14_134838. shtml,2009 年 11 月 12 日查阅;L. Brown(L.布朗),"Could Food Shortages Bring Down Civilization?"(《食物短缺会导致文明崩溃吗?》),《科学美国人》2009 年 4 月。

者更少）。[1] 总之，没有多少迹象表明中国已处在一场农业革命的边缘——一场不仅可以养活世界，而且会把资本主义带入一个新的黄金时代的农业革命。[2] 另外，中国看来也没有开创那种"外部"农业革命，也就是当年荷兰在波罗的海、英国在加勒比海地区得到的东西。[3]

当然，新自由主义廉价食物体制的拆散并非孤立发生，并不孤立于其他初级产品，也没有孤立于更为宽广的积累过程。

2003 年以来，上涨的食物价格在经济学家们所称的"商品繁荣"中与上涨的能源和金属价格紧密相连。这种"繁荣"，部分是指上涨的价格，在通行界定中，一旦商品价格达到顶点，繁荣也就结束了，于是价格回到"正常"。在传统期待中，繁荣时期的高价格带动新的投资，带来新的生产能力，然后资本主义投资的魔力开始发挥作用，商品价格下降。新古典派经济思想的整个想象，就围绕这个假设而建立，这方面有很坚实的历史纪录。《经济学人》的食物价格指数上，从 1846 年到 1972 年，每次价格高点都大大低于或者是不高于前面那个高点。[4]（第一次世界大战是唯一例外，而且持续时间极短。）整个 20 世纪，商品价格下降大多是一年一个百分点。[5] 今天，这个假设就是"原有常态"将会返回。可是，这是不可能的，尤其是食物价格——尽管并不限于食物价格。对于这次商品繁荣之"结束"，记住，"结束"意味着价格停止上涨，即使最为乐观的预测也不期待回到廉价能源或廉价原材料。即使新的常态已经瞥见，比如瑞典一家大银行把近来一份关于

---

① G. Jefferson（G. 杰弗逊）等人，"The Sources and Sustainability of China's Economic Growth"（《中国经济增长的来源与持续性》），《布鲁金斯学会经济活动论文集 II》（2006），1—47 页；S. Jin（S. 金）等人，"Agricultural Productivity in China"（《中国的农业生产力》），见 J. M. Alston（J. M. 奥尔斯通）等人所编 The Shifting Production and Productivity Worldwide（《世界范围内农业生产和生产力的模式转变》），爱荷华州艾姆斯：中西部农业综合企业贸易研究和信息中心，2010，229—277 页。

② V. Smil（V. 斯米尔），China's Past, China's Future（《中国的过去，中国的未来》），New York：Routledge，2004；A. Camba（A. 卡姆巴），"Karl Marx in Beijing"（《卡尔·马克思在北京》），"漫长的20 世纪到 21 世纪"会议论文，宾汉姆顿大学，2014 年 10 月 11—12 日。

③ 摩尔《生态与资本主义的兴起》（2007）；《"阿姆斯特丹站在挪威上面"》第 2 部（2010）。

④ J. Baines（J. 贝恩斯），"Food Price Inflation as Redistribution"（《食物价格通货膨胀作为重新分配》），New Political Economy（《新政治经济学》）19 卷 1 期（2014），79—112 页。

⑤ 弗格利、S. L. 王《新证据表明全球农业有强健但不均衡的生产力增长》（2012）。

全球商品的报告主题概括为"慢行的大宗商品泡沫破裂",[1]但人们还是假定会出现"原有常态"。

这的确是非常缓慢的发展。最为晚近的商品繁荣将证明一种概念重建。价格将不会诱发新的效率,从而降低生产成本和商品价格,会不会是这样呢? 在过去的这个世纪中,商品繁荣的发生与战争及其余波相连,或者如同 1972 年至 1975 年的繁荣那样,是石油输出国组织发动的石油税赋增加与美苏粮食交易相结合的产物。它们都趋向于短命,1970 年代只有 3 年,1915 年到 1917 年只有 2 年,1950 年代长一点但也不太长(1950 年至 1957 年)。它们也只涉及 1 到 2 个商品群:金属和农业(1915—1917,1950—1957),或者是石油与农业(1972—1975)。2003 年开始的商品繁荣就不同了。第一,它包括 3 个商品群,也就是我们所说"四个廉价"中的 3 个。第二,每一个商品群的价格开始互相联动,尤其是到 2008 年时。这在以前是没有发生过的。第三,"价格上涨不可预测……[从 2003 年到 2008 年]商品的美元实际价格……上涨了 109%左右"。"对比之下,此前那些商品繁荣中的价格上涨从未超过 60%。"[2]

尽管商品价格指数很快就从 2008 年夏季的顶点降了下来,但 2009 年的价格下降短暂而且幅度不大。商品繁荣还在持续。从 2011 年 1 月到 2014 年年中,比起本已颇高的 2005 年,商品价格指数保持在高于它 80%到 90%的水平上。[3] 如同此前那些循环一样,新的投资灌入了能源和原材料部门。[4] 然而,生产成本不但没有降低,反而出现了

---

① Handelsbanken(瑞典商业银行),*A Commodity Bust in Slow Motion*(《慢行的大宗商品泡沫破裂》),斯德哥尔摩:瑞典商业银行,2014。

② 世界银行《2009 年全球经济展望》,华盛顿特区:世界银行,2009。

③ "蒙迪指数","Commodity Price Index Monthly Price—Index Number"(《商品价格指数每月价格指数——数值》),《蒙迪指数》(2014),www. indexmundi. com/commodities/? commodity = commodity-price-index&months = 360,2014 年 8 月 14 日查阅。

④ 瑞典商业银行《慢行的大宗商品泡沫破裂》(2014);

相反的情况：

> 更深的矿井，品级更低的矿产品，更为偏远和恶劣的地点，加上缺乏劳力和设备，这些都拉高了成本……尽管价格已经达到了顶点，但这并不意味着它们会很快回返到 2002 年之前的水平。成本已经上升，不可能快速下降，维持价格已经高于此前的水平。事实上，对于某些商品来说，由于生产增加，成本压力持续强化。[①]

生产成本的上升并不限于采掘业。从 2002 年到 2007 年，在能源价格上涨的背景下——2014 年能源价格如同 2007 年一样高，[②]美国粮农的成本上升了 15% 到 20%。[③] 就大豆这种新自由主义的"生长作物"的范例而言，[④]其轨迹让这种生产主义模式的任何辩护者都感到尴尬。在世界范围内，大豆的生产成本在 2002 年之后的 10 年中上升了 3 倍。[⑤] 现在威胁要"外包"美国人而达到全球领先的巴西，2009 年以来大豆生产成本每年上升 5%。[⑥] 世界银行的经济学家约翰·巴菲斯对商品价格上涨的过去 10 年做了考查，冷峻地评论说："有一点越来越明显，那就是 2004 年之后的商品价格在上涨，这开始时似乎类似于 1950 年代初期（朝鲜战争）和 1970 年代（石油危机）经历过的价格尖

---

① M. Rider（M. 赖德），"The Other Side of the Super Cycle"（《超周期的另一面》），见 *Investing in* 2013（《2013 年投资》），日内瓦：瑞士联合银行"全球资产管理"，2012，14—15 页。

② D. Mitchell（D. 米切尔），"A Note on Rising Food Prices"（《思考上涨的食物价格》），"政策研究工作文件"4682 号（世界银行"发展前景项目组"，2008）。

③ DAP 肥料每月价格，《原油（石油）每月价格指数—指数数值》，《蒙迪指数》（2014），www. indexmundi. com/commodities/？commodity = petroleum-price-index&months = 180，2014 年 8 月 14 日查阅。

④ 美国农业部，"USDA Agricultural Projections to 2017"（《美国农业部对至 2017 年的农业预测》）（2008）。www. ers. usda. gov/media/274754/oce20081_1_. pdf，2013 年 10 月 13 日查阅。

⑤ 赖德《超周期的另一面》（2012）。

⑥ AgroSouth News（《农业南方新闻》），"Soybean Production Costs Rise 5% Annually in Brazil"（《巴西大豆生产成本每年上涨 5%》），《农业南方新闻》2014 年 7 月 21 日；S. B. Hecht（S. B. 赫克特）和 C. C. Mann（C. C. 曼），"How Brazil Outfarmed the American Farmer"（《巴西怎样外包了美国农民》），*Fortune*（《财富》）2008 年 1 月 10 日。

峰,但有着更为恒久的性质。"①

所以,开始于 2003 年的这次商品繁荣,就可能藐视经济学家以及一些激进人士的丰饶预测。过去 10 年中,人们的注意力一直耗费在金融化及其深化的矛盾上,对于食物、能源和原材料成本的上涨,激进批评几乎是保持沉默,而这些却与世界积累的中枢机制相关。这里,我们再次看到了笛卡尔二元论异乎寻常的力量,它塑造着我们的知识视野,让我们对真实的看法支离破碎,难以去建立(重建)那些真正决定性的联系。就这些真正决定性的联系而言,世界积累中两个重要的发展性变化显示出来了。一是这个机制正在崩溃,于是商品价格尖峰就历史性地固定下来了。事实上,这个机制认为,更多的投资加上更多的国家引导的重建,就相当于廉价自然。另一个变化则是对世界积累的"挤压",它由这种看似无止境的商品繁荣表现出来,也就是作为积累过程中动态矛盾的生产不足的再现。

晚近商品繁荣的这种情况——其中食物/能源的关联数字如此醒目,提供了一个有用的线索,帮助理解新自由派资本主义的这种危机。它与正在发生的金融扩张紧密相连。的确,在过去的 10 年中,食物和金融是如此紧密地交织在 起,以至于可以把二者作为一个过程来讨论。② 如果新自由主义是资本主义的一个阶段——不同于作为阶级项目或"市场制约"之政策③的新自由化,那么,由晚近商品繁荣告知的这种危机,就是一种特殊的类型——一种标志性危机。当某种已有的积累体制在占用不付酬工作/能量上,不再能够快于盈余积累量的上升时,这样的危机就会发生。随着全球占用工作/能量的份额下降,四个廉价的成本(当然它们不均衡,历来如此)就倾向于上升,积累就会

---

① J. Baffes(J. 巴菲斯),"A Framework for Analyzing the Interplay Among Food, Fuels, and Biofuels"(《食物、燃料和生物燃料相互作用的一个分析框架》),《全球食物安全》2 卷 2 期(2013),116 页。
② F. Kaufmann(F. 考夫曼),*Bet the Farm*(《孤注一掷》),Hoboken:John Wiley & Sons,2012;J. Clapp(J. 克拉珀),*Food*(《食物》),Cambridge:Polity,2012.
③ 参看哈维《新自由主义简史》(2005);N. Brenner(N. 布伦)等人,"After Neoliberalization?"(《新自由化之后?》),《全球化》7 卷 3 期(2010),327—345 页。

停滞。2003 年以来，随着那些战略商品变得越来越贵而不是更便宜，我们就看到了这种标志性危机的出现。

生物技术：是农业革命还是"诸神的黄昏"？

今天，资本在哪里可以找到新的廉价食物时代的条件？新自由主义把它的农业革命的希望放在生物技术上，与各种各样"新的圈围"相连。① 生物技术吻合农业革命的阶级模式，它影响了收入的再分配（进一步则是在农民中区分出阶级），这是因国家和类似于国家的机构的那种创造和保障财产的能力而造成的，为一些部门的资本积累提供了很好的机会。就它释放了一种出产繁荣，大得足以创造（与廉价能源和廉价投入相呼应）一个新的系统性积累循环之条件而言，它又不吻合这个模式。这个生物技术体制将财富和力量从耕种者那里重新分配到资本手中，但它带来的出产繁荣并不能带来世界无产阶级的急剧扩张，不能为这些工人带来足够廉价的食物。

2011 年时，转基因农作物已经从 1996 年时的实际上没有种植，发展到占全球耕地的 10%，有 29 个国家的 1.67 亿农民种植。美国无疑是这种转变的中心地带，种植转基因农作物的耕地占到耕地的 43%（6900 万公顷）。② 美国大豆的 94% 和玉米的 88%，使用转基因种子，尤其是"抗农达"种子（但不限于）。③（现在使用得更多了。）转基因农作物耕地，有一半是在南半球。④

就提高内在的收益率而言，农业生物技术没起到什么作用。1960

---

① J. Rifkin（J. 里夫金），*The Biotech Century*（《生物技术世纪》），New York：Putnam，1998；V. Shiva（V. 希瓦），*Biopiracy*（《生物剽窃》），Boston：South End Press，1997。

② C. James（C. 詹姆斯），"Global Status of Commercialized Biotech/GM Crops：2011"（《商业化之生物技术/转基因农作物全球状况：2001》），"国际农业生物技术应用服务"简报 43 期，2011；奥特尔《食物寡头》（2012），243 页；联合国粮农组织《2012 年联合国粮农组织统计年鉴》，312—314 页。

③ 奥特尔《食物寡头》（2012），243 页。

④ 詹姆斯《商业化之生物技术/转基因农作物全球状况：2001》（2011）。

年代时,世界农业生产力的年增长率是 3%,1990 年代下降到只有
1.1%。① 古里安-谢尔曼首次对生物技术总收益率的影响做了综合调
查,发现几乎所有收获都不是内在收益,而是运营收益(这"或许可作
为未来收益想象")。② 这样的报告甚至促使孟山都公司伤心地宣布:
"转基因农作物的主要用处是让农作物抗杀虫剂和除草剂。它们并不
必然地增加产量。它们保证产量。"③然而,事实证明,"抗农达"种子
庄稼也并不能很好地保证产量。

　　"超级杂草"——尤其是转基因大豆田中(但不限于它)——已经
进化得可以抵挡住大牌除草剂的威力。④ 这些超级杂草代表着一种更
为激进得多的转变:从剩余价值到负面价值的转变。我们将在下一节
探讨这一点。到了 2000 年代后期,有一点已经变得很清楚:这种农业
生物技术的扩张正在积极限制一种新的农业革命的空间。

　　超级杂草对劳动生产率的巨大负面影响(可能还算是区域性的),
指向一系列更为广阔的力量,侵蚀着新自由主义的廉价食物体制。因
转基因农作物而来的超级杂草的潜能,早期已有关注。⑤ 到 2005 年
时,超级杂草已经发展到很大规模,更引发了普遍注意。⑥ 尤其是大

---

① R. Dobbs(R. 多布斯)等人,*Resource Revolution*(《资源革命》),New York:McKinsey Global Institute
(麦肯锡全球研究所),2011。

② D. Gurian-Sherman(D. 古里安-谢尔曼),*Failure to Yield*(《收益失败》),Cambridge,MA:Union of
Concerned Scientists(科学家关怀联盟),2009。

③ 转引自 E. Ritch(E. 里奇),"Monsanto Strikes Back at Germany, UCS"(《孟山都公司在德国反击》),
Cleantech. com(2009 年 4 月 17 日),2009 年 7 月 18 日查阅。即使水和土地的限制可以通过新的
基因—化学之结合来克服,但这也并不能为新的生产力革命扫除障碍。首先,比起通常所认为的
来,"水问题"要严峻得多[齐丹巴拉姆和格雷克《水峰值》(2008)]。其次,晚近资本主义农业这
种资本和能源密集的基础,对它大幅度提高收益的能力形成了甚至更为严峻的限制。这个技术
控制体制——这里指种子和害虫防治,已经出现了会进化出更具抗药性的害虫和病菌的前景
[V. Ruttan(V. 拉坦)"Productive Growth in World Agriculture"(《世界农业中的生产力增长》),
Journal of Economic Perspectives(《经济展望学刊》)16 卷 4 期(2002),173 页]。

④ C. M. Benbrook(C. M. 本布鲁克),"Impacts of Genetically Engineered Crops on Pesticide Use in the
United States"(《美国基因工程农作物对农药使用的影响》),The Organic Center("有机食品中
心"),2009,www. organic-center. org。

⑤ J. Kling(J. 克林),"Could Transgenic Supercrops One Day Breed Superweeds?"(《转基因超级农作物
会有繁殖出超级杂草的那一天吗?》),《科学》274 卷 5285 期(1996),180—181 页。

⑥ 本布鲁克《美国基因工程农作物对农药使用的影响》(2009);参看 P. Brown(P. 布朗),"GM Crops
Created Superweeds"(《转基因农作物创造出了超级杂草》)(2005)。

豆,它是一个很能说明问题的例子。转基因大豆已经构成世界大豆产量的 57%,而美国仍然是领先的大豆生产者(占到 37%),所以,超级杂草的兴起,就是一种世界-历史性事件。[1] 在美国,集中于大豆生产地区,有 13 个超级杂草种类(全世界是 21 个),22 个州的数百万英亩土地现在已经对"抗农达"有耐药性了。[2] 从 2008 年到 2011 年,美国超级杂草农田扩展了 4 倍,达到了 1000 万英亩。[3] 种子和农业化学公司"先正达",预测 2009 年会有一场超级杂草大爆发,到 2013 年时,会蔓延至 3800 万英亩的土地。[4]

到 2013 年年底,科学家关怀联盟这个较为公正的团体,发现有令人吃惊的 6000 万英亩土地受到超级杂草的影响。[5] 这相当于美国农业中"每 4 英亩行栽作物"中,就有 1 英亩如此。[6]

超级杂草前沿也在阿根廷和巴西的转基因大豆地带快速扩展。[7] 拉丁美洲的这种情况更是意味深长,这种大豆革命不仅是通过

---

[1] G. Pechlaner(G. 佩西兰纳) 和 G. Otero(G. 奥特罗),"The Third Food Regime"(《第三种食物体制》),《农村社会学》48 卷 4 期(2008),351—371 页;T. Masuda(T. 马苏达) 和 P. Goldsmith(P. 戈德史密斯),"World Soybean Production: Area Harvested, Yield, and Long-Term Projections"(《世界大豆生产:收成地区、收益和长期投影》),伊利诺伊大学香槟分校"国家大豆研究实验室",工作文件,2008。

[2] MCT News Service(《MCT 新闻报道》),"Roundup-Resistant Weeds Gain Strength"(《对"抗农达"有耐药性的杂草发力》),MCT 新闻报道,2010 年 1 月 17 日;J. Pocock(J. 波科克),"Weed Revolt Marches On"(《杂草反抗展开了》),Corn and Soybean Digest(《玉米和大豆文摘》),2012 年 1 月 17 日。

[3] CFS("食物安全中心"),"Farmers and Consumer Groups File Lawsuit Challenging Genetically Engineered Alfalfa Approval"(《农民和消费者群体对批准转基因苜蓿提出法律诉讼》),www. centerforfoodsafety. org/2011/03/18/farmers-and-consumer-groups-file-lawsuit-challenging-genetically-engineered-alfalfa-approval,2011 年 3 月 27 日查阅。

[4] Syngenta(先正达公司),"Leading the Fight Against Glyphosate Resistance"(《发起对草甘膦耐药性的斗争》)(2009),www. syngentaebiz. com/DotNetEBiz/ImageLIbrary/WR% 201% 20Leading% twentiethe%20Fight. pdf,2011 年 3 月 11 日查阅。

[5] 科学家关怀联盟,"The Rise of Superweeds-and What to Do About It"(《超级杂草的兴起——以及拿它怎么办》),Policy Brief(《政策简讯》)(2013 年 12 月),www. ucsusa. org/assets/documents/food_and_agriculture/rise-of-superweeds. pdf,2014 年 2 月 22 日查阅。

[6] W. Freese(W. 弗里兹),"Testimony Before the Domestic Policy Subcommittee of the House Oversight and Government Reform Committee"(《在众议院监督和政府改革委员会之国内政策小组委员会的证词》),美国众议院,2010 年 9 月 30 日,truefoodnow. files. wordpress. com/2010/09/oversight-hearing-9--30-2010-freese-oral-final. pdf,2011 年 2 月 28 日查阅。

[7] J. L. Villar(J. L. 维勒) 和 W. Freese(W. 弗里兹),Who Benefits from GM Crops?(《谁从转基因农作物中获利?》),Amsterdam: Friends of the Earth International("国际地球之友"),2008;Agrolink("农业链"),"Cultivo da soja deixou de ser facil, diz agronomo"(《专业人士说,种植大豆不再容易了》),2014 年 6 月 6 日,www. agrolink. com. br/noticias/NoticiaDetalhe. aspx? codNoticia = 197813,2014 年 7 月 19 日查阅。

已有耕地的转变来实现,而且通过大规模的砍伐森林和其他形式的农业扩张来实现。[①] 这是商品前沿的经典模式,在经济作物农业中总是起着缓解农业—生态矛盾之用。比如,在 17 世纪的巴巴多斯,当除草变成生产力的一个巨大拖累时,蔗糖前沿就转移到诸如牙买加这样的更大岛屿上。[②] 然而,与那些较早时代相比,拉丁美洲的大豆商品前沿却只有中等程度的"收益率蜜月",超级杂草的推进速度快于农业资本主义的速度。

孟山都公司自吹自擂的"抗农达"农作物,就处于这个社会-生态快速推进的中心。尽管对孟山都公司过分信任是不明智的,但这种潜在的超级杂草趋势被这家公司的转基因大豆充分体现出来。[③] 转基因农作物承诺要减少杀虫剂和除草剂的使用,要增加运营收益,但这种承诺很快就变得令人失望,带来的是毒性增加和回报减少。[④] 尽管有着孟山都公司和其他大牌公司的宣称,[⑤]但"抗农达"大豆这样的抗草甘膦农作物看来与人类健康的不确定性联系在一起,抗草甘膦农作物的根系易感染真菌。[⑥] 除了运营收益上的明显枯竭外,资本还出现了另外一个真正的问题:"我们回到了我们 20 年前的那个地方。"田纳西一个大豆农场主埃迪·安德森,2010 年对《纽约时报》这样说,他打算回到原来的耕作技术和农药体制上去。[⑦] 然而,这些老的技术不仅更

[①] M. A. Altieri(M. A. 加尔铁里)和 W. A. Pengue(W. A. 彭格),"Roundup Ready Soybean in Lation America"(《拉丁美洲的抗草甘膦大豆》)(2006),www. rapaluruguay. org/transgenicos/Prensa/Roundupready. html,2011 年 3 月 24 日查阅。P. Cremaq(P. 克丽玛),"Brazilian Agriculture:The Miracle of the Cerrado"(《巴西农业:塞拉多的奇迹》),《经济学人》(2010 年 8 月 26 日),www. economist. com/node/16886442。

[②] 摩尔《生态与资本主义的兴起》(2007)。

[③] 古里安-谢尔曼《收益失败》(2009)。

[④] 本布鲁克《美国基因工程农作物对农药使用的影响》(2009)。

[⑤] 参看孟山都公司"Monsanto, Dow AgroSciences Complete U. S. and Canadian Regulatory Authorizations for SmartStax Corn;Plans Set to Launch Seed Platform on 3 Million to 4 Million-Plus Acres"(《孟山都公司和陶氏益农公司获得了美国和加拿大对 SmartStax 玉米的管理授权,计划在 300 万到 400 万以上英亩土地上建立种子平台》)(2009),monsanto. mediaroom. com/index. php? s = 43&item = 729,2010 年 10 月 11 日查阅。

[⑥] R. J. Kremer(R. J. 克雷默)和 N. E. Means(N. E. 米恩斯),"Glyphosate and Glyphosate-Resistant Crop Interactions with Rhizosphere Microorganisms"(《草甘膦和抗草甘膦农作物与根系微生物的交互作用》),European Journal of Agronomy(《欧洲农学学刊》)31 期(2009),153—161 页。

[⑦] 纽曼和波拉克《农民应对抗除草剂杂草》,《纽约时报》2010 年 5 月 3 日。

具毒性,比如"2,4-D"①,而且更为昂贵。② 2012 年到 2014 年间,印第安纳州的大豆农场主们面对的是比以前高出 3 到 5 倍的除草剂费用。③ 从加拿大的曼尼托巴省到美国佐治亚州,北美农业地区到处都有这类报道。④ 随着超级杂草如同野火一样蔓延,这样的报道就指向一个生产成本急剧提高的未来:2010 年时,只有 12% 的美国农民报告,农场中出现了多种抗草甘膦杂草;到了 2011 年有 15% 的农民报告,2012 年则高达 27%。⑤

抗除草剂杂草的加速进化,是超级杂草效应的前锋。资本要控制和适应人之外自然的努力,与人之外自然要逃避和抵抗这种努力的协同进化的能力,这二者之间的紧张关系,是这种效应的核心。这是一个驯服循环:"[资本]越想'驯服'那些自然进程,就越失去控制,从而激起新的和更有威力的驯服措施,带来越来越灾难性的后果。"⑥这个驯服循环的关键问题是它与"时空压缩"的联系,而"时空压缩"对于资本积累至关重要:这些压缩既依赖于对生物物理自然的时空压缩,也越来越快地驱赶着这个压缩。毒化就是这两个方面在当下的一个标志。在历史的资本主义中,比起人启动的寻求掌管自然的控制战略来,人之外自然开始时的动作要慢得多。

这遮盖了、但并没有取消人之外自然的持续进化,这种进化与资本的大幅度简化战略相抗争。在几个世纪中,走向新的前沿的可能性

---

① 主要用作除草剂和植物生长剂的有机化合物。——译者注
② Price, Andrew J.(安德鲁·J.普赖斯)等人,"Glyphosate-Resistant Palmer Amaranth"(《抗草甘膦长芒苋》),*Journal of Euree and Water Conservation*(《水利与水保护学刊》)66 卷 4 期(2011),265—275 页;"粮食"组织《2,4-D 大豆:对农民开战》,《"粮食"组织报道》(2014)。
③ M. Wines(M. 瓦恩斯),"Invader Batters Rural America, Shrugging Off Herbicides"(《入侵者攻击美国农村,除草剂不起作用》,《纽约时报》(2014 年 8 月 11 日)。
④ Farm Industry News(《农业产业新闻》),"Glyphosate-Resistant Weed Problem Extends to More Species, More Farms"(《抗草甘膦杂草问题蔓延至更多物种、更多农场》),《农业产业新闻》2013 年 1 月 29 日;L. Rance(L. 兰斯),"Finding Better Ways to Fight Superweeds"(《找到较好方式来对付超级杂草》),*Winnipeg Free Press*(《温尼伯自由报》)2014 年 8 月 9 日。
⑤ "食物与水守护"组织,*Superweeds*(《超级杂草》),华盛顿特区:"食物与水守护"组织,2013;农业产业新闻:《抗草甘膦杂草问题蔓延至更多物种、更多农场》(2013)。
⑥ V. Wallis(V. 沃利斯),"Species Questions"(《物种的问题》),《组织与环境》13 卷 4 期(2000),505 页。

创造了一个幻想，将这个驯服循环最有问题的那一面悬置起来了。然而，随着占用前沿的关闭，以资本化和通过资本化而来的创新控制战略为基础的这个体系的动力，强化了这种进化回应。现在，人之外自然的进化快于施加在它身上的控制了。

今天，对于资本的控制，超级杂草效应表现出人之外自然那种野性扩散和愈难预测的回应。通过同时减少成本和杂草来对运营收益最大化，这是抗草甘膦农作物的短期承诺；而它的中期收获不仅是更多的杂草、更多的除草剂和更高的成本，而且还有更大的毒化——草甘膦与"更毒的杂草杀手"如阿特拉津（内分泌干扰物）和"2,4-D"（强力致癌物）结合在一起了。如果这个新模式能够带来新的生产繁荣，能够用较少的劳力生产较多的粮食，那么对于足够顽固的资本而言就是可接受的。可是，这种繁荣尚未成真。

超级杂草效应标志着一种持久矛盾的历史中数量与质量上的变化。资本主义的农业-生态控制体制的漫长历史，是以早期现代种植园那种单一种植和严格的工作纪律而开始的。今天，它以分子和其他学科项目越过了一个世界-历史的门槛。抽象社会自然的功能正在瓦解。这个变化是人之外自然进行抵抗的一个新时代，在这个时代中，那些短期的"修复"不仅变得越来越短期，而且越来越有毒性。在此前那些时代中，资本对累加控制的需要，分量不管多么大，都没有现在这样广泛，这是因为一个领域的蹒跚的劳动生产率，能够通过一轮新的全球扩张而"修复"。比如，英国 18 世纪农业生产力的问题，在英国内部从来没有得到解决，而是通过一波接一波的前沿运动，尤其是在北美的前沿运动得到了解决。此前那些时代中可以得到相当大的前沿占用，这意味着资本对控制的追求较为放松，它获得上升之生产力的能力较大，它的毒化趋势较弱。

这表明 21 世纪的资本主义面临着一种迥异于此前那些世纪的历史的自然。

廉价食物,恶劣气候:从剩余价值到负面价值

　　超级杂草效应这种进化回应,与资本主义历史中一种深远变化联系在一起,也就是从剩余价值到负面价值的变化。在这个变化中,"老"的消耗矛盾与"新"的浪费和毒化矛盾交织起来了。

　　老的生产主义者模式,即廉价自然法则,一直长于为资源消耗找到修复,但它仍然短于处理负面价值,也就是那些逃避和挫败廉价自然之"修复"的自然形式。在这种趋势中,超级杂草显然令人印象深刻。它们现在只能靠巨大的毒化和更高的代价来控制。资本主义农业这种直接和间接的毒化,带着力量的增加,注入了负面价值的一些新形式,如气候变化、癌症流行,等等。

　　于是,阻挡新的农业革命的障碍就是异乎寻常的。即使我们不提阻止了农产品自由化的地缘政治紧张局势,不提自下而来、以食物主权之名对市场依赖的"食物安全"进行挑战的阶级斗争,这种障碍也是异乎寻常的。① 突出的生物物理挑战,这个名单无疑以气候变化作为开始,气候变化已经在压制工作/能量的潜力了。联合国谈到了 2050 年时地球上净初级生产力 12% 的"绝对下降",②然而这个问题甚至更为直接。1982 年到 1999 年,全球净初级生产力是增加了——这只是与新自由主义的黄金时期相一致吗? 然而从 2000 年到 2009 年,这却是下降了。③ 全球影响集中于南半球(印度尼西亚的净初级生产力几乎下降了 20%),这 10 年被一系列严重干旱所重创。④ 这些干旱持续,俄罗斯在 2010 年遭遇干旱,其后是中国 2010 年到 2011 年的华北平原

---

① 韦斯《全球食物经济》(2007);麦克迈克尔《食物体制》(2013)。
② C. Nellemann(C. 尼尔文)等人所编 *The Environmental Food Crisis*(《环境性的食物危机》),联合国环境规划署,2009。
③ M. Zhao(M. 赵)和 S. W. Running(S. W. 朗宁),"Drought-Induced Reduction in Global Terrestrial Net Primary Production from 2000 Through 2009"(《2000 年至 2009 年由干旱导致的全球陆地净初级生产力的减少》),《科学》329 期(2010),940—943 页。
④ 同上。

大旱,接着是北美 2012 年的旱灾。在气候变化之外,我们还付出了上升的能源代价,农作物燃料越来越争夺耕地,入侵物种的扩散,超级杂草效应,随着全球变暖冰川融化、降水型式的变化导致蓄水层枯竭而来的廉价水的结束,以及肥料对增加产量之效的下降。

然而,气候变化不再只是一个附加到资本主义积累灾难之上的"环境"问题。19 世纪把大气层开辟为资本之污染的一个行星垃圾堆,现在已经走到了关键时刻。这适用于持续之中的生物圈"状态变化",[1]也适用于垃圾如何返回到世界积累的总账之中。这里又出现了我们所说的双重内在性:生物圈内化着资本主义的种种矛盾,现在的资本主义内化生物圈变化。

气候变化正是转向负面价值的范式动量。想象不出资本主义能以任何有实质意义的办法来应对气候变化,因为气候变化对老的生产主义模式提出了基础性的挑战。这个挑战有两个主要的表现。首先,它要求生产体系必须内化垃圾成本,这当然包括温室气体排放。其次,它要求对垃圾成本的内化不能通过那些本身就是高度污染的新的廉价自然战略来抵消。换言之,对气候变化的有效应对,必须没有不付酬工作和不付酬垃圾的神话,当然也需要实际行动。

占用不付酬工作/能量和毒化生物圈是一个结合在一起,但在空间和时间上并不均衡的过程,它现在已经达到了断裂点。负面价值的积累——它内在而又潜伏于资本主义的起源之中,它今天正在提出的矛盾,已经不再能够靠技术的、组织的或帝国的重建来"修复"了。各种前沿的持续关闭,限制了资本和国家减少生产成本上升的能力,也限制了减少垃圾呈几何级数增加——因全球致力于赢利而造成——的能力。如果说资本主义是一种"不支付成本的经济",[2]那么这些账单就到该付的时候了。而且,这还并不是问题的关键所在! 如同我们

---

① A. D. Barnosky(A. D. 巴诺斯基)等人,"Approaching a State Shift in Earth's Biosphere"(《地球生物圈将出现状态变化》),《自然》486 期(2012),52—58 页。

② K. William Kapp(K. 威廉·卡帕),*The Social Costs of Private Enterprise*(《私营企业的社会成本》),New York:Schocken Books,1950.

已经看到的那样,资本主义也是一种不付酬工作的体系,依赖于调动人的聪明才智来为占用日趋上升的不付酬工作/能量之流服务。从负面价值来看,我们看到的远超那些社会-生态的外部效应,而这些外部效应就是这个问题的一部分。损耗枯竭和不可预测结合在一起——共同导致着生产成本的上升,就标志着从"剩余"价值到"负面"价值这个正在发生的转变。资本积累的核心过程,现在正带来越来越直接和当下的障碍,阻碍着资本的扩大再生产。资本内在的这些矛盾,因负面价值而突现,今天正在刺激一种前所未有的转变,将转向一种超越资本的在本体上大幅度改变的政治。这样的政治在诸如"食物主权"这样的运动中鲜明表现出来,这样的运动在食物问题上主张可持续性、民主和文化自决权不可分离。由于这样的政治提出了一种关系整体论来替代资产阶级那种破碎的政治视野和经济视野,就威胁去动摇现代世界体系中那些至关重要的约定点,即什么是食物、什么是自然、什么有价值。

负面价值的兴起

这个新的食物正义运动,可以被理解为对资本主义农业革命模式之损耗枯竭的回应。对于这个与生物技术相连的新自由主义模式的枯竭,我们已经做了考察。收益的减少已是不可逆转,[1]食物安全上也没有净增益。[2] 在那些激进的论述中,"驱逐"已是如此触目惊心,这正是因为新自由主义的农业转变并无生产力革命,只是将力量和财富从穷人手中重新分配给富人。[3] 这种农业-生态上的停滞,向我们揭示了今日资本主义技术活力的一些重要事情。缺乏对新的巨大的不付酬工作/能量之流的识别和占用,技术并不能在劳动生产率上带来重

---

① 古里安-谢尔曼《收益失败》(2009)。
② 联合国贸易与发展委员会,*Wake Up Befor It's Too Late*(《在太迟之前醒来》),纽约:联合国,2013。
③ 哈维《新的帝国主义》(2003);摩尔,"The End of the Road?"(《路走到了尽头?》)(2010)。

大提升。1970 年代以来,漫长绿色革命就显示了在劳动生产率增长上全系统的减速。[1]

然而,比起这个资源和营养物损耗枯竭模式所显示的景象,局势其实更为严峻。一方面,通常的农业资本主义技术的修复(或试图修复),正在损害或许留下来的能带来新一轮世界积累的任何可能性。那些修复强化着现在这种朝向营养物和资源损耗枯竭的趋势,自然成了"水龙头"。另一方面,"垃圾前沿"的正在关闭——其突出表现就是气候变化,又在激活新的一系列限制,围绕着自然作为"污水坑"而形成。

自然作为水龙头,自然作为污水坑,这二者之间的矛盾正在提出新的一系列问题,也就是负面价值的那些限制。[2] 负面价值,可以被理解为生命之网中对资本的限制的积累,是恢复四个廉价——廉价食物、廉价劳动力、廉价能源和廉价原材料——的直接障碍。如同我们已经看到的,食物/劳动关系尤其重要。从历史角度看,负面价值的积累一般是隐藏或潜在的形式,但它现在因晚近资本主义将生产主义、全球贸易和运输以及毒化结合起来而被激活了。这些矛盾是当下的、直接的,在 21 世纪之初正在深化。

所以,负面价值的积累就是资本循环中剩余价值生产的内在矛盾。

这不能与历史资本主义发展引发的较为广泛的一系列所谓"环境"矛盾混为一谈,这主要是因为负面价值越过了人与人之外自然的那些边界。资本(作为自身扩张的价值)与资本主义(作为历史体系),这二者之间的差别是关键。从这个角度看,负面价值与代价的外化和各种社会运动(尤其是环境主义)关系密切——虽然不能简化为

---

[1] 巴拉科瑞斯南《对静止状态的思考》,《新左派评论》II 59 期(2009),5—26 页;戈登《美国经济增长过去了吗?》(2012)。

[2] 在这个问题上,尽管在理论上没有改变自己的资本主义模式,但福斯特在概念上接近于现在的论证:"资本的积累,同时也是灾变的积累,这不仅是大部分世界人民的灾难,也是生物的普遍灾难。"福斯特,"Capitalism and the Accumulation of Catastrophe"(《资本主义与灾变的积累》),《每月评论》63 卷 7 期(2011),16 页。

就是这些。1970 年代以来,这些社会运动作为对这种外化的回应而发展起来。

将资本关系理解为其在生命之网中、通过生命之网而合作生产出来,使得在理论概念上能够将资本的内在危机视为合作生产之物;普遍认识到的资本有机构成上升,使得全球自然的资本构成上升。对于这个同一而不均衡的历史过程,这就是两个清晰的表达。如果说前者导出了利润率下降的趋势,那么后者就不仅强化了前者(随着资本承受人和人之外自然再生产之成本的比重越来越大),而且导出了新的一系列问题。如同我会尽可能说清楚的那样,这些问题是新旧相交的,对的,一部分就是资源消耗枯竭和生产成本上升。① 然而,另一部分(而且是上升的一部分!)是数个世纪以来、甚至是数千年以来形成的生物圈稳定和生物健康的条件被扰动。

所以,负面价值就是将 3 个问题定位于一个统一框架内的一种方式。这 3 个问题是:(1)生物圈及其生物系统正在发生、日益迫近的非线性转变;(2)生产成本的上升;(3)正在发生的资本积累过多。这 3 种情况代表着资本里面的一束矛盾,它为一种新的激进政治提供着肥沃土壤,这种新的政治将在本体论层面挑战资本主义,对资本主义市场和资本主义生产的实际可行性提出质疑,而且在更为基础的层面上质疑现代世界体系中价值和自然的存在论。

自然作为水龙头,自然作为污水坑:
负面价值的合成而又不均衡的发展

资本主义技术活力的"正常"途径,不仅未能解决它所面对的能源、营养物和资源问题,而且这些问题越来越严重,其恶化超过了任何

---

① 参看庞廷《绿色世界史》(1991);奥康纳《自然因素》(1998)。

线性预测所能想到的程度。这是为什么？这是因为初级生产中有一个累积的维度。很高的"回报"、最小的"努力"、很低的环境影响，这样一个漫长时期产生了一个非线性的曲线，带来了回报的下降、努力的增加，将会造成急剧的巨大环境变化。[①] 不妨把 1930 年代俄克拉何马州的抽油机与今天墨西哥湾的海底石油钻探比较一下。漫长绿色革命的世界-历史之弧揭示出一个同样的过程：需要使用越来越多的除草剂和化肥，以生产（减速中的）生产力增长的每个增量。

自然作为水龙头的累积和周期维度——体现为世界-历史的科学革命、提取革命、劳动革命和农业革命的形式，现在与自然作为污水坑的累积维度相遇。占用新的不付酬工作/能量之流，这方面每一个大动作，都意味着更大得多的、不成比例的垃圾量。这种不成比例随着时间而发展。所以，垃圾的维度是一种至关重要的关系，到现在为止我们关于积累与危机的简单化模式中缺失了它。在一种累积性的不成比例的关系中，价值与垃圾辩证地捆扎在一起。不过，在这个游戏中，就农业而言，晚近之前它相对性地不受这个捆扎的影响。然而，漫长绿色革命到来之后，农业在毒化问题上就成为先锋角色，水漫土壤、水和空气都染上了石油农业的排出污物。16 世纪以来，城市化、矿业和工业一直带来垃圾量的增加，当时的人们看到了欧洲中部那些矿业繁荣的城镇中溪流的毒化和空气的污染。[②] 先是由美国领导的唯发展主义而来的绿色革命的全球化，然后是新自由派的重建，改变了以往的农业结构。在污染地球的竞赛中，农业现在已走到领先位置，部分是因为它对能源和化工品的密集使用，但也是因为它的伐林造田，否则森林会起到锁住二氧化碳

① Davidson（戴维森）等人，"The Effort Factor"（《努力因素》）（2014）。
② 内夫《对物质世界的征服》（1964）。

的作用。①

资本主义对自然作为水龙头和污水坑的双重压榨，已经被人们认识到了——尤其是与气候变化联系到一起，但我认为它的划时代意味尚未得到充分认识。关于这种双重压榨，我着重提出两个方面。一个是资本主义的垃圾如今正在溢出这个污水坑，已经溢到了资本的总账目上。还必须讲气候变化，它就是这种现象最为鲜明的例子。所以，生物圈"状态变化"与积累危机之间的联系，远比人们通常认识到的更为紧密。然而，我认为还有一个更为深层的历史-地理问题，它没有得到（尚未得到）充分的认识，这就是自然作为水龙头的时限性，与自然作为污水坑的时限性，这二者是很不相同的。在今天之前，那些新的初级生产体制的发展，远远快于垃圾带来的成本，所以有可能逃开这些矛盾，因为有着地理前沿，这不仅是大陆的地理前沿，也包括人的、地下的和大气层的空间，可以从这些前沿榨取"免费礼物"，而"免费垃圾"也可以存放其中。

所以，就有一种令人吃惊的非线性动力起作用。资本主义的技术进步不仅为工业生产带来一种趋势，跑在了它的原材料供应的前面，也就是马克思所言生产不足的"普遍规律"；它还产生了过分污染的普遍规律，也就是对所有垃圾前沿的圈围和填满快于能够确定新的垃圾前沿之趋势。所以，长时段中这条垃圾积累曲线的非线性斜坡，出现了 1945 年之后、1975 年之后和 2008 年之后几次急剧上升。随着"资源质量"——一个蹩脚的词——下降，不仅榨取工作/能量更为昂贵，而且变得更为毒性。所以，就出现了氰化物采金的垃圾堆放，或者是世界煤炭生产露天开采比重上升的转变。② 结果就出现了今天这样一个世界，每一个角落和隙缝都有着资本之毒化的印记，从北极冰川和

① T. Herzog（T. 赫尔佐格），"World Greenhouse Gas Emissions in 2005"（《2005 年世界温室气体排放》）（世界资源研究所工作文件，1964. 华盛顿特区：世界资源研究所，2009 年 7 月），www.papierenkarton. nl/uploads/world_greenhouse_gas_emissions_2005. pdf，2014 年 7 月查阅。
② 戴维森等人的《努力因素》（2014）。

儿童血液中的重金属,到大西洋和太平洋中的塑料"垃圾群",到大气层中二氧化碳的集聚。[1]

自然作为水龙头和自然作为污水坑的这种令人厌恶的会聚,正在快速危害"正常"资本主义生存的可能性——从中期生存到接下来的 20—30 年的生存可能性。资本主义的这些矛盾曾经一直是可以逃开的,因为有逃开的舱口——农民可以无产阶级化,有新的油田可以开采,有新的森林可以转变为经济作物农业。这些过程仍在继续,然而条件已越来越严峻。不同于许多绿色人士过分关注于资本主义对自然做了什么(退化的问题)而不是自然怎样为资本主义工作(工作/能量的问题),今天值得我们更要关注的一个问题被忽略了,这就是资本主义怎样抛出了那些具有全新性质的限制。

有两个主要的负面价值马上就可以辨识出来。(这两个远非全部,我们只关注显而易见的生物圈和生物问题,它们是这个问题的典型反应,但并不是这个过程的边界。[2])第一个是气候变化。世界农业

---

[1] S. M. Singh（S. M. 辛格）等人，"Atmospheric Deposition Studies of HeavyMetals in Arctic by Comparative Analysis of Lichens and Cryoconite"(《以地衣和冰尘的比较分析来看大气沉降给北极带来的重金属》)，*Environmental Monitoring and Assessment*(《环境监测与评估》)185 卷 2 期(2013)，1367—1376 页；L. Pawlowski（L. 帕夫沃夫斯基），"How Heavy Metals Affect Sustainable Development"(《重金属怎样影响可持续发展》)，*Rocznik Ochrona Srodowiska* 13 卷 2 期(2011)，51—64 页；C. 摩尔，"Trashed：Across the Pacific Ocean, Plastics, Plastics, Everywhere"(《垃圾施虐：穿越太平洋,塑料,塑料,到处是塑料》)，*Natural History*(《自然史》)112 卷 9 期(2003)，46—51 页；R. A. Lovett(R. A. 洛维特)，"Huge Garbage Patch Found in Atlantic Too"(《大西洋也发现了巨大的垃圾群》)，*National Geographic News*(《国家地理新闻》)2010 年 3 月 2 日，news.nationalgeographic.com/news/2010/03/100302-new-ocean-trash-garbage-patch，2014 年 7 月 29 日查阅；G. P. Peters（G. P. 彼得斯），"Rapid Growth in CO_2 Emissions After the 2008—2009 Global Financial Crisis"(《2008—2009 年全球金融危机之后的二氧化碳快速增加与排放》)，*Nature Climate Change*(《自然气候变化》)2 卷 1 期(2012)，2—4 页。

[2] 对负面价值的全面分析，将会超越我所提出的地理生物学强调，将会揭示出诸如金融化在食物商品市场中、在塑造从粮食贸易到超市的全球供应链——这供应链体现着在"企业食物体制"中对生产者和消费者双重挤压之结果——中之作用的问题。可分别参看夫曼《孤注一掷》；S. Ryan Isakson(S. 赖安·艾萨克森)，"Food and finance：the financial transformation of agro-food supply chains"(《食物与金融:农产品供应链的金融转化》)，《农民研究》41 卷 5 期(2014)，749—775 页；菲力普·麦克迈克尔《土地的攫取与企业食物体制的创建》，《农民研究》39 卷 3—4 期(2012)，681—701 页。而且，农产品关系的金融化(包括晚近的"土地攫取")标志着食物迷恋的一个新阶段，而这正是全球食物体系中力量与生产之关系前所未有地更为清晰之时。尤其参看 J. Clapp(J. 克拉帕)，"Financialization, distance and global food politics"(《金融化、距离与全球食物政治》)，《农民研究》41 卷 5 期(2014)，797—814 页。这样一条探查线索将揭示金融与农业不仅是合作生产食物与资本，而且合作生产气候、权力以及更多。

和林业(包括伐林造田)合在一起,排放了温室气体的四分之一到三分之一,这相当于或者超过了工业或能源。[①] 一方面,气候变化强化着一些趋势,比如蓄水层枯竭,这在 1990 年代之前就如此了。另一方面,气候变化又在创造新的问题:抑制了"四大"谷物(水稻、小麦、玉米和大豆)的出产,改变着降水型式,大部分耕种和收割进行之时的夏天变得越来越炎热,劳动生产率下降。[②] 生产抑制已是在发生之中了。

从 1980 年到 2008 年,全球"玉米和小麦生产分别下降了 3.8% 和 5.5%——与没有这种气候趋势之前相比"。[③] 因气候变化而带来的全球代价,到 2035 年时,农业将承担三分之一;到 2060 年时,则是三分之二。[④] 这就是负面价值在起作用,通过气候引发的对农业生产力的侵蚀,造成了对资本的廉价自然模式的直接阻碍。

气候变化与具体事件之间虽然并无简单的因果线,但全球变暖、

---

① Intergovernmental Panel on Climate Change("政府间气候变化专门委员会"), *Climate Change* 2007: *Synthesis Report*(《2007 年气候变化综合报告》),日内瓦:"政府间气候变化专门委员会",2007,36 页,www. ipcc. ch/pdf/assessment-report/ar4/syr/ar4_syr. pdf,2014 年 7 月 26 日查阅;"政府间气候变化专门委员会","Summary for Policymakers"(《给决策者们的摘要》),见 *Climate Change* 2014: *Mitigation of Climate Change*(《2014 年气候变化:气候变化的缓和》),日内瓦:"政府间气候变化专门委员会",2014,http://www. ipcc. ch/pdf/assessment-report/ar5/wg3/ipcc_wg3_ar5_summary-for-policymakers. pdf,2015 年 1 月 20 日查阅。

② S. Peng(S. 彭)等人,"Rice yields decline with higher night temperature from global warming"(《全球变暖带来夜间气温升高导致水稻出产下降》),《国家科学院记录》101 卷 27 期(2004),9971—9975 页;C. E. P. Cerri(C. E. P. 切里)等人,"Tropical agriculture and global warming: impacts and mitigation options"(《热带农业与全球变暖:影响与缓解措施》),*Scientia Agricola*(《农业工程》)64 卷 1 期(2007),83—99 页;D. B. Lobell(D. B. 罗贝尔)和 C. B. Field(C. B. 菲尔德),"Global scale climate-crip yield relationships and the impacts of recent warming"(《全球规模的气候—农作物关系与近期气候变暖的影响》),《环境研究通报》2 卷 1 期(2007),014002;Christopher J. Kucharik(克里斯多夫·J. 库切里克)和 Shawn P. Serbin(肖恩·P. 瑟宾),"Impacts of recent climate change on Wisconsin corn and soybean yield trends"(《近期气候变化对威斯康星州玉米和大豆生产趋势的影响》),《环境研究通报》3 卷 3 期(2008),034003;A. J. Challinor(A. J. 查理诺尔)等人,"A meta-analysis of crop yield under climate change and adaptation"(《气候变化与适应下农作物生产的元分析》),《自然气候变化》4 卷 4 期(2014),287—291 页;J. Zivin(J. 兹文)和 M. Neidell(M. 奈德尔),*Temperature and the Allocation of Time*(《气温与时间分配》),工作文件,15717,华盛顿特区,国家经济研究局,2010;Kate Gordon(凯特·戈登)等人,*Risky Business: The Economic Risks of Climate Change in the United States*(《风险研究:美国气候变化的经济风险》),New York: Risky Business Project("风险研究项目"),2014;S. Asseng(S. 艾森格)等人,"Rising Temperatures Reduce Global Wheat Production"(《气温上升减少全球小麦生产》),《自然气候变化》(2014),网络版首发。

③ 罗贝尔等人的《1980 年以来的气候趋势与全球粮食生产》(2011)。

④ H. Braconier(H. 布拉肯尼尔)等人,"Policy Challenges for the Next 50 Years"(《接下来 50 年的政策挑战》),*OECD Economic Policy Paper No. 9*(经济合作与发展组织《经济政策文件》第 9 号),巴黎:经济合作与发展组织,2014。

旱灾频频与全球干旱之间的联系已经确定。[①] 所以,当人们读到美国玉米生产趋向于越来越敏感于干旱而不是相反,[②]是会有些担心的。美国中西部生产世界玉米产量的三分之一、世界玉米出口量的二分之一,[③]这块美国农业腹地如有任何严重旱灾,都是一件世界-历史性的大事。2014 年 1 月,"几乎加州全州"—— 这个美国领先的农业州——"处于一种极端干旱状态之中",到了 5 月,美国的一半也遭旱灾,影响到"全国小麦作物的 54%,全国玉米地区的 30%,大豆的 22%,干草作物的 32% 和 48% 的牲畜"。[④] 2014 年年底,我们看到加州干旱"更为严峻……是 1200 年以来最为严重的"。[⑤] 干旱本身并不稀奇,但 2011 年以来的趋势是朝向"时间更长、更为严峻的干旱",这对生产不是好兆头,[⑥]对生产成本的上升也不是好兆头。单是加州一地,2014 年因干旱付出的代价就高达 15 亿美元。[⑦] 更糟糕的是,不仅是气温上升压抑了农作物和劳动生产率,而且二氧化碳聚集的增加也导致粮食

① A. Dai(A. 达尔),"Drought Under Global Warming"(《全球变暖下的干旱》),*Climate Change*(《气候变化》)2 卷 1 期(2011),45—65 页。

② 罗贝尔等人的《1980 年以来的气候趋势与全球粮食生产》(2011)。

③ D. R. Ort(D. R. 奥特)和 S. P. Long(S. P. 朗),"Limits on Yield in the Corn Belt"(《玉米种植地带的生产限制》),《科学》344 卷 6183 期(2014),484—485 页;NASA(美国宇航局),"Drought Stressing California's Plantscape"(《干旱压迫加州植物地貌》),2014 年 2 月 14 日,earthobservatory. nasa. gov/ IOTD/view. php? id=83124,2014 年 5 月 11 日查阅。

④ 奥特、朗《玉米种植地带的生产限制》,《科学》。美国宇航局《干旱压迫加州植物地貌》。"U. S. Drought Monitor"("美国干旱监测")《美国干旱监测》),2014 年 5 月 15 日,http://droughtmonitor. unl. edu/,2014 年 5 月 18 日查阅。S. Horne(S. 霍恩),"US Drought Could Halve Wheat Harvest in Oklahoma"(《美国干旱将使俄克拉荷马州小麦收成减半》),*Farmer's Weekly* (《农民周刊》)(2014 年 5 月 12 日),www. fwi. co. uk/articles/12/05/2014/144492/us-drought-could-halve-wheat-harvest-in-oklahoma. htm。

⑤ D. Griffin(D. 格里芬)和 K. J. Anchukaitis(K. J. 安丘凯提斯),"How unusual is the 2012—2014 California Drought?"(《2012—2014 加州干旱如何不同寻常?》),*Geophysical Research Letters*(《地球物理学研究通报》)41 期(2014),9017 页。

⑥ P. Bump(P. 邦普),"What's Exceptional about the Current Drought-And What isn't"(《如今干旱有哪些不同寻常——哪些并非不同寻常》),《华盛顿邮报》,2014 年 5 月 17 日,washingtonpost. com; W. Schlenker(W. 施伦克)和 M. J. Roberts(M. J. 罗伯茨),"Nonlinear Temperature Effects Indicate Severe Damages to U. S. Crop Yield Under Climage Change"(《非线性气温效应表明处在气候变化之下的美国农作物生产受到严重损害》),《国家科学院记录》106 卷 37 期(2009),15594—15598 页。

⑦ R. Howitt(R. 豪伊特)等人,"Economic Analysis of the 2014 Drought for California Agriculture"(《对 2014 年加州农业干旱的经济分析》),加州大学戴维斯分校"流域科学中心",2014,watershed. ucdavis. edu/files/content/news/Economic_Impact_of_the_2014_California_Water_Drought. pdf,2014 年 7 月 17 日查阅。

作物的营养成分朝坏的方向发展,蛋白质、锌和铁的成分都在减少,而现在已经有大约 30 亿人受困于营养不良了。[1]

超级杂草效应:不止于杂草……

负面价值积累的第二个问题较为微妙,但同样问题重重。这就是超级杂草效应,也就是人之外自然的进化快于资本主义农业技术之管制的趋势。根本而言,超级杂草效应表明了工作/能量的合作进化,敌对于资本积累,而这种敌对并不能被"驯服循环"的通常战略所轻松解决。

超级杂草效应既是创造性的,又是毁灭性的。就目前杂草进化到可以在使用"抗农达"除草剂(草甘膦)——这对于转基因大豆和其他农作物至关重要——下生存下来,这是创造。[2] 如同从煎锅移到火上,二氧化碳聚集的上升,大大有利于入侵杂草,对它们而言,这是一个比气温上升更重要的有利因素。[3] 超级杂草的耐药性,现在呼唤农业生物技术公司做出新的努力,在美国、巴西、阿根廷和南非引入抗"2,4-D"的大豆。"2,4-D"最为人知的关键成分或许是越南战争中的"橙剂",这是一种广为人知的致癌物和内分泌干扰物。如果成功的话,这一轮最新的转基因品种将标志着"重新开启 1990 年代的引入'抗农达'(抗草甘膦)农作物品种,只是这一次所使用的除草剂要毒性得多"。[4] 这样的担心并非推测。"2,4-D"在美国的应用已经与草甘膦

---

① S. Myers(S. 迈尔斯)等人,"Increasing CO_2 Threatens Human Nutrition"(《二氧化碳增长威胁人类营养》),《自然》(网络版首发,2014);S. Keats(S. 基茨)和 S. Wiggins(S. 威金斯),*Non-Staple Foods and Micro-Nutrient Status*(《副食品与微量营养状态》),London:海外发展研究所,2010。

② N. Gilbert(N. 吉尔伯特),"A Hard Look at GM Crops"(《冷眼看转基因作物》),《自然》497 期(2013),24—26 页。

③ L. H. Ziska(L. H. 齐兹卡),"Evaluation of the Growth Response of Six Invasive Species to Past, Present and Future Atmospheric Carbon Dioxide"(《6 个入侵物种之生长效应对过去、现在和未来的大气层二氧化碳之影响的评估》),*Journal of Experimental Botany*(《实验植物学》)54 期(2003),395—404 页。

④ "粮食"组织《2,4-D 大豆:对农民开战》,《"粮食"组织报道》(2014)。

（比如"抗农达"除草剂）并驾齐驱了，从 2000 年到 2012 年，前者的使用上升了 90%。[①]

超级杂草效应也并不限于杂草。抗生素耐药性——肉类工业中心和西方医学模式对此火上浇油——已经发展到这样一个程度，乃至于要"让医药后退一个世纪"了。[②] 对于"世界卫生组织"来说，抗生素耐药性是一种"迫近的公共卫生危机"，[③]尽管这危机什么时候真正到来尚不得而知。如同超级杂草一样，"超级害虫"也在一个气候温暖的时代兴旺，强化了抗生素滥用带来的矛盾。[④] 这一领域内"社会"再生产成本的上升已很明显。美国单是因抗生素耐药性而产生的额外成本就高达 210 亿到 350 亿美元，额外的医院工作时间 800 万天，每年对 GDP 增长的净拖累高达 0.4% 到 1.6%。[⑤] 到目前为止，这种边际收益有利于肉类工业中心，抗生素滥用每年为它们带来大约 20 亿美元的额外利润。[⑥] 即使是在一种资本主义逻辑中，这样一种交换能持续多长时间尚不清楚。"所有新出现的传染病目前 [足有四分之三] 在牲畜或牲畜产品中发生了。"[⑦]抗生素耐药性、气候变化，世界范围内的人和人之外自然的流动，这些合在一起，就指向未来数十年中作为负面价值显著关系之疾病的到来。

超级杂草效应的创造性与一种不那么明显、但令人惊异的毁灭之势相伴。就这一点而言，我们那些蜜蜂和神秘的"蜂群崩溃综合征"的

---

① "食物与水守护"组织《超级杂草》（2013）。

② 《抗生素耐药性：药不起作用了》，《经济学人》（2014 年 5 月 3 日）。

③ 世界卫生组织，*Antimicrobial Resistance*（《抗生素耐药性》）巴黎：世界卫生组织，2014。

④ 世界卫生组织，*Climate Change and Human Health*（《气候变化与人类健康》）巴黎：世界卫生组织，2003；S. Altizer（S. 阿尔蒂泽）等人，"Climate Change and Infectious Diseases"（《气候变化与传染病》），《科学》341 卷 6145 期（2013），514—519 页；T. P. van Boeckel（T. P. 冯·伯克尔）等人，"Global Antibiotic Consumption 2000 to 2010"（《2000 年至 2010 年全球抗生素消费》），*The Lancet Infectious Diseases*（《柳叶刀—传染病》）2014 年 7 月 10 日，先期网络版。

⑤ G. Dantas（G. 丹塔斯）和 M. O. A. Sommer（M. O. A. 萨默），"How to Fight Back Against Antibiotic Resistance"（《怎样击退抗生素耐药性》），《科学美国人》102 期（2014）42—51 页；世界卫生组织《抗生素耐药性》，日内瓦：世界卫生组织，2014。

⑥ 皮门特尔等人的《食物生产与能源危机》（1973），270 页。

⑦ L. Reynolds（L. 雷诺兹）和 D. Nierenberg（D. 尼伦贝格），"Disease and Drought Curb Meat Production and Consumption"（《疾病与干旱抑制肉类生产与消费》），见 the WorldWatch Institute（"世界观察研究所"）所编 *Vital Signs*（《生命特征》）20 期，Washington, D. C.：Island Press, 2013, 51 页。

情况，是颇有启发的。无人真正理解作为我们时代预兆的蜂群崩溃，它是一种危机的不可预测、不守规矩、无法知晓的矢量，每个人都看见了，但无人（尚无，尚不充分）真正理解它。[1] 有些物种，如同我们的超级杂草一样，面对新的杀虫剂快速进化而适应；其他一些物种的当下选择则较为拘谨。崩溃，既是针对资本主义命令的反抗，又是对毒性攻击的求生。如果说蜂群崩溃综合征的直接原因尚不清楚，那么它的社会-生态根源却不难指出。如同科泽克所解说的那样：

> ［资本主义的养蜂］大幅度改变了蜂群的结构与行为……［让其朝向］一种以现代工厂为模式的充分工业化的蜂群。蜜蜂的活动范围也大幅度改变了，从半径 2 英里变为现代蜜蜂的迁移之途，它们被装在二轮半拖车上旅行数千英里，以玉米糖浆和大豆蛋白的补充为食，以便一次在 8 周的时间内对单一作物授粉……这样的移动性，反过来又使得养蜂的工业化地理状态兴起，美国蜂群 80% 现在装在卡车中环游全国，为大规模工业化农业的单一作物授粉服务。没有这样的服务，当代农业很大一部分在生物学和经济上就不可能。[2]

今天，蜂蜜生产的工业化正临近一个引爆点。蜂群损失率从 20 世纪后半期每年平均 10% 到 15%，上升至 2006 年以来的平均每年 20% 到 30%（而且常常是 30%）。[3] 这并不是一件小事，因为我们所吃

---

[1] R. Jacobsen（R. 雅各布森），*Fruitless Fall*（《无果之秋》），New York：Bloomsbury，2010.

[2] J. Kosek（J. 科泽克），"The Nature of the Beast"（《兽之本性》），见皮特等人所编《全球政治生态学》，London：Routledge，2011，245 页。

[3] The White House（白宫），"The Economic Challenge Posed by Declining Pollinator Populations"（《授粉群体衰败对经济造成的挑战》）（2014），www. whitehouse. gov/the-press-of-fice/2014/06/20/fact-sheet-economic-challenge-posed-declining-pollinator-populations，2014 年 7 月 14 日查阅；B. Plumer（B. 普卢默），"Honeybee Deaths Went Down Last Winter"（《蜜蜂死亡去年冬天下降》），*Vox*（《声音》），2014 年 5 月 15 日，www. vox. com/2014/5/15/5720232/good-news-honeybee-deaths-are-finally-declining，2014 年 7 月 13 日查阅。

的食物有三分之一直接和间接依赖于动物（尤其是蜂）授粉。[①] 美国约有 190 亿美元的农业产出，世界约有 2000 亿，要依赖这种授粉。[②] 尽管授粉成本在农业成本中只是一小部分，但这种趋势不让人乐观，在过去 10 年中，养蜂成本上涨了 3 倍。[③] 中国西南部近年的情况也不让人乐观，这里人工授粉变得普遍，由于"过度使用杀虫剂和栖息地丧失，野蜂减少"。[④]

在造成这种后果的因素中，包括 1990 年代中期引入的新烟碱类杀虫剂的使用。新烟碱类杀虫剂导致蜂群崩溃综合征的证据正在增加，[⑤]但这个问题的发生是由过去一个世纪中资本主义养蜂的内在逻辑导致的，是今天已陷于困境的这种农业革命模式内在的。在漫长绿色革命的中心地带——美国中西部，蜂种约有 45% 已经消失，[⑥]而这种情况在全球各地经济作物种植的毒化地带也令人悲哀地发生了。[⑦]

所以，蜂群崩溃综合征就是矿井里的金丝雀那样的警示。

---

① C. A. Kearns（C. A. 卡恩斯）等人 "Endangered Mutualisms: The Conservation of Plant-Pollinator Interactions"（《濒危之共栖：保护植物与授粉者之间的关系》），*Annual Review of Ecology and Systematics*（《生态学与系统论年度综论》）29 期（1998），83—112 页。

② A. Fairbrother（A. 费尔布罗瑟）等人，"Risks of Neonicotinoid Insecticides to Honeybees"（《新烟碱类杀虫剂给蜜蜂带来的风险》），*Environmental Toxicology and Chemistry*（《环境毒理学与化学》）33 卷 4 期（2014），719—731 页；S. Ingber（S. 英伯格），"As Honeybees Die Off, First Inventory of Wild Bees Is Under Way"（《随着蜜蜂死去，对野蜂的首次查清开始了》），*National Geographic*（《国家地理》）（网络版），2014 年 7 月 11 日，news. nationalgeographic. com/news/2014/07/140711-wild-bees-north-america-honeybees-science，2014 年 7 月 14 日查阅。

③ J. Marcotty（J. 马库蒂），"Nature's Dying Migrant Worker"（《正在死去的大自然的流动工人》），*Star-Tribune*（《星坛报》），2014 年 7 月 6 日，www. startribune. com/local/264929101. html，2014 年 7 月 14 日查阅。

④ D. Goulson（D. 古尔森），"Decline of Bees Forces China's Apple Farmers to Pollinate by Hand"（《蜂的减少迫使中国的苹果果农人工授粉》），*China Dialogue*（《中国对话》），2012 年 10 月 2 日，www. chinadialogue. net/article/single/en/5193，2014 年 7 月 18 日查阅。

⑤ V. Doublet（V. 杜布莱）等人，"Bees under Stress: Sublethal doses ofaneonicotinoid pesticide and pathogens interact to elevate honey bee mortality across the life cycle"（《受压之蜂：亚致死量的新烟碱类杀虫剂和病原体相互作用，提高了蜜蜂生命周期中的死亡率》），*Environmental Microbiology*（《环境微生物学》）（网络版，2014）；R. J. Gill（R. J. 吉尔）和 N. E. Raine（N. E. 雷恩）（2014），"Chronic impairment of bumblebee natural foraging behavior induced by sublethal pesticide exposure"（《因亚致死量农药接触而导致的大黄蜂自然觅食行为的慢性损伤》），*Functional Ecology*（《功能生态学》）28 卷 6 期（2014），1459—1471 页。

⑥ L. A. Burkle（L. A. 博克勒）等人，"Plant-pollinator interactions over 120 years"（《120 年来植物与授粉者之间的关系》），《科学》339 卷 6127 期（2013），1611—1615 页。

⑦ 雅各布森《无果之秋》（2010）。

朝向一种社会主义的世界-生态？

如同我们知道的那样，农业生物技术想把廉价食物模式推广开。然而，即使是乐观的估计，也预料接下来 10 年中的产出增长会下降三分之一，每年会是 1% 到 1.5%。[①] 所以，农业生物技术就未能复制现代性的农业革命模式——如同我们知道的，如果没有这种模式，现代性就不存在。从最好的角度讲，农业生物技术为农民提供了短期收获，但他们很快就看到这些收获消失了，给他们留下越来越重的债务负担和除草剂依赖。[②] 不过，极高的农业生产力靠改用另一种农耕方式却有可能，这种方式基于农业生态、永续农业和其他非资本主义的农学。水稻强化栽培系统那种壮观的成功——或许是插曲般的成功，[③] 在一公顷土地上能够出产出 20 吨以上的水稻，[④] 就很说明这条道路的潜力。

当然，这条道路只有通过阶级斗争才能得到，但这种阶级斗争应被理解为在"有利之地"上的一种竞争。这种阶级斗争是生产与再生产的关系，是生命之网中权力与财富的关系。因此，一场新的农业革命要遇到的障碍就并不限于生物物理本身，这些障碍也因阶级斗争而合作生产出来，它自身也通过自然来合作生产。

宣告阶级斗争易，分析阶级斗争难。我们可以带着几分自信地

---

① 经济合作与发展组织/联合国粮农组织，*Agricultural Outlook* 2014—2023（《2014—2023 年农业展望》），巴黎：经济合作与发展组织出版物，2014。

② 古里安-谢尔曼《收益失败》（2009）；A. Kumbamu（A. 库巴莫），*Grounding Global Seeds*（《磨碎全球的种子》），博士学位论文，亚伯达大学社会学系，2010。

③ N. Uphoff（N. 乌普霍夫），"Agroecological Implications of the Systemof Rice Intensification（SRI）in Madagascar"（《马达加斯加水稻强化栽培系统（SRI）的农业生态学意味》），*Environment, Development and Sustainability*（《环境、发展与可持续性》）1 卷 3—4 期（1999），297—313 页。

④ J. Vidal（J. 威代尔），"Miracle Grow: Indian Rice Farmer Uses Controversial Method for Record Crop"（《奇迹生长：印度稻农使用有争议的方式获得大丰收》），*Guardian*（《卫报》），2014 年 5 月 20 日，www. theguradian. com/global-development/2014/may/13/miracle-grow-indian-rice-farmer-sri-system-rice-intensification-record-crop，2014 年 5 月 28 日查阅。

说，食物——不仅是土地——已以一种完全前所未有过的方式变成了世界阶级斗争的一块中心之地，哪怕是 30 年前，这种方式都是无法想象的。无疑，食物上的斗争不只是阶级斗争，食物正义的许多形式都显得颇为温和，比如呼吁支持有机农业、本地农民市场、转型城镇，等等。然而，如果新自由主义的种种主观持续下来——这有时巧妙地有时粗暴地体现为个体化和市场动力，我们就可能看到 2000 年代中期以来的一种重要转变。这就是在文化上和政治上发展不均衡的争取"食物正义"的运动，也就是北半球各地主张"食物主权"的广受欢迎。[①] 随着新自由主义在界定食物上那种可怕本体论的铺开——从绿色革命的卡路里标准变为如今摆满我们超市货架的"类似食物的可食用物质"，[②]它似乎把食物（展开而言包括自然）前所未有地变成老左派那个"自由、平等、博爱"之问题的基础。21 世纪的阶级斗争，在很大程度上，将依据人们怎样回答这样的问题而定：什么是自然？ 什么是有价值？

　　即使依据资本主义最强大的历史正当性论证的基础，也就是生产的力量，资本主义现在也蹒跚难行了。由水稻强化栽培系统显示出来的另一条道路——无论是这个概念的字面实义还是象征意味，如果没有对食物、自然和价值的新的想象，都是不可能推广的。也就是在这个意义上，这种农业-生态的改变就是一条指向走出资本主义之路，一条朝向一种社会主义的世界-生态之路。[③] 这条道路的实现唯有通过一种阶级斗争——一种在我们打算去建造的文明中重新界定什么是

① 见 A. H. Alkon（A. H. 阿尔康）和 J. Agyeman（J. 阿杰曼）所编 *Cultivating Food Justice*（《培育食物正义》），Cambridge，MA：MIT Press，2011；A. H. 阿尔康和 T. M. Mares（T. M. 马雷什），"Food Sovereignty in US Food Movements"（《美国食物运动中的食物主权》），*Agriculture and Human Values*（《农业与人类价值》）28 期（2012），347—359 页；H. Friedmann（H. 弗里德曼），"Food Sovereignty in the Golden Horseshoe Region of Ontario"（《安大略省金马蹄区的食物主权》），见 H. Wittman（H. 威特曼）等人所编 *Food Sovereignty in Canada*（《加拿大的食物主权》），Halifax：Fernwood，2011，168—189 页。

② 波伦《为食物辩护》（2008）。

③ E. Holt-Gime'nez（E. 霍尔特-吉梅奈兹）和 M. A. Altieri（M. A. 加尔铁里），"Agroecology，Food Sovereignty，and the New Green Revolution"（《农业生态、食物主权和新的绿色革命》），*Agroecology and Sustainable Food Systems*（《农业生态与可持续的食物体系》）37 卷 1 期（2013），90—102 页。

有价值(以及什么不是)的阶级斗争。

对人与人之外的自然的一种社会主义评估会是什么样呢？这只能靠实践活动与反思性的理论来回答。不过，作为引导线索，一些暂时的回答还是可以提出来的。在我看来，一种社会主义的世界-生态的要素其实就在我们身边。尽管这些要素并不限于食物，但今天的食物政治提供了我们许多人所期待的未来的一些最有希望的前景：

> [在美国]有机的、城市的、社区协作和分散灵活的农业，仍然只是一些很小的部分，却是很奏效的部分，是对跨国公司食物和资本主义普遍生产的反抗。这个反抗发生在底特律开阔旷野中、西奥克兰的市中心农场里、旧金山阿勒马尼农场的胜利菜园和公共住房内、密尔沃基的"成长力量"①中，以及美国各地的其他许多地方。它们不是用枪，而是用铁铲和种子来抗击异化、不健康、饥饿和其他罪恶。就顶端而言，看护自己的菜园，就会导致去看护自己的社区及其政策，最终会成为一条进入公共领域而不是撤离公共领域的道路。②

这种表述多少有一点夸张，但有一点很清晰：在美国以及其他地方，需要有国家力量来重新引导农业，以朝向民主和可持续的实践，③食物和农业已经成为世界阶级斗争的一处决定性战场。它本质上不再是农民反抗地主的斗争了。食物保障、安全和可持续性，已经

---

① Growing Power，这是美国城市农业的一种模式。——译者注

② R. Solnit(R. 苏尼)，"The Revolution Has Already Occurred"(《革命已经发生》)，*The Nation*(《民族报》)，2008 年 6 月 27 日。

③ 不过，国家力量的这种调动会是怎样，尚远不清晰。如同伯恩斯坦所言，国家的作用是"屋里的大象"，不仅对于食物主权是这样，对更为广义的红色—绿色政治也是如此。参看 H. Bernstein (H. 伯恩斯坦)，"Food Sovereignty via the 'Peasant Way'"(《由"农民道路"而来的食物主权》)，《农民研究》(2014)，1—33 页。

成为世界无产阶级日常生活的中心问题。[1]

当然，从全球视野来看，北半球的这种发展仍然力度不大。由此来看，"乡村之路"的兴起，就标志着世界食物历史中一个重要的发展。[2] "乡村之路"代表着大约 2 亿农民，以对食物主权的明确宣示来挑战农业领域内资本主义之生产主义的核心。就顶端而言，食物主权提出了一种革命性的食物本体论——作为生物圈的食物、作为民主的食物、作为文化的食物……所有这些同时提出，[3] 相互指涉，没有民主和平等的实践，"可持续性"是不可想象的。在这种视野中，食物主权变成了：

> 各民族的一种权利——健康地、文化地拥有用生态上可靠和可持续的方式生产之食物的权利，界定自己食物体系和农业体系的权利。它把那些生产、分配和消费食物者的渴望与需要，放在食物体系与政策的核心，而不是把市场与公司的要求放在核心。它捍卫下一代的利益与内蕴。它为抵抗和解除当今的公司贸易和食物体制提供了一种战略，为食物、农业、牧业和渔业体系由地方生产者和使用者来决定提供了方向。食物主权优先考虑地方和国家经济与市场，让农民和家庭农场主来主导农业，渔夫手工捕鱼，牧民放牧，在环境、社会与经济可持续性的基础上生产、分配和消费食物。食物主权促进贸易的透明，确保所有民族的公平收入，确保消费者掌控自己食物与营养的权利。它保证使用和经营土

---

[1] H-M. Lam(H-M. 拉姆)等人，"Food Supply and Food Safety Issues in China"(《中国的食物供应与食物安全问题》)，《柳叶刀》381 期(2013)，2044—2053 页。

[2] 我们必须谨慎而细致地分析"乡村之路"中的阶级划分，这不能笼统地归为一种全球农民的概念。参看伯恩斯坦《由"农民道路"而来的食物主权》。

[3] 麦克迈克尔《发展与社会变化》(2012)；H. K. Wittman(H. K. 惠特曼)等人所编 Food Sovereignty (《食物主权》)，Halifax：Fernwood，2010；Akram-Lodhi（阿克拉姆-洛迪），"How to Build Food Sovereignty"(《怎样建设食物主权》)(2013)。

地、地域、水流、种子、牲畜和生物多样性的权利,掌握在我们那些生产食物者的手中。食物主权意味着摆脱了男女之间、民族之间、种族群体之间、社会与经济阶层之间、各代人之间的压迫和不平等的新型社会关系。①

然而,如果说阶级斗争一直存在,那么它常常是"结构性"的形式。资本主义的农业革命模式就事关阶级,事关资本,事关资本主义要让自然变成外部、可以控制、很是廉价的那些项目。权力、资本和自然形成了一个有机整体。

结　论

今天,资本主义的农业已被导向一种划时代的转变:由靠着降低劳动力成本来促进资本积累,变成了破坏资本积累更新所需的哪怕是中期的条件。这种划时代转变的标志就是负面价值的涌现。就生产而言,超级杂草效应将我们的未来显示出来:用更为强化的能源和化工战略来管控农业生态,这种农业进化的形式在工作/能量上对抗廉价自然规律。就生物圈的规模而言,资本主义农业这种能源密集的特点,现在助长着全球变暖的螺旋式上升,而这种上升越来越限制着作为一个整体的资本主义。

全球变暖不仅对人类形成了根本性的威胁,而且更直接、更当下地对资本主义形成了根本性威胁。这推翻了激进批评通常述说的那条线,激进批评夸大了资本主义面对这些变化的恢复力——将资本主义视为一种作用于自然之上的社会体系,而不是视为在生命之网中发展的一种世界-生态。它让负面价值维持在潜在状态中的条件,就形成了让商品生产摆脱熵的可能性。然而,这种潜在的负面价值在今天

① Nyeleni Forum for Food Sovereignty("聂乐内食物主权论坛"),"Nyeleni Declaration on Food Sovereignty"(《聂乐内食物主权宣言》),《农民研究》[2009(2007年初版)],673—676页。

已不再能够摆脱,因为生物圈的变化已经以不同寻常的力量和突出,渗透到全球生产/再生产关系之中。在接下来的 20 年中,全球变暖将会那般彻底地激活现在仍为潜伏的负面价值——这负面价值因资本主义农业而助长,反过来又危害着廉价食物模式。所以,很难看出资本主义农业怎样能够存活下去。

这不仅是因为资本主义农业的内在矛盾(资本循环中的矛盾),也是因为对资本主义评估项目有了新的本体论挑战(资本主义文明之中的挑战)。负面价值在动摇剩余价值,在这种动摇中,它让新的、解放性质和平等性质的前景成为可能。随着负面价值从现在开始凝结呈现,它对资本主义来说就成为这样一种障碍:它鼓励着一种新的本体论政治,有可能带来对食物、自然和其他一切的另外一种评估。将今天的负面价值转变成另一种改革性质的伦理—政治评估,这样做是至关重要的。当揭示出资本主义的价值关系是"没有价值"时,[①]那些新的矛盾和新的运动就一起对一切事物的价值打上了问号。廉价食物的结束,很可能就是现代性的结束,是更好得多的东西的开始。

---

① 帕特尔《没有价值》(2009)。

结语　廉价自然的结束？：
资本的世界-生态限制就是资本本身

今天，资本主义是否面临廉价自然的终结？当然，从一种整体意义上讲，自然从来就没有廉价过。廉价自然是一种以二元论为前提的文明的发明。在5个世纪的时间里，这种二元论被证明功能强大，自然被占用，资本积累起来，垃圾被扔到船外。这种逻辑，包括以此为前提的那些战略，现在已经走到了这条道路的终点。另外一条道路必须要勾画出来了。

我已经论证了3个命题，依次是本体论的、方法论的和历史分析的。生态作为"有利之地"，它是整体而非部分的标示。如果有什么东西是一种根本性的本体论关系，那么这就是人与人之外的自然——"有利之地"——之间的关系。没有任何人类经验的领域独立于它。世界-生态作为一个框架，将自然的生产、力量的追求和资本的积累统一起来，提供了一个重新解读现代人类经验之多样性的方式，将此解释为不可避免、不可简约的社会-生态性质，其要点就是：自然是一种历史性关系。然而，对于将自然"并入"分析的模式和方法之中，人们关注太少。所以，人与人之外的自然，二者关系之捆扎如何构成了现代性的历史性质，权力和资本的模式如何既是这些自然的生产者又是其产物，这方面的研究也极少。传统观点认为现代性制造出环境的历史，然而，一种更为关系性的命题更站得住脚——现代性就是环境的历史！

从方法论角度而言，一旦我们知道旧的容器（自然/社会）需要大幅度重铸，对资本主义历史的不同解读就是可能的了。我们可以开始解读现代性的那些世界-历史模式——土壤肥力耗尽和砍伐森林,失业和金融破产,它们贯穿于一个接一个的历史的自然之中。这些表现中,有一些是平面展开,有些是在累积的尺寸上,更多的则是既平面展开又累积起来。

许多看起来一点也不像社会-生态性的,比如金融化、国家认同、监狱工业综合体等,这正是关键所在。一种金融可计算性的复杂逻辑控制着全球资本主义的栖息,前所未有地塑造着日常生活的结构——除人之外,还包括鸟、蜂和虫的"日常生活",在这样一个时代,视界狭窄的视野,多半不会收获很多。

另一种分析方式是部分与整体的思路,通过它,具体的整体性就浮现出来了。这种思路"认为继续深入要靠一个接一个的测定,把一个接一个的部分——这些部分本身是抽象过程——带入持续并列之中,以这种方式建构整体,你要说明和解释……那些历史的变化,就需要这个整体"。① 比如,如同我们在第三章中看到的,一个人可能采纳社会新陈代谢为同一的概念,将此作为一种历史性的具体关系,它通过各个部分(比如资源枯竭和城市化的那些插曲)的"持续并列"而浮现,在长时段的"一个接一个的测定"中暂时稳定下来。只有通过这样的具体运动,作为整体的运动,砍伐森林和资源消耗才能成为历史的事实。换言之,历史的自然应该融入一个接一个的世界资本主义的出现之中,用麦克迈克尔的观点来说,就是"整体和部分都不是分析的永恒范畴或单位"。②

如果说历史的自然和历史的资本主义构成了辩证统一,我们对资本的思考就经历了富有意义的变化。我们就开始看到,资本逻辑的成功既依赖于生产的资本化,也依赖于占用的扩大,这就是生产力和掠夺的辩证。如果我们想要超越将生态危机视为外在——尽管最终与内在的经济危机聚合在一起——的观点,那么就需要承认资本在资本

① 霍普金斯《世界体系分析》(1982),147 页。
② 麦克迈克尔《世界-历史视野中的合并比较》,《美国社会学评论》55 卷 2 期(1990),386 页。

化和占用之间的必要平衡（其拐点一直在变化之中），而且必须承认这一点。即便那些将生态危机视为外在的人也认为有一个问题值得探讨：现代世界中人与其他自然之间关系的适应性与进化。所以，我的观点就是延伸至"有利之地"。阿瑞吉强调资本主义本质上的灵活性："左派的主要问题之一（右派也有），就是认为只有一种资本主义在历史性地再生产自己；然而资本主义一直以一些意料不到的方式在实质性地改变自身，尤其是从全球层面来看。"①

对于现代世界体系中的历史的自然，我们能不能也这样说呢？（这就是我们的历史分析命题。）由早期资本主义及其科学革命生产出来的自然，与由美国领导的垄断资本主义及其科学管理革命生产出来的自然，是不同的。第二次世界大战之后黄金时代的历史的自然，也不同于新自由主义及其创造"生命作为剩余"②的项目所生产出来的自然。对于大众和学界在社会-生态限制上的争论，有一种方式可以参与，但无需求助于新马尔萨斯派所说的"稀缺"。有限制，这一点非常清楚。但我们怎样来界定、描述和解释这些限制的出现，既历史性地，也是处在当前困局之中地进行解说？

我已经尽自己全力提供一种方式来解答这些问题，我希望读者也能被说服，至少是部分被说服。我相信那种设定了关于现代性之限制的通常思路的二元论，是满足不了需要的。实际上，这些二元论就是问题的一部分。这并不意味着我们需要放弃做一些区分，只是我们需要有较好、较辩证、较为历史性、较为关系性的思路来做这些区分。在马克思对资本主义的批评中，"资本"和"劳动"通过价值关系相连而动，与此相似，人和其他自然通过"有利之地"相连而动。这种关系不能被简约为自然/社会二分法下的互动。通过"有利之地"，我们或许就可以将阶级结构、生产方式和各个文明之独特工艺的进化和间断的发展，视为环境制造的过程。这并不取代我们在世界历史中辨识异同

① Arrighi（阿瑞吉），"The Winding Paths of Capital"（《资本的曲径》）（2009），92 页。
② 库珀《生命作为剩余》（2008）。

的多元化方法,而是将这些方法放置在一个接一个的历史之自然的制
造和消失之中。在这个方面,我们对阶级、种族、性别和国家、文化(以
及其他许多)的理解,一直受制于笛卡尔二元论的要么这样/要么那样
的,这使得我们对历史变化的解说变成了一种霍布森式的选择,或者
是社会简化论,或者是环境决定论。这二者都是真实的,但同时又都
是虚假的。

如同雷蒙德·威廉姆斯所说的那样,要用一种"极为诚实"的方式
承认这二者的部分真实与虚假。而且,一种有效的分析方式超越了社
会和自然同等重要的说法。这两个范畴本身就是片断的,在真实得到
研究之前,这样的范畴就已经把它先概念化了。反之,如果我们以双
重内在性——人类组织内化了生命之网,又被生命之网所内化——的
引导线索来作为开始,那么我们就可以辨识一个接一个的历史的体系
中人与人之外自然那些支配性的"捆扎"了。这些捆扎体现着各个文
明在决定什么有价值、什么没有价值上的选择。如果说,马克思关于
"价值规律"的语言今天似乎过时,可能有更好的方式来表达它,然而,
所有文明都会赋予某些与他者的关系以价值。在封建主义中,这是以
封建领主所分得主权而组织起来的土地生产力;在资本主义中,这是
由对劳动力的剥削和对廉价自然的占用而组织起来的劳动生产率。
可持续的社会主义的价值规律则重视所有自然的健康、公正和民主的
再生产关系。所以,价值规律在政治上很重要,同时也帮助我们来识
别和分析历史变化中人与其他自然的相关捆扎。这个假设或许能提
供新的进行区分的方法,而不必屈服于二元论的象征暴力。

这也能够帮助我们更多地了解资本主义在历史上如何克服它一
再出现的那些危机。在每一个这样的转折点,危机的解决都启动了对
"有利之地"的重新配置,开启了占用和资本化在数量和质量两个维度
上的辩证法。这样的重建性捆扎,不仅是人与人之外,而且是物质与
象征层面的。资本主义的周期性重建,通过廉价自然的前提和项目得
以展开,廉价自然被理解为外在自然的实践。

所以，今天廉价自然的有可能终结就标志着一种文明模式的枯竭，这由负面价值的出现所表明。在接下来的世纪中，资本主义将让位于另一种模式或多种模式。这正是那些新的本体论政治——食物主权、气候正义、生产度减退和同源运动——的中心性。廉价自然模式的枯竭，会导致较好之事或较坏之事，这还有待于观察；但弥漫在绿色政治中的担忧政治和灾变之论，并不能带来面对上述挑战所需的清晰认知。现在正处于文明危机的时期，即作为世界-生态的资本主义的划时代危机，所以认识的清晰是最为需要，也最有力量的。在这样的时刻，观念就变成了物质力量。

这种迫切需要的清晰认知，也许建立在对文明限制之性质的认识之上。将自然作为外在限制的那些老生常谈的断言，顶多描述了一种极为一般性的趋势。这样的断言不能解释资本主义怎样通过"有利之地"合作生产了它自身制造的限制。为什么不能？因为那种关于限制的二元论概念，让我们对资本主义双重内在性的探究在开始之前就止步了。它使我们不能看到人类组织如何通过环境制造而出现和再生产；这是一个过程，一个多层面的自然在这个过程中不断地维护自身，在人类及其自然的身体和关系之中和之外流动。二元论看起来似乎强调了环境改变的作用，但实际上是一种海市蜃楼。因为二元论不承认社会关系是与"有利之地"的关系，它大幅度地低估了环境制造对人类历史的中心性。人们普遍的认知习惯和理论概括，就是将环境作为客体，而不是一种由人与自然的双重内在性所支配的关系，而隐藏起来的这些关系通过"有利之地"激活了资本主义，但在今天的资本主义中越来越受到束缚。

价值的兴起和正在消失

资本主义曾以那般不同寻常和前所未有的力量占用自然的工作，然而它耗尽了激活这种力量的历史关系。今天资本面临的生长限制是实实在在的,这些限制是由资本主义合作生产出来的。资本的世界-生态限制,就是资本自身。

我们今天所看到的,是作为一种文明之战略的廉价自然的结束。如同我们已经知晓的那样,这种战略诞生于漫长16世纪。一种具有独创性的文明项目位于这个战略的核心,它将自然作为外在于人的活动来建构,因此调动未商品化的人和人之外自然的工作,为提高商品生产中的劳动生产率服务。1450年后的3个世纪中,地貌和生物转化在范围、规模和速度上发生了根本性的变化,从波兰到巴西,从北大西洋的鳕鱼渔业到东南亚的香料群岛,都可以从这个角度来理解。这样的转变就是一种新的价值规律的划时代表达,这种价值规律重新配置未商品化的人和人之外自然(奴隶、森林、土壤)服务于劳动生产率和商品。

这种新的价值规律是很奇特的。此前没有任何文明做过从土地生产力到劳动生产率的这种转变,并以后者作为财富的度量标准。这个奇怪的度量标准——价值,引导整个中西欧走向同样奇怪的对空间的征服。马克思称这种奇怪的征服为"用时间消灭空间"。在漫长16世纪中,我们看到了一种新的时间形式得以形成,这就是抽象时间。尽管所有文明在某种意义上都必然在各种地形中扩展——它们"冲动"于此,[①]但没有一个文明在自己生活的主导方式中把这些地形描绘为外在和越来越抽象。外在的自然,即大写字母N的自然,是早期资本主义地理实践的核心。从那以后它就一直如此。

从土地生产力(体现于各种各样的"纳贡"关系),到劳动生产率(体现于各种各样的商品关系),这个早期现代的转变,通过人和人之外自然合作生产出来的一系列强力过程而浮现。这些过程的故事,是多卷本历史编纂的主题——关于环境,关于经济,关于疆域国家和帝国,关于自然的科学与观念,关于文化,等等。

---

① C. Chase-Dum(C. 蔡司-丹), T. D. Hall(T. D. 霍尔), *Rise and Demise*(《崛起与灭亡》), Boulder: Westview,1997.

我尽己所能利用了这些历史编纂以及许多其他文献，着眼于展示一个人能够怎样在一个"统一场"中将力量与生产/再生产的关系联系起来，而思维的二元论习惯及其同盟的制度结构排斥这个"统一场"。我并不打算说这些模式和描述就穷尽了探讨一种关于资本主义发展的统一理论以及整体描述的所有可能性。但是，以"有利之地"为枢轴的这个思路，给我们以关系性而非实物性的枢轴，这对于通常的二元论和网络折中主义是清晰的替代。

作为项目和过程的资本主义，在"有利之地"中展现，通过"有利之地"展现，这是物种与环境的一种创造性的、有生产力的、多层面的关系。于是，人类组织就不仅是环境改变的生产者，也是环境改变的产物，包裹在环境制造的种种模式之中。这就是历史变化的双重内在性。

无疑，就我们在生命之网中位置的那些历史观念的构成而言，人是独特的。这就是一部自然观念史，它实际上事关人所做的每一件事。[1] 我们属于这个星球上那些较起作用的"生态系统工程师"之列，但即使如此，我们的文明也受到环境制造生命活动的催生和瓦解。（今天有谁怀疑疾病和气候的创造历史，在每一点都不亚于任何帝国、阶级或市场吗？）取这样一种立场，就会马上抛弃文明（或资本主义）与环境的观念，而是重新聚集于文明处在自然之中的观念，关注资本主义作为环境制造的过程。这些过程既包括工厂也包括森林，既包括矿山也包括家庭，既包括金融中心也包括农场，既包括城市也包括乡村。

如果环境制造总是合作生产出来，显示了人类组织作为生产者和产物之双重作用的适应性，那么，自然的问题仍然令人苦恼。我试图尽力打破"一般"自然的坚冰。自然是一般的，作为本体，它一直在那里。但是，对于那些坚信人类处在自然之中、是这样一部历史的人来说，这样认识自然就不行了，这就如同"一般生产"不能帮助人去抓住

---

[1] 格莱肯《罗德海岸的痕迹》(1967)。

新自由派的重建、灵活积累和生产的全球化一样。只有"历史的自然"的概念才够用。在这个意义上,历史的自然在一种双重语境中运作,既是资本主义打开的场地,这个场地的界限一直被修改,同时又是它的对象。后者就是历史的自然作为"自然",即作为资源区和垃圾桶,作为生产和再生产之地。若要在时间和空间的多个层面上研究历史的自然,就必须脱离那种让人留恋的哲学思维——这种思维爱讲人是自然的一部分,从而开始发展出切实可行的分析。这些分析让我们把历史的变化解说为它是由人和其他自然积极合作生产出来的。

从整体论哲学到关系史的转变,正是世界-生态观的核心。至关重要的是,这样的推论思路将历史的自然——作为矩阵(过程)和作为对象(项目)的自然——视为必须通过资本主义的世界实践来加以解说之物。因为,在自然被表现为外在之前,它是不能被弄成"廉价"的。是的,人与人之外自然的区别已有悠久历史,可以回溯到古希腊罗马时代。[①] 然而,自然作为外在对象从来没有成为一种文明的组织原则。

资本主义的基本问题,是资本主义对廉价自然的需求倾向于上涨太快,快于它能够确保这一点的能力。生产成本上升,积累停滞,马克思很久之前就认识这一点,这不仅体现于他关于机器的"生产过剩"与原材料的"生产不足"的普遍规律,而且体现于他的敏锐观察:资产阶级倾向于"靠缩短劳动力的生命长度……如同一个贪婪的农民靠榨取土壤肥力来获得更多收成一样"[②]来积累资本。解决办法是什么? 走向前沿,如果这些前沿是殖民地,那就更好了。所以,在马克思那个时代就有了爱尔兰的工人、加勒比海的蔗糖、密西西比河棉花的凸显。由于这个原因,资本就发现自己持续依赖于资本主义的力量和资产阶级的知识来定位自然,那些自然的财富可以测绘、重构和廉价占用。

历史的自然被耗尽枯竭,这是经由新自由派资本主义而成为周期现象吗,就如我们在 18 世纪后期或者是漫长的 1970 年代看到的那样?

---

① 格莱肯《罗德海岸的痕迹》(1967)。
② 马克思《资本论》第 1 卷(1977),376 页。

抑或这就是廉价自然的结束？我们现在是经历着一种发展危机——其矛盾可以通过更新的资本化、合理化和掠夺来解决；还是经历一种划时代的危机——在接下来的世纪中，它将迫使财富、力量和自然的关系在根本上更新？

今天关于经济危机和生态危机的论述日益增多，但这样的追问思路一直是边缘化的。这或许在某种程度上可以说明意味深长的"生态危机"缺乏理论阐释，以及批判性的学者不太情愿将自然解说为资本主义积累的基本构成。

资本的限制

人和其他自然合作生产了资本主义，以此作为前提的解说会是什么样子呢？本书已经提供了一种方式来解答这个问题。

我的论证集中于两大问题，它们围绕着今天的自然、资本和限制。一个问题是历史的，另一个是概念的。就第一个问题而言，我们必须询问，2003 年以来的一系列特异之事——以最近一次商品繁荣而开始，是否代表着四个廉价（廉价食物、廉价劳动力、廉价能源和廉价原材料）一种周期的或累积的"结束"？19 世纪早期以来，资本主义一直引人注目地善于克服与四个廉价投入价格上涨相关联的实际（但暂时）的瓶颈，善于转移潜在（但具有威胁）的瓶颈。克服和转移这些瓶颈的能力，在一场接一场的划时代的农业革命中可以看到，它们广阔地再生产着廉价的食物/劳动关系。英国 18 世纪后期的农业停滞和食物价格灾难，靠 1840 年后美国农民与机械化和沃土前沿的联姻而解决。20 世纪初期西欧和北美资本主义农业的生产力停滞，靠一场接一场的"绿色"革命而解决，这在第二次世界大战之后杂交化、化学化和机械化的美国农场模式的全球化中表现出来。由此来看，我们可能有理由把 2008 年之后的困局称为发展的危机，它可以通过一轮轮更新的商品化，尤其但不限于农业上的商品化，来得到解决。然而，如同我们已经看到的那样，农业生物技术作为资本主义农业革命的最新浪潮，其阻止生产力下降的成效尚在期待之中，所以 2008 年之后的困局也可能是资本主义进入了一个划时代危机的时期。

发展危机和划时代危机，在长时段中支配着资本主义的那些价值、力量和自然体制内在矛盾的发展成熟中表现出来。替代会聚危机的模式，[①]我们或许可以将我们这个时代的动荡视为同一个危机——资本主义作为组织自然之方式的危机，它有多种多样的表现。食物和气候、金融和能源代表的不是多重危机，而是同一个危机的多样化表现，这危机出自同一个文明项目：作为廉价自然规律的价值规律。

这就将我们的注意力引向资本主义如何从事于建构和重新建构它对财富、力量和自然的特殊配置——这三者并非三个独立的盒子，而是现代世界体系累积和周期发展中互相联系的动量。追寻这条探究之路，将我们正好带到资本主义的价值规律之地。因为这正是以资本主义价值关系作为决定性条件的资本、力量和自然的出现、发展和周期性重建。

我们可以用两种主要方式来思考价值关系。首先是将价值作为方式。这条思路重建历史的资本主义，通过作为"有机整体……中的一些区分"的"现实生活的生产和再生产"[②]来加以重建。这就允许在那个矛盾统一体——"现实生活的生产和再生产"——中对"自然"和"社会"进行一种世界-生态的重铸。这个统一体穿过了人的活动与其他自然之间的任何先验的边界，并动摇这种边界，这种"现实生活的再生产"包括了每一步都与人纠缠在一起的人之外自然。将现实生活的生产和再生产作为我们的引导线索，我们就可以打破经济与生态之间的划分，转向人与人之外自然的那些具体的历史配置。一旦摆脱了"经济"迷恋，我们就可以集中关注力量与生产/再生产的关系。价值

---

① 参看福斯特《划时代的危机》（2013）。
② 恩格斯，"Engels to J. Bloch in Berlin, London, September 21, 1890"（《恩格斯致柏林的 J. 布洛赫，1890 年 9 月 21 日于伦敦》），*New International*（《新国际》）1 卷 3 期（1934），81—85 页；马克思《政治经济学批判大纲》（1973），99—100 页。

作为抽象社会自然和抽象社会劳动的双重存在，它无止境的再生产之所以可能就靠这些关系。

抽象社会劳动就是社会必要劳动时间。尽管所有物种都以某种方式"劳动"，但只有人在社会必要劳动时间下创造和劳作。只有人如此，只有某些人才如此。价值规律——不是价值理论，而是价值理论实际的历史运作——在一种非常特定的意义上是以人类为中心的。只有人的劳动力直接生产价值。一棵树、一匹马或一个地质泄口都不会得到报酬。然而，如果没有马或树的不付酬工作，商品化的劳动力不能生产任何东西。社会必要不付酬工作是社会必要劳动时间的基础。

不同于马或树，不付酬的人的劳动也可以付酬。但是，资本家们不想付这个账单，而且有很好的理由。对劳动力的充分商品化会废掉不付酬工作，而不付酬工作能够让积累在可以接受的利润率上进行。马克思主义者有时会把资本主义界定为一个体系，在这个体系中，"大部分社会工作由没有财产的劳动者来做，这些人不得不出售他们的劳动力"。① 然而，这正是不可能发生的事情。如果在资本主义之中去做的大部分工作被货币化了，那么劳动力的成本就会猛涨，我们所见到的资本积累就不可能了。

这当然完全不是说付酬劳动是附带现象，恰恰相反！无产阶级化可以更恰当理解为一个"连接的历史过程"，它对于资本主义的世界-生态至关重要。② 从这一点看，价值规律并不那么以现代无产阶级的兴起为中心，而是以付酬劳动不均衡的全球化以及与"再生产条件普遍化"的辩证结合为中心。③

如同抽象社会劳动，价值与它的偏好相关，通过它的偏好来工作。

---

① E. M. Wood（E. M. 伍德），*The Origin of Capitalism*（《资本主义的起源》），London：Verso，2002，2 页。
② 麦克迈克尔《资本主义中的奴隶制》（1991），343 页。
③ 麦克迈克尔《资本主义中的奴隶制》（1991），343 页。

在商品生产之外、但与它相关联的生命活动,正是社会必要不付酬工作。严格地讲,它不能以商品化劳动力的那种方式来量化,因为可量化的抽象社会劳动的条件,就是更多的不可量化的劳动。不付酬劳动可以(而且常常)被测量,比如在"生态系统服务"中,但它不被估值。

必要劳动时间的减少,这是资本要努力获得的,而且这种减少对于资本的存在是本质性的,所以资本主义对劳动生产率的强调超过了对土地生产力的强调,资本调动廉价自然来让这种强调得以实现。地貌改变的加速,抽象社会劳动体制初步但顽强的出现,就是 16 世纪资本主义兴起的两个方面。只有在一种新的、急剧加速的与廉价自然之不付酬工作的关系基础上,抽象社会劳动才能形成。

在通常的描述中,劳动生产率的提高是工业生产中技术进步和组织创新的结果。这的确不错,但并非全部。生产一端的新机器和新组织要提高劳动生产率,即长时期内降低必要劳动时间,只能通过可以降低四大输入价值构成的新的技术力量才能做到。四个廉价的恢复,只能部分靠商品生产已建立区域内的创新,从历史上看,它们还要依赖新的占用战略、新的商品前沿。这里,我们看到了一种系统的连接:资本积累与资本主义的力量兴起、让一种文明被价值规律所掌控之间的连接。为了减少必要劳动时间,资本通过强制、协商和合理化的各种组合来驱动——尽力创造——一种旨在对资本循环之外、却在资本主义力量触及范围之内的生命的不付酬"工作"进行最大化的文明。

通过商品化来减少社会必要劳动时间,这是我所称的资本化;对不付酬工作进行最大化以服务于资本化,这是我所称的占用。无疑,这二者有所交叠。笛卡尔的二元论框架假定了人类与自然的分开,而世界-生态论则认为人类与自然是一个辩证统一体,它由生命之网中的人(处在许多其他物种之中)的特殊性而来。所以,我们的焦点就指向资本化和占用共同作用,作为生命之网中再生产价值之模式和规则的那些方式。这让我们能够辨识和解说历史的资本主义的长时段中环境制造的那些模式。

积累危机,抑或资本主义作为前沿

环境制造的这些模式,依据一种新的地理扩张。资本主义无法作为一个封闭系统来理解,资本的无止境积累也就是自然的无止境内化。资本主义由前沿运动所定义。早期现代的测绘革命很是自负,要把地球理解为抽象空间而不是具体的地方。然而,后者尽管在理论上被废止,但不断重申自己,作为地理特殊性(气候、土壤、地形、疾病)形成与资产阶级对抽象空间之幻想的动态紧张关系。将世界作为一种网络,自然作为一种外部对象,测绘上的这种巨大进步,就可以用对资本积累极为有效的方式来占用自然的工作。如果没有前沿占用,使得越来越多的物质流入抽象劳动时间的已定单位,资本主义生产的活力是不可想象的。也就是说:价值的自身扩张特点依赖于生产的物质体量的指数上升,但没有这种生产中暗示的抽象劳动的相应上升。这种劳动时间的不断减少,全靠四个廉价可以通过占用而得到确保。这就要求占用的地理领域持续扩大。所以,资本主义力量就加入廉价自然的合作生产之中了。

由于这个原因,前沿对于资本和资本主义力量的扩大再生产极为重要,远远超过了一般的认识。哈维认为,面对着前沿的终结,资本主义可能"积极地制造"这类前沿,这体现了当代激进批评的一种共同感觉。然而,这是一种深层的误读。[①] 私有化和金融主导的剥夺,这个过程只要在资本化关系的领域内进行,就不可能复苏积累。的确,这些过程在新自由主义时代展开,因为它们必然要把最小商品化的劳动

---

① 哈维《新的帝国主义》(2003),131 页。

力、食物、能源和原材料释放到资本循环之中去。

非农化，将小农农业导入世界市场，榨取丰富的能源和矿物财富，现代世界历史的这些巨大运动就是前沿运动，只不过有些明显有些隐蔽罢了。这些占用运动扩大了劳动后备军，扩大了对世界无产者的食物供应，将丰富的能量流引入商品生产之中，促进了商品生产中的劳动生产率，把海量的原材料导入工业生产中。

简而言之，"大边疆"之所以打开了资本主义的时代，是靠让自然的免费礼物——也包括人的自然——能够被那些有资本和力量者较为廉价获得才做到的。

"大边疆"既在外边，也在里面。前沿占用不仅发生在资本主义的外缘，也发生在商品化中心区域中社会-生态再生产的"垂直"轴上。所以，不仅仅是那些殖民地，女性的不付酬劳动也变成了（部分）商品化的对象。这些前沿占用的水平和垂直动量，尽管以特定的社会-生态变化展现于具体的地理区域，但它们通过自己与积累过程的关系而统一起来。商品前沿既运作于中心地带，也运作于穷乡僻壤，这靠的是占用和转移来自占用区域的不付酬工作，它以再生产关系为中心，朝向商品化地带。在中心区域，对女性不付酬劳作的占用是劳动力廉价再生产的关键；在穷乡僻壤，常常以对人之外自然（森林、土壤、矿脉）的占用为主。价值规律的秘密就在于这个划时代的综合之中：对劳动力的剥削与占用不付酬工作/能量之综合。这个以社会必要劳动时间为前提的抽象社会劳动的体制，历史性地出现，累积性地调整，靠的是抽象社会自然体制的形成，这使得新的占用地带被辨识出来。

抽象社会自然，即旨在把这个世界作为外部对象来合理化、简化、标准化以及其他测绘的一系统过程，就是廉价自然的直接构成。从16世纪开始，商品化、资本积累和象征层面创新的一波接一波而又会聚的过程，构成了现代世界发展的良性循环。我并不是对严格意义上的马克思的价值规律——资本的实质是抽象社会劳动——

提出修正。然而，我的确提议：我们应该将价值关系作为研究资本/
力量/自然这三位一体的方法论前提，研究资本化和占用之辩证法
的方法论前提。

由这个视野来看，价值关系历史性地植根于抽象劳动与抽象自然
的一波接一波配置之中。这些配置就是那些历史的自然。每一个历
史的自然，都由这种价值规律合作生产出来，使得对劳动力剥削的更
新和将生命活动作为不付酬工作而占用的更新成为可能。对不付酬
工作的占用，必须快于对劳动力的剥削，否则四个廉价就无法返回，资
本主义的繁荣也无法返回。抽象社会自然为这些过程命名——这些
过程通过新的象征层面实践和知识形成的新形式，扩大了积累的
前沿。

所以，价值就并非一个有着一系列后果的经济形式，相反，它是有
着一个枢轴般"经济"表现（抽象社会劳动）的一系列关系。没有抽象
社会劳动和努力减少社会必要劳动时间，我们无法想象资本的积累。
同样，没有抽象社会自然的象征层面实践——这使得对不付酬工作的
占用在规模上大大高于对劳动力的剥削，我们也无法想象资本的积
累。将这两个动量统一起来，就呼唤着一种将资本循环与对生命的占
用二者统一起来的追问方式，这是解说资本主义历史，解说价值对自
然、力量和资本的波动之重力的世界-生态框架。

资本主义的兴起，启动了一种组织自然的新方式，第一次使用了
不以土地生产力而以劳动生产率为前提的财富度量标准。这就是今
天正在快速消逝的廉价自然的起始动量。这种奇怪的价值规律，由16
世纪广阔的前沿占用和生产创新而成型，带来了资本主义不同寻常的
活力：在自己的掌控之中占用整个自然，来提高剥削率。从1450年代
起，就开始了生产和掠夺的一波接一波运动。它们把对自然免费礼物
的广阔占用与生产和运输上异乎寻常的技术创新结合起来。当绿色
思想仍在把工业革命与生态危机的起源混为一谈时，这种深入的历史
化已经去分析一些关系，这些关系被证明是如此推动着资本主义。

(的确,工业革命或许可被视为组织革命的缩写,它"修复"了早期资本主义的矛盾。)

早期现代这种从土地生产力到劳动生产率的转变,颇能解释早期现代地貌改变的急剧步伐。[①] 在漫长 16 世纪中,巴西东北部、斯堪的纳维亚半岛和波兰,这些地方的土壤和森林被占用(被耗尽枯竭),而人的自然也被免费占用(也被耗尽枯竭),于是"新世界"的蔗糖前沿和非洲的奴隶前沿相继进入。占用之流远不是在 18 世纪之后就不存在了,积累的巨大浪潮在漫长 19 世纪和 20 世纪中也同样依赖占用,现在则是占用广阔的煤炭和石油的地下前沿。对于那些新的"帝国工具"和大都市生产能力而言,这些前沿一直是至关重要的。从南亚到意大利南部,农民的形成因此被摇动(其劳动被占用)。以此来看历史,我们或许很可以发问:今天资本主义还能够占用自然的免费礼物吗?(这份免费礼物规模之大,足以开启一个新的积累阶段。)抑或我们将看到生产与掠夺之辩证的耗尽枯竭?(16 世纪以来正是这种辩证写下了资本的积累。)

资本主义的每个浪潮都依赖巨大的前沿运动,大都市中资本积累的空间和生产用相应的土地来"修复"。占用和资本化的这些运动合在一起就构成了那些世界-生态革命,新的顶峰占用的机会通过这些革命而实现,资本积累得到了最大化。这些革命以及它们暗示出来的组织结构,所包含的工业和金融创新,丝毫不亚于在农业和资源上的榨取。开始时解放了积累的这些创新,随着时间推移,变成了对它的束缚,因为前沿扩张的巨大意外之财逐渐地、有时是急剧地消失了。新被无产阶级化的劳动者开始组织起来,农业区域也变得枯竭了,煤层被挖空,这样的倾向性结果一直闪现,朝向着资本价值构成的上升

[①] 摩尔《生态与资本主义的兴起》(2007);《马德拉群岛、蔗糖和"第一个"16 世纪中对自然的征服》第 1 部分(2009);《"阿姆斯特丹站在挪威上面"》第 1 部和第 2 部(2010);《马德拉群岛、蔗糖和"第一个"16 世纪中对自然的征服》第 2 部分(2010);《这座高傲的银山能否征服整个世界?》(2010)。

和生态剩余的下降。

资本主义的廉价自然战略,旨在占用地球上的生物能力和地质分布,从而降低生产的价值构成,阻止利润率下降的趋势。随着靠占用而积累的机会的收缩,我们将会看到从空间修复到时间修复的深远转变,从占用空间到对时间殖民化的转变。这不正是新自由主义金融化的最强大力量?21世纪之初,廉价自然的终结已经看到。1983年后,更多的侵犯、更多的生物力量、更多的枪,恢复四个廉价达20年。然而,新千年之交,花已经从玫瑰上掉下,占用蹒跚难行了。农业、能源中生产和榨取的成本上涨,矿业也开始了。这场价格运动是2003年时亮相的,以一场看似无止境的商品繁荣作为开始。劳动力似乎便宜,但廉价劳动的战略也有了磨损迹象。自然的资本化构成上升并不止步于此。占用不仅在所有老的方式中变得停滞,而且现在还带来了新的深不可测的毒化之恶臭:含水层没了水,山顶被削平,墨西哥湾一夜被毁。

今天的问题,是资本主义把自己长时段的生态体制耗尽枯竭的问题。用金钱和能量上非常之低的支出来让人之外自然(也包括人)工作,这是资本主义巨大商品前沿的历史,以及依靠着它的资本主义积累漫长浪潮的历史。对前沿土地和劳动的占用,一直是资本主义积累巨大浪潮不可缺少的条件,从17世纪的荷兰霸权,到1970年代和1980年代的新自由主义的兴起,都是如此。

这些商品前沿的至关重要的"工作",一直没有付账,在此基础之上,廉价自然战略一直在更新四个廉价。

前沿在快速关闭,廉价自然战略正在双重意义上失败。一方面,新的不付酬工作之流正在物化,如果说还有的话;另一方面,垃圾和毒物的积累现在威胁到了已经做过的不付酬工作,这就是从剩余价值到负面价值的转变。气候变化是现在最显著的一个例子,但并非唯一之例。有一点越来越肯定:对于任何新的资本主义农业革命,全球变暖都构成了一个不可克服的障碍,有了这个障碍,就不可能回到廉价食物了。由此来看,21世纪的最大问题很可能完全不是资源"水龙头"的问题,廉价垃圾处理的终结很可能比廉价资源的终结还要大而可怕。朝向金融化的转变,再生产领域资本化的深化,一直是延迟不可避免之反挫的强力手段,一直让资本主义得以生存。然而,还能管用多久呢?

译后记

　　生态学，环境研究，尤其是危机意识下的审视与警告，今天已经司空见惯，詹森·W.摩尔此书的新意与深刻何在？说自然并非基础、容器或资源，它就是我们，我们生活在自然起着作用的历史之中，这到底意味着什么？

　　本书的一位美国评论者认为："你读此书，每页都会有火花冒出，有获益终生的思想收获。一本地标性质的书。"翻译过程中，虽感觉作者为强调而稍嫌重复外，的确是一本"设立议题"之作。

　　作为思考前提，作者一再强调要超越笛卡尔式的"社会""自然"二元论，这不算新鲜；但他的深入在于：资本积累的一个基本条件就是视自然为外在之物，现代世界中巨量的粗暴、不公和压迫直接与这种二分有关。这就让人沉吟思考了。在本体论、方法论和研究框架上，把资本主义史与生态史统一起来，把资本主义的历史发展和自然的历史发展统一起来，这是作者的清晰思路。

　　古希腊哲学家、植物学家泰奥弗拉斯托斯曾提出"有利之地"（Oikeios）的概念，以表示"一个植物物种与环境之间的关系"。作者用它来命名人与人之外自然那种创造性、历史性和辩证性的相互贯通。人类活动与组织是"有利之地"的产物，也是"有利之地"的生产者，这种关系及其在历史上持续变化的配置，才是值得人们注意的，这重于任何物质或实体。

　　生命之网，包括地球物理的工作/能量，包括从光合作用到养育儿童的有机生命的工作/能量,它可以被资本化,比如现金交易关系中商品化了的劳动/力量;也可以用非经济的方式被占用,比如河流、瀑布、森林或某些形式的社会再生产。这些如何合并到资本主义生产和再生产的关系之中,资本关系如何将其转变为价值,"生命之网中的资本主义"就是对此的揭示。

作者认为,从根本上讲,资本主义是组织自然的一种方式。资本主义对地球生命和过程的内化,新的生命活动由此被持续带入资本和资本主义力量的轨道之中;生物圈对资本主义的内化,人开启的项目和过程由此而影响和塑造生命之网,这就是本书所言"双重内在性"。从漫长 16 世纪开始,资本主义作为生命之网中人与人之外的自然的合作生产结果,由"廉价自然"规律这种价值规律凝聚起来,其核心是不间断的激进扩张和不懈创新的追求,要把生物圈的工作/能量变成资本,它的每一步都要求着历史-地理的特定性。

历史可视为地球运动、观念制造和力量创造的根本性合作生产,贯穿于人类经历的地理层面。1970 年代以来地理学思考的两条主旨思路,对作者很有启发。一条思路是资本不间断地驱动着"用时间消灭空间"。资本要创造一个世界——一个资本之流的流通量及速度都持续增加的世界,增加流通量的每一点努力,在时间上都意味着空间的重构。另一条思路是列斐伏尔的深刻观察:资本不仅占据空间,而且也生产空间。在已有空间之外进行空间性的重构,这往往就是资本积累危机的表现,危机既是空间配置的矛盾达到了沸点的产物,也是空间的生产者。所以,空间并非"就在那里",而是社会关系的特定复合物。

再深入一层:空间重构、环境制造并不限于砍伐森林、改变地貌、农业扩张、采矿和城镇化这样的"挖土掘地",它还包括资本主义现代性再造"有利之地"的文化和科学过程。观念上怎样看待自然,对于挖土掘地至关重要。地图绘制、数学、农学、经济植物学、定量和各种合理化努力上的划时代彻底变革,形成了作者所称的资本主义的"抽象社会自然"。通过这些过程,国家和资本家对人和人之外的自然进行测绘、辨识、量化、测量和编码,为资本积累服务。

资本主义的统治自负就是:自然是外在之物,只要自己愿意,就可以干预自然。生命之网应对资本主义进程造成的生物学状况和地质学状况,又以自己的自然进化来改造和反抗这个过程。作者强调,占用生物圈的工作/能量,创造廉价劳动力、廉价食物、廉价能源和廉价原材料,资本主义商品化的战略和剥削靠此而运作。从原野山林变为种植园和矿山工厂,从自耕农变为出卖劳动力的工人,从挖掘泥炭到开采煤炭再到抽取石油,"水平"和"垂直"的未商品化的自然,作为前沿被开拓,这在资本主义发展中具有向心性。资本主义文明的巨大秘密和巨大成就,就是以占用廉价自然而不为自身付账,那些前沿使这种不付账成为可能。然而,能够从新的工人阶级、新的森林、含水层、油田、煤层和其他一切中榨取多少新的工作,这是有限制的。资本以无限作为前提,而自然是有限的。作者认为,正是最后一些前沿——中东的廉价石油、中国的廉价劳动力、各地的廉价食物——的终结,构成了今天世界危机的本质。

而且,问题还有另外一面。资本主义对地球工作/能量的占用,既是对廉价资源的占用——打开"水龙头";也是对廉价垃圾处理的占用——自然作为"污水坑"。后者虽不生产作为价值的资本,但生产让价值成为可能的关系和空间。

作者在"致谢"中谦虚也是客观地表示:"环境史和经济史、世界史和世界制度分析、政治生态学和人类地理学辨析、马克思主义女权主义、全球政治经济学、农业性食物及重大发展研究,以及其他许多我所致力的知识领域,也同样给我提供了高质量贡献。带着对50年来革命性学术研究的尊重和钦佩,我试图将这些领域(而且并不限于它们)中那些辩证性的深远启示提取出来,加以整合,用于'自然中的人'之研究。"

环境主义对作者的启发不必说了,女权主义的抗议与思考,也让作者把资本主义对女性不付酬工作/能量的占用纳入视野——人的生命的日常和代际再生产主要是由女性承担,马克思主义对作者的启发则更为明显。马克思《资本论》中那段名言:"劳动首先是人和自然之间的过程,是以人自身的活动来引起、调整和控制人和自然之间的物质变换的过程",与作者的思路和强调在根本上是一致的。"作为资本家,他只是人格化的资本。他的灵魂就是资本的灵魂。而资本只有一种生活本能,这就是增殖自身,创造剩余价值,用自己的不变部分即生产资料吮吸尽可能多的剩余劳动。"广义理解"剩余劳动",将生物圈的工作/能量包括进来,马克思《资本论》第一卷中这段深刻而又形象地写照,正是作者的内在逻辑。

不过,马克思《资本论》中所言"把生产排泄物减少到最低限度和把一切进入生产中去的原料和辅助材料的直接利用提到最高限度",并举例说"化学工业提供了废物利用的最显著的例子。它不仅找到新的方法利用本工业的废料,而且还利用其他各种各样工业的废料,例如,把以前几乎毫无用处的煤焦油转化为苯胺染料、茜红染料(茜素),近来甚至把它转化为药品",这在作者看来只是技术层面而不治本。他认为,老的生产主义者模式——廉价自然法则,一直长于为资源消耗找到修复,但短于处理负面价值。

占用不付酬工作/能量和毒化生物圈是一个结合在一起,但在空间和时间上并不均衡的过程,它现在已经达到了断裂点。内在而又潜伏于资本主义的起源之中的负面价值的积累,已经不再能够靠技术的、组织的或帝国的重建来"修复"了。它不但看不到新的可以占用的廉价自然,而且要为以前的"水龙头"和"污水坑"免费占用而付账。气候变化、超级杂草、癌症流行,所有这些,显示资本主义历史中正在出现一种深远变化:从剩余价值到负面价值的变化。

作者在这个基点上来理解今天的危机。这种危机是一种文明发展过程的,可以通过更新的资本化和占用来解决呢?还是划时代的(一种文明终结性质的),有可能导致财富、力量和自然在根本上为新的历史性配置呢？前者切分出从资本主义的一个阶段到下一个阶段的转变，体现于16世纪以来农业、工业、商业、科学和其他"革命"的历史中。发展性质的危机，使得对"有利之地"商品化和配置的新方式得以形成。后者则是一种生产财富、自然和力量的模式让位于另一种，"漫长"14世纪（1290—1450）中的封建主义，终结于这种危机。

气候、能源、金融、食物、工作等，人们感知的21世纪的这些危机并非多重，而是同一个危机及其多个方面。今天全球动荡的来源有一个共同原因：资本主义那种组织自然——包括人的自然——的方式。它们不是"生态"危机，有可能表明了一些带有根本性质的转折点——财富、自然和力量的生产/再生产之模式的转折点。新自由派资本主义进行中的重组，有无可能产生资本主义一个新的"黄金时代"？抑或更可能是资本主义的商品化和占用战略走到了终点枯竭？

自然从来就没有廉价过。廉价自然是一种以二元论为前提的文明的发明。在5个世纪的时间里，这种二元论被证明功能强大，自然被占用，资本积累起来，垃圾被扔到船外。这种逻辑，包括以此为前提的那些战略，现在已经走到了它这条道路的终点。另外一条道路必须勾画出来了。

事实上，这样一种本体论的重新思考，已经成为西方思想界一股不可忽视的力量。早在20世纪70年代，挪威激进哲学家阿恩·内斯提出了深生态学这一环境哲学观。深生态学将人类和其他难以计数的物种都视为地球的成员，每一种物种都有其内在价值。不同于浅生态学的致力于保护和（或）提高工业化国家中人类的健康与影响，深生态学寻求西方关于自我概念的转换，从人类中心主义到生态中心主义的转变，这是一种彻底将人类去中心的哲学观。生态女性主义认为，基于种族、阶级、性别、体能和物种的压迫而产生的意识形态，与人类压迫自然的意识形态殊途同归。与环境社会学有很强关联的社会生态学，则倡导平等主义、合作社或公社，通过消除人类社会的阶层来创造生态可持续的社会，"生态驱使着我们不仅仅思考零星的解决路径，更要沿着生态路线重建社会整体"。

各个文明和自然本身的各种力量,集结于生命的合作生长中。本书作者以这样一种世界-生态(不是"世界生态")观,把处在自然之中的人作为世界的历史进程来理解,将资本主义理解为一种世界-生态,来审视它的兴起、发展、今日的困局和未来可能的走向。

王毅

2019 年 5 月 11 日

南国商学院

"同一颗星球"丛书书目